中央编译局文库编辑委员会

主　任：衣俊卿

委　员：衣俊卿　俞可平　张卫峰　魏海生　王学东　杨金海
　　　　柴方国　尹汾海　何增科　季正聚　郗卫东　张文成
　　　　李惠斌　杨雪冬　李京洲　和　龑　薛晓源　陈家刚

中央编译出版社文库编辑中心编辑小组

和　龑　韩继海　薛晓源　邢艳琦　谭　洁　尹承东　贾宇琰　叶　芳
冯　章　董　巍　苗永姝　郑　锦　杜永明　李小燕　侯天保　李媛媛

国家"十二五"重点图书

国际共产主义运动历史文献

第5卷

主　编　王学东
副主编　戴隆斌（常务）童建挺

第一国际总委员会文献（1864—1867）

本卷主编　彭萍萍

全国百佳出版社
中央编译出版社
Central Compilation & Translation Press

《国际共产主义运动历史文献》顾问委员会

衣俊卿 俞可平 顾锦屏 高　放 张中云 殷叙彝 胡文建
宋洪训 顾家庆 洪肇龙 杨光远 林勋建 和　龑

《国际共产主义运动历史文献》编辑委员会

主　编：王学东
副 主 编：戴隆斌（常务）　童建挺
编　委：（以姓氏笔画为序）
　　　　王　瑾 邢艳琦 许宝友 张文成 张文红
　　　　陈新明 林德山 胡振良 彭萍萍 薛晓源

参加本卷译校工作的有
汤润千

参加本卷编辑出版工作的有
侯天保 张树相 薛晓源 郑　锦

丛书编务统筹
苗永姝 郑　锦 李媛媛

总　序

　　国际共产主义运动，是由以马克思主义为指导的无产阶级政党领导的国际性的无产阶级革命运动，其宗旨是推翻资产阶级统治和一切剥削制度，建立和发展社会主义制度，进而最终实现人的彻底解放，建立共产主义社会。

　　国际共产主义运动迄今已有一百六十多年的历史。19世纪40年代，马克思、恩格斯在创立科学社会主义理论的同时，努力把它与当时西欧无产阶级的革命实践相结合，于1847年6月创建了第一个国际性的无产阶级政党——共产主义者同盟，亲自拟定并于1848年2月公开发表了同盟纲领《共产党宣言》。这标志着国际共产主义运动的兴起。

　　自从共产主义者同盟建立以来，历经第一国际（国际工人协会）、第二国际、第三国际（共产国际），国际共产主义运动由小到大、由弱到强，从西方推进到东方、从欧洲扩展到全球，终于突破资本主义链条上一个又一个薄弱环节，取得了社会主义由一国到多国的胜利。二战后社会主义阵营的建立、民族解放运动的胜利进军、社会主义国家革命与建设的重大成就，为国际共产主义运动史书写了辉煌的篇章。20世纪末，由于东欧剧变、苏联解体，国际共产主义运动遭遇了严重挫折。但是，历史并没有因此而终结。由《共产党宣言》奠基的国际共产主义运动仍在曲折中前进。各资本主义国家中的共产党、工人党仍在不断探索无产阶级取得解放的道路；中国等社会主义国家仍继续高举社会主义伟大旗帜，为完善社会主义、最终实现共产主义而不懈奋斗。

国际共产主义运动一百六十多年跌宕起伏的发展历程，积累了卷帙浩繁的文献档案，留下了丰富的历史遗产。深入发掘和充分利用这些文献档案，对于我们准确地了解和把握国际共产主义运动的发展进程及各个时期的特点，科学地研究和总结国际共产主义运动丰富且宝贵的经验教训，具有极其重要的意义。特别是无产阶级国际组织，作为国际共产主义运动的重要载体，其文献档案对于国际共产主义运动史研究更是具有特殊的重要意义。

早在1984年春，中国国际共产主义运动史学会就发起编辑出版《国际共产主义运动史文献》。当时由中共中央编译局、中国社会科学院马列主义毛泽东思想研究所和近代史研究所、中共中央党校和中国人民大学等单位共同组建了编辑委员会。编委会商定：这套文献主要收编共产主义者同盟、第一国际、第二国际、第三国际、共产党和工人党情报局这五个国际组织已发表的全部文献档案，包括历次代表大会、代表会议和其他重要会议的记录、决议和有关文件；收编材料力求齐全；凡外国有选编完整的版本者，根据外国版本翻译；凡文件散见于外国不同出版物者，尽力搜集完整，组织力量统一编译；文件完全按照原件翻译，译文力求准确，不作修改删节，以便读者根据完整、准确的第一手材料了解这些国际组织的历史。在当时代管全国哲学社会科学基金的中国社会科学院科研局的资助下，经过编辑委员会、编译工作者和中国人民大学出版社的共同努力，这套文献于1986年开始陆续出版，截至1997年共出版了21卷。

到上世纪末，文献的编辑出版工作遇到了巨大困难。首先是编委会发生了重大变故，主编林基洲、副主编王颖和校纪英相继谢世；其次是出版经费难以为继。为继续出版这套文集，中国国际共产主义运动史学会多方努力，组成以会长顾锦屏为主编的新编委会，从全国哲学社会科学规划办公室争取到一笔资助，于1999—2001年又出版了两卷。此后，因缺乏经费，编辑出版工作完全陷于停顿。

2010年，在中共中央编译局和中国国际共产主义运动史学会的鼎力支持下，中央编译出版社以这套文献申报国家出版基金项目，获得立项资助。中共中央编译局对此项目高度重视，在国家出版基金资助的基础上，给予了相应的资金支持，组建了新编委会，成立了专门机构负责文献整理和编辑工作，并将这套文献纳入"中央编译局文库"出版规划。

经新编委会研究决定，这套文献定名为《国际共产主义运动历史文献》，在其前身《国际共产主义运动史文献》的基础上重新编辑出版。通过进一步广泛搜集资料和适当改变编辑方式，新《文献》的资料更详尽、收文更齐全。例如，在原《文献》的某些卷次中，对已出版的马克思主义经典著作中译本只列目录，不收正文，而新《文献》则全部依据最新的中译本收录，以方便读者查阅。此外，《国际共产主义运动历史文献》扩大了文献资料的搜集和选材范围，采用开放式结构，规模暂定60卷，约2500万字。

中共中央编译局和中国国际共产主义运动史学会对这套文献的编辑出版工作给予了强有力的支持，中央编译出版社为这套文献的立项和出版做了大量艰苦细致的工作，文献的前两任编委会和编译工作者在十分困难的条件下为这套文献奠定了良好的基础，中国人民大学出版社为这套文献的重新编辑出版提供了帮助，在此一并表示衷心感谢。

《国际共产主义运动历史文献》
编辑委员会
2011年12月20日

编辑说明

第一国际总委员会，是第一个世界无产阶级国际组织"国际工人协会"（即第一国际）的各国"全国性组织和地方性组织之间进行联系的国际机关"。起初它在文件中简称为委员会（Committee），有时也称为中央委员会（Central Committee）或者中央理事会（Central Council），直到1866年末才最终采用了总委员会（General Council）的名称。

根据协会章程，代表大会每年确定总委员会驻在地，并选举总委员会委员。总委员会的主要职责是：执行代表大会的决议，监督会员组织严格遵守协会的基本原则，沟通情况，协调关系，指导开展各种活动；代表协会就各种重大问题表明立场和态度；筹备协会代表大会，向大会报告协会活动情况，提出供大会讨论的重要问题。总委员会有权增加新的委员和暂定会员组织及个人的会员资格；在紧急情况下，可以提前召开协会代表大会。总委员会从其委员中选出为处理各种事务所必需的负责人员，即主席（英文 President，该职务1867年取消，以后文件所称"主席"［Chairman］均指会议主席）、财务委员、总书记、各国通讯书记等。总委员会内部设有章程没有规定的常设委员会即小委员会及其他机构。总委员会通过在报刊上发表有关报道的方式对外公布其会议情况。

总委员会自诞生之日起，一直在第一国际的各种活动中扮演着重要角色，对它的发展起了关键作用，其中马克思、恩格斯占据着协会精神领袖的地位。《第一国际总委员会文献》展示了总委员会活动，证明了马克思、恩格斯在第一国际中的地位与作用，反映了19世纪下半期欧美工人运动的发展，是研究国际共产主义运动、欧美国家工人运动和马克思主义发展传播史的宝贵资料。

20世纪上半叶，德国和苏联零星出版了一些第一国际总委员会文献。60年代，苏联开始系统整理出版完整的总委员会文献。1961年，苏共中央马列研究院根据该院党务档案馆收藏的会议原件和会议记录照相复制本，编辑了俄文版《第一国际总委员会会议记录》，并由莫斯科国家政治图书出版社出版。它们分别是：（1）《第一国际总委员会会议记录（1864—1866）》（伊·巴赫主编，伊·巴赫和瓦·斯米尔诺娃整理）；（2）《第一国际总委员会会议记录（1866—1868）》（伊·巴赫主编，伊·巴赫、玛·玛丽尼切娃和娜·麦舍里亚科娃整理）；（3）《第一国际总委员会会议记录（1868—1870）》（伊·巴赫主编，瓦·斯米尔诺娃和塔·瓦西里耶娃整理）；（4）《第一国际总委员会会议记录（1870—1871）》（伊·巴赫主编，B.Г.马索罗夫、安·科罗捷耶娃整理）；（5）《第一国际总委员会会议记录（1871—1872）》（伊·巴赫主编，安·科罗捷耶娃、塔·瓦西里耶娃整理）。俄文版附有脚注和卷末注释、人名索引、报刊索引、地名索引等。

1964年，为了纪念第一国际成立一百周年，苏共中央马列研究院以俄文版为基础，第一次用原文编辑英文版《第一国际总委员会会议记录》，并由莫斯科进步出版社出版。英文版各卷由尼·涅波姆尼亚夏娅辨认英文原件，莉·贝利亚科娃、莫·皮尔曼整理付印。英文版各卷在内容和编排上与俄文版相同，除纠正明显的笔误、拼错的单词和人名、地名之外，英文版对原文未作改动。

20世纪60年代，中国开始翻译出版第一国际文献包括总委员会文献，但数量极其有限。80年代末，中国学者以苏联英文版《第一国际总委员会会议记录》为基础，编译出版了中文版《第一国际总委员会会议记录》（五卷本），并由中国人民大学出版社出版。中文版保留了苏联英文版的卷次、结构、内容、各卷前言，以及注释、人名索引、报刊索引，对正文也未作删改，仅略去了地名索引。

2011年，在国家出版基金资助下，中央编译局《国际共产主义运动历史文献》编委会以中文版《第一国际总委员会会议记录》为基础，重新编辑出版《第一国际总委员会文献》。重新编辑的主要工作包括：（1）调整卷次，改为四卷，略去英文版各卷前言，加写编辑说明；（2）对照英文版原文对中译文中的明显错误作了修订，参照中央编译局编译马克思主义经典著作的标准重新统一了人名、地名、组织机构名、报刊名等专用名，修订了部分人名索引；（3）所收入的马克思、恩格斯著作和书信，以及他们撰写的有关文件报告，一律采用中央编译局编译的最新版本；（4）保留插图，注释除略去个别内容明显重复的内容之外，基本未作删节；（5）为了进一步帮助读者理解文献内容，在必要的地方增加了注释，并注明"——编者注"。

重新编辑的《第一国际总委员会文献》共分4卷，分别是：（1）《第一国际总委员会文献（1864—1867）》，（2）《第一国际总委员会文献（1868—1869）》，（3）《第一国际总委员会文献（1870—1871）》，（4）《第一国际总委员会文献（1871—1872）》。每卷的主要内容包括：国际工人协会总委员会记录，小委员会会议记录，马克思和恩格斯撰写的有关文件报告和著作、信件，国际工人协会总委员会文件等。

目 录

国际工人协会总委员会记录本
　（1864年10月5日—1867年12月31日）……………… 1
1864年 ……………………………………………………… 3
　10月5日会议 …………………………………………… 3
　10月8日小委员会会议 ………………………………… 5
　10月12日会议 …………………………………………… 6
　10月19日会议 …………………………………………… 8
　11月1日会议 …………………………………………… 10
　11月8日会议 …………………………………………… 11
　11月15日会议 …………………………………………… 13
　11月22日会议 …………………………………………… 15
　11月29日会议 …………………………………………… 17
　12月13日会议 …………………………………………… 22
　12月20日会议 …………………………………………… 24
　12月29日会议 …………………………………………… 25
1865年 ……………………………………………………… 26
　1月3日会议 …………………………………………… 26

1月10日会议	28
1月17日会议	30
1月24日会议	32
1月31日会议	33
2月7日会议	35
2月14日会议	37
2月21日会议	38
2月28日会议	39
3月7日会议	41
3月14日会议	44
3月21日会议	46
3月28日会议	48
4月4日会议	50
4月11日会议	52
4月25日会议	54
5月2日会议	56
5月9日会议	57
5月16日会议	60
5月23日会议	61
5月30日会议	63
6月6日会议	66
6月13日会议	67
6月20日会议	70
6月27日会议	72
7月4日会议	73
7月11日会议	74

7月18日会议 …… 75
7月25日会议 …… 76
8月1日会议 …… 81
8月8日会议 …… 82
8月15日会议 …… 84
8月21日会议 …… 84
8月28日会议 …… 85
9月5日会议 …… 87
9月12日会议 …… 88
9月19日会议 …… 89
10月3日会议 …… 91
10月10日会议 …… 92
10月17日会议 …… 94
10月31日会议 …… 96
11月14日会议 …… 98
11月21日会议 …… 101
11月28日会议 …… 104
12月19日会议 …… 106
12月26日会议 …… 109
1866年 …… 112
1月2日会议 …… 112
1月9日会议 …… 115
1月16日会议 …… 118
1月23日会议 …… 121
1月30日会议 …… 122
2月6日会议 …… 123

2月13日会议 ………………………………………………… 125
2月20日会议 ………………………………………………… 126
2月27日会议 ………………………………………………… 128
3月6日会议 …………………………………………………… 128
3月13日会议 ………………………………………………… 130
3月20日会议 ………………………………………………… 132
3月27日会议 ………………………………………………… 133
4月3日会议 …………………………………………………… 135
4月10日会议 ………………………………………………… 137
4月17日会议 ………………………………………………… 138
4月24日会议 ………………………………………………… 140
5月1日会议 …………………………………………………… 141
5月8日会议 …………………………………………………… 145
5月15日会议 ………………………………………………… 150
5月22日会议 ………………………………………………… 152
5月29日会议 ………………………………………………… 155
6月5日会议 …………………………………………………… 157
6月12日会议 ………………………………………………… 160
6月19日会议 ………………………………………………… 162
6月26日会议 ………………………………………………… 164
7月3日会议 …………………………………………………… 167
7月10日会议 ………………………………………………… 169
7月17日会议 ………………………………………………… 171
7月24日会议 ………………………………………………… 175
7月31日会议 ………………………………………………… 177
8月7日会议 …………………………………………………… 181

8月14日会议	183
8月21日会议	187
9月18日会议	190
9月25日会议	195
10月2日会议	198
10月9日会议	203
10月16日会议	207
10月23日会议	210
10月30日会议	214
11月6日会议	216
11月13日会议	219
11月20日会议	221
11月27日会议	224
12月4日会议	228
12月11日会议	232
12月18日会议	234
1867年	237
1月1日会议	237
1月8日会议	240
1月15日会议	242
1月29日会议	249
2月5日会议	251
2月12日会议	253
2月19日会议	253
2月26日会议	253
3月5日会议	255

3月12日会议 …… 256
3月19日会议 …… 259
3月26日会议 …… 262
4月2日会议 …… 263
4月9日会议 …… 264
4月16日会议 …… 266
4月23日会议 …… 268
4月30日会议 …… 270
5月7日会议 …… 274
5月14日会议 …… 277
5月21日会议 …… 279
5月28日会议 …… 280
6月4日会议 …… 282
6月18日会议 …… 284
6月25日会议 …… 285
7月2日会议 …… 287
7月9日会议 …… 289
7月16日会议 …… 292
7月23日会议 …… 294
7月30日会议 …… 299
8月6日会议 …… 301
8月13日会议 …… 304
8月20日会议 …… 306
8月27日会议 …… 308
9月17日会议 …… 311
9月24日会议 …… 312

    10月1日会议 ·· 315
    10月8日会议 ·· 317
    10月22日会议 ······································· 319
    10月29日会议 ······································· 320
    11月5日会议 ·· 322
    11月12日会议 ······································· 324
    11月19日会议 ······································· 326
    11月20日会议 ······································· 330
    11月26日会议 ······································· 331
    12月17日会议 ······································· 332
    12月31日会议 ······································· 334

国际工人协会伦敦代表会议

    （1865年9月25—29日）································· 335
    9月25日常务委员会与大陆代表联席会议················· 337
    9月25日代表会议全体会议···························· 340
    9月26日常务委员会与大陆代表联席会议················· 343
    9月26日代表会议全体会议···························· 346
    9月27日代表会议···································· 348
    9月29日常务委员会与代表们联席会议··················· 352
    关于德国工人运动的报告······························ 353

卡尔·马克思的手稿 ·· 361

    给总委员会报告的草稿（1865年1月24日）················· 363
    关于巴黎支部中的冲突的札记（1865年3月4日）············ 364

就巴黎支部中的冲突给海尔曼·荣克的便函
　　（1865年3月16—18日） ………………………………… 365
就厄内斯特·琼斯致总委员会会议的信给荣克的简记
　　（1865年3月21日） ……………………………………… 369
关于工资、价格和利润的报告的札记（1865年6月） …………… 370
所作的总委员会会议记录（1866年1月16日） ………………… 371
关于爱尔兰问题的未作的发言的提纲
　　（不迟于1867年11月26日） …………………………… 372

国际工人协会总委员会文件 ……………………………… 381
国际工人协会成立宣言 ……………………………………… 383
协会临时章程 ………………………………………………… 393
更　　正 ……………………………………………………… 396
国际工人协会致约翰逊总统的公开信 ……………………… 397
中央委员会告各工人团体书 ………………………………… 400
告大不列颠和爱尔兰工人书 ………………………………… 404
工业报（有限）公司 ………………………………………… 406
国际工人协会　代表会议与晚会 …………………………… 410
国际工人协会　第二次晚会节目 …………………………… 412
告美利坚合众国人民书 ……………………………………… 415
国际工人协会　中央委员会英国委员致联合王国工人同志的呼吁书
　　……………………………………………………………… 417
给《佛尔维耶回声报》的信 ………………………………… 420
爱尔兰政治犯。乔治·格雷阁下和国际工人协会 ………… 430
警　　告 ……………………………………………………… 436
各国工人致巴黎大学生、各国大学生和青年 ……………… 438

临时中央委员会就若干问题给代表的指示 …………………… 441
国际工人协会 ……………………………………………… 454
国际工人协会资产负债表(1865年3月29日至1866年9月1日)
 ……………………………………………………………… 456
国际工人协会章程和组织条例 …………………………… 458
法国政府和国际工人协会 ………………………………… 463
波兰 茶会和公众大会的节目 …………………………… 463
国际工人协会中央委员会 致大不列颠矿工和钢铁工人 …… 466
国际工人协会资产负债表(1866年9月1日至1867年4月23日)
 ……………………………………………………………… 469
国际工人协会总委员会呼吁书 致会员和各附属团体
 (关于洛桑代表大会的英文呼吁书) ………………………… 471
国际工人协会总委员会呼吁书 致会员、各附属团体
 和全体工人(关于洛桑代表大会的法文呼吁书) …………… 473
国际工人协会第三年度报告 ……………………………… 477
国际工人协会总委员会美国通讯书记的年度报告
 (1866年9月至1867年8月27日) …………………………… 488
1867年8月31日为止的财政年度资产负债表 …………… 494
在曼彻斯特被囚禁的芬尼亚社社员和国际工人协会 ………… 495

注　释 ………………………………………………… 497
人名索引 ……………………………………………… 606
报刊索引 ……………………………………………… 649

插　图

1864年11月29日总委员会会议记录的一页 …………………………… 21
国际工人协会载有1865年伦敦代表会议议程的传单 ……………………… 80
卡尔·马克思所作的1866年1月16日总委员会会议记录 ……………… 120
1866—1869年记录本第1页（1866年9月18日总委员会会议）………… 192
国际工人协会载有纪念波兰1863年起义公众大会节目的传单 ………… 236
记录本的一页（肖和福克斯执笔）………………………………………… 248
记录本的一页（1867年7月23日总委员会会议）……………………… 298
马克思就巴黎支部中的冲突给荣克的便函的一页 ……………………… 367
国际工人协会中央委员会告各工人团体书 ……………………………… 402
愿意加入国际工人协会的团体的申请书格式 …………………………… 403
泥水匠协会加入国际的申请书 …………………………………………… 453
记录本的一页（1867年7月9日总委员会会议）……………………… 481

国际工人协会总委员会记录本

(1864年10月5日—1867年12月31日)

1864 年①

国际工人协会②

由1864年9月28日圣马丁堂公众大会选出的委员会¹的第一次会议,于1864年10月5日在索霍区希腊街18号举行。根据**韦斯顿**先生提议,**惠特洛克**先生附议,推举乔·奥哲尔先生主持会议。③

主席说,头一件事是要任命委员会的书记。这时,**马克思**博士提议,**惠特洛克**先生附议:任命克里默先生。

克里默先生认为任命勒·吕贝先生更为适宜,他相信勒·吕贝先生无论从哪方面说都适合担任这个职务。

由于勒·吕贝先生列举各种理由辞谢这个职务,克里默先生全票当选。

讨论的下一个问题是委员会开会的时间。当时提出了几个决议案和修正案²;但是,最后根据**朗梅德**先生的提议,**德尔**先生的附议,在1票弃权下通过:

在协会工作就绪之前,委员会每星期二晚8时在希腊街18号开会。

---

① 这个标题是译者加的。——编者注
② 记录的开头一段由克里默执笔,记在记录本第1页上。
③ 以下由无名氏执笔,记在记录本第1—3页上。

由于提出了支付开会用房的租金问题，大家同意在总同盟理事会决定了允许我们使用这个房间的条件之后再来讨论这件事。[3]

接着讨论了会费的金额问题。**诺布尔**先生提议，**惠特洛克**先生附议：

暂时规定委员会委员每季纳费1先令，但往后也接受任何委员或朋友的自愿捐款。

沃利先生提出一项修正案，**朗梅德**先生附议：

委员会的初步开支由委员会委员和其他朋友的自愿捐款支付。

赞成修正案——6票，赞成原提案——14票。通过。

接着，到会的委员共认捐了3基尼。根据**德尔**先生的提议，**布莱克莫尔**先生的附议，一致选举**乔·惠勒**先生为委员会的财务委员。

接着，**勒·吕贝**先生提议，**惠特洛克**先生附议，并一致同意增选下列人员加入委员会：

瓦斯邦太、莫里索、雅莱斯丹、勒鲁、博尔达日、阿尔多夫兰迪。

根据**沃尔夫**少校的提议，**霍尔托普**先生附议，塞塔奇先生、卡特先生、比斯利教授被增补入总委员会。

接着，讨论了任命委员会里代表各国的书记的问题。根据**惠特洛克**先生的提议，**沃尔夫**少校的附议，一致选举勒·吕贝先生为法国通讯书记。根据**惠特洛克**先生的提议，**马克思**博士的附议，霍尔托普先生当选为波兰通讯书记。

马克思博士说明，德意志工人协会[4]将选出德国通讯书记。

沃尔夫少校也就意大利工人协会[5]作了同样的声明。

接着，就选举名誉总书记及其在同各国书记的关系中所应有的地位的问题，进行了长时间的讨论。根据**惠勒**先生的提议，**沃尔夫**少校的附议，一致选举克里默先生为名誉总书记。

克里默先生说，他认为选举勒·吕贝先生更为适宜，他无论从哪方面说都胜任如此重要的职务。但是由于勒·吕贝先生坚辞不就，所以他，克里默先生，将接受这个职务。当协会通过了原则纲领，制定了章程和开始正常工作的时候，他就辞去这个职务。

接着，就协会所必须遵循的原则进行了很长时间的热烈讨论，最后根据**德尔**先生的提议，**特利姆勒特**先生的附议，任命一个9人小委员会来起草原则纲领，在总委员会下次会议上讨论这些原则。

接着，下列诸人当选组成小委员会：惠特洛克先生、韦斯顿先生、马克思博士、勒·吕贝先生、沃尔夫少校、霍尔托普先生和皮金先生，主席和书记因职务关系为当然委员。⁶

即此休会至1864年10月11日星期二。

主　　　席①

名誉总书记　**威·朗·克里默**

小委员会会议②

1864年10月8日于白十字街80号举行

出席人：沃尔夫少校、勒·吕贝先生、奥哲尔、克里默和韦斯顿诸位先生。⁷

奥哲尔先生主持会议。

韦斯顿先生提出并宣读了他起草的原则宣言草案。⁸

就这个草案所阐述的原则进行了很长时间的讨论，最后，根据**勒·吕贝**先生的提议，**沃尔夫**少校的附议，决定：请韦斯顿先生精简并修改他的草案，而后由小委员会将它提交给总委员会作为协会的纲领。

接着，**沃尔夫**少校提议和**克里默**先生附议下述决议案：

---

① 记录本里，乔·奥哲尔的名被抹掉了。
② 本日记录由无名氏执笔，记在记录本第3—4页上。——编者注

本委员会把促进欧洲工人阶级的道德、智力和经济的进步作为其活动的基础，其方法是同全欧洲各个工人团体达成协议，以求得目标一致和行动一致，这是达到上述结果的两大手段。一致通过。

沃尔夫少校接着宣读了意大利工人协会章程，该协会在全意大利开展了相当一段时间的活动，以便把各个工人团体联合为一个兄弟联盟。[9]

小委员会高度赞同这个章程，并根据**克里默**先生的提议，**勒·吕贝**先生的附议，决定把这个章程推荐给总委员会采用。

接着，**勒·吕贝**先生提议和**克里默**附议：

我们建议总委员会规定个人会费为每年1先令；凡缴纳了上述金额的会员，应发给会员证；团体会员的会费应规定得尽可能低些。决议被一致通过。

休会。

主　　席[①]

名誉总书记　威·朗·克里默

总委员会会议[②]
1864年10月12日[③]

宣读了上次会议记录后，根据**德尔**先生的提议，**勒·吕贝**先生的附议，认为正确无误并予通过。

书记[④]接着宣读了8日举行的小委员会会议记录，这个记录得到普

---

① 记录本里，乔·奥哲尔的签名被抹掉了。
② 本日记录由无名氏执笔，记在记录本第5—6页上。
③ 笔误。会议是在1864年10月11日星期二举行的。
④ 克里默。

遍赞同；**韦斯顿**先生宣读了他根据小委员会的建议作了删节的草案，他以为，这个草案可以作为协会的原则纲领。

对草案的内容进行了很长时间的讨论。**沃尔夫**少校根据委员会的请求提出并宣读了意大利工人协会章程，最后，根据**卡特**先生的提议，**惠勒**先生的附议，决定：

将韦斯顿先生宣读的草案和沃尔夫少校宣读的章程交还小委员会再行修改。

接着，**德尔**先生提议和**哈特韦耳**先生附议：

由于韦斯顿先生在起草这个草案方面和沃尔夫少校在将意大利工人协会章程译成英文方面所表现出的才干，委员会向沃尔夫少校和韦斯顿先生表示最深切的感谢。一致通过。[10]

接着，**克里默**先生提议和**惠特洛克**先生附议：

凡为本协会会员的个人，每年缴纳会费不得少于1先令；团体会员会费金额以后再定。一致通过。

接着讨论了给协会命名的问题。**惠勒**先生提议和**莱诺**先生附议：委托小委员会就本协会并入总同盟是否可行的问题进行调查，并就此向本委员会报告。

莱诺先生说，因为这两个团体所追求的目的几乎是一样的，最好是把它们联合起来，从而把它们的努力联合起来。[11]

而**惠特洛克**先生提出一项修正案，**埃卡留斯**先生附议：协会的名称叫国际工人协会。

赞成修正案——16票，赞成原提案——4票。因此，协会定名为国际工人协会。

由于沃尔夫少校说明他准备去那不勒斯，并将出席要在那个城市举行的工人代表大会[12]，**克里默**先生提议和**勒·吕贝**先生附议：

委托沃尔夫少校通过这个代表大会的工人代表向意大利工人调查，他们是不是愿意同世界其他国家的工人结成兄弟联盟，如果得到肯定的答复，就弄清楚建立这种联盟的基础。一致通过。

责成书记以本委员会名义发给沃尔夫少校全权证书。

接着，下列诸位被补选入总委员会：

雷布钦斯基先生——由霍尔托普先生提议，福克斯先生附议；

塔朗迪埃先生——由沃尔夫少校提议，福克斯先生附议；

M. G. 努斯佩尔利——由勒·吕贝先生提议，博尔达日先生附议；

朱·P. 方塔纳先生——由沃尔夫少校提议，拉马先生附议；

约·罗·泰勒先生——由惠勒提议，惠特洛克附议。

根据**沃尔夫少校**的提议，**勒·吕贝**先生附议，M. G. 努斯佩尔利先生被选为瑞士通讯书记。

即此休会至1864年10月19日。

副 主 席 约·格·埃卡留斯
名誉总书记 威·朗·克里默

中央委员会会议①

1865年10月19日②

由于主席③因有要事缺席，根据韦斯顿先生提议，福克斯先生附议，埃卡留斯先生当选主持会议，上次会议的记录宣读后，根据福克斯先生提议，霍尔托普附议，予以批准。

接着，根据吕贝提议，博尔达日附议，卢森堡的沃尔夫先生被选为委员会委员。

---

① 本日记录由克里默执笔，记在记录本第7—8页上。
② 笔误。这次会议是在1864年10月18日星期二举行的。
③ 奥哲尔。

接着，**泰勒**先生谈到他关于总同盟和本委员会的立场，但是由于执行主席要求他遵守秩序，泰勒先生声明打算（现在）退出委员会。

接着，**勒·吕贝**先生宣读了小委员会同意提交给总委员会的纲领和章程。[13]

宣读上述文件后，由于**沃利**先生不同意说资本家是反对工人的这种说法，进行了长时间的讨论。他还嘲笑了认为法国工人和英国工人互相排挤的意见。

卡特先生对沃利先生作了中肯的回答，**勒·吕贝**先生、**马克思**博士和另几个人也作了答复。而后，**克里默**先生提议，**马克思**附议：通过勒·吕贝所宣读的纲领。

而**沃利**先生提出一项修正案，**韦斯顿**附议：删去"资本和土地操于少数人之手"这些字。

赞成修正案——2票，赞成原提案——12票。

接着，**方塔纳**先生提议，**拉马**先生附议：大体采纳这个纲领。一致通过。

根据**方塔纳**先生提议，**惠勒**附议，福克斯先生被补选入小委员会；小委员会受托对序言和章程定稿，并将它们提交给中央委员会下次会议。

宣读了费西先生的一封来信，声明他辞去中央委员会委员。

又宣读了沃尔夫少校的一封来信，解释由于他反对选举萨西纳利先生所引起的误会；对这个解释表示满意。

根据**卡特**先生提议，**惠勒**附议，摩尔根先生被选进中央委员会。

即此休会至11月1日。

副 主 席 约·格·埃卡留斯
名誉总书记 威·朗·克里默

中央委员会会议①

1864 年 11 月 1 日

乔·奥哲尔先生主持会议。

上次会议的记录宣读后,根据**吕贝**的提议,**埃卡留斯**附议,予以批准。

下列诸位被选进中央委员会:

赛德先生——由**惠特洛克**提议,**克里默**附议;

普芬德先生——由**马克思**提议,**埃卡留斯**附议;

列斯纳先生——由**马克思**提议,**埃卡留斯**附议;

荣克先生——由**努斯佩尔利**提议,**吕贝**附议;

迪克先生——由**布莱克莫尔**提议,**卡特**附议;

梅里曼先生——由**德尔**提议,**布莱克莫尔**附议;

格罗斯密斯先生——由**德尔**提议,**布莱克莫尔**附议;

杜邦先生——由**吕贝**提议,**卡特**附议。

接着,**马克思**博士宣读了小委员会最后同意并提交中央委员会批准的序言、宣言和章程。

惠特洛克先生认为,应该对"氮"和"碳"等名词作些解释(以脚注形式)。

卡特、格罗斯密斯等先生发言赞成宣言。

惠特洛克先生提议,**卡特**先生附议:按原样通过所宣读的宣言。

而**沃利**先生提出一项修正案,**惠勒**先生附议:删去"利润猎获者"

---

① 本日记录由克里默执笔,记在记录本第 8—9 页上。

一词。

赞成修正案——11票，赞成原提案——10票。修正案被通过，删去"利润猎获者"一词。宣言被一致通过。

接着，**马克思**博士宣读了序言，并根据**惠勒**先生提议，**布莱克莫尔**附议，序言被一致通过。

接着讨论了章程，并根据**德尔**先生的提议，**惠特洛克**的附议，一致通过了序言、宣言和章程。①

接着，**惠勒**先生提议，**德尔**先生附议：以中央委员会名义对马克思博士、韦斯顿先生和勒·吕贝先生在起草如此卓越的宣言方面所作出的努力表示感谢。[14]一致通过。

关于章程的刊印问题，下次会议再议。

委员会即此休会至11月8日。

副 主 席　约·格·埃卡留斯
名誉总书记　威·朗·克里默

中央委员会会议②

1864年11月8日

埃卡留斯先生主持会议。

根据**福克斯**先生提议，**霍尔托普**先生附议，批准上次会议记录。

---

① 参看《国际工人协会成立宣言》和《协会临时章程》。——编者注
② 标题和日期由克里默执笔，以下由无名氏执笔，记在记录本第9—10页上。——编者注

书记①宣读了比斯利教授辞谢担任委员会委员职务的一封来信；又宣读了塔朗迪埃先生的来信，对他当选为委员向委员会表示感谢，并希望知道，如果碍于他的住地离伦敦太远而不能参加会议，他是否仍可担任委员。

又宣读了博凯先生的来信，询问同一问题。

接着，下列诸位被选进中央委员会：

格奥尔格·罗赫纳先生——由**马克思**提议，**卡特**附议；

威廉·考布先生——由**马克思**提议，**卡特**附议；

博勒特先生——由**霍尔托普**提议，**方塔纳**附议；

奥斯汀·侯里欧克先生——由**福克斯**先生提议，**韦斯顿**附议。

马克思博士提议，**荣克**先生附议：凡不能出席会议者，都不得成为本委员会委员。

马克思博士吁请注意《晨星报》和《蜂房报》上关于上次会议的报道，并抱怨这些报道违反了协会的一个基本原则，即真实性；他还抱怨未经委员会许可就发表了宣言。[15]

书记说明他同这些报道没有任何关系，他对此极为惊讶；他认为是哈特韦耳先生提供了所说的这些报道。

为杜绝再次出现这种错误的报道，**马克思**博士提议，**方塔纳**先生附议：

书记购置一架复印机，今后凡给报纸的报道须通过书记递送。

阿尔多夫兰迪先生提议，**卡特**先生附议：

请马克思博士改正宣言中的错别字，并刊印500份宣言、纲领[16]和章程。一致通过。

迪克先生提议，**马克思**博士附议：会员证问题留到下次会议再议。

---

① 克里默。——编者注

摩尔根先生提议，**韦斯顿**先生附议：

通知全体委员出席下次会议，凡不出席而又不对其缺席表示歉意者，即被认为自愿退出委员会。一致通过。

克里默先生通知说，他打算提请委员会考虑为协会准备会所是否可行的问题。

即此休会。

副 主 席　约·格·埃卡留斯
名誉总书记　威·克里默

中央委员会会议[1]

1864年11月15日

埃卡留斯先生主持会议。

上次会议的记录宣读后，根据**韦斯顿**提议，**惠特洛克**附议，予以批准。

书记[2]宣读了几位委员对于他们未能出席会议表示歉意的几封来信。

就委员会里缺席委员因住得太远而不能到会的问题，进行了长时间的讨论。

惠特洛克先生提出和**迪克**先生附议的一项关于选举这些人为委员会的通讯委员的决议案，最后被撤销。因为大家都一致认为：由于现任委员会只具有临时性质，因而业已选进委员会的全体委员均应留任，但是

---

① 本日记录由无名氏执笔，记在记录本第11—12页上。
② 克里默。

今后不得将住得很远而不能出席会议的人选为新委员。

接着，**克里默**先生提议，**勒·吕贝**先生附议：

刊印1000［份］宣言和章程。一致通过。

迪克先生提议：责成小委员会设计会员证，并印制1000张。

接着，就接纳团体会员加入协会的问题进行了长时间的讨论。最后，根据马克思博士提议，**布莱克莫尔**先生附议，这个问题留到下次会议再议。

接着，**克里默**先生提出了一项为协会准备会所的计划；决定把这个问题交给小委员会处理。

接着，**书记**声明说，由于他担任这个职务只到章程制定出来并获得批准时为止，而这个工作已经完成了，所以他现在提出辞呈。

由于会议不接受他辞职，**布莱克莫尔**先生提议，**惠特洛克**先生附议：

请求克里默先生仍继续任职，直到代表大会召开以后。一致通过。

克里默先生表示宁愿会议另选别人，但是他将担任这个职务，其条件是：这是作为一个名誉职务。[17]

韦斯顿先生提议，**朗梅德**先生附议：对《蜂房报》刊登宣言、章程等表示感谢。[18]一致通过。

迪克先生提议，**惠特洛克**先生附议：选举勒·吕贝先生为助理书记。一致通过。

会议即此休会至11月22日。

副　主　席　约·格·埃卡留斯

名誉总书记　威·克里默

中央委员会会议①

1864 年 11 月 22 日

埃卡留斯先生主持会议。

上次会议的记录宣读后，根据**马克思**博士提议，**德尔**先生附议，予以批准。

接着，下列诸位被选进了中央委员会：

巴克利先生——由**德尔**提议，**肖**附议；

莱克先生——由**德尔**提议，**肖**附议；

索卢斯特里先生——由**方塔纳**提议，**塞塔奇**附议；

路·奥托——由**埃卡留斯**提议，**马克思**博士附议。

接着宣读了沃尔夫少校和约书亚·伍德先生的来信。

迪克先生提议，**德尔**先生附议：

确定《蜂房报》为协会的机关报。一致通过。

接着，**克里默**先生提出了关于协会会所问题的动议；他建议选出三名代理人来找协会的会所。一致通过。

下列诸位当即当选为代理人：

乔·惠勒先生——由**德尔**先生提议，**方塔纳**先生附议；

威·德尔先生——由**马克思**博士提议，**福克斯**先生附议；

韦斯顿先生——由**荣克**提议，**吕贝**附议。

接着，**摩尔根**先生提议，**迪克**先生附议：

授权小委员会找到合适房子作为协会会所，并建议委员会委员们给

---

① 本日记录由无名氏执笔，记在记录本第 12—14 页上。

代理人以少量个人保证金，使他们免受损失。一致通过。

委员会委员当即捐献保证金，数额列下：

	镑	先令	便士		镑	先令	便士
马克思博士	2	0	0	考布先生	0	10	0
克里默先生	0	10	0	迪克先生	0	10	0
福克斯先生	0	10	0	豪威耳先生	0	5	0
埃卡留斯先生	0	10	0	勒鲁先生	0	10	0
霍尔托普先生	0	10	0	拉马先生	0	10	0
雷布钦斯基先生	0	10	0	塞塔奇先生	0	10	0
博勒特先生	0	10	0	卡特先生	0	10	0
列斯纳先生	0	10	0	方塔纳先生	2	0	0
奥托先生	0	10	0	荣克先生	1	0	0
摩尔根先生	0	10	0	吕贝先生	1	0	0

马克思博士提议，**惠勒**先生附议：

邀请各工人组织作为团体会员加入本协会，其会费数额可根据其经费情况自行酌情确定。

马克思博士提议，**惠勒**先生附议：

加入本协会的团体有权各选派一名代表参加中央委员会；委员会保留接纳或拒绝这些代表的权力。[19]一致通过。

接着，下列诸位被选为中央委员会的副主席：

埃卡留斯先生——由**德尔**先生提议，**马克思**博士附议；

塞塔奇先生——由**惠勒**先生提议，**方塔纳**先生附议。

下列诸位还被选为访问各工人团体的代表：

荣克先生——由**吕贝**先生提议，**马克思**博士附议；

考布先生——由**荣克**提议，**福克斯**附议；

方塔纳先生——由惠勒提议，吕贝附议；

摩尔根先生——由荣克提议，吕贝附议；

吕贝先生——由惠勒提议，方塔纳附议；

豪威耳先生——由惠勒提议，吕贝附议；

韦斯顿先生——由荣克提议，埃卡留斯附议。

马克思博士提议，**豪威耳**先生附议：

授权路·奥托先生代表本协会与西班牙的进步的朋友们通信。一致通过。

迪克先生提议，**豪威耳**先生附议：

以本委员会名义致书美国人民，祝贺林肯再次当选；由小委员会起草这封信。一致通过。

接着，**惠勒**先生提议，**方塔纳**先生附议：

补选卡特和豪威耳两位先生加入小委员会。一致通过。

即此休会至29日。

副 主 席　约·格·埃卡留斯
名誉总书记　威·克里默

中央委员会会议①

1864年11月29日

主席②主持会议。

上次会议的记录宣读后，**埃卡留斯**先生提议，**列斯纳**附议：批准记录。一致通过。

---

① 记录的开头部分由无名氏执笔，记在记录本第15页上。
② 奥哲尔。

接着，下列诸位被补入委员会：

D. 科尔奈利乌斯先生、托马斯·斯梅尔斯先生和彼得逊先生——由**埃卡留斯**先生提议，**列斯纳**先生附议；

亚历山大·尚岑巴赫先生——由**霍尔托普**提议，**雷布钦斯基**附议；

G. 班尼亚加蒂博士——由**方塔纳**提议，**拉马**附议①；

霍普金·威廉斯先生——由**韦斯顿**先生提议，**福克斯**先生附议。

接着，**马克思**博士提出如下决议案，**方塔纳**先生附议，并一致通过：

本协会会员未预先缴纳其一年会费者，不得被选进中央委员会。

接着，**马克思**博士提出了小委员会的报告，以及他们起草的向美国人民祝贺他们再次选举阿伯拉罕·林肯为总统的公开信的草稿。一致同意公开信，全文如下②：

致美国总统阿伯拉罕·林肯

阁下：

我们为您以大多数票再度当选向美国人民表示祝贺。如果说您在第一次当选时的适中的口号是反抗奴隶主的权势，那么您在第二次当选时的胜利的战斗号召则是：消灭奴隶制！

自从巨大的搏斗在美国一展开，欧洲的工人就本能地感觉到他们阶级的命运是同星条旗连在一起的。难道引出这段壮烈史诗的领土之争，不正是要决定，那辽阔无垠的处女地是应当由移民的劳动来享用，还是应当遭受奴隶监工的蹂躏吗？

当30万奴隶主的寡头政权敢于在世界历史上第一次把"奴隶制"这个词写

---

① 由此往下的记录由克里默执笔。
② 以下是一份载有公开信全文的1865年1月7日《蜂房报》第169号的剪报，粘贴在记录本上。

在武装叛乱的旗帜上的时候,当大约 100 年前最先产生了伟大的民主共和国思想的地方,在宣布了第一个人权宣言和最先推动了 18 世纪欧洲革命的地方,反革命接连不断地炫耀它已经取消了"旧宪法确立时代的种种观念",声称"奴隶制是仁慈的制度,确实是解决劳资关系这一重大问题的老办法",并无耻地宣布人身所有制是"新大厦的基石"的时候,——在这个时候,欧洲的工人阶级立即了解到(甚至在上层阶级为南部同盟派上流人士进行的狂热袒护向工人阶级发出了可怕的警号以前就已经了解到),奴隶主的叛乱将是一次财产对劳动所进行的普遍的十字军征讨的信号,在大西洋彼岸进行的这一大规模的战争关系着劳动者的命运,关系着他们对未来的期望,甚至关系着他们已经获得的果实。因此,工人阶级到处耐心忍受着棉业危机带给他们的困苦,激烈反对有产者当局竭力想采取的有利于奴隶占有制的干涉行动,——而在欧洲的大多数国家里,工人阶级为了正义的事业已经献出了自己的鲜血。

只要作为北部的真正政治力量的工人竟容许奴隶制玷污自己的共和国,只要他们在那些不问是否同意就被买卖的黑人面前夸耀白人工人享有自己出卖自己和自己选择主人的高贵特权,那他们就既不能取得真正的劳动自由,也不能支援他们欧洲兄弟的解放斗争;不过,这种进步道路上的障碍现在已被内战的血浪扫荡干净了。

欧洲的工人坚信,正如美国独立战争开创了资产阶级取胜的新纪元一样,美国反对奴隶制的战争将开创工人阶级取胜的新纪元。他们认为,由工人阶级忠诚的儿子阿伯拉罕·林肯来领导自己国家进行解放被奴役种族和改造社会制度的史无先例的战斗,是即将到来的时代的先声。

中央委员会代表国际工人协会签署:

朗梅德,沃利,惠特洛克,福克斯,布莱克莫尔,哈特韦耳,皮金,鲁克拉夫特,韦斯顿,德尔,尼阿斯,肖,莱克,巴克利,奥斯本,豪威耳,卡特,惠勒,斯坦斯比,摩尔根,格罗斯密斯,迪克,德努阿尔,雅莱斯丹,莫里索,勒鲁,博尔达日,博凯,塔朗迪埃,杜邦,鲁·沃尔夫,阿尔多夫兰迪,拉马,索卢斯特里,努斯佩尔利,埃卡留斯,沃尔夫,列斯纳,普芬德,罗赫纳,考布,

博勒特，雷布钦斯基，汉森，尚岑巴赫，斯梅尔斯，科尔奈利乌斯，彼得逊，奥托，班尼亚加蒂，塞塔奇；

委 员 会 主 席	乔治·奥哲尔
法 国 通 讯 书 记	彼·维·吕贝
德 国 通 讯 书 记	卡尔·马克思
意大利通讯书记	朱·普·方塔纳
波 兰 通 讯 书 记	乔·艾·霍尔托普
瑞 士 通 讯 书 记	海·冯·荣克
名 誉 总 书 记	威廉·朗·克里默

于索霍区希腊街18号。①

接着，就递交公开信的方法和国会议员参加代表团是否适宜的问题，进行了长时间的讨论；许多委员坚决反对议员参加代表团，他们说，工人应该有自信，不要求助于局外人。

书记报告说，他已经同美国公使通过信，他（书记）相信，如果向亚当斯先生提出要求的话，他会安排一个时间来接见代表团。

接着，**惠特洛克**提议，**埃卡留斯**附议，并一致通过：

书记同合众国公使联系，要求他安排接见代表团的时间；这个代表团由中央委员会的委员组成。②

惠勒先生提议，**勒·吕贝**附议：

所有到会的人以及缺席但赞同公开信中所阐述的观点的人，都在公开信上签名。[20]

会员证问题。**吕贝**先生提议，**拉马**先生附议：

印制会员证1000张，每张收费1便士。一致通过。

---

① 剪报至此结束。以下由克里默执笔，记在记录本第16页上。
② 以下由无名氏执笔。记在记录本第16—17页上。

1864年11月29日总委员会会议记录的一页

粘贴的铅印原文是致林肯总统的公开信

接着，**福克斯**先生提出了如下的决议案，**惠勒**先生附议，**霍尔托普**先生支持[21]，并一致通过：

兹确认波兰争取独立的战争符合欧洲各民族的普遍利益；它的失败是对文明和人类进步事业的一个沉重打击；第二，波兰有不可争辩的权利要求欧洲各先进民族用一切必要的手段来帮助它恢复其民族主权。

福克斯先生还提议草拟一封中央委员会英国委员致波兰人民的公开信。交由小委员会起草这封公开信。

即此休会至12月13日。

副 主 席 约·格·埃卡留斯
名誉总书记 威·克里默

中央委员会会议[①]

1864年12月13日

副主席**埃卡留斯**主持会议。

上次会议的记录宣读后，根据**德尔**先生提议，**惠特洛克**先生附议，予以批准。

接着，下列一位被选进了中央委员会：汉森先生，**博勒特**提议和**列斯纳**附议。

书记[②]报告说，他已经同合众国公使亚当斯先生联系过，并已同他的秘书商定，委员会于本月20日即下星期二晚上6点钟递交公开信。

勒·吕贝先生提议，**惠特洛克**先生附议：

---

① 本日记录由无名氏执笔，记在记录本第17—18页上。
② 克里默。

委员会下星期二晚上6点钟在希腊街18号开会。一致通过。

马克思博士提议，**德尔**先生附议：

选举**惠特洛克**先生为财务书记。一致通过。

接着，**福克斯**先生宣读了他所提议的、将由协会的英国支部采用、然后送交波兰国民政府的公开信。

这封公开信中的某些论述引起了长时间的讨论。这些论述[22]遭到了**荣克**先生、**勒·吕贝**、**马克思**博士的反对，而得到了**卡特**先生的支持。

福克斯先生在答辩时为一个论点作了辩护：法国传统的对外政策曾经有助于波兰的复兴和独立。

克里默先生认为探讨这个论点是否正确是重要的，他想建议留待下次会议再进一步讨论这封公开信。

摩尔根先生支持这个动议。一致通过。

克里默先生提议：在即将来临的节日期间，举办一次会员和朋友们的联欢会以庆祝国际协会的成立；为了落实这一点，任命一个三人委员会来作调查并向下次会议作报告。一致通过。

方塔纳、博勒特和克里默三位先生当选组成委员会。

接着，**方塔纳**先生报告说，他被授权代表伦敦意大利工人协会（该会约有350名会员）要求接纳他们加入协会；他还可以说，该协会的乐队将参加联欢会。

博勒特先生报告说，他相信德国人合唱团也会参加。

惠特洛克先生提议，**勒·吕贝**附议：

接纳意大利工人协会加入国际协会为会员。一致通过。

即此休会。

副　主　席　　约翰·韦斯顿
名誉总书记　　威·克里默

中央委员会会议①
1864 年 12 月 20 日

韦斯顿先生主持会议。

上次会议的记录宣读后,根据**德尔**先生提议,**方塔纳**先生附议,予以批准。

讨论了联欢会问题,小委员会报告了会场的租价;**勒·吕贝**先生提议,**方塔纳**先生附议:联欢会于1月9日星期一晚上在新人街剑桥大厅举行。茶会入场券票价1先令,茶会后票价6便士。

克里默先生宣读了合众国公使亚当斯先生的一封来信,建议将致林肯总统的公开信寄给他(亚当斯先生),而不是递交给其本人。

马克思博士提议,**方塔纳**先生附议:书记把公开信寄给亚当斯先生。

沃利先生提议,**惠勒**先生附议:再一次吁请亚当斯先生接见代表团。

赞成修正案——5票,赞成原提案——13票。

接着,**福克斯**先生重新为他的致波兰国民政府的公开信作辩护,并且慷慨陈词,为其中的主张的正确性而争辩。

经过讨论,决定将这个问题留到下次会议再议。

即此休会至12月29日星期四。

副 主 席　约·格·埃卡留斯
名誉总书记　威·克里默

---

① 本日记录由无名氏执笔,记在记录本第18—19页上。

中央委员会会议①

1864 年 12 月 29 日

埃卡留斯先生主持会议。

上次会议的记录宣读后,根据**德尔**先生提议,**勒·吕贝**先生附议,予以批准。

接着讨论了会员证问题,最后决定:既然会员证做得这么不好,应该退还给印刷所。

接着讨论了晚会问题,并根据**德尔**先生提议,**福克斯**先生附议,决定:邀请比尔斯、比斯利和哈里逊诸位先生,此外,书记向各周报的编辑送发请帖。

由于获悉意大利人乐队 1 月 9 日不能出席,决定将晚会延期到 1 月 16 日。

福克斯先生说明,由于马克思博士缺席,他宁愿延期讨论致波兰国民政府的公开信。

接着,就协会关注选举权问题是否适当进行了长时间的漫无边际的讨论。最后,**克里默**通知说他打算一有机会就提议:委员会认为为普选权进行宣传鼓动是有价值的。[23]

接着决定了委员会今后在星期二晚上开会。因为星期四太晚,来不及见报。[24]

即此休会至 1865 年 1 月 3 日。

副 主 席　约·格·埃卡留斯
名誉总书记　威·克里默

---

① 本日记录由无名氏执笔,记在记录本第 19—20 页上。

1865 年①

中央委员会会议②

1865 年 1 月 3 日

埃卡留斯先生主持会议。

书记③宣读了上次会议的记录。根据**德尔**先生提议，**马克思**博士附议，予以批准。

马克思博士交出了协会的《宣言》和《章程》的德译文，并报告说，在德国已经散发了 5 万份。[25]他还报告说，在瑞士已组成一个协会分会④。[26]

接着，就《蜂房报》没有发表致林肯先生的公开信一事，进行了讨论。**巴克利**先生提出了如下的提案，**奥哲尔**先生附议：写信给《蜂房报》编辑，请求他在下一期上发表这封公开信。[27]一致通过。

接着，**方塔纳**先生交出如下的公开信：

---

① 这个标题是译者加的。——编者注
② 本日记录由无名氏执笔，记在记录本第 20—23 页上。
③ 克里默。
④ 在总委员会会议记录原稿中，branch 和 section 二词往往互用；在本书中，branch 译作"分会"，section 译作"支部"。——编者注

致国际工人协会中央委员会

朋友们：

在旅居伦敦的意大利工人中为了共谋进步而建立的协会，完全赞同你们的目标和方法。他们加入你们的协定，并保证履行其中规定的义务。在最近一次那不勒斯工人代表大会上，大多数意大利工人团体间的联盟已经建立起来。选出了中央理事会。我们相信，我们现在干的，这个中央理事会，为了我们意大利联盟的广大兄弟，不久也会干起来。

在各民族工人中建立普遍的实际的兄弟般的关系和目标的普遍一致，在这个基础上到处促进他们道德、智力和经济的进步，适时致力解决诸如从税制、选举改革和政治权利到共济会、合作社和教育机构这一切影响工人状况的重要问题（这一定是你们的目标），这无疑是一个困难重重、需要时间和我们坚定不渝的活动的勇敢尝试，这也是一个道德崇高、虔诚至极的目标。它把我们的旨趣由地方利益的卑小狭隘的境界提高为共同关心谋求普遍利益的崇高原则。它展示着将消灭不平等、愚民主义、现行雇佣劳动制度，并［将促进］代之以人人享有平等的权利和义务、真正的国民教育以及生产消费的协和制度的新纪元的曙光。这是需要努力以赴的，因而我们要加入你们的行列。祝我们的联盟长存！

意大利工人共进会委员会：

主　　席　　多·拉马

副 主 席　　朱·普·方塔纳　卡·塞塔奇

财务委员　　A. 瓦康西

委　　员　　G. 詹尼纳济　F. 费尼利

　　　　　　F. 索卢斯特里　津蒂尼

　　　　　　比洛西　韦拉蒂

书　　记　　G. 班尼亚加蒂博士

上述信件宣读以后，**马克思**博士重启延期了的关于准备送交波兰国民政府的公开信的讨论。他以精湛的历史概述证明，法国传统的对外政策并不曾有助于波兰的复兴和独立。马克思博士的发言，饱含非常值得公布的重要的历史事实。[28]

福克斯先生答复说，他并不是要为现代法国的对外政策作辩护；他所争辩的只不过是说，旧时法国的对外政策曾经有利于波兰的独立。

接着，**荣克**先生提出如下提案，**勒·吕贝**附议，并获得一致通过：

鉴于公开信中所阐述的有关法国在波兰问题上的对外政策的观点缺乏历史事实的根据，因而必须予以修改以符合历史真相。

接着，一致决定，邀请比斯利①、比尔斯和哈里逊[29]诸位先生参加将于1月16日举行的晚会。

即此休会至1月7日。②

副　主　席　约·格·埃卡留斯
名誉总书记　威·克里默

中央委员会会议③

1865 年 1 月 10 日

副主席**埃卡留斯**主持会议。

宣读了上次会议的记录。根据**德尔**先生的提议和**勒·吕贝**先生的附议，予以批准。

---

① 记录本上在"比斯利"名字之后勾掉了"格罗斯密斯"的名字。
② 最后一句是克里默的手笔，看来是笔误。参看下次会议的记录。
③ 记录的开头由克里默执笔，记在记录本第23页上。

接着，由书记宣读了伦敦三个德国工人团体来的如下公开信。①

致国际工人协会中央委员会

工人同志们：

  索霍区拿骚街2号伦敦工人教育协会，在1865年1月4日举行的、有伦敦东区和南区两个同胞团体的代表出席的全体大会上，通过了如下的决议："三个团体——伦敦工人教育协会、条顿尼亚与和谐协会——作为一个统一的团体加入国际工人协会为一个附属团体。"伦敦工人教育协会成立于1840年2月7日，已有1/4世纪的历史。在它存在的最初年代，就同这个国家的社会主义者和宪章派有过经常的联系。1846—1848年，法国社会民主协会、民主派兄弟协会和本协会，曾联合在一起。借助于这些国际联系，本协会得以完成了伟大的使命——在德意志联邦境内一切关于社会和政治问题的公开讨论几乎是不可能的时候，在德国工人中宣传那些激荡了英国和法国的原则和思想。这样，我们充当了欧洲东部和西部之间的通译员，我们竭尽绵薄来消除德国工人中的以为立宪政府和资本家的统治就是人民的幸福的幻想。我们欢呼过于疏远的欧洲各国工人阶级间建立持久的国际联合的前景，我们确信，只有整个文明欧洲的工人的联合行动，才能抵抗得住欧洲全体压迫者的联合行动。

和谐协会的代表	W. 福格特	L. 勒伯尔
	O. P. 凯瑟勒	
条顿尼亚的代表	A. 克林克尔	A. 洛伦茨
	H. 孔特	
工人教育协会	主 席	戈赫特
	书 记	P. 万·霍芬
	财务委员	施梅尔策[30]

---

① 以下是剪自1865年1月14日《蜂房报》第170号的剪报。

接着，**惠特洛克**先生提议，**勒·吕贝**先生附议，并通过："接纳已经承认国际协会原则的三个德国人团体为附属团体，它们的代表得以参加中央委员会。"

接着，接纳波兰独立全国同盟的代表团和波兰国民政府[31]的几位代表参加会议，他们的目的是就举行公开集会纪念1863年波兰革命事宜征询中央委员会的意见。全国同盟代表**比尔斯**先生和波兰国民政府代表**博勒钦斯基**上尉在会上讲了话。接着发言的有：**福克斯、邓恩**[①]**、惠特洛克、霍尔托普、埃卡留斯、勒·吕贝、荣克、克里默、博勒特**和**卡特**诸位先生。他们全都认为波兰的独立对于欧洲的和平和自由是至为重要的。

接着，**鲁克拉夫特**先生提议，**埃卡留斯**先生附议，并一致通过决议："如果波兰委员会召集大会，本协会有责任利用它所有的一切手段来协助举行纪念虽然遭到失败但仍是光荣的1863年革命周年的活动。"

责成小委员会同波兰委员会和全国同盟一道贯彻上述决议。[②]

委员会休会至1月17日。

副　主　席　约·格·埃卡留斯
名誉总书记　威·克里默

中央委员会会议[③]
1865年1月17日

埃卡留斯先生主持会议。

---

① "邓恩（Dunn）"显然是"德尔（Dell）"之误。
② 剪报至此结束。最后一句由无名氏执笔。
③ 本日记录由无名氏执笔，记在记录本第24—25页上。

宣读了上次会议记录后，**霍尔托普**先生抱怨没有把他在上次会议上提出的一个抗议载入记录。

书记说，他不记得霍尔托普先生提出过明确的或肯定的抗议，但是，如果他愿意，这个抗议可以载入这一次的记录中。同意。

所说的抗议如下：

约·艾·霍尔托普对于康·博勒钦斯基上尉和他的出席了1月4日①委员会会议的伙伴作为波兰民主派或波兰国民政府的代表一事，表示抗议。

惠勒先生提议，**勒·吕贝**先生附议：

批准已补充了这个抗议的记录。一致通过。

接着，**吕贝**先生提议，**惠特洛克**先生附议：

委员会向德国人合唱团和意大利人乐队表示深切的谢意，感谢他们参加晚会并在会上表演。一致通过。

荣克先生提议，**惠勒**先生附议：

委员会向襄助举办茶点部的女士们表示感谢。一致通过。

接着，**方塔纳**先生提议，**阿尔多夫兰迪**附议：

任命勒·吕贝先生为比利时临时通讯书记。

勒·吕贝先生报告，努斯佩尔利、摩尔根、奥哲尔诸位先生和他自己，上星期日晚上参加了格林尼治的集会，那里可望建立起一个好分会。[32]

由于**摩尔根**先生报告了有几个鞋匠协会将于本月30日开会，任命了几个代表团以便前去邀请他们加入协会。

即此休会。

副 主 席 约·格·埃卡留斯

名誉总书记 威·克里默

---

① 笔误。所说的会议是在1月10日开的。

中央委员会会议①

1865年1月24日

埃卡留斯先生主持会议。

宣读了上次会议的记录,根据**德尔**先生的提议,**勒·吕贝**的附议,予以批准。

宣读了瑞士的一封来信,这是对荣克先生转递去的那封信的复信。[33]马克思博士宣读了柏林排字工人协会的来信和全德工人联合会的来信。这两个团体表示完全赞同国际工人协会的原则,并对由于法律上的藩篱阻碍他们加入协会为会员一事表示遗憾,但是他们答应派代表出席代表大会。[34]

马克思博士还宣读了圣路易斯军区司令②的一封非常令人感兴趣的来信[35];以及托伦先生的一封来信,信中谈到他们在巴黎在国际工人协会方面所占有的地位。

接着,就有关托伦先生的某些说法和传闻进行了讨论,并决定:在向巴黎寄发会员证之前,应该对这些传闻的真相进行调查。[36]

接着,一人被选入中央委员会:托马斯·多纳蒂先生——**德尔**先生提议,**奥哲尔**附议。

接着,**马克思**博士提议,**惠特洛克**先生附议:中央委员会委员候选人应在选举前至少一周提名,这种选举应在候选人缺席情况下进行,被

---

① 本日记录由克里默执笔,记在记录本第25页上。标题和第一句由无名氏执笔。
② 约·魏德迈。

选举人应在其被提名前取得会员证。一致通过。

委员会即此休会至 1 月 31 日。

副 主 席 约·格·埃卡留斯
名誉总书记 威·朗·克里默

中央委员会会议①

1865 年 1 月 31 日

副主席**埃卡留斯**主持会议。

书记宣读了上次会议的记录。公民**马克思**声明，关于全德工人联合会有一个小错误。

错误改正。根据**惠特洛克**先生的提议，公民**方塔纳**的附议，记录被批准。[37]

接着，讨论了认缴会费的起讫时间问题。公民**马克思**提议和公民**惠特洛克**附议：认缴会费从 1 月 1 日开始，到 12 月 31 日结束。

接着，公民**克里默**提议，公民**方塔纳**附议：凡已当选为中央委员会委员而于 3 月 1 日前不出示会员证者，届时将被视为自行退出中央委员会。

书记宣读了美国大使馆来的一封答谢中央委员会致林肯先生贺信的复信。复信全文如下②：

合众国公使馆
1865 年 1 月 28 日于伦敦

---

① 记录的开头由克里默执笔，记在记录本第 26 页上。
② 以下由无名氏执笔，记在记录本第 26—29 页上。

阁下：

我受命通知阁下，贵协会中央委员会通过本公使馆及时递交给合众国总统的贺信，他已经收到了。

他渴望自己无愧于他的同胞和全世界如此众多的人类和进步的朋友们近来给予他的信任，并以这种诚挚而热烈的心情，接受贺信对他本人所表达的情谊。

合众国政府明确认识到，它的政策不是也不可能是反动的，但同时，它坚持它一开初就采取的到处都禁绝说教宣传和非法干预的行动方针。它竭力谋求对所有各州和一切人都平等和绝对公正，它相信争取国内的支持和争取全世界的尊敬和友好的努力，会取得有益的结果。

各民族不光是为了独自生存，也是要通过友好的交往和范例来促进人类的安宁和幸福。在这方面，合众国认为她们现在同维护叛乱分子利益的奴隶制作斗争的事业，乃是人类天性的事业。她们将从欧洲工人对我国立场的明智赞赏和真诚同情的宣言中汲取新的鼓舞力量，坚持战斗。

阁下，我有幸成为您忠实的仆人，

查理·弗兰西斯·亚当斯
致伦敦国际工人协会名誉书记
威·朗·克里默[38]

接着，公民**马克思**宣读了《圣路易斯每日新闻》的一篇摘要，它赞扬我们的宣言和章程，并对未能全文发表表示遗憾。[39]

公民**勒·吕贝**宣读了比利时全国联盟书记公民封丹的来信。信中说明，联盟将于2月11日就加入协会问题作出决定。信中还说，宣言和章程已经翻译散发，并要求寄去500张会员证。[40]

公民**勒·吕贝**提议和公民**惠勒**附议：公民封丹为比利时的（临时）通信书记。一致通过。

接着，公民**勒·吕贝**提议，公民**马克思**附议：指派公民惠勒和公民克里默访问总同盟委员会，探询停止小委员会使用会场是不是经过该委员会的授权或批准。

公民**惠特洛克**提议，**布莱克莫尔**附议：为协会置备一枚印章。一致通过。

考布、列斯纳、埃卡留斯、勒·吕贝、荣克、克里默诸位公民报告了他们访问各团体的情况。他们到处都受到殷勤的接待，所有这些团体都答应对问题作进一步的考虑。

接着，**书记**提出了选举权问题，并说明，已开始筹备组织一个争取成年男子选举权的集会。他认为，委员会应该注意这个筹备工作；为此，他建议指派一个代表团参加即将举行的筹备会。[41]

进行了长时间的讨论。**马克思、惠特洛克、惠勒、勒·吕贝、卡特**诸位公民参加了讨论。公民**惠勒**支持这个提案。提案被一致通过。

接着，被选为代表团的有：卡特、埃卡留斯、奥哲尔、吕贝、惠特洛克、克里默、惠勒和德尔诸位公民。[42]

由于中央委员会委员公民迪克报告了他要去新西兰，公民**卡特**提议，公民**惠勒**附议：任命公民迪克为那里的通讯书记。

即此休会至1865年2月7日。

　　　　　　　　　　副　主　席　　约·格·埃卡留斯
　　　　　　　　　　名誉总书记　　威·克里默

中央委员会会议①

1865年2月7日

副主席**埃卡留斯**主持会议。

---

① 本日记录由无名氏执笔，记在记录本第29—30页上。

宣读了上次会议的记录后，根据公民**勒·吕贝**的提议，公民**马克思**的附议，予以批准。

公民**克里默**代表小委员会作报告；小委员会向中央委员会提出下列建议：给加入协会的各团体分发单行卡片。这种卡片应具有一般性质，证明上面注明名称的团体已经加入了国际协会；

第二，在英国收到的个人会员证费，应全部上缴中央委员会，但是，协会的分会如有合理开支，中央委员会（如果认为此种开支得当的话）可以批准拨给一笔经费以支付这种费用；

第三，我们大陆上的兄弟们的会员证费每张1先令。这笔钱应上缴中央委员会。

……①由公民**克里默**提议，公民**马克思**附议，并一致通过。

接着，公民**勒·吕贝**宣读了巴黎的一封来信，信中谈到传闻公民托伦是按罗亚尔宫的指示行事。[43]

因为有一项决议案提出来，其大意是：我们姑且接受公民托伦辞职，所以公民**卡特**提议，公民**惠勒**附议：不接受公民托伦辞职，因为没有谁感兴趣轻信上述的传闻。

公民卡特极力为自己的提议辩护。由于原决议案撤销，公民卡特的修正案成了决议案，并被一致通过。

接着，公民**马克思**提议，公民**惠勒**附议：委任公民勒福尔为我们在巴黎的报刊辩护人。[44]一致通过。

委员会即此休会至2月14日。

副 主 席　约·格·埃卡留斯
名誉总书记　威·克里默

---

① 记录本此处缺字。

中央委员会会议①

1865年2月14日

主席**奥哲尔**主持会议。

上次会议的记录宣读后，根据公民**方塔纳**的提议，公民**埃卡留斯**的附议，予以批准。

接着，公民**马克思**报告说，曼彻斯特成立了一个国际工人协会的分会。⁴⁵ 他还宣读了厄内斯特·琼斯论述成年男子选举权的一封信。⁴⁶

充分讨论了这封信。

公民**马克思**又宣读了德国《星报》⁴⁷的一篇摘要，其中报道②，瑞士人衷心拥护协会，共和同盟和瑞士法国人协会已经开了会；他们接受了章程，并将在瑞士各地成立分会，在日内瓦设立中央委员会。

（接着，公民**勒·吕贝**宣读了巴黎的一封来信⁴⁸；他还对在上次会上曾建议接受公民托伦辞职一事表示遗憾。）

公民**韦斯顿**代表访问西蒂区鞋匠协会的代表团作报告，他们受到热诚接待，并被邀参加下次会议。

荣克和**摩尔根**两位公民证实了公民韦斯顿的报告。

又有建议：派代表团在2月27日去访问鞋巷的鞋匠协会。

豪威耳先生也请求派代表团去访问泥水匠执行委员会。⁴⁹ 同意。

公民**弗兰西斯**又提出了会员证问题。经长时间讨论后，延期再议。

即此休会至2月21日。

---

① 本日记录由无名氏执笔，记在记录本第30—31页上。
② 记录本中在这里抹掉了几个字，并加进了下次会议上所作的修改。

副　主　席　约·格·埃卡留斯
名誉总书记　威·克里默

中央委员会会议①

1865 年 2 月 21 日

副主席**埃卡留斯**主持会议。

上次会议的记录宣读后，公民**勒·吕贝**说，记录中有一处记载，说他曾建议应该接受公民托伦的辞职，这是不确切的；他也许有点儿脾气不好，但是他感谢曾经制止过他的人。

公民**福克斯**建议在记录中谈到瑞士共和同盟的那一部分作一点小的修改。

这个建议获得同意后，记录被批准。

书记说，他收到泥水匠协会总书记②的一封来信，说明该协会赞同国际工人协会的原则，并决定加入协会作为附属团体。公民豪威耳是他们在中央委员会的代表。

根据**惠特洛克**的提议，公民**马克思**的附议，公民**勒·吕贝**宣读了巴黎来的一些信件，这些信件谈到那里发生了不愉快的事。由于大家都认为用通信方法解决分歧有困难，根据公民**惠特洛克**的建议，**方塔纳**的附议，决定派勒·吕贝去巴黎调查公民勒福尔和公民弗里布尔之间存在的分歧。

公民**马克思**提议，公民**列斯纳**附议：任命席利先生协助公民勒·吕

---

① 本日记录由无名氏执笔，记在记录本第 31—33 页上。——编者注
② 科尔森。

贝解决分歧。⁵⁰一致通过。

又决定：授权代表们根据情况采取行动。

接着，**书记**①提出了选举权问题。他还宣读了**比尔斯**先生关于这个问题的一封来信。⁵¹大家都认为，只有成年男子选举权才能得到委员会的支持。还认为，尽可能多的人出席星期四的会议是适当的。⁵²

从亚历山德里亚要塞受监禁归来的公民**沃尔夫**受到委员会的热烈祝贺。公民**惠特洛克**提议，公民**惠勒**附议：中央委员会祝贺公民沃尔夫恢复自由。一致通过。

公民**沃尔夫**说，他受亚历山德里亚和布雷西亚各工人团体的委托，向委员会表示他们的友好感情；还说，他们诚恳赞同协会的目的，并希望不久将加入这个兄弟联盟。

接着，公民**福克斯**提出了即将在圣马丁堂举行的关于波兰问题群众大会的问题，并提出了如下提案：国际工人协会中央委员会完全赞同3月1日在圣马丁堂召开关于波兰的纪念会，并邀请自己的朋友参加。一致通过。⁵³

即此休会至28日。

副 主 席　约·格·埃卡留斯
名誉总书记　威·克里默

中央委员会会议②

1865年2月28日

主席③主持会议。

---

① 克里默。
② 记录的开头由无名氏执笔，记在记录本第33页上。
③ 奥哲尔。

上次会议的记录宣读后，根据公民**福克斯**的提议，**埃卡留斯**的附议，予以批准。

公民**勒·吕贝**提议，公民**摩尔根**附议：

接纳泥水匠协会为附属团体，并接纳公民豪威耳作为它的代表参加中央委员会。一致通过。

接着，公民**荣克**报告中区①鞋匠协会的情况，他曾受托访问过这个协会。

公民**马克思**宣读了曼彻斯特关于选举权问题的来信。[54]他还声明，他已经同《社会民主党人报》断绝了一切联系。[55]

勒·吕贝先生用英语和法语报告了他出使巴黎的情况。

公民**福克斯**宣读了席利先生来的英文和法文信。

托伦先生和**弗里布尔**先生从巴黎来，为的是让中央委员会有机会向他们询问他们同勒福尔先生之间所发生的分歧，并且为他们所采取的行动方针作辩护。他们两人在委员会会议上讲了话，公民**福克斯**把他们的讲话译成英语。

就托伦先生和弗里布尔先生的报告和讲话进行了很长时间的讨论。讨论的结果通过了由公民**卡特**提议，公民**韦斯顿**附议的如下决议：

小委员会同中央委员会法国委员举行联席会议，进一步调查这些分歧，如果可能，查明究竟谁是谁非。[56]

委员会即此休会至3月7日。

主　　席　约·格·埃卡留斯
名誉总书记　威·朗·克里默

---

① 以下由克里默执笔，记在记录本第33—34页上。

中央委员会会议[①]

1865年3月7日

副主席**埃卡留斯**主持会议。

宣读并批准了上次会议的记录。

接着,公民**福克斯**向中央委员会宣读了小委员会的报告和它所提出的有关巴黎纠纷的几项决议。

决定**逐一**研究这些决议。

报告人宣读了小委员会提出的第一项决议:

第一,既然公民托伦屡次申请辞职,而中央委员会又常常拒不接受,那么委员会现在只好让公民托伦和巴黎理事会再次讨论一下,在当前的形势下这样摆脱职务是否合宜。中央委员会事先批准理事会对这个问题所通过的任何决议。

公民**勒·吕贝**提出和公民**摩尔根**附议一项修正案:无保留地接受托伦先生辞职。

荣克、杜邦、惠特洛克和马克思诸位公民发言支持原提案。

德努阿尔、勒·吕贝和博尔达日诸位公民发言支持修正案。

付表决,原提案被通过(不同意——4票)。

接着,报告人提出了第二项决议,即:

第二,中央委员会考虑到国际工人协会的32个会员于2月24日在

[①] 记录的头三行出自克里默之手,往下由无名氏执笔,记在记录本第34—35页上。

巴黎①召开的会议上所表示的愿望⁵⁷，并忠于人民的主权和自治的基本原则，决定废除自己关于为法国报刊委派正式辩护人的决定。同时委员会借此机会特向国际工人协会的一位发起人、一位有功绩的社会活动家公民勒福尔表示深切的敬意⁵⁸；——其次，委员会坚决反对只有工人②才可以被任命为我们协会里的负责人员的原则。⁵⁹

公民**沃尔夫**提议，删去决议中关于撤销对公民勒福尔的任命那一部分。

主席裁决，这项提议等于否定整个决议案。

公民**惠勒**宣读了现在住在巴黎的亚·坎伯尔关于这个问题的一封来信。

决议案得到下列诸位公民的支持：**福克斯、荣克、杜邦、马克思、考布**和**卡特**。

惠特洛克、勒·吕贝和**惠勒**诸位公民发言反对决议案。

付表决，11票赞成决议案，9票反对。所以，决议案以2票多数被通过。公民**霍尔托普**弃权。

接着，提出并讨论了第三项决议：

第三，决议：中央委员会决定，批准弗里布尔、利穆赞和托伦三位公民以前的职务，并承认公民万萨德参加理事会。⁶⁰

公民**卡特**提议对上述提案作如下修正：中央委员会决定批准现任理事会，并补入公民万萨德。

公民**惠特洛克**附议。修正案被接受并被一致通过。

接着讨论第四项决议。决议内容如下：

中央委员会恳切地建议巴黎理事会同公民勒福尔和贝律兹达成协

---

① 以下由克里默执笔，记在记录本第35—37页上。
② 记录原文是"ouvrier"。

议,使他们和他们所代表的那一批工人在理事会中有三名代表。中央委员会虽然表示这样的愿望,但是没有权利并且也不打算把自己的意志强加于巴黎理事会。

公民**勒·吕贝**反对这项决议案,而**豪威耳、荣克、惠勒、马克思**和**卡特**诸位公民赞成这项决议案。

决议没有分歧被通过。

由于公民**勒·吕贝**的申辩,讨论了法国分会团体的权限,以及它同巴黎理事会和伦敦中央委员会的关系问题。

公民**惠特洛克**提议,公民**惠勒**附议:

中央委员会宣布,如果达不成协议,勒福尔的一派人有权根据我们的章程在得到会员卡以后建立分会团体。

公民**豪威耳**提议,公民**德尔**附议下述修正案:

中央委员会不通过正式决议,而委托它的法国书记①写信将上述宣布的内容通知勒福尔先生和巴黎理事会。

公民**吕贝**声称他比较赞成原提案。

修正案在2票反对下被通过。

接着讨论第五项决议。决议如下:

由于巴黎理事会表示愿意承认中央委员会的直接代表,中央委员会特委派公民席利作为自己在巴黎理事会的代表。[61]

决议被一致通过。

委员会即此休会至3月14日。

副 主 席 约·格·埃卡留斯
名誉总书记 威·克里默

---

① 勒·吕贝。

中央委员会会议[1]

1865 年 3 月 14 日

主席[2]主持会议。

宣读并批准了上次会议的记录。

宣读了公民沃尔夫的一封来信。信中声明:他认为,中央委员会既然在上次会议上取消了对公民勒福尔的任命,也就背离了兄弟友爱精神。因此,他申请辞去中央委员会委员的职务。

讨论了这封信。公民**克里默**提议,公民**福克斯**附议:接受公民沃尔夫辞职。

公民**韦斯顿**提出一项修正案,公民**惠特洛克**附议:这个问题予以搁置。

赞成修正案——14 人,赞成原提案——6 人。修正案由主席宣布通过。

公民**勒·吕贝**宣读了公民勒福尔的一封来信。他还表示,以为他曾经或者现在对勒福尔或托伦有什么偏袒的想法是错误的。他还宣读了由公民博凯、德努阿尔和他本人签署的一封信,抗议中央委员会早先作出的撤销对公民勒福尔的任命的决定。又宣读了由博尔达日、勒鲁、德努阿尔、博凯诸位公民和他本人签署的另一封信,抗议中央委员会任命一位不是法国人的人作为它在巴黎理事会的代表。

公民**马克思**表示,抗议是不必要的。公民马克思相信,如果当初对

---

[1] 本日记录由克里默执笔,记在记录本第 37—38 页上。
[2] 奥哲尔。

公民席利哪怕只有一点点异议，他就不会接受这项任命，因为公民席利并不希望他被人挑来选去。[62]

主席建议就整个问题重开辩论。**豪威耳、考布**和**克里默**诸位公民反对。

接着，公民**韦斯顿**提出下述决议案，公民**摩尔根**附议，并被一致通过：中央委员会完全信任公民勒福尔，恳求他保持所持有的会员证，并希望他能运用自己的巨大影响在法国组织起一个分会。

公民**吕贝**宣读了公民封丹的一封来信，请求给他以正式的任命。

公民**荣克**宣读了瑞士的一封来信。

公民**吕贝**宣读了里昂的一封来信。授权公民吕贝自行决定作答。

公民**豪威耳**作了关于本月11日在罗德雷斯饭店举行的有工人代表、中产阶级代表和几个国会议员参加的会议的报告。召开这个会议是为了讨论为成年男子选举权进行宣传鼓动的必要性，也是为了实现国会议员、中产阶级和工人阶级的联盟。他认为，建立联盟的努力失败了。[63]

讨论了一下这个问题以后，公民**克里默**提议，公民**哈特韦耳**附议：改日再讨论这个问题。

公民**克里默**声明，他打算在下次会议上提议：中央委员会应派遣一个代表团参加即将在曼彻斯特举行的选举改革代表会议。他还提名公民科尔森为中央委员会委员候选人。

公民**杜邦**提名公民德瓦斯特为中央委员会委员候选人。

公民**豪威耳**提议，公民**荣克**附议：

在3月7日和14日通过的有关公民勒福尔、公民弗里布尔和公民托伦之间的分歧的全部决议①，由法国通信书记②转交给这几位公民。

---

① "在3月7日和14日通过的"、"全部决议"这些字是在总委员会下一次会议上批准记录时加进去的。

② 勒·吕贝。

一致通过。

公民**韦斯顿**通知说,他一有机会就将下述问题提交讨论:

第一,提高某一特定工业部门的工资水平,要不要以牺牲别的部门为代价?

第二,普遍提高工资所预期的好处是否会被物价的相应上涨所抵消?

委员会即此休会至3月21日。

主　　席　约·格·埃卡留斯
名誉总书记　威·克里默

中央委员会会议①

1865年3月21日

副主席**埃卡留斯**主持会议。

上次会议的记录在公民**吕贝**建议作些小修改后被批准。

接着,下列诸位当选为中央委员会委员:

公民**德瓦斯特**——由公民**福克斯**提议,公民**荣克**附议;

公民**科尔森**——由公民**克里默**提议,公民**惠特洛克**附议。

接着,公民**列斯纳**提名H.克利莫什为中央委员会委员。

公民**克里默**提出下述决议案,公民**考布**附议:

派遣一个代表团去曼彻斯特参加即将举行的选举改革代表会议。这个代表团应在代表会议上竭力说明实行成年男子选举权的必要性是他们宣传鼓动的基础,国际工人协会会员不打算为任何低于成年男子选举权

---

① 本日记录由克里默执笔,记在记录本第39—40页上。

的要求进行宣传鼓动或工作。

就下述这种说法进行了讨论：据说有些中央委员会委员曾表示过他们虽然要求成年男子选举权，但也准备满足于某种更低的要求。大家一致谴责这种表示是不适当的，都希望没有一个中央委员会委员再流露出这样的情绪。[64]这项决议被一致通过。

公民**克里默**提议，派豪威耳和福克斯两位公民为赴曼彻斯特的代表。

公民**福克斯**表示辞谢，并提议选举豪威耳和克里默两位公民为代表。

公民**惠特洛克**支持原提案，原提案被一致通过。[65]

公民**荣克**宣读了日内瓦的一封来信。这封信报告了2月24日在那里举行的纪念1848年法国革命的国际宴会的情形。这封信还说，宴会上讨论了国际工人协会问题，并表示了高度赞同；日内瓦有五个团体加入了协会，另外几个团体也在考虑加入。公民荣克还宣读了公民弗里布尔的一封来信。由于公民吕贝缺席，一致同意延期到下次会议再来讨论这封信。[66]

接着，公民**克里默**提出下述决议案，公民**惠勒**附议：

委托我们的法国通信书记①写信给公民勒福尔，问他是不是愿意享有章程中规定的和本月14日会议上所通过的决议中所说明的权限。[67]此外，委托他写信通知公民弗里布尔，本月14日的决议是对《章程》的实际应用，也是本月7日会议上通过的决议的落实。

决议案被一致通过。

公民**福克斯**提出下述决议案，公民**惠勒**附议：

国际工人协会中央委员会现在了解到公民席利在最近困难情况下对

---

① 勒·吕贝。

协会给予的帮助的高度价值，并对他在执行中央委员会赋予他的委托中所表现的辛勤的热诚和成熟的判断力表示感谢。

公民**福克斯**在提出这个决议案时说，本来在先前一次会议上曾提议过向公民席利致谢，但是，因为公民席利既已经被任命为中央委员会在巴黎的特别代表，有几位中央委员会委员便认为，对他的任命就足以表示认识到他所给予的帮助和证明中央委员会对他的信任。但是，现在公民席利不再担任中央委员会特别代表的职务，反对向他表示感谢的意见就站不住脚了。

决议案被一致通过。

委员会即此休会至3月28日。

副 主 席　约·格·埃卡留斯
名誉总书记　威·克里默

中央委员会会议①

1865年3月28日

副主席**埃卡留斯**主持会议。

宣读并批准了上次会议的记录。

书记②宣读了阿·沃尔顿先生的一封来信。信里说，他极其愉快地把他的一部论述土地占有的书献给协会。

接受并感谢沃尔顿先生的赠书。[68]

书记又宣读了公民勒·吕贝答复总书记请求他把某些决议通知公民

---

① 本日记录由克里默执笔，记在记录本第40—42页上。
② 克里默。

勒福尔和公民弗里布尔一信的复信。公民勒·吕贝在复信中说,他曾两次写信给公民弗里布尔,但未收到回信。他不能(这同他的自尊心不相容)同公民弗里布尔和巴黎理事会继续通信,但是,他将把中央委员会的请求转达给公民勒福尔。

公民**福克斯**和公民**荣克**就这封信发了言。他们两人都说他们看不出公民**勒·吕贝**能够按别的办法行事。

讨论结束时,公民**福克斯**提议,公民**勒·吕贝**附议:

授权公民杜邦同巴黎理事会通信。一致通过。

公民**吕贝**说,他收到了里昂几位公民的第二次申请书,他们说他们在那里享有盛名,并希望在那里建立理事会。[69]

授权公民**勒·吕贝**发给他们会员证,如果他确信他们所作的保证,也可允许他们在那里建立理事会。

公民**克里默**代表出席鞋匠协会代表会议的代表团作了汇报。代表团的成员全都在会上讲了话,并且得到了倾听。[代表们]向他们提出了几个问题,都得到了令人满意的回答。伯明翰的代表提议,赫尔的代表附议,并一致通过了下述决议:

> 我们全心全意赞同国际协会的原则,这些原则已由该组织的代表团阐述得十分明白。我们一定要加入协会,以便促进这些原则,并在我们的组织成员中努力传播其开明而辉煌的思想。[70]

就团体会员是否需要缴费的问题进行了讨论,但是,因为这个问题不是日程上规定的,讨论停止。

公民**惠特洛克**简短报告了关于改革运动的情况。[71]而后,公民**列斯纳**提议,公民**埃卡留斯**附议:选举公民克利莫什为中央委员会委员。一致通过。

公民**博勒特**和公民**吕贝**提名公民贾弗里为中央委员会委员。

公民**福克斯**宣读了公民贝律兹给公民弗里布尔的一封信,该信说明了他之所以不参加巴黎理事会活动的原因。

公民**克里默**提议,公民**惠特洛克**附议:任命公民福克斯为中央委员会的报刊正式通信员。一致通过。

即此休会至4月4日。

副 主 席　约·格·埃卡留斯
名誉总书记　威·克里默
会 议 主 席　德尔[①]

中央委员会会议[②]
1865年4月4日

由于主席和副主席[③]缺席,公民**荣克**提议,公民**列斯纳**附议:由公民**德尔**主持会议。一致通过。

公民**福克斯**(由于书记因故缺席)宣读了上次会议的记录。批准记录。

公民**惠特洛克**反对在报刊报道中使用"公民"一词。

公民**博勒特**为这个词辩护。一致同意以后再讨论这个问题。

接着,宣读了公民吕贝和公民德努阿尔申明退出中央委员会的来信,因为他们不相信在巴黎代表协会的人。

---

① 德尔主持的是1865年4月4日的下次会议,这份记录是在下次会议上批准的。
② 本日记录由克里默执笔,记在记录本第42—43页上。
③ 奥哲尔和埃卡留斯。

还宣读了公民方塔纳交来由拉马、索卢斯特里、塞塔奇和阿尔多夫兰迪诸位公民签名的一封信，通知说他们打算退出中央委员会，如果不恢复昂利·勒福尔作为协会在巴黎报刊的正式辩护人的职务的话。

沃尔夫、杜邦、福克斯、惠特洛克、荣克、博勒特、霍尔托普、摩尔根和**韦斯顿**诸位公民发了言，但是谁也没有提议修改中央委员会所作出的决定。

公民**福克斯**提议，公民**考布**附议：

接受吕贝、德努阿尔、方塔纳、阿尔多夫兰迪、拉马、塞塔奇和索卢斯特里诸位公民的辞职。一致通过。

公民**福克斯**对迄今一直妨碍伦敦的波兰流亡者组成团体和加入协会的原因作了说明。

公民**霍尔托普**解释了他同扎比茨基和博勃钦斯基两位先生的分歧的原因。

公民**考布**宣读了《社会民主党人报》上一篇关于一位贝克尔先生在汉堡发表诽谤协会的讲话的报道，并要求授权以协会的名义作答复。[72]

公民**福克斯**提议，公民**巴克利**附议：

以此授权给公民考布。一致通过。

公民**韦斯顿**提议讨论下述问题：

第一，提高工资，是不是能够全面改善工人阶级的社会福利和物质福利。

第二，工会为争取提高工资的努力，会不会对别的工业部门发生不利的影响。

提议者宣称，他对第一个问题作否定的回答，而对第二个问题作肯定的回答。

公民**荣克**提议，公民**杜邦**附议，把这些问题列入讨论日程。一致通过。[73]

即此休会至 4 月 11 日。

主　　席　约·格·埃卡留斯①
名誉总书记　威·克里默

中央委员会会议[②]

1865 年 4 月 11 日

副主席**埃卡留斯**主持会议。

在宣读上次会议记录时，公民**惠特洛克**声明，他在上次会议上没有投票赞成接受吕贝和中央委员会意大利委员们的辞职；他不记得提出过这样一个建议，要不他会投票反对这个建议。

其余在场的中央委员会委员们每个人都声明，这样一个决议是明明白白提出过的，并在无人反对的情况下通过的。

于是，批准了上次会议的记录。

宣读了切尔西区木工协会的来信，要求派代表团去解释国际工人协会的原则；以及泥水匠协会第一分会同样意思的来信。指派了代表团准备去访问这两个团体。

由于公民吕贝辞职，法国和比利时的通信书记的职务出缺，公民**荣克**提议，**摩尔根**附议：

公民马克思被任命为比利时临时通讯书记。[74]一致通过。

---

① 埃卡留斯仍是协会副主席。——编者注
② 本日记录由克里默执笔，记在记录本第 44—45 页上。

公民**马克思**提议，公民**克里默**附议：

公民杜邦被任命为法国通讯书记。一致通过。

接着，讨论了关于协会负责人员辞职后仍然保存在手中的本来属于协会的财产或文件的问题。

公民**朗梅德**提议，公民**博尔达日**附议：一切正式信件和复信，同任何正式文件一起都是协会的财产，应当移交给中央委员会。一致通过。

公民**荣克**提议，公民**克里默**附议：公民瓦尔蒂埃被提名为中央委员会委员候选人。

公民**马克思**报告说，前不久在巴黎开会的32个会员中的一个人，由于发表小册子，已被法国政府起诉。[75]

审计员即**朗梅德**和**摩尔根**两位公民提出报告。报告①说明：上次晚会的盈利是8镑6先令11便士半，在3月28日的最后结余是6镑3先令8便士半。

报告得到了承认。

公民**荣克**提议，公民**摩尔根**附议：账目应按季审查。

公民**豪威耳**提议，公民**惠特洛克**附议：书记写信给意大利工人协会，请求他们派代表参加中央委员会，以代替已经辞职的人。

公民**韦斯顿**提出一项修正案，公民**考布**附议：书记写信给意大利工人协会主席，并通知他意大利通讯书记一职出缺。

修正案以1票多数被通过，9票赞成原提案，10票赞成修正案。

公民**惠特洛克**提议，公民**韦斯顿**附议：中央委员会休会两周再开会。一致通过。

公民**朗梅德**提议，公民**马克思**附议：

书记写信给那些没有拿到会员证的中央委员会委员，通知他们，如

---

① 原稿中，此处有几个字被抹掉了。

果他们在 4 月 25 日和这以前还不领取，就认为他们是自愿退出中央委员会，从而将从委员名单中被除名。中央委员会认为这个决议是必要的，因为有人抱怨早先一个同样内容的决议没有正式通知过缺席的委员们。

这个决议被一致通过。

接着，一致同意：公民**韦斯顿**提出的有关工资的问题将在 5 月 2 日进行讨论，协会会员均有资格参加讨论；此外，中央委员会委员均可引荐一位朋友来参加。

委员会即此休会到 4 月 25 日。

副 主 席　约·格·埃卡留斯
名誉总书记　威·克里默

中央委员会会议[①]

1865 年 4 月 25 日

副主席**埃卡留斯**主持会议。

宣读并批准了上次会议的记录。

根据**荣克**的提议和**克里默**的附议，**瓦尔蒂埃**当选为中央委员会委员。

下列诸位被提名为中央委员会委员候选人：拉萨西——由**列斯纳**提名，沙佩尔——由**马克思**提名，以及纳尔奇佐·萨尔瓦特拉——由**荣克**提名。

[①] 本日记录由克里默执笔，记在记录本第 45—47 页上。

杜邦作了访问巴黎的报告。理事会委托①他将 100 法郎交给中央委员会财务委员。他在巴黎未能见到他希望见到的那么多的会员，但是，他受托问两个问题：第一，如果大陆上的各理事会在某个时候派遣一个或几个代表去同中央委员会会商（像托伦和弗里布尔两位公民那样），他们的费用是必须由他们自己支付，还是可以从会费中开支；第二，大陆上的通讯员是否②也是中央委员会委员，如果他们来伦敦，是否允许他们参加投票表决。

公民**马克思**提议，**福克斯**附议：

如果托伦和弗里布尔两位公民到伦敦来，旅途的费用是由巴黎理事会批准的，则中央委员会批准他们的这笔开支；同时，也将 2 月 7 日关于各分会经费问题的决议寄给托伦和弗里布尔两位公民，以便今后有所遵循。一致通过。

公民**惠勒**提议，公民**马克思**附议：大陆上的通讯员是中央委员会的**兼职**③委员。一致通过。

公民**荣克**宣读了日内瓦的几封来信。信里通知说，4 月 2 日有 200 名会员加入了协会，已经选出了一个十五人总委员会和一个七人执行委员会。[76]

荣克提议，**马克思**附议：任命杜普莱克斯、法尔科内和菲力浦·贝克尔诸位公民为瑞士的协会通讯员。一致通过。

由于提出了妇女是不是有资格当会员的问题，公民**惠勒**提议，**博尔达日**附议：允许接纳妇女为会员。一致通过。

---

① 从这里起，记录本上有六行粘贴，是中央委员会下次会议对记录所作的修改。
② 粘贴至此结束。
③ 记录原文是 "ex officio"。

公民**马克思**宣读了厄内斯特·琼斯关于选举权的一封来信[77]；他还宣读了公民封丹要求一份原则宣言的一封来信。这封信中的问题已提交小委员会。[78]他又宣读了莱比锡排字工人的一封来信，谈及他们罢工的情况，并表示希望伦敦排字工人援助他们。[79]

指派福克斯、马克思和克里默诸位公民去访问排字工人协会。

克里默提议，**韦斯顿**附议：中央委员会邀请奴隶解放协会[80]和工联理事会联席开会，组织示威运动来纪念美利坚联邦的复兴和废除奴隶制。一致通过。

福克斯提议，公民**惠特洛克**附议：

由于接受了公民勒·吕贝辞职，中央委员会切望铭记他在本协会诞生时期以及随后在本首都宣传协会的原则的工作，以及担任法国通讯书记为本协会效劳的价值。中央委员会也愉快地期待着公民勒·吕贝将有一天能够回到我们队伍中来。这个提议被否决，只有3票赞成。

即此休会至5月2日。

副主席　约·格·埃卡留斯

中央委员会会议[①]

1865年5月2日

副主席**埃卡留斯**主持会议。

上次会议的记录，关于巴黎派代表团的费用问题作了小的修改，而后被批准。

接着，下列诸位当选为中央委员会委员：

---

① 本日记录由克里默执笔，记在记录本第47—48页上。

纳尔奇佐·萨尔瓦特拉——由荣克提议，奥哲尔附议；

拉萨西——由列斯纳提议，博尔达日附议；

卡尔·沙佩尔——由马克思提议，列斯纳附议。

马克思报告了巴黎来的消息：那里的理事会将改组，届时，理事会将向中央委员会提出全面报告。[81]

杜邦宣读了弗里布尔向中央委员会建议在圣丹尼建立分会的一封来信。他还宣读了他收到的勒菲弗的一封信，其中有一段吕贝的信的摘要。有关问题已移交给小委员会。[82]

克里默谈到林肯总统被刺一事，并提议：起草并发出一封告美国人民书，阐明中央委员会对美国最近事态，特别是对林肯先生被害一事的观点。

提案得到**鲁克拉夫特**的附议，并被一致通过。

接着，**韦斯顿**宣读了他的关于工资问题的论文的一部分；其余部分下次会议再宣读。

委员会即此休会至5月9日。

副 主 席 约·格·埃卡留斯
名誉总书记 威·克里默

中央委员会会议①

1865年5月9日

由于主席和副主席缺席，推举公民**德尔**主持会议。

宣读并批准了上次会议的记录。

---

① 本日记录由克里默执笔，记在记录本第48—50页上。

公民**福克斯**代表为莱比锡排字工人协会事访问［伦敦］排字工人协会的代表团作了报告。因为该团体在三个月内不可能拿出钱来，所以，代表团的努力没有成功。

公民**荣克**希望，我们一定要想办法援助他们，因为如果这次罢工失败，对德国各行业会普遍产生令人沮丧的影响。

公民**韦斯顿**代表访问皮毛匠的代表团作了报告。皮毛匠们都无一例外的境遇悲惨，但是他们有礼貌地接待了代表团，并答应进一步考虑加入我们协会的问题。

克里默代表小委员会作了报告。

公民**福克斯**提议，**荣克**附议，通过小委员会提出的下述决议：

授权法国书记，在他接到任何一个或几个由其当地工人选出并渴望建立分会的公民的来信时，马上答复这些信件并同意这些建议，而无须等待中央委员会开会。但是，他必须在收到这样的信件后的头一次会议上向中央委员会作报告。

决议被一致通过。

克里默提议，**奥哲尔**附议：

委托公民杜邦写信给巴黎理事会，要求他们交来直到他写信时为止的整个时期的收支情况的明细报告。一致通过。

公民**福克斯**提议，公民**韦斯顿**附议：

通过小委员会提出的下述决议，并将载有这项决议的小委员会会议记录附后。一致通过。

小委员会在5月6日会议上所作的记录和决议如下：

"宣读了两封信，一封是公民吕贝来的，另一封是协会格林尼治分会书记[①]

---

① 穆尔钦诺克。

来的。吕贝的信是关于自他退出中央委员会以来的行为的一个说明；格林尼治的信则宣布公民吕贝辞去格林尼治分会在中央委员会的代表的辞呈没有被接受。在讨论了这两封信后，公民吕贝信中的两个说法受到批驳：第一，公民勒福尔最早提出建立国际工人协会的构想；第二，中央委员会里**大多数**法国委员因为公民勒福尔的任命被撤销而辞职，事实是只有公民德努阿尔同公民吕贝一道辞职。讨论的结果，通过如下决议：

建议公民吕贝在小委员会收到并报告他给公民勒菲弗的信以前，暂缓到中央委员会来谋求批准他为格林尼治分会的代表。"

公民**福克斯**宣读了曾被委派参加巴黎理事会的公民万萨德的一封来信。信中说明，健康状况使他不可能接受这项任命，并对协会的成功表示最良好的祝愿，对他不能为协会效劳表示歉意。

荣克提议，**马克思**附议：

委托总书记写信给公民万萨德，感谢他以往的贡献，并希望他在健康允许的条件下竭尽全力为协会进行活动。一致通过。

公民**马克思**宣读了关于阿伯拉罕·林肯被刺一事致约翰逊总统的公开信。

克里默提议，**韦斯顿**附议：

通过这封公开信，誊写在羊皮纸上，由中央委员会签名，并通过合众国公使馆送交约翰逊总统。一致通过。[83]

公民**豪威耳**曾被委派同公民克里默一道出席5月15日和16日曼彻斯特改革代表会议，由于他已经被改革同盟[84]选为书记并被该组织任命为出席上述代表会议的代表，所以，根据公民**惠勒**的提议和公民**马克思**的附议，取消本委员会对他的委派，并选举公民奥哲尔接替他。

公民**福克斯**问，公民拉萨西是不是卷进了奥尔西尼阴谋案。[85]

公民**列斯纳**答复说，没有。

公民**福克斯**提议，**博勒特**附议：

韦斯顿提出的问题延期到5月20日星期六8点钟进行讨论。整个会议都用于这个讨论。[86]一致通过。

委员会即此休会至5月16日。

主　　席① 约·格·埃卡留斯

名誉总书记 威·克里默

中央委员会会议②

1865年5月16日

由于总书记作为协会的代表去参加曼彻斯特改革代表会议而没有出席，公民**福克斯**宣读了上次会议记录。记录被批准。③

公民**马克思**说，他已经将一份协会的致约翰逊总统的公开信副本寄给了《纽约论坛报》。[87]他还说到日内瓦举行了一个哀悼合众国已故总统被刺的规模很大的公众集会。协会的通讯员菲力浦·贝克尔在这个会上讲了话，并讲到了这个集会的国际性质。

公民贝克尔还阐明了国际工人协会是站在新的争取人民权利运动[88]的前列。这个讲话受到了大会的热烈喝彩。

接着，公民**福克斯**宣读了当天的《曼彻斯特卫报》上的一篇关于曼彻斯特改革代表会议第一天会议情况的报道。[89]

---

① 这里原有"临时"一词，被抹掉了。
② 本日记录由克里默执笔，记在记录本第50—51页上。
③ 以下是剪自1865年5月20日《蜂房报》第188号载有记录铅印全文的剪报，贴在记录本上。

公民**韦斯顿**拿出好多份《阿伯拉罕·林肯安魂曲》供分发，这是写给"欧洲自由派"的，并且以所有世界性语言发表了。他说他已经同作者、住在伦敦的美国公民莱昂·路易斯先生会见了一次，并提议他为中央委员会委员。

根据执行书记①的质询，公民**卡特**说明了他最近去巴黎旅行期间在该市同一些工人会见的结果。他报告说，所有同他谈过话的人都对中央委员会就最近事态所进行的活动表示完全满意。②

公民**摩尔根**代表公民德尔提名威廉·班尼斯特为中央委员会委员。进行了长时间的讨论，讨论漫无边际。而后委员会休会至5月23日。

主　　　席③

名誉总书记　威·朗·克里默

中央委员会会议④

1865年5月23日

主席⑤主持会议。

宣读并批准了上次会议的记录。

因公民⑥缺席，公民**福克斯**宣读了里昂的一封来信。[90]信中说花边制造商们企图降低工人的工资，而他们说这是因为同英国制造商的竞争激

---

① 福克斯。
② 剪报至此结束。
③ 无签名。"主席"一词前面的"副"字被抹掉了。
④ 本日记录由克里默执笔，记在记录本第51—52页上。
⑤ 奥哲尔。
⑥ 这里不是写的杜邦的名字，错写了德努阿尔的名字，而后又勾掉了。

烈，迫使他们不得不这样做。这封信要求告知英国花边生产和价格的情报。一致同意写信去诺丁汉了解这方面的情报。

讨论了阻止吕贝参加中央委员会的问题。

克里默提议，埃卡留斯附议：

如果勒菲弗的信[91]（因为没有及时提交这封信，中央委员会曾向勒·吕贝建议不要自认为是委员）到下星期二还不来，就允许勒·吕贝作为格林尼治分会的代表参加中央委员会。通过。公民**荣克弃权**。①

福克斯报告他同合众国公使亚当斯先生会见的情况，公使接受了公开信，并将把公开信转交给总统。

批准这个报告。

克里默报告了他同公民奥哲尔一道出使曼彻斯特改革代表会议的情况。他们为成年男子选举权的原则进行了顽强的斗争，但是没有成功。他们担心这个代表会议像以前的会议一样，不会产生好的结果。[92]

接受这个报告，代表们的活动得到了赞同。

公民**韦斯顿**重启他在工资问题上的主张的讨论。跟着，反对公民韦斯顿观点的公民**马克思**发了言，公民**惠勒**也发了言。而后，**克里默**提议延期到30日再讨论。一致通过。

委员会即此休会。

主　　席　乔·奥哲尔
名誉总书记　威·朗·克里默

---

① 这一句是在下次会议上批准记录时加上去的。

中央委员会会议①

1865 年 5 月 30 日

主席②主持会议。

上次会议记录宣读后，**荣克**不同意记录中关于勒·吕贝重返中央委员会的决议的那一部分，并声明该决议不是一致通过的，因为他（公民荣克）保持中立，他希望记入这一事实。

书记说，如果通过决议时没有反对意见，他就作为一致通过记录下来。

按公民荣克的要求修改后，批准记录。

书记宣读了合众国公使馆来的公函，告知已经收到致约翰逊总统的公开信。

公民**韦斯顿**提议，**惠特洛克**附议：选举美国公民莱昂·路易斯为中央委员会委员。一致通过。

克里默提名公民斯坦斯比为中央委员会委员候选人。

书记提出会员证问题。

公民**马克思**提议，**惠特洛克**附议：书记有权置备会员证以应所需。一致通过。

接着讨论了拟议中的国际博览会问题。

公民**鲁克拉夫特**报告说，他曾参加过一次会议，并将关于本协会存在的事实告诉了与会者，原来他们早就知道。他还劝过他们同中央委员

---

① 本日记录由克里默执笔，记在记录本第 52—54 页上。
② 奥哲尔。

会建立联系，但由于某种原因，他们婉谢了。

就所谓的工人展览会问题，进行了长时间的讨论。所有参加讨论的人都反对容忍康宁斯比先生自诩为英国工人的领袖。①

公民**克里默**抗议选举康宁斯比先生为英法委员会的英国书记，因为这会使英国民主派在感情上同该委员会疏远。

公民**福克斯**说，庆祝委员会的头三个名字，即：米歇尔·舍伐利埃、埃米尔·奥利维埃和埃米尔·日拉丹，在法国共和派中并不享有名望。

奥哲尔和**豪威耳**两位公民认为，工人阶级展览会，不论是民族的还是国际的，现在都会得到有产阶级的赞助，这部分是为了把工人阶级的注意力引离争取本阶级政治解放的崇高目标。

公民**马克思**建议，中央委员会应集中力量促进今年要在比利时举行的工人代表大会的成功。

根据公民**克里默**的提议，**惠特洛克**的附议②，通过了下述决议："委托我们的法国书记通知巴黎理事会③，康宁斯比先生由于他在《泰晤士报》专栏上公开宣布他对把选举权扩大到他的大多数同胞的敌视态度，他是大不列颠工人阶级的公开的敌人，从而也是欧洲工人阶级的共同敌人。"④

就公布上述决议的问题进行了讨论，但是，根据公民**克里默**的提议和公民**肖**的附议，以 11 票对 4 票决定：公布这个决议，并发表一篇关于会议情况的简要报道。⁹³

接着，根据公民**德尔**的提议和**福克斯**的附议，一致同意：

用法文、意大利文和德文刊印协会的《宣言》和《章程》，授权小

---

① 以下是粘贴剪自 1865 年 6 月 3 日《蜂房报》第 190 号的剪报。
② "惠特洛克的附议"一句，是手写插进报纸原文的。
③ "理事会"是手写加进去的，以代替报纸原文中被勾掉了的"本协会委员会"几个字。
④ 剪报至此结束。

委员会确定所需要的数量。

埃卡留斯提议，**荣克**附议：请求公民席利将《宣言》和《章程》译成法文。一致通过。

书记问，如果没有收到勒菲弗的复信，他是不是通知公民勒·吕贝可以作为格林尼治分会的代表参加中央委员会会议。

有人说，如果勒·吕贝在呈交给勒菲弗的信之前就参加中央委员会，也许会产生某些新的困难。因此，**德尔**提议，**沃利**附议：

委托主席和公民考布拜访公民杜邦谈谈这件事。通过，1票反对。①

公民考布，作为伦敦德国工人教育协会（Bildungs-Verein）的代表，声明：该团体有举行纪念1848年6月24日起义（当时巴黎工人遭到了资产阶级雇佣军的野蛮屠杀）周年公开集会的惯例。教育协会在这种时候一直得到他们自己的会员和伦敦的法国民主派最重要的支持。他们打算今年也像往常一样举行纪念活动，并希望得到各国民主派较前更为广泛的支持。②

书记提出了代表协会的刊物问题，并说明公民莱昂·路易斯打算出版一个刊物。

就这个问题进行了长时间的讨论，最后提出了下述决议案和修正案。

由公民**克里默**提议和**沃利**附议的决议案是：指派一个三人代表团拜访公民路易斯。

由**德尔**提议和**鲁克拉夫特**附议的修正案是：邀请公民路易斯出席中央委员会的下次会议。通过修正案。

委员会即此休会至6月6日。

---

① 以下粘贴有1865年6月3日《蜂房报》第190号的剪报。
② 剪报至此结束。

名誉总书记　威·朗·克里默

主　　席①

中央委员会会议②

1865年6月6日

主席③主持会议。

宣读并批准了上次的记录。

主席介绍公民莱昂·路易斯参加会议，路易斯就他打算出版报纸问题作了长篇说明；所说的刊物将具有最民主的性质，并相信它一定成功。大不列颠的工人没有忠实代表他们利益的报纸使他极感惊讶。他认为，现在是填补这个空白的时候了。

马克思、卡特和**福克斯**诸位公民同意需要这样一张机关报。

公民**克里默**认为，最好是由一个工人团体对这样的刊物实行一定的监督。

公民**路易斯**不反对建立一个咨询委员会，并经常听取他们的意见和建议。

最后由公民**德尔**提议和公民**荣克**附议，并一致通过了如下的决议：

请公民路易斯在下次会议上将他同本协会合作的确切条件提交本委员会，如果本委员会赞成这些条件，将指定若干人同公民路易斯合作，定期在路易斯办事处会商。⁹⁴

---

① 无签名。
② 本日记录由克里默执笔，记在记录本第54—55页上。
③ 奥哲尔。

公民**马克思**声明，如果再讨论公民韦斯顿的建议，他将宣读一篇答辩的论文，并将提出一系列反建议。⁹⁵

书记报告说，他收到了格林尼治和德特福德分会关于公民勒·吕贝以及他同中央委员会关系的两封信。他打算建议把有关问题移交给小委员会。⁹⁶同意移交。

公民**杜邦**宣读了巴黎来的关于会员证问题和经费问题的信件。

这些信件及其提出的问题都移交给小委员会。

公民**福克斯**建议：印刷并广为散发号召加入协会的传单。⁹⁷移交给小委员会。①

公民**路易斯**，当被问到他是不是知道有谁能够并且愿意担任美国通讯书记的职务时，答复说，他不反对担任这样的职位。根据公民**德尔**的[提议]，公民**埃卡留斯**的附议，公民路易斯被一致选举为美利坚合众国的通讯书记。

委员会即此休会至6月13日。

名誉总书记　威·朗·克里默

主　　　席②

中央委员会会议③

1865年6月13日

主席④主持会议。**书记**宣读了上次会议的记录，根据公民**福克斯**的

---

① 这一句是在中央委员会下次会议批准记录时加上的。
② 无签名。
③ 本日记录由克里默执笔，记在记录本第56—57页上。
④ 奥哲尔。

建议作了一处小修改后,予以批准。

公民**福克斯**宣读了公民路易斯的一封来信,说明他不能出席委员会的会议,以及他决定暂缓出版《平民报》。

接着,由**书记**作小委员会关于勒·吕贝事件的报告。小委员会已作出如下决议:

本委员会感到不得不对公民勒·吕贝在他给公民勒菲弗的信中关于巴黎委员会问题写下那样的言辞表示遗憾;但是,由于相信那是在不顺心的情绪下写的,本委员会认为他复职的决议仍必须严格遵守并立即执行。此外,指派福克斯、荣克和奥哲尔三位公民为代表团去拜访格林尼治和德特福德分会,向他们解释所以推迟恢复公民勒·吕贝职务并通过上述决议的原因。

公民**德尔**提议,**豪威耳**附议:

本委员会批准小委员会的这个决议。一致通过。

小委员会还已授权公民杜邦,建议巴黎理事会清查他们的账目,并将决算表送交中央委员会。同意。

公民**福克斯**提议,公民**惠勒**附议①,选举公民勒菲弗为讷沙托省通讯员。一致通过。

六月起义的纪念大会

公民**列斯纳**宣布,德国工人教育协会将于6月28日星期三,在克利夫兰街大都会大厦的大厅里举行纪念上述事件的集会。②

---

① 以下是1865年6月17日《蜂房报》第192号报道的剪报,贴在记录本上,并将头两行作了文字修改。
② 剪报至此结束。

由于发生了缺乏经费来支付开会费用的事,公民**惠勒**提议,公民**德尔**附议:拨给 12 先令用于这个目的。一致通过。

公民**荣克**宣读了日内瓦来的一封长信。信中详细报告了他们正在取得的进展,并询问召开代表大会的时间和将要提出讨论的问题。[98]

就代表大会问题进行了讨论,这个问题移交给小委员会。

公民**杜邦**①拿出《工人论坛》第 1 号[99]。这是一份在巴黎创刊、完全由工人所有、经营和编辑的新的工人报纸。协会的一个通讯员是它的发行人。他还承认收到了一些有关英国花边生产的财政方面所需要的情报,他马上就把这些情报转交给现在正在罢工的里昂花边工人。

公民**霍尔托普**②宣布,在伦敦波兰流亡者中建立了工人协会,其目的在给他们的正不断从大陆上来到这里的同胞们提供帮助和情报。③

主席提出了公民沃尔夫把他的会员证交还给中央委员会的问题。他会见过公民沃尔夫,沃尔夫对他这样交还他的会员证一事表示遗憾。主席个人认为,中央委员会现在应该把公民沃尔夫的会员证送还给他。

就这个问题进行了长时间的讨论,提出了有关这个问题的如下决议案和修正案:

决议案由**惠勒**提议,公民**福克斯**附议:将公民沃尔夫的会员证退还给他。

修正案由公民**荣克**提议,公民**考布**附议:

如果会员把他的会员证交还给中央委员会,他就不能再收回那张会员证;但是,如果他想再加入,则必须领取新会员证。

由**德尔**提议,**霍尔托普**附议的补充建议:委托书记写信通知公民沃

---

① 以下贴有 1865 年 6 月 17 日《蜂房报》第 192 号的剪报。
② "公民霍尔托普"几个字是手写的。
③ 剪报至此结束。

尔夫，由他提出要求，就能得到他的会员证。

赞成决议案——3 票

修正案——10 票

补充建议——4 票

委员会即此休会至 6 月 20 日。

名誉总书记　威·朗·克里默
副　主　席　约·格·埃卡留斯

中央委员会会议①

1865 年 6 月 20 日

副主席埃卡留斯主持会议。

宣读并批准了上次会议的记录。

书记宣读了伦敦意大利工人联合会书记 G. 班尼亚加蒂的来信，通知中央委员会：公民鲁·沃尔夫已被该联合会委派为他们在中央委员会的代表。[100]

公民**福克斯**提议，公民**韦斯顿**附议：接受公民鲁·沃尔夫为该工人联合会的代表。② 一致通过。

公民**杜邦**宣读了圣丹尼要求寄给 300 张会员证的一封来信，以及四个地方寄来的要求批准成立协会分会的申请书。

由公民**马克思**提议，公民**韦斯顿**附议，下列诸位被选为国外的通讯书记：**卡昂的公民塔尔博特，利雪的公民斐迪南·杜阿梅尔，庞坦的公**

---

① 本日记录由克里默执笔，记在记录本第 58 页上。

② 这里有四行是粘贴的新写的记录。

民费里特，圣丹尼的公民博斯克。①

中央委员会注意到了财务书记②常常缺席，决定将这个问题移交给小委员会。

公民荣克报告说，由于曾有机会访问丝织工人协会，他介绍了国际工人协会的原则，相信他们会加入协会。

公民福克斯认为，我们应该采取直接步骤以增加我们的宣传经费。

书记认为，最好把这个问题放几个星期，那时会准备好入会申请书。

接着，公民马克思宣读了他答复公民韦斯顿在工资问题上的主张的论文的一部分。[101]

公民韦斯顿认为，在公民马克思宣读的论文的这一部分中，没有提出或者证明什么东西能使他所坚持的原则受到影响。

公民克里默认为，公民马克思提出了两三个实际例证，或者更确切些说是事实，完全摧毁了公民韦斯顿所坚持的论点。

这个问题延期到6月27日9时再讨论。届时公民马克思将宣读他的论文的后一部分，并提出一系列反建议。

公民福克斯报告了他和公民荣克在公民勒·吕贝在场的情况下同格林尼治分会会员会谈的结果。由于说明了拖延批准他们的代表的原因，该分会［在一个］决议中对这个说明表示满意，并感谢代表团的访问。

委员会即此休会至6月27日。

副 主 席　约·格·埃卡留斯
名誉总书记　威·朗·克里默

---

① 粘贴至此结束。
② 惠特洛克。

中央委员会会议①

1865年6月27日

副主席**埃卡留斯**主持会议。

宣读并批准了上次会议的记录。

由**书记**代表小委员会作了报告。由于财务书记公民惠特洛克常常缺席,他们建议另选一位公民来接替他。

由于公民**惠特洛克**解释了他缺席的原因,并说他可能不久就要辞职,因此决定:这个问题暂不继续讨论,直到结算了本季度账目过后。

公民**福克斯**吁请委员会注意上次会议程序中的一个问题:当时主席允许对一项决议案同时提出两项修正案[102];他——公民福克斯认为不应该这么做,他还援引一位著名权威的意见来为他的这个意见辩护。这位权威主张,按常规,对一项决议案一次只能提出一项修正案;当它被否决后,才可以提出另一项。

公民**杜邦**宣读了公民利雪表示接受通讯书记职务并要求寄去500张会员证的一封来信。还有一封公民斐迪南·杜阿梅尔②也是表示接受通讯书记职务的来信。另有一封庞坦的公民费里特表示接受通讯书记职务的来信。他要求寄去会员证,但说明他不打算现在就吸收很多会员,因为工人中失业现象严重,因而生活极端困苦。不过他相信,一旦恢复繁荣,就会有人加入协会。

---

① 本日记录由克里默执笔,记在记录本第59—60页上。
② 记录不确切。利雪是法国卡尔瓦多斯省的一个城市,斐·杜阿梅尔是那里的协会通讯员。

接着，公民**马克思**在扼要复述了他在上次会议上宣读的论文头一部分的要点之后，继续宣读后一部分。[103]宣读一结束，公民**克里默**就说，有许多人想要这两篇论文——公民韦斯顿的论文和公民马克思的答辩的印本[104]，但是他不知道该怎样支付这笔费用。

公民**韦斯顿**提问，公民马克思的论文中关于农业劳动者的论述是不是正确？

根据公民**埃卡留斯**的建议，这个讨论推迟到下次会议进行，由公民埃卡留斯发言开头。

委员会即此休会至7月4日。

　　　　　　　　　　主　　席　　约·格·埃卡留斯
　　　　　　　　名誉总书记　　威·朗·克里默

中央委员会会议①

1865年7月4日

副主席**埃卡留斯**主持会议。

书记宣读了上次会议的记录，就大陆上各通讯书记的内容作了小的改正后，记录被批准。

公民**福克斯**声明说，昨天晚上下议院讨论的程序，证实了他在中央委员会上次会议上的发言。[105]他还声明说，他未能得到关于花边生产的必要情报，但是他希望总书记去诺里奇时会得到这些情报。[106]

公民**杜邦**收到了法国的一封来信。他认为最好由小委员会来研究这封信。同意交给小委员会。

---

① 本日记录由克里默执笔，记在记录本第60页上。

公民**荣克**将由公民理查·科塔姆免费设计制作的铜版交给协会。[107]

公民**马克思**提议，公民**克里默**附议：中央委员会感谢公民科塔姆的慷慨赠礼。一致通过。

公民**埃卡留斯**重启关于公民韦斯顿的主张的讨论。他发言反对公民韦斯顿的观点。

公民**福克斯**对于公民埃卡留斯所断言的人类已取得了持续不断的智力进步这一点，同公民埃卡留斯略有分歧。

公民**卡特**完全不理会政治经济学家的统计数字，而宁愿靠对一个人的了解来对他进行观察和判断。

公民**考布**提议把这个讨论推迟到下次会议进行。一致通过。

委员会即此休会到7月11日。

主席[①]

中央委员会会议[②]

1865年7月11日

主席[③]主持会议。

因为总书记缺席，公民**福克斯**宣读了上次会议的记录。批准记录。

公民**杜邦**宣读了协会里昂通讯员[④]的一封来信，告知已收到400张会员证，还要求得到有关花边生产的情报，并宣布里昂的罢工已经结

---

① 无签名。
② 本日记录由克里默执笔，记在记录本第61页上。
③ 奥哲尔。
④ 舍特尔。

束，其结果不利于那些因缺乏生活资料而被迫屈服的人们。他希望他们的失败将会给他们一次教训，使他们明白组织起来的必要性。

根据公民**荣克**的提议，委员会即此休会至 7 月 18 日。

主席①

中央委员会会议②
1865 年 7 月 18 日

主席主持会议。

因为总书记缺席，公民**福克斯**宣读了上次会议的记录。批准记录。

公民**杜邦**将公民弗里布尔关于代表大会的一封来信交给中央委员会。[108]

根据**埃卡留斯**和**德尔**两位公民的提议，决定推迟到下次会议再考虑这件事，希望小委员会届时提出报告；并决定授权书记召集一次全体会议。

主席发言谈到关于韦斯顿主张的讨论的报道问题。他相信《矿工报》将开辟专栏刊登这个问题的全面报道，因为讨论现在结束了。[109]

公民**福克斯**对公民韦斯顿所提出的问题提出了看法，而后，委员会休会至 7 月 25 日。

主席③

---

① 无签名。
② 本日记录由克里默执笔，记在记录本第 61 页上。
③ 无签名。

中央委员会全体会议①

1865 年 7 月 25 日

主席②主持会议。

公民**福克斯**（在总书记临时缺席时代行他的职务）说明他未能从他的笔记中誊写出上次会议的记录来。因此，决定下次会议宣读记录。

公民**福克斯**代表小委员会作了报告。[110]报告在作了一些补充和小的修改后被通过，内容如下：

在1865年7月25日中央委员会全体会议上修正和通过的小委员会关于代表大会和代表会议问题的报告

鉴于我们的法国和瑞士通讯员们迫切要求中央委员会着手履行在协会成立时交给它的任务——今年在布鲁塞尔召开代表大会，以便讨论欧洲无产者共同关心的问题，常务委员会在全面研究了这一问题之后，现在将下列建议提交你们批准：

1. 由于目前不可能在布鲁塞尔或伦敦召开代表大会，我们建议不召开代表大会而在伦敦召开代表会议，代表会议的召开日期定于9月25日星期一。

---

① 本日记录由克里默记在记录本第62—65页上。记录的整个开头部分，到有关代表大会的延期通知前为止，是抄写在一张单页纸上，并粘贴在第62页旧记录上面的。

② 奥哲尔。

2. 在大陆和英国的同情我们事业的报纸上发表如下声明①:

"国际工人协会中央委员会通知:由于下列三个原因,决定延期在布鲁塞尔或任何其他地方召开全协会代表大会:

第一,因为中央委员会确信召开一个人数不多的、由大陆上协会的几个主要分会的代表参加的预备性的代表会议来讨论应向即将举行的代表大会提出的议程是适宜的;

第二,因为工人阶级的精力和注意力在英国已完全被选举改革运动、议会选举和工业展览所吸引,而在法国,又完全被罢工所吸引,以致协会没有能够充分得到发展;

第三,因为比利时议会今年通过了外侨法,这个法律阻碍协会在比利时首都召开代表大会并且排除了在那里召开代表会议的任何可能性。"

3. 代表会议的组成应当是:邀请每个中央理事会派代表2人,另外,再由里昂派代表2人。代表们的旅费由他们所属的分会负担,在伦敦的费用则由中央委员会支付。

4. 至于这些经费的来源问题,公民荣克向常务委员会提出了慷慨的建议,他准备负担瑞士代表的伙食和住宿费用。其他费用,常务委员会建议:

第一,中央委员会委员明年的会费在9月即代表会议开幕前缴纳;

第二,委托总书记号召已经加入协会的团体的书记们加紧发展个人会员以弥补代表会议的费用;

第三,建议中央委员会委员领取一些会员证来发展会员,先以现金向委员会交付会员证费用,以后随会员的发展再不断偿还自己这笔支出。

5. 委员会建议中央委员会通过如下议程[111],并将它提交代表会议

---

① 粘贴至此结束。

讨论。需要中央委员会修改和通过的议程如下①：

（1）有关代表大会的问题。

（2）有关协会组织的问题。

（3）在协会帮助下在一些国家实现劳资斗争中的统一行动的问题。

（4）工会——工会的过去、现在和将来。

（5）合作劳动。

（6）直接税和间接税。

（7）缩短工作日。

（8）女工和童工。

（9）俄国佬对欧洲的威胁以及恢复独立和统一的波兰。

（10）常备军；它对生产者阶级利益的影响。②

6. 代表会议的代表们的预备会议将同常务委员会联合举行，而决定性会议则同中央委员会联合举行。

7. 9月28日举行晚会庆祝下列三件事：第一，协会成立周年纪念；第二，大陆代表的来到；第三，美国联邦制和自由劳动的胜利。

晚会节目包括同志式的茶会、祝词、座谈和舞会。

关于俄国佬威胁欧洲的问题，**惠特洛克**和**梅里曼**两位公民主张把它放在议程的最后。因为这个问题是政治问题，他们宁愿把它同其他社会性质的问题分开。同意。

韦斯顿和**莱诺**两位公民提议，去掉税制问题，这不是因为他们不认为这是个重要问题，而是因为他们认为议程不宜过于广泛。他们认为，认真地讨论一两个问题要比肤浅地讨论一大堆问题更好。

只有3票赞成修正案，修正案被否决。税制问题保留在议程里。

---

① 以下是克里默手抄的十条议程，粘贴在记录本第64页原有记录的上面。

② 粘贴至此结束。

梅里曼和**惠特洛克**两位公民提议，在俄国佬威胁的问题上补充下述一点：

教皇统治权同意大利政治安宁和世界文明的关系。赞成这个补充意见的——8票，反对——12票；否决。①

由**吕贝**和**霍尔托普**两位公民提议：将法国人议程中的教育问题列入中央委员会的议程。赞成——6票，反对——11票（否决），多数人投票反对这个问题是因为议程已经够长了。

克里默和**埃卡留斯**两位公民提议：

将法国人议程中的常备军问题列入我们的议程。赞成——12票，反对——5票。（通过。）

莱诺和**荣克**两位公民提议：问题……②

克里默和**埃卡留斯**两位公民提议，在今年9月28日晚会上：

除了庆祝协会的成立和欢迎大陆的代表们，我们还要庆祝联邦制的胜利，并祝贺美国人民废除奴隶制。通过。1票反对。

议程经修改补充后以上述形式由执行主席提付表决，通过。

总书记报告说，他最近去过诺里奇，千方百计打听生产花边的地方，但未能得到这方面的任何情报；不过，他确信诺里奇并不生产花边。

委员会即此休会至8月1日。

副主席　约·格·埃卡留斯

---

① 下面有几行是粘贴的新的记录。
② 粘贴至此结束，句子中断。

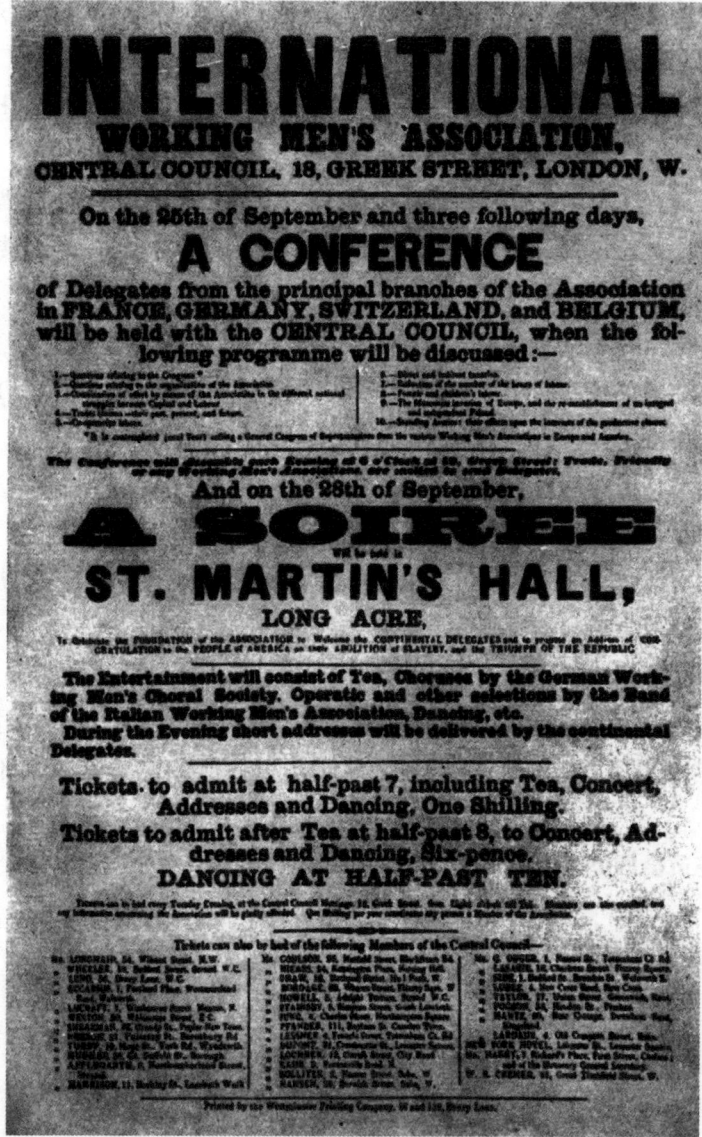

国际工人协会载有1865年伦敦代表会议议程的传单

中央委员会会议①

1865年8月1日

副主席**埃卡留斯**主持会议。

宣读并批准了前两次会议的记录。

公民**格雷**受公民沃尔顿的委托把他的20本论述土地占有的书送给委员会。

福克斯和**吕贝**两位公民提议：以中央委员会名义对公民沃尔顿的赠书表示感谢。一致通过。

书记代表常务委员会作了报告。常务委员会建议中央委员会将下述问题列入将提交代表会议的议程：

工会——工会的过去、现在和未来。通过。

接着讨论了会员证问题。

常务委员会认为会员证上的编号没有用处，甚至有害，建议中央委员会去掉会员证上的编号。总书记更主张也去掉会员证上的姓名。

就这个问题进行了长时间的讨论，最后，**德尔**和**克里默**两位公民提出了下述建议：姓名和编号全都不要。

荣克和**杜邦**两位公民提出了一项修正案：只去掉编号。

吕贝和**朗梅德**两位公民提议，将这个问题留到下次会议再议。

通过了最后一个建议，问题留到下次会议再议。

接着，选举了下列公民协助总书记负责晚会的筹备工作：德尔、莱诺和豪威耳诸位公民。

---

① 本日记录由克里默执笔，记在记录本第66页上。

公民**杜邦**宣读了巴黎的来信，信里说：因为他们没有遵守出版法，《工人论坛》被封闭了，编辑被处罚金 100 法郎，但是他们准备另出报纸。[112]

委员会即此休会至 8 月 8 日。

副主席　约·格·埃卡留斯

中央委员会会议[①]

1865 年 8 月 8 日

副主席**埃卡留斯**主持会议。

书记[②]宣读了上次会议的记录，并被批准。

总书记提出了常务委员会的报告。常务委员会建议：

第一，选举公民德尔接替公民惠特洛克担任财务书记。通过。

第二，常务委员会建议将关于会员证上的姓名和编号问题留交代表会议，以便听取大陆上的代表们的意见。通过。

第三，常务委员会建议指派一个三人委员会，起草章程，组织一家公司来发行每股 1 英镑的股票，筹集 500 英镑的资金，供中央委员会购置房产，作为协会的中心会所。[113]

中央委员会选出了德尔和惠勒两位公民，并委托他们研究成立公司是按工业互助社团法好，还是按有限责任法好。下次会议上提出报告。

公民**福克斯**宣读了协会通讯员勒菲弗从讷沙托来的信。信中说他曾经有点儿过于匆忙地认为协会在法国是违法的。他高兴地发现自己错

---

① 本日记录由克里默执笔，记在记录本第 67—68 页上。
② 克里默。

了，他现在竭尽所能推进协会的事业。公民福克斯还宣读了卡昂的公民塔尔博特的一封来信，也说他正为协会的事业千方百计地进行活动。[114]

公民**福克斯**提出了必须积极进行宣传活动的问题，这引起了长时间的讨论。发言的有荣克、克里默、吕贝、奥哲尔、埃卡留斯和惠勒诸位公民。惠勒说，他刚从苏格兰回来，他在那里做了他所能做的工作来促进协会的发展，他成功地获得了公民约翰·麦科尔曼以协会驻格拉斯哥通讯员的身份所给予的帮助。

最后，**惠勒**和**德尔**两位公民提议，选举约翰·麦科尔曼为协会驻格拉斯哥的通讯员。一致通过。

克里默和**豪威耳**提名加德纳和柯普两位公民为中央委员会委员候选人。

公民**吕贝**问，中央委员会是不是打算参加在布莱克赫斯举行的纪念英法和约50周年的示威。

克里默和**惠勒**两位公民提议：在8月27日星期日，在布莱克赫斯由协会主办示威活动；印制并散发5000张关于这次集会的传单。一致通过。

公民**韦斯顿**问，关于工资问题的讨论是不是还要继续下去。他认为，中央委员会徒然地把时间耗费在处理行政事务上，其实，他们应该做更重要的事情即讨论重大原则问题。

公民**豪威耳**[①]附议：由常务委员会处理行政事务，每月向中央委员会报告一次。中央委员会其余的三次会议则用于讨论重大原则问题。一致通过。

委员会即此休会至8月15日。

          副主席 约·格·埃卡留斯

---

① 记录本此处缺字。

中央委员会会议①

1865 年 8 月 15 日

副主席埃卡留斯主持会议。

宣读并批准了上次会议的记录。

克里默和**惠勒**两位公民提议，选举柯普和加德纳两位公民为中央委员会委员。一致通过。

公民**奥哲尔**提名公民布赖茵为中央委员会委员候选人。

接着，公民**考布**宣读了他答复公民韦斯顿的主张的论文。由于公民考布反对公民韦斯顿的观点，根据公民**克里默**代表公民荣克的提议，决定延期到下次会议再进一步讨论这个问题。

委员会即此休会至……②

副主席③

中央委员会会议④

1865 年 8 月 21 日⑤

副主席埃卡留斯主持会议。

---

① 本日记录由克里默执笔，记在记录本第 68 页上。
② 未注明日期。
③ 无签名。
④ 本日记录由克里默执笔，记在记录本第 69 页上。
⑤ 笔误。会议是在 8 月 22 日星期二举行的。

宣读并批准了上次会议的记录。

公民**考布**提名公民腊毕叶为中央委员会委员候选人。

书记提请中央委员会注意,必须改组常务委员会,因为有几个现任的委员从未出席过它的会议。

决定把这个问题延期到中央委员会下次会议再讨论。

公民**荣克**宣读了瑞士的来信,信里说他们使协会得到了很大的进展;不久前有几个工人团体加入了协会。[115]他还为公民**杜邦**翻译了从里昂和法国其他地方收到的几封来信,全都说对于他们正在取得的进步充满希望。里昂的会员再次要求得到他们以前询问过的关于花边生产和价格的情报。[116]

决定再作努力搜集所需要的情报。[117]接受这些书信。

公民**荣克**本来负责重开拖延下来的关于公民韦斯顿所提问题的讨论,但是他要求允许他到下次会议上再发言揭开这个讨论。

公民**莱诺**赞成这样做。通过。

接着,由于需要处理有关成立报业公司[118]的事务,委员会即此休会。

主席　乔·奥哲尔

中央委员会会议①

1865年8月28日②

主席主持会议。

宣读并批准了上次会议的记录。

---

① 本日记录由克里默执笔,记在记录本第69—70页上。
② 可能是笔误。会议应该是在1865年8月29日星期二举行。

宣读了公民理查·科塔姆的一封来信，说明领受到了中央委员会向他表示的谢意，并表示愿意随时帮助协会的进步。

又宣读了住在威尔士的协会会员公民阿·沃尔顿的一封来信。这封信说，他在上个星期寄给《蜂房报》一篇题为"瑟堡的海军大检阅"的信件，而该报编辑①把这封信当做社论刊登了，并在上面用了编者的"我们"当做编辑的作品来蒙骗读者。[119]

详细讨论了这件事。所有发言的人都指责这种行为，并一致通过了**埃卡留斯**和**马克思**两位公民提出的下列决议案：

将公民沃尔顿给本委员会的信的抄件寄给《蜂房报》编辑，并要求他对把公民沃尔顿寄给《蜂房报》的论述对外政策和国际政治的文章据为己有一事作出说明。

指派豪威耳、克里默和埃卡留斯诸位公民起草致公民沃尔顿的复信。②

由公民**荣克**宣读了公民莱昂·封丹的一封来信。[120] 这封信转交给了公民杜邦。

下一个问题是选举公民布赖茵为中央委员会委员的提议。

公民**肖**反对选举他，因为他从来没有同一个有联系的工人团体同心协力地工作过；还因为他在不久前的倡导提高工资的运动期间持犹豫动摇态度，以及在运动进行中的缺乏诚实的品行。

公民**豪威耳**认为，鉴于他的品行，他不应该当选。

公民**惠勒**认为，如果公民肖所作的评定是正确的，那就不值得让他进委员会，因为他可能引起争吵，从而削弱委员会。

一致同意**不**选举公民布赖茵。

---

① 波特尔。
② 这一句是作为脚注放在记录末尾的。

根据考布和列斯纳两位公民的提议，公民腊毕叶被一致选为中央委员会委员。

荣克和博尔达日提名公民吕西安·佩谢莱为中央委员会委员候选人。

改组常务委员会的问题延期讨论。

公民荣克有权重开被延期的关于公民韦斯顿的主张的讨论，但他要求将这个问题再度延期，因为他还没有准备好重开这个讨论。同意延期。

委员会即此休会至9月5日。

主席　乔·奥哲尔

中央委员会会议[①]

1865年9月5日

主席[②]主持会议。

宣读并批准了上次会议的记录。

书记提出了常务委员会给公民沃尔顿有关《蜂房报》事来函的复信。

惠勒和摩尔根两位公民提议通过这个报告。

公民荣克宣读了瑞士报纸上关于协会的两则短文。

根据荣克和博尔达日的提议，公民佩谢莱被选进了委员会。

公民摩尔根作了关于访问修鞋工人协会的报告，他们请求派一个代

---

① 本日记录由克里默执笔，记在记录本第71页上。
② 奥哲尔。

表团去参加他们下一次全体大会。

惠勒和**埃卡留斯**两位公民提名公民曼茨为中央委员会委员候选人。

迪蒂和**舍瓦尔**两位公民作为比利时的代表出席了会议,他们问是不是有反对比利时人选举自己的负责人的意见。[121]

公民**卡特**提议,**埃卡留斯**附议:

各分会有权选举他们自己的负责人,但应征得中央委员会的同意。一致通过。

这两位代表还被邀参加常务委员会下次会议。委员会即此休会至9月12日。

主席　乔·奥哲尔

中央委员会会议①

1865年9月12日

主席主持会议。

宣读并批准了上次会议的记录。

宣读了公民惠勒的一封来信,说明他不能继续担任协会的财务委员,因为他每天的工作任务增加了。

有几个委员对公民惠勒辞职表示遗憾,但是,既然公民惠勒的声明是坚决的,他们没有别的选择,只好接受他的辞职。决定接受他的辞职。而后,**马克思**和**埃卡留斯**两位公民提议:

选举公民德尔为财务委员,今后财务委员和财务书记两个职务合而为一。一致通过。

---

① 本日记录由克里默执笔,记在记录本第71—72页上。

根据**德尔**和**克里默**两位公民的提议，公民曼茨被选为中央委员会委员。

吕贝和**卡特**提名公民皮埃尔·韦济尼埃为中央委员会委员候选人。

接着，就即将召开的代表会议问题进行了讨论。**马克思、韦斯顿、吕贝、克里默**发了言。根据公民吕贝的提议，曼茨的附议，决定延期至本月19日专门用来研究代表会议的那次会议上再作进一步讨论。

委员会即此休会至19日。

临时主席　威廉·德尔

中央委员会会议[①]

1865年9月19日

由于**主席**[②]缺席，一致推选公民**德尔**主持会议。

书记[③]宣读了上次会议的记录。记录被批准。

公民**马克思**提议，公民**卡特**附议：选举公民博勃钦斯基为中央委员会委员。一致通过。

书记宣读了公民麦科尔曼从格拉斯哥来的一封信，他接受中央委员会委任他为格拉斯哥通讯书记的职务，并答应为促进协会的利益尽最大的努力。

公民**马克思**宣布，德国不派代表来出席代表会议，但是，有一篇关于德国情况的报告要寄给他，他将向代表会议宣读这篇报告。[122]他还给

---

① 本日记录由克里默执笔，记在记录本第72—73页上。
② 奥哲尔。
③ 克里默。

厄内斯特·琼斯寄去了［一封信］，要求他来参加晚会并在晚会上讲话。[123]

公民**荣克**宣读了瑞士的一封来信，信中通知：已选出了两名代表，并将出席代表会议。[124]

接着，**书记代表常务委员会**提出了改组常务委员会的问题。常务委员会建议中央委员会任命下列委员组成常务委员会：**奥哲尔、埃卡留斯、杜邦、马克思、荣克、德尔、豪威耳、福克斯、韦斯顿**。

通过。根据克里默的动议，**列斯纳附议**，公民博勃钦斯基也被选为常务委员会委员以代表协会的波兰人支部。

接着，决定了大陆上的代表将去公民博勒特和拉尔多那里解决食宿。

公民**德尔**表示同意承担一位代表的费用。

公民**博勃钦斯基**捐助1英镑以弥补代表们的费用。

于是，讨论了代表会议的经费问题。

常务委员会建议：中央委员会各位委员尽其所能以捐助代表会议的经费。通过。

中央委员会的几名委员捐了款。

特里普先生被聘担任晚会的司仪。

公民**吕贝**提议，**卡特**附议：公民韦济尼埃当选为中央委员会委员。

接着决定了：在晚会过后的第三个星期二，全部晚会票应该退回，否则应付款。

常务委员会向中央委员会建议：决定将下述作为一项建议提交给代表会议：

中央委员会将于1866年召开全体代表大会，如果没有意外情况使进一步延期成为必要的话。一致通过。

吕贝提议：议程中的每一个问题，都应由中央委员会指定一名委员负责准备。

卡特附议，但是最后撤销了这项提议，而赞成由公民**卡特**提出、**韦斯顿**附议的下述建议：

今天晚上在这里发表的各种意见，交常务委员会研究。[125]

委员会即此休会至……①

主席　乔·奥哲尔

中央委员会会议②

1865年10月3日

主席主持会议。

宣读并批准了上次会议的记录。

书记宣读了公民荣克的一封来信，说明他因为眼睛发炎不能出席会议。

委员会表示希望他很快同他们重聚。

宣读了一封声称是《蜂房报》编辑来的、但未署名的信。委员会转到下一个议程。

又宣读了让娜·德鲁安夫人的一封来信。这封信是给代表会议的，但是来迟了。

书记报告说，他收到了地毯编织工人协会和镀金匠协会要求《宣言》和《章程》的申请。

摩尔根作了访问修鞋工人协会的报告。代表团很晚才受到接待，不

---

① 未注明日期。
② 本日记录由克里默执笔，记在记录本第73—74页上。

过该协会会员对让代表团久等道了歉；他相信，在他们下个月的例会上，这个团体会加入协会。

接着讨论了公布代表会议工作情况的问题。

公民**卡特**和**吕贝**提议：请公民马克思撰写代表会议工作情况的报告。[126]一致通过。

公民**卡特**和**吕贝**提议：寄一份报告给比利时的公民德·巴普，请他以小册子形式发表。一致通过。

公民**杜邦**报告：他的朋友公民科拉斯准备去纽约，他建议让公民科拉斯［带走］（他同意带）500张会员证和［几份］《宣言》。公民杜邦还说他打算提名公民科拉斯为协会驻纽约的通讯员。

讨论了上一次的晚会、参加的人数和收到的门票问题。作了说明，问题告结束。

几位朋友来领取了会员证。

公民**博尔达日**提名公民 H. 约翰逊为中央委员会委员候选人。

即此休会至 10 月 10 日。

临时主席　约翰·韦斯顿

中央委员会会议①

1865 年 10 月 10 日

公民**韦斯顿**主持会议。

宣读并批准了上次会议的记录。

根据**博尔达日**和**德尔**两位公民提议，公民约翰逊被选为中央委员会

---

① 本日记录由克里默执笔，记在记录本第 74—75 页上。

委员。公民路易·奥博尔斯基由**博勃钦斯基**和**马克思**提名。

公民**博勃钦斯基**说,波兰联合会以其现在的组成,不可能顺利加入国际工人协会,但是他们愿意参加协会的活动并派代表参加中央委员会。他还说,他们希望能够在比利时、法国和意大利建立分会。他还受托询问协会是否同意与波兰联合会合作来纪念11月29日的革命。

这个问题延期到下次会议讨论。

接着,讨论了美国名义通讯书记公民路易斯的职务以及他同中央委员会的关系问题。责成书记写信通知他,如果他不履行他的职责,这个月过后,他的当选将被认为无效。

公民**克里默**吁请注意中央委员会会议,并建议下次中央委员会会议延期一个月再举行。他认为,我们搞的活动太多,什么也搞不成,要想有成效,除非我们的会不那么频繁。他认为,我们的全部力量应该集中于建设《工人辩护士报》,因为,没有一个机关报,协会永远不会取得重大进展。所以,他要建议今后两三个月内,应该把中央委员会的主要力量集中于报纸的认真的建设。

讨论了波兰通讯书记问题。

总书记说,他简直不知道公民霍尔托普作为书记曾经做过什么事。他认为,霍尔托普担任波兰书记一职徒具空名。

几位中央委员会委员也发表了类似的意见。而后委员会休会至10月17日。

临时主席　　詹·卡特

中央委员会会议①

1865年10月17日

由于主席和副主席②缺席，推举公民**卡特**主持会议。

宣读并批准了上次会议的记录。

公民**霍尔托普**就上次会议记录中的一些评论作解释：他之所以没有向中央委员会提交什么信件，是因为通信主要是私人性质的；但是，如果中央委员会认为他失职，他很愿意辞职，并提议公民博勒钦斯基（他在加利西亚有广泛联系）来接替他。

公民**博勒钦斯基**认为，最好是允许波兰人选举他们的书记。

公民**吕贝**认为，公民霍尔托普误解了中央委员会关于他曾失职的看法。

由于大家都同意波兰联合会应向中央委员会推荐他们的一位会员来担任书记，这个问题就不再讨论。

根据公民**博勒钦斯基**和马克思的提议，公民奥博尔斯基上校被选为中央委员会委员。

由公民**博勒钦斯基**提名下列诸位为中央委员会委员候选人：公民扎比茨基，公民维列茨基，公民克林斯基。

公民**列斯纳**通知中央委员会，公民博勒特辞去中央委员会委员的职务。

公民**博勒钦斯基**报告说，波兰联合会已决定纪念11月29日革命，

---

① 本日记录由克里默执笔，记在记录本第76—77页上。
② 奥哲尔和埃卡留斯。

一个波兰人代表团来问国际工人协会是不是赞助这个纪念活动。

公民**吕贝**担心这会有损我们的声望，如果我们如此频繁地参加有关波兰的示威活动的话。

公民**福克斯**认为，我们应该每年纪念这个起义。他不同意吕贝的意见。他认为，拥护波兰的事业已经给协会带来了好处：给我们带来许多波兰人。

经过冗长的讨论之后，通过了由**德尔**和**列斯纳**两位公民提出的下述决议：

指派一个代表团访问波兰同盟[127]，弄清楚他们是不是准备同我们合作来筹办纪念波兰11月29日革命的示威。

德尔、奥哲尔和埃卡留斯三位公民被指派为代表团。

福克斯和**马克思**两位公民提议：

如果决定举办这次纪念活动，常务委员会应该负责处理全部有关事务。一致通过。

总书记吁请注意一件事：几个星期前，他曾声明打算辞职。再做这个工作对他就有失公允了。他希望中央委员会指定他的继任人。他曾要求公民吕贝接受这个职务。

公民**吕贝**遗憾地表示不得不拒绝。

被请求担任这个职务的另几位中央委员会委员也都不肯接受。但是，他们中有的人问公民克里默能不能将这个职务继续担任一个时期。

公民**克里默**答复说，他必须提出一个问题：过去一年里，他作了那么多的牺牲，他不能再作牺牲了。但是，他答应把这个职务担任到现有金钱债务偿还完毕。

接着，议定延期两周开会。

委员会即此休会至10月31日。

主　　席　威廉·德尔

10月31日,星期二①

推举公民**德尔**主持会议。

宣读并批准了上次会议的记录,未作改动。

11月29日的周年纪念

公民**德尔**作了关于代表团会晤埃德蒙·比尔斯先生的报告。比尔斯先生认为,现在举行任何公开示威都不适宜,但是英国波兰独立同盟仍然愿意同国际合作纪念1月23日的起义。不过,同盟将不参加任何关于1830年起义的纪念活动。

公民**福克斯**要求把他在上次会议上所曾说过的话再说一遍:波兰人举行的11月29日起义,有利于欧洲,而与他们原先的计划相反。原先的计划是要他们等待德国革命波及到他们那里,使他们能够夺回自己的独立。但是,当沙皇想要进军西欧,波兰人可能被驱使充当反对法国和比利时的先锋的时候,波兰人揭竿而起,回转头来反对俄国,成了法国和比利时的屏障。

勒·吕贝复述了他在上次会议上所说的几点。他认为,本协会应当致力于解决社会问题和消除贫困。

---

① 本日记录无标题。记录是经小学生的手卷写在记录本第77—78页上的。因为地方不够,记录的后一部分(指本日记录的最后七段文字。——编者注)原写在夹于1866年1月2日和9日两次记录之间的记录本第98—99页上。

公民**卡特**说，问题非常简单，我们究竟是不是帮助波兰人来纪念波兰的这个最大公无私、最拥护共和的运动的周年。

根据公民**福克斯**的提议，决定："纪念11月29日的问题，留待听取了我们波兰会员的意愿之后再解决。"

《国际信使》

公民**福克斯**宣读了《国际信使》（法文版）上的一篇文章。文章批评了代表会议的活动，并宣布，在现在情况下，工人的一切政治性团体都是一种**阴谋**。[128]

会议认为，这篇文章的意思和它所渗透的精神对协会是极不友善的。①

根据公民**克里默**的提议，作出决定：在《工人辩护士报》上刊登国际协会的启示，版面付酬。

根据他的提议，又决定：书面通知委员会各位委员，今后将只通过《工人辩护士报》得到关于中央委员会开会的通知。[129]

公民**摩尔根**报告说，派往修鞋匠协会的代表团没有去成，因为他们在切尔西的另一个会上耽搁了。

维列茨基和克林斯基两位公民被一致选为中央委员会委员。

公民扎比茨基为公民**勒·吕贝**所反对，关于选举他的问题因而延期。

接着，**书记**作了财务报告。他报告说，协会有为数12英镑的债务。主要债权人是纽约饭店的老板迪容夸先生，欠他8英镑11先令8便士，

---

① 此处，记录本上有一个附注："决议情况见1866年1月2日和9日两个记录之间的两页（实际上指本注码下的开头两段。——译者注）。"

他催着偿还。此外，协会还欠公民荣克、凯利印刷所和公民考布的钱。另一方面①，因为我们两个晚会卖了票，应该付给协会的钱，有好几笔未结算。公民克里默还认为，法国不久应该寄钱来，因为中央委员会已经寄去了那么多的会员证和《宣言》，只收回4英镑。

即此休会两周。②

11月14日，星期二③

中央委员会在索霍区希腊街18号开会。

副主席**埃卡留斯**主持会议。

记 录

宣读并批准了上次会议的记录，未作改动。

查 账

根据公民**福克斯**的提议，指派科尔森和列斯纳两位公民审查圣马丁堂晚会的账目。

---

① 记录原文是"Per contra"。——译者注
② 无签名。
③ 本日记录无标题，由福克斯记在两张单页纸上，并贴在记录本第79—80页上。第一部分是：1865年11月18日《工人辩护士报》第141号的一份剪报，并有手写的补充和修改。

法国和西班牙

法国书记①报告说，巴黎代表们写的关于代表会议各项工作的报告，已经在巴黎所有的共和派和自由派报纸上刊登了。[130]在《世纪报》上，昂利·马丁先生写了一篇序言。杜邦希望宣读并向中央委员会宣读了这篇序言。马丁先生已经加入我们的协会。对会员证的需求突然增长，巴黎代表们要求马上寄去 1000 张。杜邦还报告说，巴黎中心同西班牙民主派通了信，讨论了他们今后同中央委员会长期联系的问题。

结束时，他交出了上述的报告。

波兰人的纪念会

公民**博勃钦斯基**报告说，由于英国波兰独立同盟愿意参加 1863 年 1 月 23 日最近这一次起义的周年纪念，但是不愿参加纪念 1830 年 11 月 29 日的起义，波兰会员们放弃了要求国际举办本月 29 日庆祝活动的主张。然而，伦敦的波兰人打算在他们自己的圈子里以简单的方式纪念这个日子，他们欢迎朋友们参加。筹备就绪后，将在《工人辩护士报》上通知时间、地点等。②[131]

开会地点问题

房主对临街的房子每年索租价 12 英镑，背面的房子每年 10 英镑。按月预付租金，如果废约，提前一个月通知对方。

---

① 杜邦。
② 剪报至此结束。

由于中央委员会希望①有尽可能多的委员参加关于会址问题的讨论,他们决定把这个问题留到下个星期二解决。②

因此,这个问题被列入下次会议的议程。

接着,交谈了恢复我们的每周例会的问题,并一致通过了恢复每周例会的决议。

委员会即此休会至下个星期二。

将下面的文件附入记录:

昂利·马丁为法国代表的报告所写的序言③

我们以深深激动的心情读完了这篇记述不久前在伦敦发生的事情的文章。我们有一个预感:伟大的事情刚刚开始,圣马丁堂将名垂青史。

高尚的情操和报告的语言,决定了国际工人代表大会(定于明年召开)各项议程的那种高瞻远瞩和在道德上、政治上以及经济上的深谋远虑,将赢得欧洲所有拥护进步、正义和自由的朋友们的普遍同情。

让我们的朋友和伙伴去细心研究大会的议程,并循着它的道路去追随全欧友好的这种初步努力吧,而我们却只想把注意力从诸如"从道德观点和保健观点来看各企业的女工和童工的劳动","缩短工作日,这个措施的目标和道德影响","各种宗教观念及其对社会运动、政治运动和精神运动的影响"这样一些根本性的社会问题中转移到——我以为,我们将只把注意力转移到——准备提交将要举行的代表大会审议的第九个问题上:

"通过运用民族自决权原则,并在民主和社会主义基础上恢复波兰的途径来

---

① 以下是同一天的《工人辩护士报》的几行剪报贴在记录本上,其中有手写的较大改动。
② 剪报至此结束。"他们决定……下个星期二解决"一句,在记录本上被勾去了。
③ 以下是粘贴 1865 年 11 月 18 日《工人辩护士报》第 141 号的剪报。

消灭俄国佬在欧洲的影响的必要性。"我愿意冒昧地指出:"在民主和社会主义基础上"一语,对波兰来说,意思是很简单明了的。因为,那里的社会制度也像政治制度一样需要改造;在那里,这种基础已经为1863年的无名政府的法令所奠定,并为全民族各阶级所接受。

这就是真正的社会主义、与正义和自由相偕而行的社会进步对于俄罗斯公社专制制度的推进所作的回答。

这就是说,我们的朋友科尔邦在他的一本崇高著作中所揭示的"巴黎人民的诀窍",正在成为欧洲各国人民的诀窍。

因为,我们知道,弥漫当代社会表层的酷冷严寒,还没有达到底层,还没有冻结人民的心灵,生命的源泉并没有枯竭。

昨天,在英国,富有者和当权者还显示出国际利己主义和对欧洲社会的伟大义务和崇高利益漠不关心的最可悲的典型。

今天,对英国人民来说荣幸的是:正是在英国,青年欧洲的高尚的报复应该开始;正是在英国,这些互相紧握的手必定去树起各民族友爱的旗帜。

"有信心的人们前进吧!一切还在犹豫动摇的人很快会接踵而来。"(引自法国代表的报告的最后一句。)

我们的耳朵与这类的话生疏了;它们激荡着我们心灵的深处。

昂利·马丁[①]

记 录[②]

11月21日,星期二

公民**肖**主持会议。

---

① 剪报至此结束。记录无签名。
② 本日记录由福克斯执笔,记在五张单页纸上,并贴在记录本第81—85页上。

宣读并批准了上次会议的记录，未作改动。

宣读了鞋匠联合会委员会书记 11 月 7 日的一封来信，要求寄去一些《章程》和《宣言》，以便发给伯明翰各分会。

责成公民福克斯给伯明翰拉梯麦街二巷 3 号的托马斯·哈勒姆寄去 24 份，分发给该市的四个分会；此外，在这个包裹里附信说明延迟作答的原因。

德国书记①报告说，鉴于巴黎要求会员证数量猛增，他和瑞士书记②已向印刷所订制了 2000 张，其中 1000 张将寄往巴黎，500 张留给法国各省份备用，100 张留给德国备用。他希望中央委员会批准这个措施。

由公民**摩尔根**提议，**惠勒**附议，并一致通过："我们批准马克思和荣克两位公民所采取的向印刷所订制会员证的措施，并按公民马克思的建议进行分配。"

总报告

公民**马克思**报告说，在代表会议上，曾根据他的提议，决定起草协会成立一年来的会务报告。他现在建议取消关于起草这种报告的决议，原因有二：（1）因为法国代表们已经发表了一个报告；（2）现在这个时候发表报告不合适，而应该延迟到 5 月份。[132]然而，他已经把几份决议和议程寄给了我们的比利时各通讯员和公民荣克。

同意撤销起草报告的决议。

---

① 马克思。——编者注
② 荣克。

在德国的宣传

德国书记说,他可以高兴地告诉大家,我们的协会终于在德国取得了进展,尽管那里有比法国更大的障碍需要克服。报告人能担保的几个人准备采取步骤在柏林、马耶讷和莱比锡成立分会。这些组织大概要派代表参加日内瓦代表大会。¹³³

新通讯员

公民**马克思**提议,提名纳沙泰尔州的[拉]绍德封的库勒里医生为本协会的通讯员,并寄给他证明信。这个提议被一致通过。

法国书记提议,任命卡尔瓦多斯省孔代叙努瓦罗的莱昂·图坦为通讯员。通过。

里昂来信

法国书记宣读了我们里昂通讯员①的一封来信。信里说,他手里有归我们使用的 200 法郎,不久就会寄来;他还想知道法国代表们的报告是在每一个细节上都准确,还是为了不触怒政府而经过"加工"的;此外,他感谢中央委员会把《国际信使》转寄给他,并希望把中央委员会活动的情况尽可能详细地告诉他。

---

① 舍特尔。

会 址

中央委员会同柯贝特先生达成协议，租赁索霍区希腊街18号背面的房间，每星期二晚上使用，一星期4先令，提前交付；如取消协议，提前一月通知对方。

11月29日的纪念

根据公民**福克斯**和**惠勒**的提议，决定：

如果伦敦的波兰人打算举行宴会来纪念这一事件，则授权要参加这个宴会的中央委员会委员们作为中央委员会的代表团前往。

委员会即此休会。①

记 录②
11月28日，星期二

主席**奥哲尔**主持会议。

宣读并批准了上次会议的记录，未作改动。

---

① 无签名。
② 本日记录由福克斯执笔，记在三张单页纸上，并粘贴在记录本第86—88页上。

财务委员一职

公民**德尔**报告说，他和公民惠勒谈到财务委员职务的事，后者愿意重任这个职务，而前者由于住得离市区较远希望辞去这个职务。他说，惠勒的事务所在滨河区附近的市中心，所以建议把这个职务移交给他。

豪威耳提议，**德尔**附议：惠勒重任协会财务委员的职务。一致通过。

瑞 士

由于瑞士书记①令人遗憾的缺席，公民**马克思**代为报告说，公民约·菲·贝克尔已经向瑞士的德国人发出了一个有关协会问题的呼吁书。他认为，应当将呼吁书的摘要翻译出来，并在我们的报道中发表。[134]呼吁书中号召瑞士的各分会要准备用德文和法文出版报纸以作为协会在瑞士的机关报。[135]

花边问题

法国书记②报告说，如果有哪位中央委员会委员能够获得有关英国这个生产部门的工人工资的必要情报，就会对里昂人大有好处。

---

① 荣克。
② 杜邦。

代表大会的筹备工作

公民**福克斯**通知说，他打算为即将举行的代表大会就议程中的第九个问题即关于波兰问题准备一篇报告。报告将阐明这个问题的价值，以及把它作为协会的一个目标而保留在议程中的必要性。他打算把报告译成法文，并希望在4月份第一个星期二之前把报告的英文稿交给中央委员会。

委员会即此休会。①

1865年12月19日②

副主席**埃卡留斯**主持了会议。
宣读并批准了上次会议的记录。

记录本

公民**福克斯**向中央委员会说明我们最近的三次会议的记录没有抄入记录本，并要求中央委员会采取相应措施。

交换了一下意见后，公民**德尔**提议，**列斯纳**附议，并一致通过：

---

① 无签名。
② 本日记录无标题，由福克斯执笔，记在记录本第89—91页上。

"公民福克斯写信给前任书记①，请他将中央委员会会议记录本放在柯贝特先生处。"

更换会址

主席**奥哲尔**报告说，能在包佛里街18号找到一间房子，年租10英镑，租金可以与《工人辩护士报》公司分担。大家都觉得，协会能有一个经常使用的会所是非常符合愿望的。

指派公民德尔就租用这间房子问题同工业报公司进行必要的交涉。

书记职务和会员证

由于协会总书记一职出缺，因而产生了会员证盖章的困难，根据公民**马克思**的建议，决定：今后，大陆各书记在他们自己的会员证上盖章，这些会员证不需编号，各该书记只需交出他所收到的会员证总数的收据。

公民**福克斯**重复他早先作过的声明：他不能担任书记职务。

当时，公民**德尔**提到他的一个朋友的名字，他认为，这位朋友会愿意担任这个职务。于是决定：关于选举书记的问题，在德尔同他的朋友商谈之前，暂时搁置起来。

大陆上的书信

公民**马克思**报告说，在巴塞尔和苏黎世有几个团体已加入协会。还

---

① 克里默。

有一个与协会有联系的互助和消费合作社成立,社址在日内瓦。[136]

公民**杜邦**宣读了我们在卡尔瓦多斯的孔代叙努瓦罗的通讯员12月6日的一封来信,信中对没有收到会员证表示遗憾。还有一封利穆赞和弗里布尔两位公民的来信,说明他们为什么没有把会员证的钱寄到伦敦的原因,并要求直到代表大会前对他们给以充分的信任和完全的自由。

宣传问题

公民**荣克**呼吁英国委员行动起来加劲为代表大会筹款,并宣称,英国会员的安闲自在①使他在伦敦和瑞士在自己的同胞中的努力也劳而无功。

主席**奥哲尔**发表评论说,工人的一点点政治能量都用于争取成年男子选举权和秘密投票的鼓动之中去了。

公民**福克斯**回答说,伦敦群众中政治生活的复苏,对协会来说是一个良好预兆。为了为代表大会筹款,他准备每周向一个工会讲一次话。

公民**摩尔根**建议,在派出代表团之前,就把公开信[137]分送给各工会,以便这些团体预先有所准备,并把问题列入晚上会议的议程。

最后,公民**奥哲尔**答应开列最应该发去公开信的团体的名单。

常务委员会

公民**荣克**提议,常务委员会恢复例会。② 但是,根据执行主席的说

---

① 记录原文是"dolce far niente"。——编者注
② 记录本上原来接着写的是"但是,由于这个提议没有得到附议,提议不得成立"一句,被勾掉了。这个改正是在中央委员会下一次会议上经过讨论之后作出的。

明，这一点应由常务委员会自行决定，提议人撤回了这个提议。①

12月26日，圣诞节次夜②

出席人：肖、马克思、荣克、克里默、福克斯、勒·吕贝诸位公民和一位朋友，吕贝介绍他是新近成立的协会法国人分会的会员。[138]

指派公民**肖**为执行主席。

宣读并批准了上次会议的记录。记录的最后一段作了一个小修改。

会员证编号问题

公民**克里默**认为，中央委员会应该重新审查12月19日关于会员证不编号的决议。他强调说，编号可以防止伪造。应当每年发新会员证并编新号。

讨论了一阵后，**勒·吕贝**提议，**马克思**附议：

刚从印刷所取回的会员证用打号机打上号码。

公民**克里默**承诺在第二天办这件事。建议被一致通过。

会员证盖章问题

克里默认为，印章应该存放在包佛里街的新房子里，在那里，任何

---

① 无签名。
② 本日记录无标题，由福克斯执笔，记在记录本第91—94页上。

一位通讯员都可以使用它。这个办法要比把它放在某个人的私人住宅里好些。他建议把印章存放在包佛里街。**荣克**附议,并一致通过。

包佛里街的房子

克里默报告:工业报公司已经以年金10英镑在包佛里街租到一间房子,并愿意允许协会每年付租金5英镑作为合租人或转租人。克里默提议我们接受这个建议。

这个提议被一致通过。

清查账目

克里默提出清查我们的账目问题。他建议下一次一直清查到1866年1月1日为止。

提出并通过了这个意思的建议。

为代表大会募集基金

福克斯认为,应该注意瑞士书记①在我们上次会议上提出的意见。他因而起草了一个致大不列颠工人的呼吁书,他提议以中央委员会英国委员的名义发表,应予铅印,并在各工会接待中央委员会的代表团之前寄给它们。他接着宣读了这个呼吁书。

接着,**克里默**就募集所需的基金的方法和呼吁书发表了意见。他保证运用自己的影响来募集经费。呼吁书应印成通告形式,并寄给各工会以足够的份数,以便他们分发给每个会员个人。呼吁书如果只寄给主

---

① 荣克。

席，就到不了会员手里，对他们起不到作用。此外，还要印出认捐单，并附上说明：收到的捐款将在《工人辩护士报》上予以公布。

福克斯的呼吁书移交给常务委员会。常务委员会定于星期日下午2时半在克利夫兰大厅咖啡间开会。

《佛尔维耶报》

公民**勒·吕贝拿**出刊登在《佛尔维耶报》（比利时）[139]上的预计是一系列攻击中央委员会政策的文章中的第一篇。

公民**马克思**发表了一些为中央委员会辩护的意见。

瑞士法国人的协会机关报

瑞士书记出示了一份第1期的《瑞士罗曼语区国际工人协会报》。①

---

① 无签名。

1866 年

1月2日①

主席**奥哲尔**主持会议。

宣读并批准了上次会议的记录。

爱尔兰的政治犯[140]

福克斯宣读了《科克每日先驱报》上奥顿诺凡-罗萨夫人和克拉克·卢比夫人致爱尔兰妇女的呼吁书,呼吁为现在或不久前关押在爱尔兰的政治犯的家属募捐。他还宣读了都柏林的《爱尔兰人报》[141]关于英格兰北部各工业城市为此目的进行募捐的情况的报道。他还谈到了英国政府给爱尔兰妇女的自由,她们可以宣布自己是芬尼亚社社员而不受追究。最后,他提议:中央委员会将这个呼吁书送给《工人辩护士报》,并请它予以发表。[142]

这个提议得到**韦斯顿**的附议。他认为,爱尔兰所受的压迫,不亚于

---

① 本日记录无标题,由福克斯执笔,记在记录本第94—98页上。

大陆上任何一个英国人应该对它们表示同情的民族。虽说他本人有一点像道义力量的拥护者，但他还是逐渐觉得，如果没有物质力量做后盾，道义力量就是"十足的怯懦"。提议被一致通过。

瑞士法国人的机关报

福克斯简略介绍了《瑞士罗曼语区国际工人协会报》[143]的内容。

德尔说，这家报纸给日内瓦工人带来了巨大的荣誉，他们在一个小城市里，不依靠中产阶级的帮助，取得了这样值得称赞的成绩。这样的事实是非常令人鼓舞的。

他提议："中央委员会看到了该报的第1期，完全赞赏它的格调和内容，并向它的领导人表达他们最良好的愿望，祝报纸永远成功。"

上述提议得到附议并被一致通过。

《佛尔维耶回声报》和章程草案

勒·吕贝拿出两份《佛尔维耶回声报》，一份上有上次会议记录中提到的攻击中央委员会那篇文章的结尾部分；另一份上有一份伦敦的协会第一①分会向中央委员会、可能以后也②向日内瓦代表大会提出的协会的章程草案。[144]勒·吕贝说，他并不以任何正式的身份代表第一③分会，但他是这个分会的成员。这个分会认为，带着深思熟虑的意见和预

---

① 记录本上笔误："第一"（first）应为"法国人的"（French）。
② "向中央委员会、可能以后也"几个字是中央委员会下一次会议上批准记录时加进记录的。
③ 记录本上笔误："第一"（first）应为"法国人的"（French）。

先制定好的计划去参加代表大会的人，比起那些迷迷糊糊或者像寓言中所说的不知道往灯里添油的傻丫头那样去参加大会的人来，要强得多。

接着，**福克斯**用英语宣读了这个章程，但是他借口在座的都没有那篇攻击文章的头一部分，没有宣读这篇文章的第二部分。

为募集基金致英国民主派的呼吁书

福克斯报告说，常务委员会在星期日下午开了会，讨论了他起草的呼吁书。当时，克里默说，他认为他能够起草一个呼吁书，即使写得不如这一个好，但同工人阶级更谈得来，能获得更多的捐款，他将在星期二写出一个呼吁书来。在这种情况下，常务委员会决定将这两个呼吁书提交给中央委员会，由更大些的机构来挑选一个最适合具体情况的呼吁书。此外，常务委员会还建议为前面所说的目的而在工人阶级中进行宣传采取下述两种方法：

1. 应该准备好并散发认捐单，上面要说明全部捐款将在《工人辩护士报》上公布。

2. 将被采用的呼吁书连同协会的《宣言》和《章程》散发，要有足够的数量使各团体的会员个人都能得到。因为印出的《宣言》没有足够的数量应这个急需，这就必须要求《工人辩护士报》理事会在该报上转载，发行新版。

接着，**福克斯**和**克里默**宣读了各自的呼吁书。

荣克要求中央委员会首先决定转载《宣言》的问题。

豪威耳提议，**荣克**附议：请求理事会转载协会的《宣言》。这个提议经讨论后被通过，有 1 票不同意。[145]

接着，广泛讨论了克里默和福克斯分别起草的呼吁书。

最后，以 6 票对 5 票（1 票弃权）偏重于选用克里默起草的呼吁书。

接着,一致决定,请福克斯把他的呼吁书根据所提出的意见作些修改,以社论形式在《工人辩护士报》上发表。[146]

更换会址

克里默报告,包佛里街18号的房子已准备好接待中央委员会。他提议我们下星期在那里开会。

于是,执行主席下楼去问柯贝特先生,他是不是需要提前一周通知。他回来说,柯贝特先生不要求什么通知。

接着,通过了克里默的上述提议。责成福克斯于本周内访问柯贝特先生,并在中央委员会下次会议上提出账单。①

1866年1月9日②

主席**奥哲尔**主持会议。

宣读了记录,据勒·吕贝要求作一处改动后,予以批准。

委员候选人提名

荣克提议,**杜邦**附议:

---

① 无签名。下接的原记录标题为"1865年10月31日中央委员会记录的后一部分"。
② 本日记录无标题,由福克斯执笔,记在记录本第99—101页上。

初步提名沙尔·龙格和克雷斯佩耳两位公民为中央委员会委员候选人。

信　件

宣读了我们在孔代叙努瓦罗的通讯员的一封来信，他抱怨由于没有贴邮票，寄给他的会员证被英国邮局扣留。

比利时

宣读了《人民论坛报》的一段报道："人民协会"和国际工人协会布鲁塞尔支部已经合并，因而《论坛报》实际上成了协会的机关报。[147]

韦济尼埃在《佛尔维耶回声报》上的攻击

马克思认为，发表在《佛尔维耶回声报》上的章程，既然出自伦敦的法国人分会，就应该在发表之前提交给中央委员会。然后他暗示那篇攻击文章是公民韦济尼埃写的。

荣克指摘这篇文章是卑劣的攻击，并揭露了其中的一些歪曲。这类的宣言本应该署名。他提议：韦济尼埃应撤回这些荒谬言论，否则，就把他开除出协会。

勒·吕贝承认韦济尼埃是这篇攻击文章的作者。

马克思趁机为我们受到人身攻击的巴黎通讯员作辩护。他们已经将他们的账目和信件全都交给了中央委员会，他们的行为是最光明正大的。

杜邦认为，为了自己的尊严，中央委员会不能忽视这件事。他支持荣克的提议。

博勃钦斯基说，中央委员会一定不要未听取本人的意见就责备一个人。在采取极端措施之前，应邀请他来说明他的攻击。

马克思不同意"撤回"这个词。应该要求韦济尼埃拿出证据来，否则就把他开除。

勒·吕贝要求用英语宣读被指控的文章。

据此，**福克斯**用法语和英语宣读了这篇文章。

奥哲尔说，这些文章是彻头彻尾的诽谤。

韦斯顿觉得韦济尼埃责备中央委员会一个社会问题也没有讨论过是玩忽职守这一点不是没有理由的。中央委员会揽的事太多。这是一个最有利的借口。

接着，**荣克**撤销了他的提议。**马克思**提议，**荣克**附议：要求韦济尼埃论证他所提出的责难，如果他做不到这一点，就把他开除。

勒·吕贝提出修正案：这个问题移交给一个三人委员会，同韦济尼埃进行一次通讯联系。他不同意采取开除的严厉措施。这个修正案没有人附议。

马克思的提议在1票反对和1票弃权下被通过。

1月22日的波兰起义

博勃钦斯基报告说，波兰打算纪念这一事件。他邀请委员会合作。

因为委员会原先已决定纪念这个事件[148]，这方面的具体事务移交给常务委员会处理。

书记职务

克里默声明说，委员会已决定散发的募捐呼吁书，必须有人送出去。因为要急于推进这个工作,他愿意重新担任书记职务直到代表大会过后。由于他的辞职从未被接受过,也由于没有人明白表示过接受这个职务的意思,他认为不需要再办手续。

委员会即此休会。①

中央委员会会议②

1866 年 1 月 16 日

副主席**埃卡留斯**主持会议。

宣读并批准了上次会议的记录。

龙格和克雷斯佩耳两位公民被选为中央委员会委员。

马克思转达说,福克斯已收到奥顿诺凡-罗萨夫人的一封来信,由于《工人辩护士报》上他的那几篇论芬尼亚运动的文章,以及这家报纸转载两位夫人支持被判罪的芬尼亚社社员的呼吁书[149],向他表示感谢。

马克思提议,任命龙格接替他担任比利时通讯书记。**荣克**附议。一致通过。

荣克宣读了纽约饭店老板大个子迪容夸的一封信,要求偿付 9 月代表会议以来应付给他的 7 英镑 17 先令。

荣克提议,**列斯纳**附议:授权杜邦告诉迪容夸,星期三晚上他将收到一部分到期的钱,并得到确定的回答。一致通过。

荣克宣读了塔尔博特(卡昂)的一封来信,附寄来 20 张会员证费

---

① 无签名。
② 本日记录由克里默执笔,记在记录本第 101—102 页上。马克思也作了这次会议的记录,见本卷《卡尔·马克思的手稿》。——编者注

1英镑。这封信说，在卡尔瓦多斯、奥恩、芒什几个省的各城市，正积极进行宣传。

惠勒提议，**荣克**附议：通知这个国家①的每个协会会员，如果到2月13日②还不交纳会费，将从会员名单中除名③。一致通过。

维列茨基解释了波兰人在星期一没有出席常务委员会会议的原因；他们在一起开了会，并筹集了一笔应急的钱。

略事讨论后，纪念上次波兰起义的公开大会，定于1月22日星期一在圣马丁堂举行。[150]

克里默宣读了致协会英国会员的呼吁书。

根据**惠勒**的提议，**马克思**的附议，一致通过决议：

第一，呼吁书应该发表，并且附上那些参加过中央委员会各项活动、而克里默又完全知道他们并不反对利用他们的名字的中央委员会英国委员的签名；

第二，认捐单应予印制；

第三，捐款直接寄往包佛里街18号。

委员会即此休会。

主席④

---

① 指英国。
② 马克思的记录为2月15日。
③ 马克思的记录为"停止会籍"。
④ 无签名。

卡尔·马克思所作的 1866 年 1 月 16 日
总委员会会议记录

中央委员会会议①

1866 年 1 月 23 日

奥哲尔主持会议。

宣读并批准了上次的记录。

提出并讨论了纽约饭店开支的账单。

为了偿付一笔到期的付款，**德尔**同意借出 2 英镑，惠勒手里还有的 1 英镑 10 先令，由克里默负责偿付。

马克思宣读了莱比锡通讯员李卜克内西的一封来信。他们那里已经成立了一个小分会；他还谈到他在前不久接待了《社会民主党人报》编辑的一次访问。[151]

马克思又宣读了德·巴普的一封来信，解释他所以长期沉默的原因；他对他们的人数没有增加表示遗憾；但是他们现在已经同"人民协会"联合，并使《人民论坛报》成为他们的机关报。他们希望同《工人辩护士报》进行交换。[152]

杜邦宣读了自讷沙托即那里的通讯员勒菲弗来的一封信。

荣克也宣读了《先驱》和［从］另一家在拉绍德封用法语出版的《未来呼声报》[153]上的摘录；在巴塞尔，他们也已成立两个协会分会，并可望在德国有一些分会加入。他们从一家法文报纸上看到，他们在巴黎上个月获得了 1000 名拥护者。[154]

克里默吁请注意一件事：科拉斯去纽约已好长时间，他受托带走 400 张会员证，可是至今没有得到回信。

---

① 本日记录由克里默执笔，记在记录本第 103—104 页上。

杜邦说，他盼望马上得到"纽约"的消息。

德尔提名约翰·黑尔斯为中央委员会委员候选人。

德尔认为，不发新会员证，而在去年的会员证背面注明会费已收并由财务书记签名，就可以了。同意。

韦斯顿认为，中央委员会应该开始讨论代表大会议程中所包含的各项原则。

马克思同意，但是认为，我们首先应该决定讨论这些原则所应采取的方法。他提议：在开始讨论代表会议所提出的问题之前，首先要明确《宣言》和《章程》中所制定的协会的总目标和指导原则。**韦斯顿**附议。

埃卡留斯答复韦斯顿，力陈现在进行政治鼓动的必要性。他们不能一下子干两样事，否则，一件也不能成功。在大陆上，他们既不能谈政治，也不能写政治，因而那里除了社会问题和宗教问题，什么事也不能关心。可是在这里，政治鼓动是第一必要的。

提案被一致通过。

委员会即此休会。

主席　**罗伯特·肖**

中央委员会会议[①]

1月30日

肖主持会议。

宣读并批准了上次会议的记录。

---

① 本日记录由克里默执笔，记在记录本第104—105页上。

克里默报告，他已经偿付了公民迪容夸的旅馆部分欠账 3 英镑 10 先令。

杜邦宣读了卡昂的塔尔博特的一封来信。

荣克宣读了他起草的答复公民韦济尼埃攻击协会的一封信。移交给常务委员会。[155]

克里默吁请注意一件事：伦敦各工联的代表准备召开一次会议，研究解决雇主和工人之间冲突的仲裁委员会问题。在国会最近一次会议上，圣·莱昂纳茨男爵宣布要提出一个关于这个问题的法案。准备召开这个会议，正是为了预先研究这个法案。在法国，仲裁委员会已经活动了好多年。他认为，如果委员会派代表出席这个会议，就可以向会议提供有关法国仲裁委员会工作的有价值的情报。

选出杜邦和荣克两位公民出席工联代表的会议。[156]

委员会即此休会。

临时主席　罗·肖

中央委员会会议①

2月6日

公民**肖**主持会议，公民**福克斯**为临时书记。

书记宣读了改革同盟的一封信，请求委员会派代表团参加即将召开的代表会议。

延期到下次委员会会议委派代表团。

公民**杜邦**宣读了里昂的一封来信，除了别的内容，还通知：出售

---

① 本日记录记在记录本第 105—106 页上。头一部分由无名氏执笔。

250张会员证的进款，开支如下：付印刷费——1英镑19先令，邮费——2先令8便士，寄给中央委员会支票一张——8英镑，分会存款中尚余1先令8便士。

公民**荣克**宣读了日内瓦出版的国际的报纸第2期上的几则摘要。上面有第一次用法文发表的协会《宣言》和《章程》。[157]还有：到1月3日为止，已有54名新会员加入分会；那里的会员曾投标并且已经签订了总值800英镑到1000英镑的某些乡政工程的合同。此外，协会的会员还召开了公开的集会讨论最近在联邦宪法中所作的修改。

公民**荣克**摘要宣读了巴黎《联合》杂志上的通报：去年12月在巴塞罗那举行了工人代表大会（有40个团体的代表参加）。[158]他们一致赞成在他们的会员中建立联邦联合会。联合会的中心将设在巴塞罗那。《工人报》[159]被宣布为协会的正式机关报。

公民**荣克**提议，公民**杜邦**附议①：开始同巴塞罗那代表大会的主席通讯。

公民**杜邦**接受请求，同意承担这项工作。

由于公民马克思因病缺席，公民**韦斯顿**，作为讨论协会目标这项提案的附议人，他说他不愿意在提案人缺席的情况下开始这场讨论，因而提议把这个讨论延期到公民马克思能够出席时再进行。

一致通过了一项大意如此的决议。

对公民韦济尼埃的答复

公民**韦斯顿**提议，**卡特**附议：

鉴于常务委员会没有开会修订荣克所写的对韦济尼埃的答复，而如

---

① 以下由克里默执笔。

所了解的，在最近未必能够为此目的召集会议，应马上将荣克的答复寄给《佛尔维耶回声报》。一致通过。

委员会即此休会。

　　副主席　　约翰·格奥尔格·埃卡留斯

中央委员会会议①

1866年2月13日

副主席**埃卡留斯**主持会议。

宣读并批准了上次会议的记录。

第一个问题：委派出席即将举行的改革代表会议的代表。

克里默提议，**韦斯顿**附议：选出6名代表。

就在代表会议上所应贯彻的政策进行了长时间的讨论。[160]

肖、福克斯、卡特、威廉斯、荣克、列斯纳被选为出席代表会议的代表。

公民**杜邦**提名公民奥尔蒂加为中央委员会委员候选人。

荣克宣读了我们利雪通讯员杜阿梅尔的一封来信。信里说，他们没有取得大的进展，因为会员们受到雇主的威胁，如果他们是协会的会员，就要被解雇。杜阿梅尔回答说，协会的信念也就是他的信念，他将坚持这些信念。他也受到本地检查长和治安法官的威胁，他也像回答雇主那样回答他们。他们现在没有钱，但是希望不久能够寄些钱来。荣克代表他和公民杜邦的代表团报告了去参加在老贝利区贝尔旅馆举行的工联的会议的情况。他相信，在为协会效劳和进行宣传方面，他们取得了

---

① 本日记录由克里默执笔，记在记录本第107页上。

成功。

克里默证实了公民荣克关于杜邦和荣克两位公民在那个会上所产生的良好印象的报告。

福克斯和**埃卡留斯**两位公民也作了同样的证实。[161]

列斯纳和**福克斯**提议：

请杜邦和荣克两位公民出席延期将于1月21日①星期三举行的会议。一致通过。

委员会即此休会。

副主席　约翰·格奥尔格·埃卡留斯

中央委员会会议②

1866年2月20日

副主席**埃卡留斯**主持会议。

宣读并批准了上次会议的记录。

公民**福克斯**提请注意彭顿维尔监狱里爱尔兰政治犯的待遇。前不久，波普·亨尼西在《派尔-麦尔新闻》上发表的一封信中提出了这个问题。[162]《披针》也指责这个制度会把人逼疯。[163]他认为，应当派一个代表团去会见乔·格雷爵士，以谋求改善这些不幸的人们的待遇。公民福克斯宣读了奥顿诺凡-罗萨夫人的一封来信，她表示感谢公民福克斯为爱尔兰的自由所作的努力。[164]

就这个问题进行了长时间的讨论，**吕贝、博尔达日、克里默、豪威**

---

① 笔误。应为2月21日。

② 本日记录由克里默执笔，记在记录本第108页上。

耳、韦斯顿、埃卡留斯和德尔诸位公民发了言。

公民福克斯答复了所有的反对意见,并提出了下述决议案:

要求乔治·格雷爵士接见本委员会的一个代表团,请求他减轻对彭顿维尔监狱里的爱尔兰政治犯的虐待。

公民韦斯顿支持这个决议案。决议案被一致通过。

公民豪威耳提议,公民列斯纳附议:

书面通知各中央委员会委员,已到交纳1866年会费期限,请迅即交付。一致通过。

选举奥尔蒂加

公民杜邦提议,公民荣克附议:选举公民奥尔蒂加为中央委员会委员。一致通过。

公民考布的贷款

公民德尔提议,克里默附议:偿还考布给中央委员会的贷款。一致通过。

清查账目

公民肖提议,公民荣克附议:账目应迅即清查。一致通过。

委员会即此休会。

批准修改稿。[1]

彼·福克斯

---

[1] 这是中央委员会下次会议上宣读记录以后由福克斯写上的。

2月27日，星期二①

公民**肖**主持会议。

宣读并批准了上次会议的记录。

公民**杜邦**提名公民拉法格为中央委员会委员。

公民**龙格**宣读了我们巴黎通讯员的一封来信。信是为了答复韦济尼埃在布鲁塞尔《淘气》报上关于波拿巴主义的指控。[165]

公民**荣克**提出帕任将军答复福雷元帅在法国参议院发表的评论的一封信[166]，这封信已在《广告晨报》上发表。荣克希望委员会把这封信送给《共和国》，请予转载。

公民**福克斯**反对这个意见，他认为最好是只把信交给编辑酌情处理，而不必提出任何建议。

原建议被通过。给《共和国》[167]编辑写一封信，并将帕任将军的信的副本附上。

就墨西哥事件进行了长时间的座谈。而后委员会休会。②

3月6日，星期二③

主席**奥哲尔**主持会议。

---

① 本日记录无标题，由福克斯执笔，记在记录本第109页上。
② 无签名。
③ 本日记录无标题，由福克斯执笔，记在记录本第109—111页上。

克里默宣布收到乔治·格雷爵士的一封来信。他拒绝接见本协会派出的关于爱尔兰政治犯待遇问题的代表团。

福克斯说,他已经起草了一个提供论据和事实的声明。他宣读了这个声明,并提议由主席签名,寄给《共和国》编辑发表。

列斯纳支持这个提议。一致通过。[168]

公民**杜邦**提议,**荣克**附议:选举巴黎一个被开除的大学生公民拉法格[169]为中央委员会委员。全票当选。

于是,**福克斯**用法语告诉他当选,并对中央委员会接受他的加入表示格外高兴。

公民**拉法格**致答辞,雍容大雅。

接着,公民**路易斯·沃尔夫**向委员会提出了由荣克以中央委员会名义写的并发表在《佛尔维耶回声报》上的文章。他抱怨把他的名字卷入这场争执中,虽然韦济尼埃并没有提到他。他还抱怨那种说他和他的意大利朋友没有赢得意大利工人信任的说法。说他曾经去过那不勒斯是不正确的。他还声称:与马志尼有关的有四点错误,即:章程不是由他起草的;他并不知道马克思写的《宣言》;何况,即使他听说过,他也要反对采用它;第四,马志尼并不反对《宣言》的译文,而只是不同意某些段落,其中涉及到的总共不过十来个词。

公民**荣克**为他写的信辩护,并且说,意大利社会主义者根本不信任沃尔夫及其同伙。

沃尔夫反驳说,在意大利根本不使用"社会主义者"这个词,也没有这个词的法文含义那样的"社会主义者"。

克里默、奥哲尔、韦斯顿、豪威耳、勒·吕贝、福克斯和**埃卡留斯**参加了讨论。讨论过后,通过了下述决议(2票反对):

"由于在对韦济尼埃攻击协会的答复中,以中央委员会名义写的并在《佛尔维耶回声报》上发表的对于一位拉丁族的杰出作家的令人不快的说法，是出于误会，中央委员会愿意收回这些说法，也收回对公民沃尔夫和他的朋友们的所有类似性质的说法。"[170]

根据公民**福克斯**提议，决定印制不少于3000份募捐呼吁书。[171]

委员会即此休会至13日。①

中央委员会会议②
1866年3月13日

公民**埃卡留斯**主持会议。

大家都同意延期宣读上次会议的记录。

改革代表会议

公民**福克斯**作了国际协会代表团参加改革代表会议活动中他和公民肖有关部分的报告。[172]

埃卡留斯证实这个报告是正确的。

瑞　士

公民**荣克**作了关于这个国家活动情况的报告。[173]

---

① 无签名。最后一行由克里默执笔。
② 本日记录记在记录本第111—112页上。头四段由克里默执笔，其余部分由无名氏执笔。结尾的两段由福克斯执笔写在编号为6的一张单页上，大概是他记录草稿的最后一页。

　　俄文版注中最后还有一句：从下面的记录中可以看出，福克斯是这次会议的书记。——编者注

法 国

公民**杜邦**要求将委任书寄给他在法国的几个通讯员。

马克思、沃尔夫和马志尼几位公民

公民**马克思**就上次会议处理问题的情况作了发言。他说,沃尔夫少校关于我们的章程似乎是马志尼写的这一声明是不符合真实情况的。章程是马克思本人在小委员会讨论过后写的。讨论了几个方案,沃尔夫的方案是其中之一。这几个方案在两个问题上彼此有根本的区别。马克思谈到关于资本压迫劳动的问题。沃尔夫赞成集中,但是谈到工人团体时指的只是互助会。马志尼起草的章程是在那不勒斯举行代表大会以前发表的。在马克思写的宣言发表以前,马志尼未必能看到这个宣言,因为宣言一直在马克思的口袋里;除非是马志尼在宣言到了勒·吕贝的手里以后,而还没有送给《蜂房报》时看到了这个宣言。

其次,马志尼给布鲁塞尔的封丹寄去了一封信,这封信是写给比利时各团体的,信中预告它们要反对马克思的社会主义观点;关于这一点,德·巴普曾经在代表会议上声明过。

沃尔夫少校不是委员会委员。沃尔夫少校应当把他打算提出控诉这件事书面通知委员会。他〔马克思〕以自己和另几位大陆上的书记的名义,对于上次会议上的做法提出抗议。他要求把这一点写进记录中去,因为在日内瓦代表大会上还可能提出这个问题。

勒·吕贝说,有两个文件,其中〔一个〕不光只有马克思的东西,有些东西也是取自马志尼的原稿。他说明了韦济尼埃犯错误的情况。他坚持认为,沃尔夫少校是意大利协会在我们委员会中的一位代表。

杜邦抗议中央委员会所采取的态度，抗议它所作的决议。他承认在荣克的信中关于沃尔夫少校去过那不勒斯这一点有事实上的错误。

公民**奥尔西尼**强调，在意大利有社会主义者，而马志尼对科学持反动的态度。查理·卡塔内奥和斐拉里都是社会主义者。

福克斯发了言。他在发言中说，他不是把马志尼当做欧洲的领袖的崇拜者，他也不认为大多数英国委员有这样的倾向。

即此休会。①

委员会会议②

1866年3月20日

公民**埃卡留斯**主持会议。

根据公民**德尔**的提议，公民**巴克利**的附议，公民肖被选为临时书记。

主席报告说，因为公民福克斯忙于改革同盟的事务，不能宣读上次会议的记录。

公民**荣克**说，他对不能宣读上次会议的记录表示遗憾。因为公民奥尔西尼准备去美国，后者希望他说到马志尼的话不要被误解了，因为他对马志尼深怀敬意。

公民**荣克**还说，公民奥尔西尼将留下给西班牙、葡萄牙和意大利的著名的社会主义者的介绍信；此外，他还推荐一位朋友，如果他成为中央委员会委员，可以担任意大利的书记。

---

① 无签名。
② 本日记录由肖执笔，记在记录本第113页上。

财务书记公民**德尔**给了公民奥尔西尼 24 本协会的章程，供他在旅行中散发。

公民**荣克**宣读了瑞士来信中的几则摘要，并表示强烈希望常务委员会恢复每周的例会。

接着，指派公民巴克利去访问公民克里默，取来中央委员会致各团体的呼吁书的校样，以便付印。

即此休会至 3 月 27 日。①

委员会会议②

3 月 27 日

公民**埃卡留斯**主持会议。

公民**肖**为临时书记。

宣读了上次会议的记录，并根据公民**荣克**的提议和公民**列斯纳**的附议，予以批准。

由于公民**巴克利**报告他从上次会议以来，未能从公民克里默那里拿到中央委员会呼吁书的校样，公民**荣克**提议，公民**列斯纳**附议：

授权主席埃卡留斯尽快印出 5000 份呼吁书。通过。

公民**杜邦**宣读了里昂的一封来信，要求寄给 100 张会员证，并抱怨在 3 月 15 日曾寄给了他一封信（这封信他——公民杜邦没有收到），但没有按回程邮班收到回信。

公民**荣克**宣读了协会德文报纸上的如下几则摘要：在 2 月份，有

---

① 无签名。
② 本日记录由肖执笔，记在记录本第 114—115 页上。

67个新会员加入了协会的日内瓦支部；下列各地成立了新的分会：平讷贝格（石勒苏益格-荷尔斯泰因）1个，索林根（莱茵普鲁士）1个，武斯特基尔斯多夫（普鲁士西里西亚）6个，欧博纳（瑞士）1个，彼得斯瓦尔道2个，朗根比劳2个，埃姆斯多夫1个，最后，还有5个分会在西里西亚的纺织区。[174]

接着，公民**汉森**提出了裁缝罢工的问题。他说，塞维尔短街的普尔先生打算从大陆上招人来顶替罢工工人。

接着，公民**肖**提议，公民**鲁克拉夫特**附议：

委托大陆各书记通知各地的通讯员，劝阻大陆上的工人当现在斗争还在进行的时候，不要到伦敦来。[175]

威廉·艾尔斯和威廉·加德纳两位公民各交付《章程》和1866年会员证费1先令2便士。

公民**杜邦**提议，公民**荣克**附议：任命公民拉法格为西班牙书记。

付给主席埃卡留斯6便士以支付为裁缝罢工给德国寄信的邮费。

公民**勒·吕贝**想知道，为执行3月6日中央委员会的决议做了些什么，按照这项决议，中央委员会在《佛尔维耶回声报》上发表的某些说法，应当收回。

主席回答说，中央委员会在紧接着的下一次会议上，因为问题处置不当，整个问题全部推翻了，不久将把问题提交中央委员会再行讨论。

即此休会至4月3日。①

---

① 无签名。

中央委员会会议①

4月3日

公民**埃卡留斯**主持会议，公民**肖**为临时书记。

宣读了上次会议的记录，稍作修改后，予以批准。

接着，**主席**说，在着手实施中央委员会关于裁缝罢工的决议之前，他曾访问过裁缝的执行委员会。这个执行委员会告诉他，他们已经写信去德国。因此，他认为他没有必要为这件事再采取下一步骤了。

公民**荣克**说，上次会议后，他同裁缝的执行委员会举行过一次会见，结果是他们对协会表示了亲切的感情，并答应加入协会。

公民**杜邦**宣读了芒什省格朗维尔的通讯员德·马凯尔的一封来信，信上说，他已经吸收了30个会员，他想任命公民马迪奥为伊勒-维莱讷省雷恩市的通讯员。

接着，公民**杜邦**提议，公民**荣克**附议：任命公民**马迪奥**为雷恩通讯员。

公民**荣克**宣读了洛桑分会的来信，那里的会员是瑞士最积极的和最讲求实际的。信里说，他们在前些时讨论过按照法国吉斯建筑的那种房子的设计来在洛桑建筑工人住宅的问题，他们对一项筹款方案取得了一致意见，并愿意把他们的计划提到代表大会上讨论。[176]

他还宣读了两封信：一封是公民贝克尔来的，另一封是公民杜普莱克斯来的。两封信都提醒中央委员会，召开代表大会的时间将临，并抱怨中央委员会近几个月来没有表现出生气来。他们说，如此无所作为，

---

① 本日记录由肖执笔，记在记录本第115—117页上。

长此下去，将危及协会。他们提出了几个问题，并要求立即答复：第一，代表大会开幕的准确日期；第二，代表们的费用怎样支付；以及另外几个行政事务之类的问题。他们希望中央委员会以各种语言发出通告，明确提出要在代表大会上讨论的问题。

公民**黑尔斯**说，考文垂织带工人协会希望加入我们的协会，他们有1000名会员。

接着，公民**黑尔斯**提议，公民**勒·吕贝**附议：

接受在考文垂赫尔菲尔德区象堡的考文垂织带工人协会为本协会的分会。一致通过。

由于常务委员会建议立即寄出为筹集代表大会基金致工人的呼吁书，决定指派主席埃卡留斯寄出呼吁书，并指派公民巴克利向财务委员领取2英镑购买邮票。

宣读了公民沃尔夫的一封来信，信中说，他将在本月10日向委员会提出几个问题。

宣读了公民克里默的一封来信，信中说，本月10日，他将阐明他认为协会所应遵循的方针。

现金账目：收到公民沃尔夫1先令1便士；收到小第恩街6号的约翰·詹金斯1先令；收到小普特尼街36号R.凯利1先令；收到考文垂织工5先令，共计8先令1便士。

即此休会至4月10日。①

---

① 无签名。——编者注

委员会会议①

1866 年 4 月 10 日

公民**福克斯**主持会议，公民**肖**为临时书记。

出席委员：**腊毕叶、维列茨基、汉森、威廉斯、博勃钦斯基、黑尔斯、卡特、拉法格、杜邦、荣克、勒·吕贝、马克思、列斯纳、埃卡留斯**和**巴克利**诸位公民。

宣读并批准了上次会议的记录。

公民**荣克**提议和公民**杜邦**附议：公民詹姆斯·特拉尼为中央委员会委员。

公民**列斯纳**提议和公民**腊毕叶**附议：公民莫里斯为中央委员会委员。

经一番讨论后，公民**杜邦**提议和公民**荣克**附议：派出一个代表团去裁缝执行委员会。

接着，公民**肖**提议和公民**勒·吕贝**附议：派杜邦、福克斯和荣克诸位公民去访问黄金广场英王街绿龙的裁缝执行委员会。

公民**荣克**宣读了《联合》杂志上的几则摘要，主要是有关即将召开的代表大会的内容。[177]

由于**主席**就委员会的财政状况发表了意见，公民**荣克**提议和公民**马克思**附议：派肖和勒·吕贝两位公民去公民克里默那里，拿来账单或账簿。

接着，**主席**报告了西头的女靴匠协会已答应拿出 1 英镑供委员会使

---

① 本日记录由肖执笔，记在记录本第 118—119 页上。——编者注

用，他们提名公民**奥哲尔**为出席代表大会的代表，但是，他建议这个问题应该由鞋匠协会联合会处理。

经过详细讨论后，[根据]公民**荣克**提议和公民**杜邦**附议：

定于今年6月的第一个星期一召开代表大会，会期五天。

公民**埃卡留斯**说，上次会议后，他已将中央委员会的呼吁书寄给了下列团体，即：鞋匠联合会、木工和细木工联合会、泥水匠协会、机械工人联合会伦敦分会和曼彻斯特分会等。他还说，由于认捐单不够，他加印了100份。

由**主席**宣读了公民沃尔夫4月3日写给委员会的信，但未予讨论。

即此休会至4月17日。①

委员会会议②

1866年4月17日

公民**奥哲尔**主持会议，公民**肖**为临时书记。

出席委员：**福克斯、克里默、卡特、韦斯顿、勒·吕贝、科尔森、巴克利、沃尔夫、马克思、列斯纳、腊毕叶、莫里斯、荣克、杜邦、埃卡留斯**和**拉法格**诸位公民。

宣读了上次会议的记录，稍作修改后，根据公民**荣克**的提议和公民**马克思**的[附议]，予以批准。

一致选举莫里斯和特拉尼两位公民为中央委员会委员。

贝里先生说，他被裁缝协会执行委员会派来通知委员会，他们的协

---

① 无签名。

② 本日记录由肖执笔，记在记录本第119—121页上。

会已经决定加入我们的协会；在他们5月特别会议上将建议给委员会拨一笔钱。他还代表他们的协会对于在他们上次的斗争中给予他们的帮助表示感谢。

根据公民**荣克**的提议，裁缝协会被接纳为我们协会的分会。

公民**马克思**报告，他从德国收到会员证费3英镑，他把这笔钱交给了财务书记①。

韦斯顿和荣克两位公民被委派参加下星期四晚上在皮革巷举行的抹灰工人协会委员会会议。

奥哲尔和**克里默**两位公民被委派访问在老贝利区贝尔旅馆的西蒂区女鞋匠协会。

由**财务书记**宣读了从哈特尔浦来的一封信。他已经回了信，寄去了协会的章程。

根据公民**杜邦**的提议和公民**拉法格**的附议，普律多姆和布松两位公民被选为波尔多的通讯员。

公民**克里默**说，他现在准备重新担任书记的职务，直到代表大会；他在下次开会的晚上准备好财务报告。

选出福克斯、勒·吕贝和科尔森几位公民在下星期二6点钟准时清查账目。

接着，公民**沃尔夫**再次提起3月6日中央委员会讨论过的问题，并宣读了公民方塔纳的一封来信，强调他在这件事上的观点。

于是，进行了长时间的讨论，**奥哲尔、马克思、荣克、克里默、福克斯、勒·吕贝、韦斯顿、肖**诸位公民［参加了讨论］。在互相说明理由后，讨论以通过由公民**马克思**提议和公民**杜邦**附议的下述决议结束：

委托公民龙格将委员会3月6日所作的决议翻译出来，并将这个决

---

① 德尔。

议交给《佛尔维耶回声报》发表。

即此休会至 4 月 24 日。①

中央委员会会议②
1866 年 4 月 24 日

公民**德尔**主持会议。

宣读并批准了上次会议的记录。

执行主席问公民肖，他是不是愿意辞去几个星期来担任的临时书记职务。[178]

公民**肖**说他愿意。

公民**克里默**说，他非常愿意把这个职务让给公民肖。

几个委员对这个问题发了言，最后，根据公民肖的提议，公民**埃卡留斯**的附议，一致同意公民克里默重任他的书记职务。

铁丝工人的代表 B. **帕蒂斯**先生出席，感谢委员会在阻挠他们的雇主从大陆上雇工来顶替罢工工人方面所作的努力。他还说，铁丝工人协会将加入协会。[179]

荣克宣读了迪容夸的来信，要求结算该他的欠账。决定偿付。

公民**荣克**宣读了杜普莱克斯和贝克尔的一封来信，他们主张必须把代表大会延期到 9 月的最后一周举行。他们还宣布，意大利各团体的中央委员会拥护协会的原则；还说，他们将在 6 月举行一次中央会议，就加入协会和派代表参加代表大会的必要性进行讨论并作出

---

① 无签名。

② 本日记录由克里默执笔，记在记录本第 121—122 页上。

决定。[180]

公民**特拉尼**建议，公民荣克应该询问贝克尔和杜普莱克斯两位公民，意大利各团体究竟由谁代表他们的意见和设在什么地方。

荣克提议，**惠勒**附议：委托公民杜邦写信去巴黎，向巴黎理事会说明延期召开代表大会的必要性。一致通过。

书记①提出了常务委员会的报告。常务委员会的第一个建议是再版《宣言》和《章程》。

荣克提议，**惠勒**附议：要求公民莱诺再印1000份《宣言》和《章程》。[181]一致通过。

主席宣读了裁缝保障协会委派公民贝里为该团体参加中央委员会的代表的委任书。

埃卡留斯和**惠勒**两位公民提议：接受公民贝里为裁缝协会参加中央委员会的代表。一致通过。

常务委员会各项建议的进一步讨论，延期到下次会议进行。

委员会即此休会。

临时主席　**詹·卡特**

中央委员会会议②

1866年5月1日

公民**卡特**主持会议。

宣读并批准了上次会议的记录。

---

① 克里默。
② 本日记录由克里默执笔，记在记录本第123—126页上。

荣克和**杜邦**两位公民提议：选举公民贾科莫·特拉尼为意大利书记。公民荣克在提名公民特拉尼时，一般地赞扬了他忠诚于自由的原则和进步的事业。

公民**龙格**①，即比利时书记，宣读了布鲁塞尔《人民论坛报》上一篇文章，规劝比利时铁丝工人现在这个时候不要受雇于伦敦铁丝工人的雇主。[182]

公民**福克斯**拿出几份圣路易斯的《矿工和工匠报》，上面有协会在伦敦和大陆上的机关报内容的摘登。②

公民**杜邦**宣读了芒什省格朗维尔的德·马凯尔的一封来信，要求把想要《工人代表大会》[183]的人的名单寄给他。他曾在工人吃饭的时候去访问过他们，为协会作宣传。他向他们保证，协会不是政治组织，而完全是光明正大的。他对于在当地取得成功抱有希望。

公民**拉法格**③宣读了波尔多的普律多姆的一封来信，询问他所收到的会员证费的钱寄往何处。委托拉法格转告他把钱寄给中央委员会。

杜邦宣读了弗里布尔（巴黎）的一封来信，声明巴黎理事会反对代表大会再度延期，理由如下：

1. 9月份的代表会议曾向全欧洲庄严保证在5月召开代表大会。

2. 很多人都等待代表大会的召开，以便他们决定宣布拥护协会的问题。

3. 延期三个月，不会有利于协会，甚至可能破坏它。在巴黎，他们已开始准备代表的选举，现在他们还不能说会选出多少代表来，但无论如何可以预计代表会相当多。代表们将带来为协会制定的周密的组织

---

① 以下是粘贴1866年5月5日《共和国》第165号的剪报。
② 剪报至此结束。
③ 这里和以下记录中，原来写的是龙格的名字，而不是拉法格的名字。

计划，以及他们关于所提出的问题的讨论的结果。理事会得悉协会在英国所取得的成就感到高兴。最后，他们认为6月4日召开代表大会不会妨碍协会的声望。信的结尾谈到了各省的来信，都表示希望在6月4日召开代表大会，但是，如果中央委员会决定代表大会延期三个月，他们在巴黎一定服从这项决定。

公民**拉法格**说，他认为弗里布尔有些过分夸大了由于代表大会延期而会产生的危害。中央委员会的这个决定在巴黎可能引起惊慌，但在法国其他许多协会刚开始生根的那些地方则不会这样。

杜邦认为，里昂人会赞成代表大会再度延期；他从过去收到的信件中作出这样的判断。

荣克认为，最重要的是决定什么时候举行代表大会。他担心，如果决定再延期，我们就势必不去考虑我们巴黎朋友的意见。他宁愿选在8月而不是9月，因为9月份人们一般太忙，难得出席。

由于有几个中央委员会委员表示希望（如果可能的话）代表大会在协会的周年纪念即9月28日开幕，公民**荣克**作了回答，并表示担心这个日期太晚了。他提议9月的第一个星期一作为代表大会开幕的日子。

公民**莫里斯**支持这项提议。[184]这项提议被一致通过。

给大陆的通知

马克思提议，**福克斯**附议：各国书记尽快将上述决定通知他们的通讯员。一致通过。

委员候选人提名

弗兰克·罗伯特①和拉尔夫·达顿两位公民由**克里默**和**列斯纳**提名为候选人。

常务委员会的报告

接着，**书记**提出了委员会上次会议上延期讨论的常务委员会的报告，但是，由于委员会已决定代表大会延期，已经没有必要马上通过常务委员会提出的这些建议，因而再一次延期讨论这些建议，但下列两项建议除外。根据**克里默**和**勒·吕贝**的提议，一致通过这两项建议：

"中央委员会每个委员都必须准备访问各个组织，促使它们加入协会，并承担代表大会的费用。"

"所有派代表参加代表大会的团体，都必须负责支付代表们的费用。"

各代表团的报告

荣克作了关于他和公民拉法格访问泥水匠协会第二分会的报告。他们受到了最热情的接待，并得到该会表示支持的许诺。会员们还对他们以前没有去访问表示意外。

克里默报告了他访问伦敦西蒂区女鞋匠协会的情况。他们因为太忙不得不休会，因而没有听取他的意见，但是他们邀请他参加他们的下一

---

① 根据当选委员姓名和人名索引，此处弗兰克·罗伯特（Frank Robert），恐系詹姆斯·弗兰克·达顿（James Frank Dutton）之误。——编者注

次会议，并答应听取他的意见。克里默还报告了他同装订日工工会书记商妥，将派一个代表团出席他们的下一次会议。①

公民**杜邦**报告说，国际协会的伦敦法国人分会已决定成立合作社。

裁缝和他们前不久的罢工

列斯纳报告说，由于有一批德国裁缝被运到了爱丁堡，由于传说伦敦有的雇主正准备输入一些人到这里来，住在伦敦的德国裁缝自己成立了一个委员会，并愿意同国际工人协会委员会合作，以打破雇主和他们在德国的代理人的计划。[185]

马克思说，如果列斯纳给他提供事实，他就同德国的报纸直接联系。[186]

委员会即此休会。

主席 乔·威·惠勒

中央委员会会议②

1866年5月8日

公民**惠勒**主持会议。

宣读并批准了上次会议的记录。

---

① 以下是粘贴1866年5月5日《共和国》第165号上的三行（中译文仅占两行。——编者注）报道。

② 本日记录由克里默执笔，记在记录本第126—129页上。

委员的选举

根据**克里默**和**列斯纳**两位公民的提议，拉尔夫和詹姆斯·达顿两位公民当选。

委员候选人提名

阿·豪弗，由公民**列斯纳**提名。
约·达·普廖尔，由公民**克里默**提名。

波兰书记

总书记要求对这个问题作出指示，因为新版的《宣言》和《章程》准备付印，而现在仍然列名的波兰书记①已经有几个月没有出席委员会的会议了；他想知道，他的名字是不是还可以作为书记保留下来。
公民**马克思**提议选举公民博勃钦斯基。
公民**福克斯**支持这个提议。一致通过。

美国书记

公民**福克斯**被选为美国书记以代替公民莱昂·路易斯。

---

① 霍尔托普。

代表团

荣克、达顿和克里默三位公民被选为访问机械工人联合会委员会的代表团。

装订工人

惠勒、詹姆斯·达顿和黑尔斯三位公民去访问装订工人。

访问箍桶匠

克里默、杜邦和荣克。

代表团的报告

荣克报告他访问泥水匠协会第一分会的结果。他们热烈地接待了他,并答应说服他们的执委会一定派代表参加代表大会。

书　信

杜邦宣读了里昂的一封来信。4月30日,他们开了一次会,有210名会员出席,选出了5名会员出席代表大会。还选出了一个五人委员会来研究议程中的各项问题,并提出报告。他们想知道,他们所收到的会员证费的钱,在代表大会之前,是留在手里,还是寄给中央委员会。他们希望里昂不久就有2000—3000名会员。他们不久前收到了维勒弗朗什要求允许在那里成立新分会的申请。

福克斯和**黑尔斯**两位公民提议：

请里昂人将他们收到的会员证费的1/4①寄给中央委员会。

马克思和**荣克**两位公民提议：

公民杜邦写信给里昂人，告诉他们：如果他们靠自愿捐款得不到足够的钱来支付代表们的费用，他们可以自由使用手中现有的钱。

赞成福克斯的原提案——6票，赞成修正案——8票。

通过修正案。

豪威耳和**克里默**两位公民提议：协会各分会汇给中央委员会的钱，不得少于他们所收到的会费的1/4。

马克思和**荣克**提出修正案：

分会向中央委员会缴费的问题，移交给常务委员会，里昂的情况除外。

赞成原提案——5票，赞成修正案——4票。

公民**荣克**代替缺席的②意大利书记③宣读了热那亚的、这个港口的一家工人报纸的编辑公民卡内萨的一封来信。这封信说明了热那亚工人团体联合会的活动，并表示希望得到有关国际工人协会的原则和手续的进一步的情况。[187]

公民**荣克**④拿出几份最近一期的《先驱》，并宣读了它的每月纪事栏中的几个片段。从中可以看出，今年4月份，日内瓦有53名会员加入了协会；已经收到下列新近建立的支部申请入会的通知，这些支部是：比尔（伯尔尼州）；洛桑（沃州）；格雷夫拉特（莱茵普鲁士）；圣

---

① 这里，原为"1/3"，改为"1/4"。
② 以下是粘贴1866年5月12日《共和国》第166号的剪报。
③ 特拉尼。
④ "荣克"二字是手写的。

伊米耶有一个日耳曼族和拉丁族的混合支部；波朗特吕（伯尔尼州）。拉绍德封的混合支部（条顿人和拉丁人）在4月份增加了60人；纯拉丁人支部增加了45人。[188]

这位书记还宣布，日内瓦中央委员会收到了米兰的加斯帕雷·斯坦帕以意大利工人团体中央委员会名义写来的如下一封信[189]：

1866年4月于米兰

尊敬的委员会：

意大利工人团体的兄弟联盟于1865年10月在那不勒斯成立了[190]，与此同时，任命了一个委员会，通告本联合会成立，并按照寄给你们的这个决议进行工作。

我们的目标就是你们的目标，我们的联系越广泛，我们的生命力就越强。

中央委员会（我是它的代表）如果不要求你们合作，就没有尽到自己的责任。工人阶级问题最孜孜不倦的宣传者之一热那亚的萨维教授的逝世，以及住在各地的本委员会委员彼此隔绝，颇为妨碍我们成立头一年来的工作。

我们借此宣布我们完完全全地拥护你们的纲领，我们还要求你们也同我们建立令人愉快的兄弟交往，把你们的机关报《先驱》寄给我们，以便我们的《公报》① 能够利用它的重要而极有价值的内容。

以中央委员会的名义，

你们的兄弟
古斯塔夫·斯坦帕②

总书记宣读了达林顿鞋匠协会的来信，表示他们对协会的深切关心，并答应今后要给予支持。还有达林顿裁缝协会寄来的申请书和5先令。

---

① 《意大利工人协会报》（*Il Giornale delle Associazioni Operaie Italiane*）。
② 不对。应为"加斯帕尔·斯坦帕"。剪报至此结束。

公民**福克斯**通知说，在委员会下次会议上，他要吁请大家注意公民恩格斯上一封信[191]中的一段，这一段谈到了民族问题。①

赴爱尔兰的旅游

公民**韦斯顿**将利莱先生组织一个300人的旅游团在今年7月或8月去爱尔兰的计划提交给中央委员会。鉴于这个团体意在改善英国和爱尔兰两个民族之间的关系，他认为把这件事通知中央委员会是适当的。利莱先生已经同伦敦西北铁路的经理办了交涉，经理赞成利莱先生的建议。②

委员会即此休会。

临时主席③

中央委员会会议④
1866年5月15日

公民**肖**主持会议。

宣读并批准了上次会议的记录。

---

① 以下是粘贴1866年5月12日《共和国》第166号的剪报。
② 剪报至此结束。
③ 无签名。
④ 本日记录由克里默执笔，记在记录本第129—130页上。

各分会及其捐款

马克思和**荣克**两位公民提议：
关于各分会将其收入的 1/4 上缴中央委员会的决议，应予撤销。一致通过。

委员的选举

一致选举下列诸位为中央委员会委员：
公民**豪弗**，由**列斯纳**和**腊毕叶**提名。
公民**约·达·普廖尔**，由**克里默**和**福克斯**提名。

清查账目

根据**卡特**和**黑尔斯**两位公民的提议，一致同意由常务委员会清查账目。

新的分会

接纳下列团体为协会的附属分会：
裁缝联合会达林顿支部，共 62 人。
鞋匠联合会达林顿支部，共 60 人。

常务委员会的报告

常务委员会建议：

今后，中央委员会通过的所有决议应为大陆上的会员翻译出来。一致通过。

大陆来的报告

公民**马克思**宣读了莱比锡报纸上的几个片段[192]，内容是警告德国裁缝不要到英国来顶替罢工的英国裁缝。①

中央委员会会议②
1866 年 5 月 22 日

公民**勒·吕贝**主持会议。

书记③报告说，他从公民福克斯那里［没有］得到上次会议进行情况的什么报告，颇感失望。因此，一致同意延期到下次会议再宣读记录。

---

① 记录至此突然终止，没有签名。记录本第 131 页是空白。
② 本日记录由克里默执笔，记在记录本第 132—134 页上。
③ 克里默。

大陆来的报告

公民**荣克**宣读了《先驱》的几个片段,其中说明莱茵普鲁士的一位社会民主党人①已经寄给日内瓦支部7英镑10先令,作为代表大会的费用。[193]

书信。瑞士

公民**荣克**②宣读了日内瓦的来信。由于工资下降,房租上涨,各种生活必需品涨价,日内瓦的制靴工人决定要求增加工资。他们向老板们提出了工资定额。他们要求国际协会日内瓦支部把这件事告诉其他国家的工人。[194]日内瓦委员会已经通知了巴黎、里昂、瑞士和德国的工人,他们希望我们这方面也这样做。③

法　国

公民**杜邦**宣读了公民托伦的一封来信,抱怨代表大会延期,并表示担心其结果会对协会极为不利。

在对这个问题和信的内容进行相当详细的讨论之后,**克里默**和**肖**提议:

应巴黎理事会的要求,在讨论了代表大会延期的问题之后,中央委

---

* ①　施土姆普弗。
* ②　以下是粘贴1866年5月26日《共和国》第168号上的剪报。
* ③　剪报至此结束。

员会看不出有任何理由促使他们放弃决定，即：在今年 9 月 4 日①召开代表大会。

英国的书信

公民**德尔**宣读了由诺丁汉鞋匠联合会、沃尔夫汉普顿泥水匠协会、杜斯伯里鞋匠联合会、伯明翰鞋匠联合会、滕布里奇-韦尔斯鞋匠联合会、切尔滕汉鞋匠联合会寄来的附有汇票的几封信。[195]

总书记宣读了机械工人联合会和细木工联合会的来信。

委派吕贝、达顿和希尔曼诸位公民去访问泥水匠协会斯特拉特福分会。委派韦斯顿、黑尔斯、荣克和杜邦诸位公民去访问细木工协会。

各代表团的报告

公民**荣克**作了访问箍桶匠协会的报告。

公民**拉法格**认为，应该每周在《共和国》上刊登一次关于委员会活动的报道。[196]

公民**德尔**认为，应该有所分工。他愿意提议公民肖为记录书记，而公民荣克帮助他翻译国外的书信。

公民**巴克利**支持这项提议。一致通过。

豪弗和**汉森**两位公民报告他们因输入德国裁缝以顶替苏格兰裁缝一事的爱丁堡之行的结果。他们成功地为协会作了宣传。[197]

---

① 日内瓦代表大会于 1866 年 9 月 3 日召开。——编者注

常务委员会的报告

克里默提出了常务委员会的报告。常务委员会建议,为了清偿债务,在剑桥大厅举办一次舞会。

中央委员会不赞成这个提议,提议无效。

常务委员会还建议,各代表团访问各团体时,将会员证和《章程》交给他们的书记。同意。

常务委员会还建议;中央委员会每位委员各拿六张会员证,负责处理。同意。

公民杜邦提名公民阿梅代·孔博为中央委员会委员候选人。

委员会即此休会。

主席 乔·奥哲尔

中央委员会会议[①]

1866 年 5 月 29 日

主席**奥哲尔**主持会议。

宣读并批准了上次会议的记录。

委员候选人提名

哈里和哈维两位公民,由**克里默**提议,**达顿**附议。

---

① 本日记录由克里默执笔,记在记录本第 134—135 页上。

公民约瑟夫·雅耶，由**杜邦**和**拉法格**提名。

委员选举

公民**阿梅代·孔博**，[由]**杜邦**和**拉法格**提议。

各代表团的报告

公民**韦斯顿**报告访问细木工联合会的结果；受到极其热烈的接待，并邀请于本月30日再次参加。

公民**达顿**报告［访问］斯特拉特福泥水匠协会的结果；受到了很好的接待，并同公民希尔曼商妥在这个星期六去参加另一个分会的会议。

接受这两个报告。

报刊摘要

福克斯宣读了《国际报》[198]的一则摘要，它赞成协会的原则，并号召美国工人接受协会的原则。

书　信

公民**杜邦**宣读了公民弗里布尔的来信，要求寄给他一份有关代表大会延期问题的记录。

公民**荣克**负责翻译这份记录，并将它寄往巴黎。

宣读了《吉伦特报》[199]的一封来信，可以看出，公民布泽在呼吁本省的人加入协会。

公民**勒·吕贝**宣读了《法兰西信使报》[200]上的几则片段。他认为，其中的情绪过于自由化，以致这家报纸在法国现政府统治下未必能够长期存在下去。

由于《左岸》的发行人要求得到有关协会的资料，委派福克斯、克里默和荣克三位公民把这些资料提供给该报发表。[201]

木工联合会

一项给这个组织的会员寄发通告信的提议，移交给常务委员会。

代表会议议程

决定在下次会议上开始讨论这个问题。

委员会即此休会至6月5日。

副主席①

中央委员会会议②
1866年6月5日

副主席**埃卡留斯**主持会议。

宣读并批准了上次会议的记录。

---

① 无签名。
② 本日记录由克里默执笔，记在记录本第136—137页上。

委员选举

公民 W. 哈里，由**克里默**和**达顿**提名；
公民 F. 哈维，由**克里默**和**达顿**提名；
公民约·雅耶，由**杜邦**和**拉法格**提名。

委员候选人提名

公民马·劳伦斯，由**莫里斯**和**列斯纳**提名；
公民亚·贝松，由**拉法格**和**杜邦**提名。

书　信

公民**荣克**说，他收到了热那亚的公民 L. D. 卡内萨的一封来信，谈到把无论什么刊登在……①有关国际工人协会的问题。[202]这位公民准备动身去为威尼斯的解放而战。

各代表团的报告

韦斯顿、**荣克**、**杜邦**三位公民报告了细木工联合会的申请。他们已经答应不仅在名义上而且在行动上加入。

公民**达顿**报告了商务路泥水匠协会的情况，他们受到了很好的接待。

---

① 记录本此处缺字。

荣克报告他对他们所说过的：他曾呼吁他们要有同其他民族兄弟情谊的意识。

伦敦法国人分会的公开信

接着，公民**拉法格**向委员会提出了伦敦法国人分会响应法国大学生致意大利和德国大学生的公开信[203]的公开信。

公民**拉法格**提交委员会的这封公开信，是国际工人协会以各国工人的名义写给各国学生的。①

公民②提议和公民**达顿**附议：中央委员会发表一篇公开信是适时的。

公民**韦斯顿**提出一项修正案，公民**詹姆斯·达顿**附议：中央委员会赞同公开信中所表达的感情，但是，应当由发起它的伦敦法国人分会发出。

就这个提议进行了长时间的讨论。

公民**卡特**发表了相当长的讲话，呼吁委员会不要通过决议案，而赞成修正案。他说，如果委员会在相当多的委员缺席的情况下作出决定，就会造成匆忙通过一封公开信的不好的先例。

6票赞成修正案。

6票赞成原提案。

主席投票赞成修正案。[204]

公民约·布·莱诺要求清偿欠账。③

---

① 以下是粘贴两张由勒·吕贝执笔的单页记录。
② 没有写出名字。
③ 粘贴至此结束。

移交给常务委员会。

委员会即此休会至6月11日。①

中央委员会会议②

1866年6月12日

主席③主持会议。

宣读并批准了上次会议的记录。

委员选举

公民**劳伦斯**，由**莫里斯**和**列斯纳**提名。

公民**贝松**，由**拉法格**和**杜邦**提名。

委员候选人提名

皮埃尔·勒鲁，由**荣克**和**马克思**提名。

代表团的报告

荣克和**杜邦**报告同西头细木工联合会会见的情况；受到很好的接待，邀他们再去。

---

① 无签名。
② 本日记录由克里默执笔，记在记录本第137—138页上。
③ 奥哲尔。

今后的代表团

克里默和列斯纳访问法国研磨工人协会。
亚罗建议派代表团去访问他所列举的几个团体。

设菲尔德代表会议

福克斯提议派代表去那里。[205]一致通过。
人员选举延期。

书 信

拉法格宣读了为《左岸》写的一篇关于中央委员会活动的述评。[206]
公民**马克思**宣读了莱比锡的一封来信,报道说萨克森的所有工人协会全都加入了国际。[207]

德国的战争

主席建议,由于这次危机,委员会应该讨论德国战争问题以及它可能对欧洲各民族产生的影响。
公民**埃卡留斯**提议:这个问题在下次会议上讨论。一致通过。
委员会即此休会至6月19日。

临时主席①

---

① 无签名。

中央委员会会议①

1866年6月19日

公民**韦斯顿**主持会议。

关于战争的讨论，吸引了一大群委员。公民**埃卡留斯**为讨论开了好头，他发言时利用临时绘制的德国地图作说明。在他之后发言的有**勒·吕贝、福克斯、拉法格、马克思**（他作了一篇极有意义的发言[208]）、**卡特、达顿**和**黑尔斯**诸位公民。发言用法语和英语。讨论延期到下星期二晚上同一时间进行，也将讨论民族特性问题。公民**勒·吕贝**通知说，他想提出如下决议案：

"（1）国际工人协会中央委员会向在军队中服役的工人朋友们建议，不要把他们的力量浪费在互相残杀中，而要把它节省下来以保卫他们的权利，对付他们的唯一的敌人——工人阶级的奴役者。他们认为，谁都没有义务服从他不曾选举的政权，或者履行他不曾参与制定的法律。因此，（2）每一个士兵，如果不是在从事确信是正义的和为自己而战的事业，他就排除了去为之拼杀的义务。（3）如果权利排除他，暴力被用来压迫他，那么，他就有权**也有责任**自己动用暴力来捍卫权利——这是人民的权利。"

讨论开始之前，把本月17日《法兰西信使报》提交给了委员会，宣读了大学生的回信，并把它转给了《共和国》的编辑以便翻译和发表。至于先前的信件，见6月9日的《共和国》。

---

① 本日记录以1866年6月23日《共和国》第172号的剪报形式贴在记录本第139页上。标题、记录的第一行和最后一行，是克里默手写的。

致各国工人们!

——法兰西青年

兄弟们!你们了解到了战争是对人类最神圣权利的亵渎,你们响应了我们的呼吁。谢谢,一千个谢谢!

我们既然为最高尚的事业联合起来,我们就将继续共同要求人类一贯为之奋斗的权利。劳动和普遍和平将指引我们行进,才智和心灵的和谐一致将报偿我们的努力。

"世界的统治者们"妄图重新挑起往昔的陈旧争吵和传统的民族纷争将是徒劳的。**普遍理性**将用和平的大声疾呼,用所有的手都紧握在一起、所有的心都紧贴在一起来回答军笛和战鼓的哀号。

我们高兴的是,我们寄了全部希望的人们是了解我们的。我们引以自豪的是,我们竭尽绵薄去迎接阳光灿烂的日子的到来,那时候,**所有的人们**,都用学识联合起来,并肩前进,为了最后夺得自由。

我们的祖先,被引入了迷途,备受奴役,他们的口号是:"上帝和我们的祖国!"

我们,1793年的曾孙们,有我们自己的崇高目标,**在唯一的一面人民的旗帜上写上反映我们信念和希望的两个词:"理性和友爱"。**

正是你们,工人们,要由你们在将来去实现这个宏伟的计划——要由你们用自己的劳动,自己原则的坚定性和对拯救人类的事业的坚不可摧的忠诚来巩固这个全人类的联盟。

请你们相信,你们的兄弟绝不会在斗争中袖手旁观,恣情纵逸。

(签名)**阿尔弗勒德·韦利埃**(办事员);**拉乌尔·里果**(办事员);**内斯托尔·里歇**(披肩清洁工);**阿尔伯特·凯勒曼**(店员);**E. 勒摩思**(大学生);**达科斯塔**(法科大学生);**尼曼**(雕刻家);**巴塔耶**(办事员);**A. 布勒耶**(雇员);**A. 热内斯**(大学生);**路易·盖昂**(雇员);**安贝尔**(雇员);**莱昂·索尔内**(雇员);**保尔·塞鲁济埃**(大学生);**C. 达科斯塔**(教授);**特伦布莱**(商人);**莱昂

斯·勒夫罗（大学生）；昂·维尔纳夫（大学生）；贝列特（雇员）；拉瓦莱（大学生）；兰多夫斯基（书店职员）；布罗许尔（玻璃彩画匠）；布拉（同上）；巴泰勒米，朱利安，瓦特兰，布鲁诺（诸人均同上）等等。[209]

中央委员会收到了如下的赞同工人复信的信件：

1866年6月13日于贝德灵顿。

朋友们！我们，本地在下面签名的人，赞成巴黎青年大学生的每一点意见，同样也赞成各国工人的回信。我们希望并确信每个人都知道其作为一个人在社会中的地位的时候，将为期不远。

你们的忠于自由事业的人们。

（签名）诺森伯兰郡贝德灵顿的托马斯·黑尔斯通，亚历山大·麦克劳德，大卫·格雷厄姆，约翰·司各脱，罗伯特·麦克唐纳，大卫·罗弗特斯，乔治·斯蒂尔，约翰·拉姆齐，罗伯特·费尔贝恩，詹姆斯·科尔。[210]

委员会即此休会。①

中央委员会会议②

1866年6月26日

公民**福克斯**主持会议。

公民**马克思**向中央委员会介绍了布鲁塞尔的公民封丹。他还通知，

---

① 无签名。
② 本日记录由克里默执笔，记在记录本第140—142页上。

弗里布尔将一周接一周在《法兰西信使报》上发表他们对提交代表大会的问题的详细评论。

书　信

杜邦宣读了托伦和弗里布尔的来信。信中通知说《法兰西信使报》被没收[211]，并为代表大会延期指责中央委员会。

代表团的报告

荣克报告，西头细木工联合会完全同意我们的原则并将加入。

1848年6月的法国革命

列斯纳问，中央委员会是不是打算参加纪念这一事件。延期讨论。

意大利书记

公民**福克斯**宣读了公民特拉尼的来信，报告他已经给意大利几个团体写了信，但是还没有收到回信。他的国家现时的情况，使他处境困难。他还抱怨公民拉法格在《左岸》上的一篇攻击性文章。拉法格把马志尼和加里波第同［俾斯麦］相提并论，说他们和俾斯麦一样坏。他相信马志尼和加里波第是两位优秀的社会主义者。[212]鉴于这样的攻击，他一定要辞去意大利书记的职务。

公民**拉法格**答复说，他所写的东西，是以他个人的身份，而不是以中央委员会委员的身份写的，中央委员会对他所阐述的观点没有任何责任。

公民**封丹**说，他曾表示过同样的意见，而且更为强烈。

经一番讨论后，**克里默**［提议］，**达顿**附议：

我们转入日程，写信告诉公民特拉尼，中央委员会对公民拉法格的观点不负责任。一致通过。

继续讨论

由公民**博勃钦斯基**重启讨论。他说，虽然马志尼、加里波第和俾斯麦在一起行动，但是他们的行动出于不同的动机。如果协会只作为社会性的团体，它永远也不会成为伟大的。它的首要职责是推翻大陆上的暴君。

公民**荣克**认为，虽说加里波第的心无疑是正确的，但是他的头和剑却放错了地方。他遗憾地看到加里波第和马志尼同俾斯麦结成联盟。他认为，战争的结局将是革命。[213]

在讨论中继续发言的有：**博勃钦斯基**、**拉法格**、**克里默**、**封丹**诸位公民。

公民**达顿**说，各国的工人，不为民族特性拼杀，也能够得到政治独立和社会独立。

接着，**博勃钦斯基**和**卡特**两位公民提出了如下决议案①：

国际工人协会的伦敦会员认为，大陆上现在的冲突，乃是暴君之间的冲突，因而建议工人保持中立，但是他们应当联合起来，以便团结必需的力量，并使用这个力量，给予欧洲一切暴君最后一击和宣布他们自己的自由。②

---

① 以下是粘贴1866年7月14日《共和国》第175号的剪报。
② 剪报至此结束。

克里默和**达顿**两位公民也提出了下列几项决议案①：

1. 欧洲现在发生的普鲁士和奥地利两国政府之间的战争，是一场争夺帝位的战争，而不是为了人民的利益。不管哪一方成为胜利者，都不过是一个暴君代替另一个暴君。

2. 中央委员会感到遗憾的是：普鲁士人民竟容许自己的力量离开扩大和巩固他们的自由，转向俾斯麦的战争政策，而俾斯麦却借此得以顺利地更加钉紧他们身上的政治镣铐。

3. 中央委员会还表示希望：意大利人民，当尽力为威尼斯人争取自由的时候，不要走上同普鲁士政府结成可耻联盟的道路，也就是不要在拯救威尼斯人的同时又帮助普鲁士政府去奴役德意志人民，从而犯下在道德上和政治上自戕的罪孽。

4. 因为一切不是为自由和正义而进行的战争都是残酷和不合理的，所以我们建议欧洲各国人民绝对不要参加当前非正义的斗争。

公民**福克斯**提出下述决议案：

普鲁士政府对当前大陆上的战争所造成的痛苦负有责任。[214]

委员会即此休会至7月3日。②

中央委员会会议③

1866年7月3日

副主席**埃卡留斯**主持会议。

---

① 以下是粘贴同一期《共和国》的另一份剪报。
② 无签名。最后一行是克里默执笔写的。
③ 本日记录由克里默执笔，记在记录本第143页上。

委员选举①

泥水匠协会第一分会的公民艾尔斯和细木工联合会的公民 F. 亚罗，由于被各该组织提名为候选人，当选为中央委员会委员。[215]

宣读了代表 140 名会员的鞋匠联合会诺丁汉支部申请加入协会的声明。

公民**莫里斯**提请中央委员会注意上月 6 日《泰晤士报》上刊登的如下一则公告：

致大不列颠和爱尔兰的裁缝业主

请你们注意联合王国裁缝业主和帮工之间的现有关系，为了本行业的共同利益，兹建议：8 月份在伦敦或其他地方举行一次代表会议，王国境内各城市的业主均可参加，详细讨论现在和将来可能出现的劳工问题，在他们之间达成更妥善的安排，并形成一种确保在罢工时能继续开工的体制。

宣读了乔·E. 哈里斯先生的一封来信，他表示赞同给巴黎大学生的答复。②

继续讨论德意志战争问题③

宣读了上一期《左岸》上委员会委员公民拉法格的一篇文章的译文，文章阐明了关于意大利国王进攻威尼托及其对法国政治的作用的

---

① 以下是粘贴 1866 年 7 月 14 日《共和国》第 175 号的剪报。
② 剪报至此结束。
③ 以下是粘贴同一期报纸上的三则小的剪报。

看法。[216]

公民**福克斯**提出了下述决议案：

"普鲁士政府对当前大陆上的战争所造成的痛苦负有责任。"

讨论继续进行。[①]

博勃钦斯基、克里默、福克斯、黑尔斯和**埃卡留斯**诸位公民发了言，讨论延期到下个星期二继续进行。[②]

授权财务书记[③]偿付《共和国》现用会址头一个季度的房租。

公民**列斯纳**提议 W. 马斯曼为中央委员会委员。[④]

委员会即此休会至 7 月 10 日。[⑤]

中央委员会会议[⑥]
1866 年 7 月 10 日

副主席**埃卡留斯**主持会议。

委员选举

公民**马斯曼**，由**列斯纳**和**马克思**提名。

---

① "讨论继续进行"一句，是克里默手写的。
② 剪报至此结束。接着，记录本上粘贴两长条纸。上面后续的记录由福克斯执笔。
③ 惠勒。
④ 粘贴至此结束。最后一句是克里默的手笔。
⑤ 无签名。
⑥ 本日记录由克里默执笔，记在记录本第 144—145 页上。

书　信

荣克代杜邦宣读了里昂附近的索恩河畔弗勒里欧的来信。信中通知，那里建立了一个新分会，并对中央委员会承担了崇高的使命表示感谢。[217]

他还宣读了鲁昂的一封来信，对他们那方面所造成的延误表示遗憾。他们现在正进行补救，并为今后努力工作。[218]

里昂来信希望委员会不再推迟代表大会，并询问去里昂一带进行宣传的代表们能否从出售会员证费的基金中开支旅费。

中央委员会以前通过的决议中有规定。

代表大会问题

公民**克里默**提出一个问题：中央委员会是不是要采取积极步骤，以确保代表大会的成功。

卡特和**福克斯**两位公民提议：中央委员会派往日内瓦的代表，不少于四名。一致通过。[219]

还同意指定一个专人在白天进行积极宣传。公民克里默当选负责这方面的工作。

劳伦斯和**贝里**两位公民提议：分属各工会的中央委员会委员应作好准备以协助总书记①。通过。

---

① 克里默。

报纸上的报道

公民**马克思**问公民福克斯，上一期《共和国》上没有刊登中央委员会活动的报道是怎么一回事。

公民**福克斯**作了详细说明，**德尔**、**韦斯顿**、**克里默**和另几位公民参与进行了讨论。最后，**博勒钦斯基**和**亚罗**两位公民提议：今后，我们不要把我们的报道局限于只投一家报纸，而投给凡是愿意刊登的不论哪一家报纸。一致通过。[220]

设菲尔德代表会议

克里默提议，指派公民奥哲尔和裁缝协会派去出席这个代表会议的代表（如果需要它派代表的话），代表协会出席这个代表会议。一致通过。

委员会即此休会至7月17日。

临时主席　约翰·韦斯顿

中央委员会会议[①]
1866年7月17日

公民**韦斯顿**主持会议。

宣读并批准了上次会议的记录。

---

① 本日记录由克里默执笔，记在记录本第146—147页上。

公民**豪威耳**抱怨先前的记录中他所说的那一处有损他的名誉。

这个责难被否决。公民**克里默**说，引起公民豪威耳抱怨的那段发言是他作的，他打算坚持他所说的话。

执行主席裁决这个讨论不在议程之内。讨论停止。

比利时书记

公民**拉法格**报告说，公民龙格去巴黎时不幸被捕，并被判处八个月监禁。[221]

公民**勒·吕贝**也宣布公民韦济尼埃[222]在比利时被捕。①

各代表团的报告

克里默和**荣克**两位公民报告了他们访问箍桶匠互助会的结果，该会会员召开了特别会议来接待他们。花了一段时间以浓厚的兴趣听取了代表团的报告，许多会员发言热烈拥护协会的原则，为了证明他们的坚定信念，他们决定集体加入，并向每个会员征收1先令作为日内瓦代表大会的经费。**总书记**②也报告了西头细木工联合会已经送来了他们加入协会的申请书，并要求接纳为附属分会。一致通过了接纳他们的决议。

法　国

法国书记公民**杜邦**宣读了里昂附近索恩河畔纳维尔的一封来信，要求批准在那里建立新分会。该书记转达了对委员会担负了崇高使命所表

---

① 以下是粘贴1866年7月21日《共和国》第176号的剪报。
② 克里默。

示的谢意。同意这个要求,并任命路易·博德朗、欧·贝尼埃①和 T. M. 科隆诸位公民为该地的协会通讯员。²²³还宣读了里昂的一封来信,要求把关于锻铸业的情报寄给他们。授权该书记作些调查。

波兰爱尔兰政治犯的待遇

公民**福克斯**报告说,前不久关押在彭顿维尔监狱里的爱尔兰政治犯,在六个月期满之前被转移到波兰监狱,在这里只允许他们的朋友去会见他们。接着,他宣读了这批犯人中一个人的妻子的来信中的一段。这位夫人说,那里的情况是,这些犯人的女眷可以去看他们,他们遭受残酷的折磨——他们中有一个人已经被折磨死了。

卢莱②夫人和奥利里的姐妹们曾去过波兰。她们只有透过铁栅栏才能看见犯人,感到极其失望。在我看来,英国政府一定是对爱尔兰妇女的机敏灵巧有一种过高的判断,当时即使有栏杆、铁闩和狱卒能够确保全部安全的条件下,也不放心一个犯人的妻子毫无障碍地去摸一下那个犯人的手,甚至看一眼他的脸;或者是,这样的防范措施是用来掩饰残忍的一种精方妙法,那的的确确是残忍的,不管是有意的还是无意的。这里有卢莱和奥利里提供的他们所受待遇的几件事实:从上午五点钟至下午八点钟劳动,早饭是一杯可可和一块难啃难咽的面包,晚饭一碗稀粥,只够半饱。午饭:两回是五盎司肉、五个土豆和一块面包,两回是一品脱叫做汤的东西和一块面包,再两回他们吃得上油布丁,在星期天他们吃得上面包和干酪。他们没有牧师。他们的劳动是轮流在采石场干活、洗囚衣和擦地板。不难想象,在这样的待遇下,再加上更加残暴的狱卒加于他们身上的形形色色的挑剔虐待,又不能得到亲友的书信和会见,毫无慰藉,这些人中有许多会瘦弱下去。卢莱和奥利里想把这一点公诸于世。我还没有看见

---

① 欧·贝尼埃的名字是克里默执笔加进去的。
② 刊误。这里和另几处的卢莱(Luley)应为卢比(Luby)。

我的丈夫,我想在几个星期内去看望他,但是,我知道他也愿意把政府为政治犯所设置的这一套办法公诸于世。

耶·奥顿诺凡-罗萨夫人

中央委员会一致通过决定,必须尽可能广泛地公布这一段信。①

欧洲的战争

公民**福克斯**宣读了《法兰西信使报》上由弗里布尔签名的关于战争和社会问题的一封信[224]的译文。②

战争问题的讨论

随之重新开始。**达顿、博勃钦斯基**和**马克思**诸位公民是主要发言人。**克里默**和**福克斯**两位公民撤销了各自的修正案。博勃钦斯基—卡特决议案的文字作了修改,最后被一致通过,其内容如下:

"国际工人协会中央委员会认为,大陆上发生的冲突是政府之间的冲突,因而建议工人保持中立,并且团结起来,以便从团结中汲取为工人的社会解放和政治解放所必需的力量。"[225]

代表大会议程

接着决定③:在下一次和随后的中央委员会会议上,将要提交日内

---

① 剪报至此结束。下面是克里默执笔写的。
② 以下是粘贴1866年7月21日《共和国》第176号的剪报。
③ "接着决定"几个字是克里默执笔加进去的。

瓦代表大会的问题应①予讨论和详细研究。

下个星期二要讨论的问题如下：协会的组织；在协会的帮助下实现不同国家里劳资斗争中的联合行动。②

委员会即此休会至7月24日。

詹姆斯·贝里

中央委员会会议③

1866年7月24日

公民**贝里**主持会议。

宣读并批准了上次会议的记录。

委员候选人提名

公民W.**斯托凯**。由**亚罗**和**荣克**提名。

公民W.**科洛尼厄**。由**杜邦**和**孔博**提名。

公民勒·**勒迈特**。由**拉法格**和**马克思**提名。

各代表团的报告

公民**贝里**报告说，马车制造匠没有开会；他们要在下个月即8月8

---

① "应"字也是克里默手写的。
② 剪报至此结束。最后一句是克里默手写的。
③ 本日记录由克里默执笔，记在记录本第147—149页上。

日开会。

公民**荣克**报告访问包装箱制造匠的结果；他们要求派代表团出席他们的代表举行的会议。

书　信

公民**荣克**宣读了关于花边生产的信件，从中得知，英国工人的工资比里昂工人的高。

公民**杜邦**宣读了索恩河畔〔纳维尔〕的一封来信，感谢中央委员会给他们寄去了会员证，并要求发给通讯员委任状。决定寄发。

荣克宣读了日内瓦的一封来信。信里说，他们选出了一个委员会，负责接待前去参加代表大会的代表们的工作。他们还想知道代表大会按什么样的程序提议和讨论问题。他们认为，中央委员会应当指派一名委员负责提出问题并正式向大会提议。还必须撰写大会进程的报告，用三种语言发表，分发给协会各支部。他们还希望中央委员会将召开代表大会的时间和准备提交大会的问题通知各分会。[226]

决定将这些建议提交常务委员会讨论，而后向中央委员会报告。

意大利人代表权问题

克里默和**马克思**提议：

书记和中央委员会的任何一位委员采取他们认为适当的步骤，敦促意大利各团体派代表参加代表大会。一致通过。

又决定，公民**荣克**写信给日内瓦理事会，说服他们尽量作同样的努力。[227]

公民**吕贝**说明了住在伦敦的意大利人不返回中央委员会来的原因。

日　程

接着讨论了日程问题,由**克里默**开始,他提出了要提交代表大会的一项建议:中央委员会应设在伦敦。**马克思**附议,一致通过。[228]

讨论的下一个问题是经费问题。

克里默提出如下建议供讨论:

"加入协会的各团体应按该团体每个会员每年半便士向中央委员会缴费,作为宣传和行政的经费。"

对这个问题进行了长时间的讨论,发言的有**马克思、荣克、拉法格、达顿、亚罗**及另几位公民。最后决定改到下次会议再讨论这个问题。

接着,指派了几个代表团去访问各团体。而后委员会休会至7月31日。

副主席　**约·格奥尔格·埃卡留斯**

中央委员会会议[①]

1866 年 7 月 31 日

副主席**埃卡留斯**主持会议。

宣读并批准了上次会议的记录。

---

① 本日记录由克里默执笔,记在记录本第 149—152 页上。

委员选举

公民斯托凯,由**亚罗**和**荣克**提名。

各代表团的报告①

公民**劳伦斯**作了公民贝里访问银匙匠协会的报告。他们同意每个会员交费半便士,并答应建议整个行业都来加入。公民劳伦斯说,裁缝的执行委员会将建议他们的会员同意中央委员会或代表大会所作出的各项决定。

书记②报告说,机械工人的委员会接待过代表团,在听取③并讨论了代表团的意见之后,答应传达他们讨论的结果。

排字工人也接待了代表团,表示热忱拥护代表团的观点。

公民**勒·吕贝**报告说,木工协会在"银杯"举行的会议上友好地接待了代表团,并提供1英镑作为代表大会的经费,还答应考虑加入协会的问题。[229]

公民**埃卡留斯**报告说,裁缝的委员会已向帮工们发出呼吁书,呼吁他们选出一名代表出席日内瓦代表大会。

大西洋电缆

公民**福克斯**在谈到铺设电缆的问题时说,这件事是极其重要的,国

---

① 以下是粘贴一张由克里默执笔作的新记录的纸条。
② 克里默。
③ 粘贴至此结束。

际工人协会不能对此保持缄默。因此，他提议如下：

中央委员会欢呼在爱尔兰和纽芬兰之间铺设电缆的成功，这是科学和毅力对严酷的自然界困难的伟大胜利，这是促进大西洋两岸欧洲人大家庭成员间交往的设施，本委员会进一步希望这个电缆只不过是许多别的电缆的先导。[230]

公民**德尔**在表示支持这项决议时说，各民族在隔绝和闭塞中一无所得，但在扩大相互联系中却有希望获得一切。

决议被一致通过。

常务委员会的报告

公民**马克思**提出了常务委员会关于将提交代表大会各项问题的报告。

1. 常务委员会建议，会议日程采用法国人提出的议程，只作一点修改，将最后一个问题同第一个问题合并。

福克斯和**卡特**提议，通过关于这个问题的报告。全体一致通过。[231]

2. 委托书记提出会员人数报告和收支总报告。一致通过。

3. 建议代表大会按下列调查大纲组织工人阶级状况的调查：

（1）行业名称。

（2）该行业从业工人的年龄和性别。

（3）该行业从业工人的人数。

（4）工资：A. 学徒工资；B. 计日工资或计件工资；是否经过中间人等。平均周工资、平均年工资。

（5）劳动时间。工厂工作日。如有小企业和家庭生产，则调查其中的工作日长短。夜工、日工。

（6）吃饭的时间和对工人的态度。

(7) 劳动场地和工作的情况：房屋拥挤、通风不良、光线不足、采用瓦斯照明等，清洁条件等。

(8) 工种。

(9) 劳动对身体的影响。

(10) 道德状况。教育。

(11) 生产情况。是季节性的生产还是全年内开工比较均衡，是否经常发生很大的波动，是否遭到国外的竞争，它主要是为国内市场服务还是为国外市场服务，等等。

这项建议被一致通过。[232]

会　费

接着，公民**马克思**报告：附属团体按每个会员半便士缴纳年度会费，会员证和会员手册①另收费。书记有权同经费不足的团体协商优惠条件。一致通过此项建议。

常务委员会建议：中央委员会号召会员建立互助会，并组织各互助会间的国际交流。

讨论了这个问题。为了使瑞士会员拥有在代表大会上提出这个问题的倡议权，修改了这项建议。

经过修改的决议被一致通过：

各地方委员会应经常报道本地区的行情，并作为工人的情报机关进行活动。

委员会即此休会。

副主席　约·格奥尔格·埃卡留斯

---

① 记录原文是"livrets"。——编者注

中央委员会会议①

1866年8月7日

副主席**埃卡留斯**主持会议。
宣读并批准了上次会议的记录。

各代表团的报告

总书记报告：伦敦排字工人协会已选出了他的书记塞莉先生[233]为出席日内瓦代表大会的代表。**克里默**先生还宣读了机械工人联合会总书记②的一封来信，说明他们的委员会辞谢派出代表，也不允许派代表访问他们的各分会。他还报告了装订工人协会（日工）已同意加入协会。皮纸包装工人的问题延期到下次全体会议再讨论。

荣克报告说，制刷工人也延期到他们下次会议再讨论这个问题。

勒·吕贝报告说，制椅工人和雕刻工人也延期到他们有更多的人出席时再讨论。

书　信

公民**马克思**宣读了比利时的一封来信，询问代表大会消息。

---

① 本日记录由克里默执笔，记在记录本第152—154页上。
② 阿兰。

常务委员会的报告

公民**马克思**报告说,常务委员会的上次会议,只有他本人和公民荣克、杜邦出席。他要求英国委员出席下次会议。

设菲尔德代表会议

主席报告说,在这个会上通过了一项决议,敦促各工会都加入国际协会。[234]

横贯大西洋的邮资

公民**福克斯**提出了这个问题,并列举了一些事实证明英国和美国之间邮资过高。他说英国的规定影响到大陆上的邮费,他建议在日内瓦代表大会以后,中央委员会派一个代表团去会见邮政大臣,要求他同意美国的建议,一封信邮费6便士。这个问题未予讨论。

福克斯报告说,《先驱》在刊登日内瓦各分会讨论代表大会议程的备忘录。[235]

委员会即此休会。

临时主席　海·荣克

中央委员会会议[①]

1866 年 8 月 14 日

公民**荣克**主持会议。

宣读并批准了上次会议的记录。

各代表团的报告

书记报告了他访问马车制造匠的情况,下面这封信反映了这次访问的结果[②]:

1866 年 8 月 8 日于西区

曼彻斯特广场南街 29 号

阁下!

由于你们今天晚上前来参加伯维克街马车制造匠友爱会的会议,我们已经委派了十名代表去访问与我们行业有联系的十个团体,把你们的传单散发给各团体,并以你们特有的清晰说明为"榜样"向他们解释了传单。我们根据小委员会(这十名代表)的请求,要求你们寄来 24 份传单、《宣言》和《章程》,以便我们可以给这些团体各送一份,我们每人有一份可以在去访问这些团体之前加以"熟读"。我们的目的是促使每个团体都行动起来,就像我们力图使我们的协会同你们一致行动那样。你们大概会收到我们书记(托德先生)的一个短简,说明在我们协会 1 月全体会议之前不可能把你们的传单和说明提交给它的原委。在这个会议上,我们打算先放下所有别的事务,优先讨论国际工人协会的问题,

---

① 本日记录由克里默执笔,记在记录本第 154—157 页上。
② 以下是粘贴 1866 年 8 月 18 日《共和国》第 180 号的剪报。

如果这期间能够说服别的团体也这样做,那么,整个说来时间就不是白过了。我希望作为一个团结的集体来到你们的行列之中。

　　祝你们在你们的(我们的)事业中百事顺利,请允许我作为你们真诚的同情者,愿做你们忠实的仆人。

爱德华·里夫利
为促进国际工人协会的目标,受伦敦马车制造匠友爱会委派的十人委员会的委托,致东中央区包佛里街18号克里默先生。①

　　书记还报告了包装箱制造工人协会已加入协会,并将在他们的会员中为日内瓦代表大会募捐。他们过于贫困,无力从他们的基金中拨款。

　　公民**荣克**报告了管道铜器工人协会已经捎话要加入协会,但是要到他们下次会议才正式作出决定。

　　雷诺和**郎格**两位先生代表箍桶匠互助会递交了该组织给日内瓦代表大会经费的捐款6英镑。

　　克里默和**亚罗**提议:接纳该箍桶匠互助会加入协会为分会。一致通过。

　　公民**亚罗**报告说,细木工联合会将于这个星期四举行全体会议,届时将讨论日内瓦代表大会问题。

　　荣克和**克里默**两位公民答应前去参加。

书　信

　　公民**德尔**宣读了泥水匠协会书记的一封来信,说明因为账目还没有清查出来,他们不能交付他们的会费。

---

① 剪报至此结束。后续的记录是克里默的手笔。

总书记说，编制资产负债表不在他的工作范围之内，虽然他在几个月前这样做过；科尔森先生已被指派为查账员，却从来没有参加过这项工作。如果说有什么疏忽或者延误，那是那些已被任命为查账员却未履行职责的人的责任。科尔森先生有这样的抱怨是不恰当的。[236]

查账员

韦斯顿和巴克利两位公民被委派在这个星期五6点半钟检查账目。

书记的薪金

克里默声明说，欠付了他的一些薪金，并要求付给他，否则应解除对他领取薪金职务的任命。

卡特和**福克斯**提议，付给书记25先令。一致通过。

书　信

公民**福克斯**宣读了里昂的一封来信，信的译文如下①：

里昂工人，战争和英国的改革运动

国际工人协会里昂通讯员写给本协会中央委员会的信如下：

1866年8月9日于里昂

关于战争，各种意见是犹疑不定的。然而，工人们正开始抛弃狭隘的爱国主义，这种思想曾使他们卷入君主们的争斗之中和为君主们的利益而流血牺牲。

---

① 以下是1866年8月18日《共和国》第180号的剪报。

所有的人都开始懂得，君主们的利益和我们的利益是不一样的，而所有的工人却有着共同的利益，他们最大的敌人是他们本民族的寄生虫。

我们收到了几期《法兰西信使报》，我们喜爱它所宣传的思想。

我们的敌人找借口来摧毁它，但是他们不可能摧毁它所代表的思想。

我们希望别的报纸继承它的未竟事业。笼罩着我们的专制统治不愿意真理渗入各省。我们要求英国工人阶级坚持他们不久前采取的立场；让他们证明自己是坚定的和英勇的吧！让他们横眉冷对一切威吓吧！他们将争得改革，这是走向社会改良的第一步。

务必请你们告诉我们伦敦发生的事情的详细情况，明确指示我们激励这个运动的精神，因为各报都隐匿它的基本性质。

竭诚向你们致敬。

阿·舍特尔[①]

公民**福克斯**还宣读了波尔多和维埃纳（伊泽尔）的来信。后者要求寄去130张会员证，还要求任命下列诸位为该省的通讯员：阿尤、瓦根讷和马尔舍瓦尔诸位公民。

杜邦和**勒·吕贝**两位公民提议选举他们。一致通过。

委员选举

公民**拉法格**提议公民勒·梅斯特尔为中央委员会委员。

以前因为有他的五个工人曾表示反对选举他，讨论过这项提议。

马克思和**吕贝**两位公民提议：给这五个人发一封公函，选举延期。

黑尔斯和**亚罗**两位公民提议：写信通知他们在8点钟前来参加常务委员会的讨论。一致通过。

---

① 剪报至此结束。后续的记录是克里默的手笔。

常务委员会报告

公民**马克思**作了报告。常务委员会建议：每周付给总书记40先令。书记一职应由日内瓦代表大会直接任命。

就这个提议进行了讨论。公民**德尔**反对这个提议，他认为规定报酬的累进比例比较好。

提出了一项规定报酬为30先令的修正案，但修正案被撤销了。原提案被一致通过。[237]

公民**德尔**宣读了他写给科尔森先生的回信。委员会同意这封信并决定发出去。

裁缝和日内瓦代表大会

公民**埃卡留斯**报告说，裁缝们今天晚上已决定派代表参加日内瓦代表大会。决议已被热烈通过。[238]

委员会即此休会。

主席 乔·奥哲尔

中央委员会会议[①]

1866年8月21日

主席**奥哲尔**主持会议。

---

① 本日记录由克里默执笔，记在记录本第157—158页上。

宣读并批准了上次会议的记录。①

第一件事是

各代表团的报告

公民**荣克**报告说，他已访问过雪茄烟工人委员会，他们召开了会员全体大会来接待中央委员会的代表团。他还访问了制秤工人，商定好第二次再去访问。他还报告了访问白铁匠和制革工人的情况，这两个委员会客气地接待了他，并答应将问题提交给下一次全体会议。

总书记公民**克里默**报告：他本人，列斯纳、豪弗、马斯曼和亚罗诸位公民访问了风琴匠和室内装饰匠，已被邀请参加他们的下一次全体会议。书记还说，细木工联合会在全体大会上已建议向每个会员征收6便士作为日内瓦代表大会的经费。

韦斯顿和**黑尔斯**两位公民报告：他们访问了铜器工人协会，同会员们讨论了协会的原则。他们被邀再次前往。

公民**勒·吕贝**报告了他访问火炉匠协会的情况。他们劝他参加他们的全体大会。

日内瓦代表大会

就这个问题作了进一步的安排。接着中央委员会讨论了伊斯特本的英国掘土工和比利时掘土工之间的冲突的报道。责成总书记尽可能搜集这件事的情报，如有必要则采取行动，并在中央委员会下次会议上作报告。[239]

---

① 以下是粘贴1866年8月25日《共和国》第181号的剪报。

曼彻斯特裁缝业的同盟歇业

列斯纳和**劳伦斯**两位公民报告：在曼彻斯特，有700名裁缝遭到同盟歇业。由于担心原来的雇主们可能力图从大陆上运进人来，他们恳求国际工人协会给予支援。由于有人对同盟歇业是否继续下去表示怀疑，决定：在从曼彻斯特得到确实消息之前，暂缓在大陆上采取行动；但是，为防万一，书记应立即行动。[240]

国际邮资

接着，**克里默**和**列斯纳**两位公民提出如下决议案："请日内瓦代表大会的各位代表向各自的政府力陈建立国际和海外邮资制度的必要性和优越性。"在提出这个决议案时，公民**克里默**说，实现这样一个计划，对于协会促进全世界工人的兄弟交往的努力，将提供很大便利。现在的邮费高得不可能经常保持通信。这项决议被一致通过。[241]

常务委员会的报告

公民**荣克**提出了报告，这个①报告有一项准备提交代表大会的建议，建议是：

每天九小时，其中包括每天一小时吃饭时间，为标准工作日。

克里默提出一项修正案，**劳伦斯**附议：

建议以八小时为标准劳动日。修正案被一致通过。[242]

---

① 剪报至此结束。下面的记录是克里默的手笔。

就报告中关于女工和童工问题的建议的有关部分经过较详细的讨论后，决定延期到下次会议再研究这个报告。①

委员会即此休会至下星期二晚7时。届时②开会专门讨论和最后决定代表大会的议程，并选出中央委员会的代表。③

责成书记通知全体委员。

    副主席 约·格奥尔格·埃卡留斯[243]

中央委员会[244]会议④

9月18日

公民**奥哲尔**主持会议。

公民怀特黑德当选为在西区牛津街拉斯邦广场黑马饭店集会的法国研磨工人协会的代表。

公民**福克斯**宣读了掘土工人协会书记李先生的一封来信，根据这封信的内容，指派怀特黑德、拉法格和达顿三位公民组成代表团在本星期五访问掘土工人协会。[245]

公民**马克思**报告说，曼彻斯特裁缝罢工的消息已经在北德、南德和中德的各民主报纸上刊载了；他列举了这些报纸。

公民**劳伦斯**报告说，曼彻斯特的斗争已经结束，实际上，伦敦委员会已认定曼彻斯特工人有不当之处——他们的要求太过分。[246]

公民腊毕叶准备离开伦敦去匈牙利。授权他代表协会在这个国家进

---

① 以下是粘贴1866年8月25日《共和国》第181号的剪报。
② "届时"一词是克里默的手笔。
③ 剪报至此结束。最后一句是克里默的手笔。
④ 本日记录由肖记在记录本第1—5页上。

行活动。

公民**汉森**报告了他在最近访问哥本哈根期间为协会所能做的工作的情况。他报告说，他在那里为协会找到了值得信赖的代理人。

接着宣读了房东迈奥尔先生的一封来信。信里要求中央委员会作为他在包佛里街18号的直接房客，把在今年夏至①到期的季度房租立即交付给他。[247]

这个问题延期讨论。

代表们的报告[248]

因为只有奥哲尔、劳伦斯、埃卡留斯、卡特诸位公民回来了，最好是延期到克里默、荣克和杜邦诸位公民回来以后再听取正式报告；但是，代表们被邀非正式地即席叙述了所发生的情况。

公民**奥哲尔**生动地报告了日内瓦人给予代表们的欢迎，并宣称代表大会的一般结果远远出乎他的预料。他说，公民荣克担任主席使大家都感到满意。

英国代表离开日内瓦之后，前往伯尔尼，以便就减低国际邮资问题[249]访问瑞士联邦政府。代表们见到了外交国务秘书和邮政总长。他们首先被极礼貌地引导参观了联邦宫、美术馆和博物馆。他们同海尔维第②联邦的邮政总长会见了半个小时。他在这个问题上同代表们的看法完全一致，并说瑞士政府同国际工人协会意见相同。

---

① 夏至在6月21日。6月24日是英国四个结账日之一。
② 海尔维第是瑞士的别称。——编者注

1866—1869 年记录本第 1 页（1866 年 9 月 18 日总委员会会议）
载有马克思关于德国报纸对英国裁缝罢工的反应的发言

克里默和荣克两位公民留在纳沙泰尔,帮助库勒里医生为协会进行宣传工作。代表们原想在巴黎稍事逗留,以便了解那里的生产合作公司的进展情况;公民劳伦斯也想看一看那里的一些同行(裁缝),但是一位巴黎的代表由代表大会返回时因为携有一本反拿破仑的"煽动性"小册子在边境被捕,这件事迫使英国代表们〔放弃〕了这个计划。他〔奥哲尔〕还报告说,虽然巴黎的代表们当初打算搞反对活动,然而到大会结束时他们对待英国代表的态度还是极令人满意的,并且征询了英国代表对所涉及的几个问题的意见。

公民**卡特**接着报告。他说,日内瓦的裁缝听取了公民劳伦斯的讲话,由他(卡特)作口译;木匠听取了克里默的讲话,卡特口译;鞋匠听取了奥哲尔的讲话,埃卡留斯口译。前面两个会挤满了人,热情洋溢。

公民**埃卡留斯**更为详细地报告了他们在伯尔尼同邮政总长会见的情况。瑞士政府准备同任何政府达成协议,〔规定〕每个国家应有自己的普通邮资率,中间传递应按包裹费半价收费。法国政府是一切邮政改革的巨大障碍。他们不允许信件邮资总付,而坚持按件和按地址收费。这位邮政总长认为,英国和瑞士间的邮费可以考虑每封信由6便士降低到2.5便士。最近他曾试图使法国平信计重率由1/4盎司提高到1/2盎司,但是没有结果。他还赞成改革图书和印刷品邮件管理办法。埃卡留斯的小提包中有几本"煽动性"小册子,巴黎代表因为携带了这种小册子而被逮捕,但是法国当局没有管他,也许他被看成是英国人的缘故。他补充说,八位工人(来自巴黎)作为理事会一派①的反对派来出席代表大会。代表大会拒绝听取他们的意见,因为他们不是协会所承认的任何有组织的团体所委派的。[250]埃卡留斯建议中央委员会考虑,既然在法国

---

① 指巴黎委员会。

没有集会权,本委员会能不能为这些未加入协会的工人做些他们自己力难胜任的事情。

公民**卡特**补充说,协会会员投来的关于议程中几个问题的文章数量很多,并且是来自欧洲各地。代表大会已经决定,个人会员今年每人缴纳3便士作为中央委员会的经费。

公民**劳伦斯**报告了最近洛桑制鞋业雇主和雇员之间斗争的一些事件以及国际协会在其中所起的领导作用。他还谈到他们在生产合作事业方面的进展。他总的看法是,在这方面,大陆的工人阶级比英国人走在前面。在巴黎,有54个生产合作团体和200个信用合作社。在合作银行业务方面,大陆上的人也走在我们的前头。巴黎的国际工人协会会员曾打算宴请归途中的英国代表,但是上述逮捕事件妨碍了这个计划。他肯定了别的代表们所已谈到的那种恐怖和猜疑现在正笼罩着法国首都的情况。

公民**福克斯**抱怨英国代表没有从日内瓦给代理书记寄来关于代表大会或访问伯尔尼的任何情报,结果使他未能在伦敦的报纸上发表大会进行的情况,要不他就能这么做了;此外,有几家周报转载了法国报纸上的报道,因此它们在一些方面比上个星期的《共和国》[251]报道得好。

公民**埃卡留斯**解释说,他给《泰晤士报》寄去了一份访问伯尔尼的报道,但是该报拒不刊载。

奥哲尔和**卡特**解释说,他们没有及时收到伦敦寄去的报纸,让他们知道要在伦敦报纸上登载代表大会工作情况的消息。

公民**马克思**提议,**德尔**附议:为代表们在日内瓦代表中央委员会进行的精明干练的工作,向他们表示感谢。鼓掌通过。

委员会即此休会到下星期二。①

---

① 无签名。

委员会会议①
9月25日

公民**埃卡留斯**主持会议。

书记②宣读了上次会议的记录，根据劳伦斯的提议作了修改后，予以批准。

公民**马克思**说，他收到了曼彻斯特一个厂主赛米尔·穆尔的年度捐款5英镑。

克里默报告说，在芬丘奇街119号集会的模具制造工人，要求总委员会派一个代表团在星期六晚上去他们那里访问。

委派韦斯顿、列斯纳和怀特黑德去应这个邀请。[252]

怀特黑德作了代表团（他是其中一员）访问在百蒙德西集会的掘土工人的报告。他发售了几份章程。与会的代表们都很满意，表示负责向各分会报告这件事，他们相信那些分会一定会加入到我们的联合团体队伍中来。

荣克出示一份拉绍德封的协会机关报《未来呼声报》，并报告说，该报编辑希望中央委员会授权在报头下标明"国际协会机关报"字样。[253]他还出示了一份洛桑的《工人报》。

克里默提议授以全权，并热情赞扬了编辑库勒里医生。

卡特支持这个提议：库勒里是代表大会的关键人物。

执行主席赞同前两位发言人的发言。没有库勒里的帮助，伦敦的议

---

① 本日记录由肖记在记录本第5—9页上。
② 克里默。

程[254]就得不到通过。

批准授权的提议被一致通过。

活动日程

由于伦敦派去参加日内瓦代表大会的代表们还［没有］准备好他们的报告，**劳伦斯**提议，**福克斯**附议：

只要听取了荣克和克里默关于他们同其他代表分手后的旅行成果的口头报告之后，委员会即可着手选举负责人员。

接着，**荣克**作了报告。9月10日星期一，他偕同劳伦斯去洛桑参加了一个集会。星期二，他偕同另几位代表去伯尔尼。后来，他去了纳沙泰尔，从那里又偕同克里默去拉绍德封和圣伊米耶，并在那里的一个集会上讲了话，再返回纳沙泰尔参加了一个集会。克里默在这些会上讲了话（荣克口译）。他还对格留特利联盟[255]的一个领导人谈到了加入协会的问题。

接着，**克里默**报告了代表大会［所作］的关于中央委员会的决定。代表大会任命每一位现任中央委员会委员连任，但不包括根据弗里布尔和托伦两位公民提议开除的勒·吕贝，因为他继续诬蔑他们两人是阴谋家和波拿巴主义者。

勒·吕贝否认了曾称他们为波拿巴主义者。

卡特报告说，伦敦的代表们尽了最大的努力来留住勒·吕贝。由于他们反对托伦和弗里布尔的要求，这两位公民离开了大厅，弗里布尔并且怒形于色。这件事是由里昂的一位代表解决的。他说他收到了勒·吕贝的一封信，信里把弗里布尔和托伦说得很坏。这位里昂人报告说，勒·吕贝的代表资格对协会在里昂的进展危害匪浅，协会只是最近才从这种恶劣影响中恢复元气。于是除伦敦代表团外，整个会议都赞成巴黎方面。到这时，托伦和弗里布尔才回到大厅来。

经过短暂讨论后，**勒·吕贝**站起来说，有两个民族没有出席代表大会，他们的代表会站在他一边，这就是意大利和比利时；弗里布尔和托伦在代表会议期间不敢在伦敦攻击他。他劝中央委员会服从代表大会的表决。在另一次代表大会决定撤销日内瓦的裁决之前，他将不要求重新进入中央委员会。他认为中央委员会应该对他投信任票。试问巴黎人向中央委员会付清了他们的欠款或者在伦敦代表会议上所承诺的40镑的一部分没有［？］[256]他知道他们并没有。于是，勒·吕贝离开了会议室。

负责人员的选举

主　席

劳伦斯提议马克思为下一年度的主席；**卡特**支持这项提名。[257]马克思提议奥哲尔：他，马克思，认为自己不合适，因为他是脑力劳动者，而不是体力劳动者。**韦斯顿**支持奥哲尔。投票表决，奥哲尔以15比3被通过。

副主席

埃卡留斯是唯一被提名者，并被一致通过。

总书记

福克斯和克里默被提名；投票表决。福克斯以13比4当选。[258]

财务委员

德尔是唯一被提名者,并被一致通过。

委任了法国、德国、瑞士、美国和西班牙①的书记。汉森被委任为丹麦的书记。

劳伦斯提议,其他书记的委任延期至下个星期。一致通过。

马克思提议,颁发给克里默一个奖状,因为他差不多完全无报酬地担任书记将近两年。

得到**卡特**和几位委员的支持并一致通过。

常务委员会[259]

马克思建议目前只暂时确定这个委员会的人选。委员会由负责人员和已经委任的书记组成。一致同意。

巴塞罗那公民**莫拉尔**发表了声明:他希望能够在卡泰罗尼亚和美国为协会做他所建议进行的事。他报告了他过去一年的活动。

委员会即此休会。②

委员会会议③

10月2日

列斯纳主持会议。

---

① 依次为杜邦、马克思、荣克、福克斯和布赖特施韦特。
② 无签名。
③ 本日记录由肖记在记录本第9—14页上。

宣读了上次会议的记录,根据公民**卡特**的提议作修改后,予以批准。

书记①要求并得到委员会的允许,在9月18日的记录中加进一段埃卡留斯所作的说明。[他]曾忽略了这一段,但经再三考虑,他认为这一段是重要的。

福克斯提出了迈奥尔先生向委员会索取房租的要求,我们今后应该代替工业报公司同他打交道。

决定偿付今年夏至到期的季度租金。

由于财务方面空无所有,**财务委员**②靠借款来支付季度租金。

由于**福克斯**询问财务委员上周马克思经手收到的5英镑派了什么用场,**财务委员**答复说,为偿付日内瓦代表们费用的欠款,付出了6英镑。

卡特抱怨他受到了不公正的待遇。按规定,所有的代表都应享受同样的待遇。现在,虽然别的代表都知道他由于不得不坐邮车旅行,花销比他们多,可是他还是只得到8英镑,而别的人却得到10英镑。

荣克作了解释。他批评了克里默在出发前弄票的做法。他说,他在日内瓦已预付给克里默2英镑,并不得不向一位朋友借了4英镑。他提出归还他自己的2英镑的差额。

卡特婉言拒绝。他并不想进行人身攻击,只是要指出公平的规则在他身上遭到了违反。

德尔说,克里默得到了10英镑12先令1便士,或者说比别的代表多得12先令1便士。

---

① 福克斯。
② 德尔。

访问模具制造工人的代表团的报告

公民**怀特黑德**说,他和公民韦斯顿访问了模具制造工人。他们受到了很好的接待,但是抱怨克里默先生没有通知该团体代表团要去。他们希望寄给他们几份章程。他们要召开一次特别会议来讨论加入的问题。公民怀特黑德补充说,就各团体捐款问题给代表们作出某些明确的指示[260]是必要的。

木工和细木工联合会

书记说,他收到了这个团体的书记的一封来信,声明他们已准备好在星期二晚上8点半钟接待我们的代表团。

委派荣克、列斯纳、拉法格和福克斯去访问这个团体。[261]

接着提出了一个问题:关于行将接纳的团体的条件问题,应该给代表团作出指示。

卡特提及日内瓦代表大会通过的章程,它规定每个会员负担中央委员会费用3便士。卡特主张隶属关系和会员资格是不相同的两回事,代表大会的章程只适用于后者。

马克思援引记录驳斥卡特说,代表大会不承认有什么不同于会员资格的隶属关系。

肖提议,**拉萨西**附议:

指令访问木工和细木工的代表们,要求该会征收1866年和1867年特别经费,每个会员3便士。

福克斯提出修正案,**马克思**附议:

委托代表们说明,他们将按下述比率向该会发放会费卡:每缴会费

3便士发一张卡片。

荣克建议,要求每人最少1便士。

卡特争辩说,劳伦斯曾说过1便士太高。他主张每人半便士。

福克斯的修正案分组表决,以8比6被通过。

接着,**福克斯**问荣克和卡特,他们是不是要把关于最低额的提议作为他的提案的修正案,是不是提出作为一项实际动议,但是他们婉谢了。一致同意整个问题必须另行讨论,现在的决议只是临时性的。

布鲁塞尔的信件

福克斯宣读了布鲁塞尔支部书记万丹胡亭的一封来信。信中抱怨公民龙格怠忽职守,他既没有把他被选为通讯书记一事通知布鲁塞尔支部,也没有同他们通过信。[262]布鲁塞尔人还抱怨说,他们从未得到关于代表大会日期的通知,因而他们未能出席,也未能送去文件。他们认识拉法格,因而对于拉法格的缄默,比什么都觉得奇怪。

马克思为他当书记时的行为作了辩护,并抨击了比利时人方面。

勒·吕贝发言维护并表彰布鲁塞尔支部,竭力争辩说他们是被极度忽视了。

拉法格为龙格和他自己辩护。龙格的候选提名,布鲁塞尔是知道的,因为这件事在《淘气》[263]上曾受到攻击。龙格用《左岸》[264]上的通告作了通报,布鲁塞尔支部收到并阅读了这个杂志。代表大会的日期是在协会的公开信中写明了的,该信发表在《人民论坛报》[265]上。龙格不知道布鲁塞尔人的通讯处。

卡特和**杜邦**两人都说,他们曾听到布鲁塞尔的封丹在这间房子里[266]说过,他已被委任为出席日内瓦代表大会的代表。他从来没有说过不知道日期。

勒·吕贝说，龙格知道布鲁塞尔支部机关报《人民论坛报》的地址。

福克斯提起了他曾听说过的龙格的一次疏忽。本委员会作出的关于向意大利代表道歉的决议[267]，从来没有通知给《佛尔维耶回声报》，其结果是意大利代表没有回到我们委员会中来。

荣克声明，他已经把布鲁塞尔人的地址给了龙格，并告诉他把决议送给《佛尔维耶回声报》。他建议由拉法格写一封信解释过去的缺点和答应将来改正。

拉萨西支持这个建议。

委任通讯员

杜邦请求委任安德烈·马尔什为波尔多和勒斯帕尔区的通讯员，以代替另一位已经去职的通讯员。[268] 同意委任。

接着，**杜邦**报告了访问里昂的结果。里昂的会员分为两部分，一部分人希望使他们的支部主要成为政治性的，而另一部分人则只倾向于社会性。他还访问了索恩河畔弗勒鲁和其他我们有分部的地方；这些地方，许多会员是葡萄种植者，他发现这些人对协会的忠诚而感到惊讶。他还访问了维埃纳，发现了一家现金交易的合作布制品公司和磨粉厂，还有一家合作的杂货店和面包房。

接着，杜邦宣读了维埃纳的来信，信中要求发给他们会员手册或会员证。他还宣读了关于该地工业情况的报告，特别谈到该地各工业部门中工厂女工的苦难命运。[269]

荣克代表库勒里医生询问是不是允许组织只包括妇女的支部。

一致决议：这是允许的。

协会会员**科勒特**说，他愿意在他的报纸《国际信使》[270]上刊登关于我们活动情况的报道，但他保留评论这些报道的权利，如果他认为合适的话。

杜邦通知说，他要向委员会提出一项建议，主张在国际工人协会主持下组织工人旅游团，从英国前往参观1867年巴黎博览会。²⁷¹

即此休会。①

委员会会议②
10月9日

副主席③主持会议。

宣读并批准了上次会议的记录。

克里默要求行使权利，就他比别人多得12先令1便士的问题亲自作解释。他提醒委员会，他和荣克在瑞士逗留的时间比别人长，花销要多些。他所得到的钱不敷他的实际开销。他当时并没有提出什么要求。

卡特再次陈述了他的不满。

荣克表示要还给卡特1英镑。为了实践诺言，[他]掏出了钱包，但是，随之究竟发生了什么事，书记没有注意到。

拉法格报告说，他已经答复了比利时通讯员。

荣克报告说，一个协会会员④受杜普莱克斯和贝克尔两位公民的委托，携带协会的四包文件从日内瓦来伦敦，在法国边境上受到了搜查，

---

① 无签名。
② 本日记录由肖记在记录本第14—17页上。
③ 埃卡留斯。
④ 哥特罗。

没收了他带的这四包文件。²⁷² 他宣读了那不勒斯的朱泽培·达希的一封来信,报告说他曾被切里尼奥拉工人协会委任为出席日内瓦代表大会的代表²⁷³,但他接到委任书太晚,已经失效;他在末尾说,如果委员会想同加里波第将军通信,他愿意亲自传递信件,并送还复信。

书记①宣读了他所收到的木工联合会书记阿普尔加思的一封来信,为派代表团访问该团体,同大家举行令人愉快而富有教益的会见,向总委员会表示感谢。他还宣读了《先驱》上报道的贝克尔在日内瓦代表大会上的讲话的摘要,并指出了它的公开的无神论的性质。²⁷⁴ 他还宣读了9月14日一家保守的中产阶级报纸《日内瓦报》上一则赞赏代表大会充满真正世界主义精神的文字。他还向总委员会提出为坐牢的韦济尼埃²⁷⁵募捐的认捐单。

瑞琴特街暖房街32号理发师争取
早打烊协会派来的代表团

代表团报告说,他们行业开展了争取星期六下午早打烊的斗争。几家中号店的店主从巴黎雇人来顶替闹事罢工的理发师。代表团恳请委员会运用它在巴黎的影响,挫败这些老板们的罪恶计划。

卡特、**马克思**和**劳伦斯**发言表示响应,主张委员会在这方面尽自己最大的努力。²⁷⁶

裁缝的输入

劳伦斯报告说,爱丁堡的一位老板在最近一次裁缝业主代表大会上

---

① 福克斯。

宣布，今年夏季从大陆上招募裁缝花费了400英镑。在苏格兰资本足以影响其劳动市场的那些邻近地区，还有许多人等待着输入。另一个老板斯图亚特也在会上吹嘘他已经运进了一批裁缝，这批活的货源逼使纽卡斯尔的罢工失去力量。[277]

根据**荣克**的提议，责成总书记写信给达希，并通过达希给加里波第去信。

根据**马克思**的提议，责成总书记写信给法国外交大臣，谴责没收协会文件一事，并要求发还这些文件。

公民**杜邦**宣读了巴黎公民弗里布尔的一封来信，要求把代表大会的记录寄给他们，以便他们能够发表关于代表大会的报告。

马克思反对后一步骤，因为发表代表大会材料的责任，代表大会只交给了中央委员会。再者，巴黎人保存他们的《意见书》[278]违反代表大会的规定，因为代表大会决定了这个文件和其他文件都应移交给中央委员会。

责成总书记把这个意思写信通知弗里布尔。

各附属团体

马克思代表常务委员会提出报告，大意说各团体按每人每年1便士缴纳会费。

总书记建议，荣克此时应就这个问题同细木工联合会书记举行会谈的情况作一汇报，会谈结果是：按代表大会规定的每人3便士，就要花费他们团体93英镑15先令，他们绝不愿交付这笔钱。

由福克斯提出并由总委员会通过的折中方案也行不通。

克里默说，代表大会之前提出3便士的建议时，英国代表投票赞成是把它作为从大陆上弄到钱的一种手段；但是，这些代表内心有保留，想到这项建议并不适用于国内各团体。

劳伦斯说，常务委员会的方案会把各团体从协会里赶走。即使会费额为半便士，他的团体也必须缴会费14英镑11先令3便士。执〔行〕这个方案将是一场危险的试探，全国各分部必然对协会无法理解。他极力主张既要支持伦敦工联理事会，也要支持全国联合工联。[279]本协会不应该把螺钉拧得太紧。最好是满足于小额款子。

克里默有一项计划，他以为值得予以讨论。他提议延期讨论这个问题，以便给他一个机会提出这个计划。他的提议没有得到附议。

黑尔斯提议会费每人半便士。

韦斯顿发言赞成固定金额，反对劳伦斯的意见。

荣克支持黑尔斯的建议。执行自愿原则会招致我们方面时间的极大浪费。

德尔发言的意思与韦斯顿相同。

马克思接受黑尔斯的提议，但是他建议在"半便士"一词前应加上"不少于"三字。

韦斯顿和另外几个人反对马克思的建议。建议没有被采纳。于是通过了黑尔斯的建议。

即此休会。

赞成会费征收半便士的委员姓名：克里默、德尔、韦斯顿、黑尔斯、巴克利、劳伦斯、马斯曼、列斯纳、加德纳、马克思、汉森、莫里斯、埃卡留斯、福克斯、杜邦、拉法格、卡特。①

---

① 无签名。

委员会会议[①]

10月16日

副主席**埃卡留斯**主持会议。

宣读并批准了上次会议的记录。

投票赞成10月9日决议[280]的人的姓名已附于该记录后。

詹姆斯·达顿和**怀特黑德**两位公民希望把他们的姓名加进赞同中央委员会所作决议的名单中。

韦斯顿提议，**荣克**附议：

在这几个星期的例会上，由书记宣读上述决议，以便使尽可能多的委员有机会来对它表示支持。一致通过。

书记[②]提到迈奥尔先生请求我们接替工业报公司成为他的主要房客。未予理睬。他还谈到会员证和会员手册问题。此外，还谈到必须最后确定常务委员会的组成。

公民**詹·达顿**提议，自代表大会之日起三个月内，应任命常务委员会。**卡特**附议，一致通过。

下列委员补进常务委员会：卡特、怀特黑德和劳伦斯。

勒·吕贝要求允许他向总委员会提出个人的问题。在根特出版的合作社报纸《劳动报》9月30日一期上，一篇关于代表大会的详细报道中说，一名委员因曾诽谤巴黎的代表们被一致投票开除出中央委员会。勒·吕贝说，如果他得到的消息是确实的话，那么开除他的表决并不是

---

① 本日记录由肖记在记录本第17—20页上。
② 福克斯。

一致的；伦敦的代表们曾发言反对这项开除，也没有投票。他要求总委员会为他辩明《劳动报》的这个谣传。[281]

在**卡特**、**埃卡留斯**、**克里默**和**荣克**说明了代表大会上关于这个问题所发生的情况之后，**卡特**提议，**肖**附议：

将这个问题移交给常务委员会。一致通过。

韦斯顿提到长期欠下利诺先生的印刷费债务。[282]这个问题未予讨论。

克里默提出了他的已由常务委员会同意了的建议；建议是：

委派一个代表团访问工联理事会，恳求他们运用其影响，以使与他们有联系的各工联加入本协会。一致通过。

克里默、**怀特黑德**、**荣克**以及凡能参加的其他委员被委派为代表团。[283]

克里默报告说，马车制造匠大概会在他们将要举行的全体大会上加入协会。

委任荷兰书记

荣克提议雅克·万-瑞恩为荷兰通讯书记。他详细介绍了万-瑞恩的才干。

杜邦支持这个建议。一致通过。

通　讯

荣克宣读了瑞士的一封来信，要求寄去英国主要的合作社的规章和报告。

他受委托去同《合作者》[284]的编者亨利·皮特曼接洽。

杜邦交出波尔多、索恩河畔弗勒鲁的来信。这些信呼吁总委员会提供会员手册。

卡特提议，肖附议：

委托杜邦负责处理这件事，并监督手册的分发。一致通过。

杜邦宣读了巴黎弗里布尔的一封来信。信中坚持认为他们有权用他们自己的钱印他们自己的文章。他还希望杜邦寄去一些章程和日内瓦通过的修订本，因为他想刊登在他们准备发行的会员手册上。

主席[①]告诫委员会不要同意信的后一部分，因为巴黎人在他们发行会员手册之后绝不会给我们一文钱。

福克斯同意巴黎人说他们有权发表自己的文章的意见。

总委员会委托杜邦拒绝弗里布尔的要求，因为总委员会将分发会员手册。[285]

1867年的博览会

杜邦建议把这个问题挪到下次会议再议。

宣 传

荣克主张委员会着手处理这个问题，不要再拖。

委员会即此休会。[②]

---

① 会议主席埃卡留斯。——编者注
② 无签名。

委员会会议①

10月23日

公民**詹姆斯·达顿**主持会议。

宣读并批准了上次会议的记录。

詹姆斯·李和**理查·奥弗顿**出示了掘土工人联合会委任他们为该组织在总委员会的代表的证书。他们缴纳了5先令入会费，并且说明在他们结算了年度收入后，将按每人半便士交费。[286]

根据**卡特**的提议，李和奥弗顿被接纳为总委员会委员。

书记②提出我们同迈奥尔先生的关系问题，并作出决定：根据迈奥尔先生所提的条件，我们接替工业报公司。

书记提到一件事：根据工人学院的课程表，主席在讲16世纪欧洲史的一门课。接着，他朗读了半便士会费的决议，决议得到**威廉斯**先生同意。他把制帽工人协会的地址告诉了威廉斯先生，威廉斯答应去看望该会的书记，并就接待一个代表团问题探询他的意见。他还宣读了一家美国报纸上的一则摘要，报道说在合众国的一些法国人、匈牙利人和波兰人派出了一个联合代表团去詹姆斯·斯蒂芬斯那里[287]，为爱尔兰共和运动募捐。

巴克利说需要一册记录本。

书记说，如果允许，他就用他手中的钱买一册。

对此没有反对意见。

---

① 本日记录由肖记在记录本第20—23页上。
② 福克斯。

勒·吕贝事件和《劳动报》

书记①提出常务委员会关于这件事的报告。

他们发现代表大会的记录载明，开除的决议是一致通过的；就记录上的这个说法是否正确作了调查，代表大会的主席荣克报告说他提过"反对者举手"，但没有人举手响应；至于投弃权票问题，他在代表大会开幕式上就宣布过，除非有人要求把这种弃权载入记录，这些弃权就不可能被注意到。正如记录所表明的，没有任何人提出过这样的要求。公民卡特也向常务委员会提供了证据，说明伦敦的代表们是经过考虑故意投弃权票的，因为他们明知道他们要被大大地超过。因此，常务委员会得出结论，《劳动报》的报道确实是正确的。诚然，奥哲尔和克里默曾作过有利于勒·吕贝的发言，[并] 载入了记录。这些代表在这件事上本来可以采取他们愿意采取的行动，但在当时的情况下，他们没有作什么表示。

卡特说明了伦敦代表们没有投票的原因。

马克思和**荣克**发了言。

韦斯顿认为，伦敦代表们投票弃权是错误的。他同意常务委员会所作的结论。

德尔认为，开除勒·吕贝的决议有心胸过于狭窄的迹象。他相信勒·吕贝是一位彻底的共和主义者，他希望委员们签署一件对他表示同情的公开信。

常务委员会的报告被一致通过。[288]

---

① 福克斯。

会员手册和大陆上的书记

书记报告说,公民杜邦已将印制会员手册一事安排就绪。[289]

荣克说需要一名意大利书记,并提议由卡特担任这个职务,一致通过。

授予杜邦遴选一名比利时书记的特别权力。

从伦敦工联理事会来的报告

荣克、克里默、怀特黑德和卡特出席了这个团体的上一次会议[290],其结果将反映在该理事会的定期报告中,并将提交给11月28日举行的全体代表会议。

荣克说,工联理事会的一位理事反对同像掘土工人联合会这样的非熟练工人的团体建立隶属关系。

公民**科勒特**代表索霍区丹麦街的全国改革同盟[291]来出席。该团体根据他本人和哈里斯先生的建议,已经决定要考虑加入的问题。讨论将在下个星期日8点钟后进行。他希望派一个代表团去出席。

荣克、韦斯顿、卡特和福克斯被委派为代表团。

1867年的博览会

杜邦代表常务委员会提出了他的建议:由协会在其巴黎各通讯员的协助下,负责筹备合理价格的旅行和膳宿事宜,为希望参观这个博览会的英国工人和其他人服务。他在代表大会上曾把这个建议告诉了巴黎的代表们,他们准备同委员会热忱合作。常务委员会建议任命一个特别委员会来执行这项计划,并已任命了他本人、克里默、怀特黑德、鲁克拉夫特、卡特和列斯纳。

通过了常务委员会的报告和任命。

卡特提议,将帮助希望参观博览会的工人的问题移交给特别委员会。

杜邦支持这项提议。提议被一致通过。

伊甸桥英国和比利时掘土工人之间的冲突

由于公民**韦斯顿**的质询,掘土工人联合会书记公民**詹姆斯·李**作了下述说明。他已经调查了①英国和比利时掘土工人之间发生"纠葛"的根源。他发现,这场纠葛并不是大陆工人这方面的妒忌所引起的。运进比利时工人的韦林兄弟公司通知英国掘土工人离开他们自建和居住的小屋。现在英国人把他们的小屋视同要塞,愤怒地袭击了比利时人。这次争吵不像过去发生的那样是工资之争或民族之争,而是房屋住宅之争。李先生还报告说,他曾通过一位翻译同比利时人谈过话。这些比利时人认为,他们完全受了韦林兄弟公司代办们的"欺骗":这些代办曾向他们说,一天能收入4—6法郎,而他们每天却只得到3法郎;为此他们平均每天不止装满15车土,而是要装满18车土。韦林兄弟公司现在要求贫苦的比利时人干的活多于别的英国承包商要求本国掘土工人干的活。其结果是,许多比利时人发现,他们既适应不了气候,也忍受不了劳累,便回去了。还有一些人,如果有路费的话,也要回去。

超越民族偏见的掘土工人联合会,不仅愿意而且希望使留下来的比利时掘土工人加入他们的队伍,比利时人看来也颇有意采纳该会代表向

---

① 以下记录由无名氏记在记录本第23—24页上。

他们提出的建议。

即此休会。①

10 月 30 日②

副主席**埃卡留斯**主持会议。

宣读并批准了上次会议的记录。

书记③宣读了公民勒·吕贝的一封信。信中抱怨去日内瓦的伦敦代表们的做法，并建议他的朋友们给他一封公开信。

编筐工人派来的代表团

现在听取在老贝利区贝尔旅馆集会的旧伦敦编筐工人协会的代表**赛米尔·布莱廷**的发言。

他报告说，老板们正威胁要运进比利时工人。他要求委员会运用它的影响以挫败这项计划。他宣布，他已授权决定他的团体加入新的协会。

委托比利时书记和荷兰书记④同各自的国家通信联系。[292]

布莱廷先生报告说，忙于雇用比利时人的老板是新十字街的弗雷德

---

① 无签名。
② 本日记录无标题，由无名氏（有福克斯的改正）记在记录本第 24—25 页上。第 25 页上的最后几行是福克斯的手笔。
③ 福克斯。
④ 贝松和万-瑞恩。

里克·乔治·帕克。

根据**肖**和**怀特黑德**的提议，公民布莱廷在签署入会申请书后当选为总委员会委员。

煤气装置

书记提出了煤气装置和安装门铃问题。迈奥尔先生希望国际协会要么付清欠账，要么每年付总房价的10%，即16先令。

根据**怀特黑德**和**德尔**的提议，一致通过选择后一种办法。

接着，**书记**宣读了《共和国》上广告格式的修订稿。[293] 此稿得到总委员会的批准。

访问全国改革同盟的代表团的报告

书记作了这个报告。

他说，卡特、韦斯顿、杜邦和他自己这个星期日出席了在索霍区丹麦街自由会馆举行的全国改革同盟的会议。他报告了会议的情况。盟员们问到他接纳入会的条件，他把这个问题提交总委员会考虑。问题的核心就在于：接纳像全国改革同盟这样的政治团体难道也要按接纳工会团体那样相同的条件？

肖、杜邦、卡特、怀特黑德、黑尔斯、德尔和**韦斯顿**就这个问题发表了意见，最后把这个问题移交给常务委员会，由它向下次会议提出报告。

里昂的失业问题

杜邦宣读了弗里布尔的一封来信,恳请总委员会①为里昂的蒙难者向全欧洲募捐,但是由于出席的人太少,他愿意把这件事放到下个星期讨论。

黑尔斯谈到考文垂工人关于法国丝带和花边业的印象,也谈到该行业在考文垂的状况。

即此休会。②

11月6日③

公民**荣克**被选主持会议。

宣读并批准了上次会议的记录。

公民**扎比茨基**出示了波兰流亡者联合会中央伦敦支部主席和书记的一封信,请求接受公民安东尼·扎比茨基为波兰书记,以代替已离开伦敦去伯明翰的公民康斯坦蒂·博勃钦斯基。

根据**杜邦**的提议,这项提名被总委员会批准。

宣读了弹性织品织工协会书记的一封来信,声明他们已准备好接待

---

① 以下记录由福克斯执笔。
② 无签名。
③ 本日记录无标题,由无名氏(有福克斯的改正)记在记录本第26—28页上。

代表团。

韦斯顿、荣克和杜邦被委派为访问该团体的代表团。[294]

书记①宣读了吉尔福德的帕特森先生的一封有关总委员会对 1867 年世界博览会的安排的来信,这封信移交给了特别委员会。[295]

已通知德意志友爱会的代表,个人会员的会员证价值 1 先令,而不是如他早先所知的 3 便士。

书记报告说,有一位女士已承担翻译《先驱》上发表的日内瓦代表大会的报告。[296]

书记宣布,他收到了一份在日内瓦代表大会上宣读过的巴黎人的《意见书》,并介绍了它的内容。

杜邦拿出一份《人民论坛报》,上面载有伦敦理发师致法国兄弟的呼吁书。[297]

他宣布,他已提名公民贝松为比利时书记,这项提名已得到常务委员会批准。

接着,这项提名为总委员会所批准。

接着,他作了常务委员会关于为里昂人募捐的报告。

常务委员会认为,由协会在现时采取任何行动,都只会暴露它的财政匮乏并有损它的威信。

接着,他宣读了摘自《合作报》[298]上一则[关于]合作社原则在索恩河畔弗勒鲁和讷维尔的协会会员中的进展的[报道摘要]。

公民**卡特**认为,法国农业居民开始实行合作原则这一事实,应该得到宣扬。他请求书记把它翻译出来以便在下周《共和国》上刊登。

书记答应照办。

---

① 福克斯。

全国改革同盟

书记作了常务委员会的报告。常务委员会建议，按对待工会团体的同样条件接纳同盟。

肖和**奥哲尔**支持常务委员会的报告。

黑尔斯提出，通过常务委员会的报告是不适当的。但是，在常务委员会的几个委员作了解释以后，黑尔斯撤销了他的反对意见。常务委员会的报告被一致通过。

接着，**书记**提出了常务委员会的下述建议：

"在中央委员会会议上，发言不得超过5分钟。"

奥哲尔反对这一点。根据黑尔斯的提议，这个建议被一致否决。

接着，**书记**提出了常务委员会提出的下述决议案：

1. "中央委员会委员，凡无充分理由不出席中央委员会会议四次以上者，应从中央委员会除名。"

2. "此项决议应立即通知中央委员会全体委员。"

就此项决议展开了热烈的讨论。**卡特、列斯纳、黑尔斯**和**荣克**赞成，**埃卡留斯、福克斯**和**韦斯顿**反对。

韦斯顿认为，如此重要的决议，至少在《共和国》上发出通知之前，不应该拿到这样少的人的会议上来通过。他提议，延期至下星期讨论；**列斯纳**支持这个意见，一致通过延期讨论。[299]

委员会即此休会。①

---

① 无签名。

11月13日①

主席奥哲尔主持会议。

宣读并批准了上次会议的记录。

总书记②宣读了公民勒·吕贝的一封来信,谈到他打算对日内瓦代表大会所加于他的污点,为自己进行辩解。

在讨论过程中,**主席**说,他曾举手反对过开除勒·吕贝的决议。

由于**荣克**否认有这件事,**奥哲尔**又一次担保说有这回事;并补充说,他因为表现个别而受到讥讽。

克里默、卡特、荣克、黑尔斯、福克斯和**韦斯顿**参加了讨论,最后一致通过了**黑尔斯**的建议:由总书记答复勒·吕贝的来信,说明总委员会不能做违反代表大会决议的事,因为它本身是由代表大会任命的。

荣克介绍了**拉绍德封**的情况。[300]

编筐工人协会的代表公民**布莱廷**报告说,老板们的股份公司的代办运来了12名比利时编筐工人,其中6人在百蒙德西蓝锚巷铁道拱门旁的公司作坊里做工。伦敦这个行业总共约有400名工人(包括该协会的会员和非会员)。老板们决定用输入大陆上的工人以顶替该会会员的办法来破坏编筐工人协会。找不到这6个比利时人;他认为,他们是在作坊里住宿。他请求总委员会帮助他同这些人取得联系。

(会议进行到这时,奥哲尔不再主持,并退出会议去赴另一约会。

---

① 本日记录无标题,由无名氏记在记录本第29—31页上。
② 福克斯。

肖被选为执行主席。）

杜邦报告说，公民德金德兰是佛兰芒人，一定会为编筐工人服务。

肖和**克里默**认为不可耽误时间。克里默提出了一个办法。

最后决定：福克斯和德金德兰于第二天下午 1 点 15 分在老贝利区贝尔旅馆会见公民布莱廷，由他们共同安排一项计划，以开导受骗的人和释放被监禁的比利时人。

列斯纳拿出一份纽约的德文日报《纽约民主主义者报》，上面载有该报驻日内瓦特约通讯员写的一篇关于日内瓦代表大会的报道。

代表团的报告

荣克报告了他在星期一访问弹性织品织工的情况。他是独自去的，受到了很好的接待。他相信这个行业在莱斯特、德比和曼彻斯特的各兄弟团体将继伦敦的团体之后加入协会。

公民**黑尔斯**代表总数只有 50 人的弹性织品织工协会交出了 10 先令，领到了一张大卡片。[301]

根据**福克斯**的提议，戴维·德赖被接纳为弹性织品织工协会在本委员会的代表。

公民**科勒特**恳求委员会助面包师傅一臂之力。

列斯纳提议，**黑尔斯**附议：

授权准备乘船去德国的公民马斯曼，代表本协会在德国进行活动。

一致通过。

克里默报告说，他要作讲学旅行，要求允许他携带 300 份协会的宣言。[302]

一致批准。

公民**黑尔斯**提出了［一项］试图按改革同盟的那种方案建立协会

分部的提案。³⁰³

肖向克里默询问资产负债表问题，并得到许诺从克里默夫人那里取得这个表。

旅游委员会的报告

卡特报告说，这个委员会开过会，并任命福克斯为书记。该委员会希望福克斯写信给几家铁路公司以及库克先生和万国旅行社³⁰⁴，探明一周和两周、一等和二等的往返票的票价多少。

福克斯接受了这个差事。

关于日程的其他问题延至下周讨论，即此休会。①

11月20日②

副主席**埃卡留斯**主持会议，并宣读了书记福克斯的一封说明他不出席的来信。

宣读了上次会议的记录。公民**荣克**立时指出有一点很重要，即公民克里默在上次会议上所作的说明应该载入记录。这个说明是：他，克里默，从未看见奥哲尔举手反对关于拒绝勒·吕贝参加委员会会议的建议。

一致同意把这段说明载入记录。然后批准记录。

---

① 无签名。
② 本日记录无标题，由无名氏记在记录本第32—35页上。

公民德赖作为弹性织品织工的代表参加会议。

通　讯

公民**荣克**说，比利时人希望知道怎样接纳各工会团体，是会员缴纳个人会费，还是整个团体交一笔钱；工会团体加入后，它的会员有什么权利。他还通知委员会，布里斯梅还不能就印制代表大会总报告作出估价，因为他还不知道开本大小和排字型号。

编筐工人

公民**德金德兰**报告说，上星期三，他偕同福克斯和编筐工人协会的一名会员去蓝锚巷，想劝比利时编筐工人离开作坊，当时他们准备了一封法文信和一封佛兰芒文信。福克斯和德金德兰去到作坊，见到了老板。福克斯问他是不是能雇用德金德兰的兄弟，据说是个编筐工人，现在住在比利时。这位老板说，他愿意雇用这位兄弟。他邀请福克斯和德金德兰进了工作间，趁福克斯同老板交谈时，德金德兰向比利时工人指出他们在使英国编筐工人遭受损害。他成功地把两个比利时人从作坊带出来喝酒，虽然老板曾极力反对。这两个比利时工人在同英国编筐工人会见时，感到他们对英国人做了错事。他们决定回作坊收拾工具并说服另外四个人一道出来。他们当天未能把那四个人带出来。他们到了老贝利区贝尔旅馆编筐工人协会办公处。编筐工人周到地接待了他们，还为他们准备了床铺和他们需要的各种东西。

第二天，他们回到作坊，把另外四个人领出来了。

编筐工人协会给了这六个人回比利时的路费和零花钱，送他们上船启程回家。船正起锚时，编筐老板们来了，力图把这些人带回去，但是失败了。这些走了的人还决心阻止别的比利时人再在这样的情况下到这里来。

一些编筐工人已经听说还有一批比利时工人要来，对此十分关注。他们看到一艘船到岸，船上有两个比利时人，都带着筐篮的样品。德金德兰同这两个人谈了话，说明了事态，把他们领到一家佛兰芒人旅馆，一直住到星期日，后来由编筐工人协会把他们送了回去。

德金德兰还说，上个星期五来了七个荷兰人；老板们在格雷夫森德会见了他们，乘火车把他们带到百蒙德西去了。

给作坊寄去了一封转交荷兰人的信，但是他们没有人会读，就把这封信给了老板来读，因而这封信的目的被破坏了。

德金德兰在星期六下午去到作坊，看到老板把这些荷兰人带出去到几家咖啡馆找住处。德金德兰力图说服这些荷兰人离开这位老板，但是没有成功。这位老板把这些人领到自己的房屋里去睡，编筐工人们认为这些荷兰人将使这位老板害多益少，于是决定让他们待在那里。

德金德兰说，编筐工人们对他的不辞劳苦十分满意。

根据公民**荣克**提议，公民**马克思**附议，对公民德金德兰的热心而机智的服务表示感谢。通过。

根据公民**马克思**提议，公民**荣克**附议，责成书记写信给公民科勒特，对他耽搁印制会员手册一事表示抗议。[305]

根据会上宣读的常务委员会关于缺席人的决议①，通过了下述补充提案：

置备总委员会委员签名簿；这个签名簿要送交代表大会审查；如果某个团体的某个代表缺席超过四个晚上而又没有说明缺席的理由，书记就要写信给他所代表的团体，把他的失职行为通知他们。

---

① 见1866年12月4日委员会会议记录。

公民黑尔斯关于建立协会分部的建议成了画饼,因为现在行不通。①

公民荣克提醒委员会,代表团必须在本月28日访问工联理事会。³⁰⁶

荣克、黑尔斯、杜邦、肖、埃卡留斯、列斯纳、怀特黑德、克里默和马克思被委派前往。这个会议要到12月12日才举行。

下述建议由公民马克思提出,公民荣克附议:

波兰起义的周年纪念定于1月22日举行。一致通过。

即此休会。②

11月27日③

公民荣克被委任为会议主席。

宣读并批准了上次会议的记录。

总书记④首先报告说,他发现临时书记肖所作的有关德金德兰在编筐工人事务方面的叙述有所遗漏。遗漏的内容是:伦敦编筐工人的代表们向那些佛兰芒人、德金德兰和他本人(作为总委员会的代表)作了承诺,德金德兰和[他]本人也先后向佛兰芒人发誓,总委员会将保证履行如下诺言:当冲突结束、生意好转的时候,就把情况通知已经返回的佛兰芒人;编筐工会将自他们到埠之日起,尽一切努力为他们找工

---

① 见1866年12月11日委员会会议记录。
② 无签名。
③ 本日记录无标题,由福克斯记在记录本第36—41页上。
④ 福克斯。

作,并接纳他们为该团体的会员。

公民**杜邦**说,德金德兰已向总委员会作了这样的汇报。

总委员会随即决定,上述许诺和保证应载入记录。

接着,**总书记**出示一份编筐业老板们发布的旨在建立一家股份公司的私人发起书,其目的是要破坏工人的工会组织。

他又出示一份根特的《合作劳动者报》,并简单介绍了它的内容。[307]

他还出示《共和国》所有人送来的一份截至 11 月 24 日协会在该报刊登共计 39 则广告的账单。

他又宣读了新近成立的伦敦的波兰工人协会书记 F. 哈考斯基的一封来信,把该协会的组织和章程通知总委员会,并附有几份波兰文的该会章程。

责成书记答复这封信。

接着,**书记**报告说,他同马克思和埃卡留斯已被邀请出席波兰人举办的 1830 年 11 月 29 日周年纪念会,他当然打算出席。

马克思也宣称要出席。

接着,他[书记]说明了那位答应为《共和国》翻译《先驱》上关于日内瓦代表大会的报道的女士还没有完成和送来她的译文的原因,还说明了他对她在翻译方面存在的宗教信仰顾虑作了让步。

他以美国书记的身份表示,希望德国书记和法国书记为他取得关于从法国和北德意志到美国的邮资分别是多少的可靠情报。

书记的辞职

接着,**福克斯**遗憾地报告说,情况使他不得不提出辞去协会总书记职务的请求。他准备去经商,而这在冬季要格外占用他傍晚和夜间的时间,因而耽搁一个晚上,就是耽搁一天。他希望他的辞职从 12 月 1 日起生效。这样，他作为临时的和正式的总书记为协会服务了三个按日历计算的月份。

荣克和**马克思**认为福克斯通知的时间仓促，因此福克斯同意执行这个职务直到 12 月 4 日星期二，但是不能担保那天晚上出席总委员会会议。

荣克报告说，他收到了公民杜普莱克斯寄来的 4 英镑汇款，作为根据代表大会决定出版大会记录之用的第一笔经费。杜普莱克斯在信上说，已经向瑞士各支部发出了呼吁书，当这个呼吁书有了结果的时候，他还要寄更多的钱来。他，杜普莱克斯，对于为此目的在英国找不到足够的钱感到惊讶。荣克恳求总委员会赶快刊印代表大会记录，因为各方面都很需要。拖延对协会极其不利。

荣克还报告说，日内瓦已分别寄出三包报纸给他本人、马克思和列斯纳，但一包也没有到手。这些报纸是取道普鲁士寄来的，为的是避开波拿巴的魔爪。但防范无效，因为霍亨索伦也有至少和波拿巴一样的检查制度。一句话，他们通过报纸同日内瓦的联系被截断了，如同德国和法国的路线被堵塞了一样。

荣克还谈到圣伊米耶的一个厂主的情况。这个厂主因为欠了他的工人大量的债而潜逃了。圣伊米耶的工人要求发起一个对这个无赖的普遍的、世界性的人人喊捉的运动，使他在这个世界上根本无立足之地。

总委员会认为，他们在这件伤脑筋的事情上不能采取行动。

荣克对他的第一点说明补充说，贝克尔曾三次寄给他（荣克）8 月份的一期《先驱》，其中两次取道法国，一次取道普鲁士，但这三次全都被截了。

公民**扎比茨基**提出，毛病可能出在没有付足邮资，取道德国的路线比取道法国费用大。如果是这样的话，报纸就会存放在日内瓦邮局或者大陆上的某个邮局里。

荣克还报告说，拉绍德封附近又成立了一个分部。

福克斯问杜邦，近来他是不是收到了法国的来信。

杜邦回答说，他所有的联系线路突然都被切断了。他一封信也没有收到。

福克斯接着说，自从日内瓦代表大会闭幕以来，法国政府已放弃了在他们那里持中立的政策，而是向他们开战了。法国政府曾容许我们发展了两年，我们现在能够对抗法国和普鲁士政府对我们宣布的大陆的封锁。我们不能继续信任法国和普鲁士的邮局；我们必须寻求同我们大陆上的朋友保持联系的迂回而秘密的手段。

马克思说，我们必须迫使波拿巴自己公开宣布这件事，以使他丧失由于曾让我们安然发展而获得的自由主义声望。

卡特建议，在这件事公开之前，我们最好等一等书记请求斯坦利勋爵干预扣押雅莱斯·哥特罗携带文件问题的结果。这个好主意立即受到大家的欢迎，"等一等"的政策获得了一致赞同。

制帽工人协会

福克斯对延误向这个重要团体派出我们的代表团一事表示遗憾。奥哲尔曾告诉他，制帽工人在市区格兰比侯爵酒家开会，但是他（福克斯）忘了这条街道的名称。他要求总委员会找到地址，推进这件事。

委员会即此休会。①

---

① 无签名。

12 月 4 日①

副主席埃卡留斯主持会议。

宣读并批准了上次会议的记录。

荣克报告说，常务委员会请求肖担任记录员。

肖说他很有可能要离开伦敦去找工作，但是他没有推辞交给他的职务。

当晚担任书记的**福克斯**接着宣读了斯坦利勋爵 11 月 29 日的一封来信，通知他（福克斯）说，他（斯坦利勋爵）已经请考莱勋爵查询雅莱斯·哥特罗以及从他手中没收的文件的情况。

讨付房租

福克斯还报告说，阿瑟·迈奥尔先生已催讨上个米迦勒节[308]到期的季度房租。

总委员会决定这件事的讨论予以延期，因为出席的委员太少。

编筐工人和比利时人

福克斯建议，德金德兰应从编筐工人领导人那里得到书面证明，证实他本人和德金德兰当面向被运进来的佛兰芒人所作的承诺。总委员会

---

① 本日记录无标题，由福克斯记在记录本第 41—45 页上。

是这项承诺的当然保证人。

关于制帽工人协会的地址，李答应去找，并转告给总委员会。

波兰人11月29日纪念会

福克斯报告说，他本人和埃卡留斯应邀作客出席了波兰人在索霍区拿骚街1号格柴霍斯基的波兰饭店举办的宴会。马克思因病没有出席。

接着，他辞去了总书记的职务。

掘土工人联合会晚会

荣克和**卡特**报告了他们在29日晚上的活动。他们应邀同两个朋友一道出席了在樱桃园街节酒大厅举行的上述晚会，晚会开得很好。[309]

卡特描述了掘土工人家庭少妇们的艳丽打扮。

瑞士消息

荣克一个星期来从杜普莱克斯那里得悉，信和11月号《先驱》当做商品装箱已经到达，为此他付了6先令10便士。里昂人已经通知杜普莱克斯，他们没有收到杜邦的信，他们把这归咎于法国邮政当局。里昂人反对巴黎人发起为被迫停工的工人募捐的建议。钱只会落入波拿巴分子的手中。然而，成百上千的人渴望侨居美国，在那里开办丝绸生产。

荣克在此请求担任美国书记的福克斯把这一点记下来，福克斯说，他知道在美国有一条可靠的途径来公布这个事实。

荣克继续说，这个箱子里的一封贝克尔的信上宣布德国成立了好多个分部。贝克尔还收到了我们协会的一位热那亚会员①的信。信里报告说，意大利各工人协会年会本来要在巴勒莫举行，但是由于这个城市发生了骚动，剧场不让执行这个计划。这个年会也许今年年底前在威尼斯召开，加入本协会是否适宜将是讨论的主要问题之一。[310]

常务委员会的情况

荣克说，常务委员会在上星期六开了会。

奥尔西尼已从美国回来，报告了那里的情况。奥尔西尼会见了温德尔·菲力浦斯、查理·萨姆纳和霍拉斯·格里利，他们都加入了我们的协会。温德尔·菲力浦斯说，他能把他的一次讲演的收入交给协会，什么时候正式通知他，他就把钱交出来。奥尔西尼相信能在美国轻而易举地马上弄到三四千法郎。爱尔兰共和派领袖詹姆斯·斯蒂芬斯加入了我们的协会。

常务委员会提议，应该给奥尔西尼颁发新证书，他要在1867年1月返回美国。

荣克还报告说，由于疏忽，奥尔西尼的姓名没有列入总委员会的铅印名单中。

总委员会决定，这个遗漏应在下次刊印总委员会名单时予以补正。[311]

常务委员会还要求出席日内瓦代表大会的代表们碰一次头，来决定记录付印采取什么版式，并批准已完成的记录订正稿。[312]

---

① 显然是指卡内萨。

账 单

荣克敦促委员会分别给细木工联合会和泥水匠联合会各寄去一份账单。

肖说，他未能从克里默那里取到账单，克里默没有遵守把账单交给他（肖）的诺言。

马志尼对协会的态度

刚进屋来的**奥尔西尼**希望说一说他今天上午同朱泽培·马志尼进行的几个小时的会晤的要点。整个时间全用于会谈协会的问题。马志尼自认为他受了沃尔夫和拉马等人的报告的骗。马志尼宣称，35年来他一直主张废除雇佣奴隶制和工人分享其劳动利润的权利。尽管如此，他还是不同意协会最初的宣言[313]中所表达的每一条意见。他准备参加有关我们协会原则的讨论；他将乐于在他家里接待来谈问题的总委员会代表团，因为他身体虚弱不能到包佛里街来；他对沃尔夫或其他人可能谈到的有关他的事情不愿负任何责任。

给在美国的朋友们的信

奥尔西尼请求福克斯给他提名的6位德国和法国政治活动家写信，他已把他们的地址告诉了福克斯，其目的是把总委员会迫切需要基金的问题告知他们。

福克斯负责按要求立即写信。

同法国的通信

杜邦回答质询时说，他从法国一封信也没有收到。

瑞士寄来的 4 英镑

福克斯请求荣克就他收到日内瓦的 4 英镑向肖报账。委员会即此休会。①

委员会会议②

12 月 11 日

公民**埃卡留斯**主持会议，**肖**担任书记。

宣读并批准了上次会议的记录。

杜邦宣读了已加入协会的巴黎男女装订工人的一封来信。信中说，协会的存在是一件好事，达到了阻止外国工人输入的目的，编筐工人就是例子。瓦尔兰③说，六个星期来没有收到杜邦的信。弗里布尔、舍马勒和其他人都写过信，但是没有收到回信。信里列举了若干供杜邦回信用的通讯处，以便躲开警察，来信还请求杜邦在他的每封回信上都注明他所收到的上一封信的日期。

宣读了巴黎裁缝的一封来信，对伦敦裁缝的公开信表示感谢，并许

---

① 无签名。
② 本日记录由肖记在记录本第 45—46 页上。
③ 此处记录原写有"舍马勒"，后来又划掉了。

诺在需要时给予帮助。

会址在格罗夫诺广场北奥德莱街地球仪饭店的马车修理匠和马具制造匠协会派来的一个代表团出席了会议,他们渴望对协会的原则有所了解。给了他们章程,他们部分地读了以后表示,他们将把这件事提交给2月份第一个星期一晚上举行的季度会议。

答应将派一个代表在那天晚上去他们那里。[314]

接着,**李**先生提出制帽工人协会地址如下:百蒙德西区百蒙德西街"铁锚与八具钟"。书记的姓名是威廉·哈里逊,他在同一条街上的克里斯提斯商场工作。

李先生还报告说,由于韦林兄弟公司停业,比利时的小工差不多在挨饿。他作过调查,发现韦林公司的代办曾告诉比利时人说,他们每天能挣5—6法郎,实际上他们每天只能挣2先令4便士至3先令6便士①。代办还答应发给他们每人25法郎路费和食品,但他们什么也没有得着。因为他们中没有谁能拿出一份书面契约,也就不能对韦林兄弟公司破坏协议采取什么行动。

荣克说,他收到了日内瓦的一封来信,说自从代表大会以来,协会有了很大发展,大量的钟表匠已经加入了协会。

裁缝协会书记**劳伦斯**为他的缺席给总委员会送来表示歉意的信。他希望改变开会时间。讨论了改变开会时间的问题,但无结果。

荣克提醒注意将于12日举行的工联理事会的会议。

代表团名单又宣读一遍,要求所有与会的人都应出席。

即此休会。②

---

① 当时1英镑约折合25法郎,5—6法郎约合4先令至4先令10便士。——编者注

② 无签名。

委员会会议①

12月18日

公民**荣克**主持会议，肖担任临时书记。

宣读并批准了上次会议的记录。

荣克报告：代表团已于本月12日去过工联理事会，但是会议延期到19日，当天的第一项议程将是听取总委员会代表团的发言。

代表团成员应准时出席。[315]

法国通讯

杜邦报告说，他在11月2日和24日寄往里昂的两封信已安全到达，但是会员手册还没有到达，虽然它们是在三个星期前寄出的。他还宣读了《法兰西信使报》[316]上几则拥护协会的摘要以及将在1867年1月13日作出决定的选举新的巴黎理事会的计划。

瑞士通讯

荣克报告说，协会在瑞士显示了很大的积极性。11月25日在洛克勒举行了一次会议。创立了一个分部，任命了委员会，吸收了许多会员；此外，还有许多人加入了协会的另几个分部。

荣克还说，克拉肯韦尔正在成立〔一个〕协会的分部。

---

① 本日记录由肖记在记录本第47—48页上。

荷 兰

万-瑞恩报告,他已经翻译了章程和宣言,并准备把它们发表在一家荷兰文报纸上。

马克思报告,《两大陆评论》和《现代评论》评论了协会的活动;虽然它们完全不同意协会的宗旨,但是它们仍然承认协会是本世纪主要事件之一。马克思还说,《双周评论》也就这个问题发表了评论。[317]

纪念波兰1863年起义

公民**博勃钦斯基**说,他料想总委员会打算在1867年1月22日纪念波兰起义。他想了解一下采取什么方式进行。

经讨论后决定:

由本协会和波兰人协会主办茶会和公众大会。茶会伴以音乐。公众大会上发表演说并作出决议,由常务委员会制定议程并在下次会议上提交给总委员会。

委员会即此休会至1867年1月1日。①

---

① 无签名。

国际工人协会载有纪念波兰1863年起义公众大会节目的传单

1867 年

1867 年 1 月 1 日①

副主席**埃卡留斯**主持会议。

福克斯报告说,他收到了英国外交部 1866 年 12 月 21 日的一封公函和一个有书、小册子、报纸和信件的包裹。公函通知他说,包裹里有去年 9 月没收雅莱斯·哥特罗携带的文件,也就是[曾]向法国内务部长和斯坦利勋爵申请发还的那些文件。福克斯接着详细介绍了包裹里的东西,其中有一捆《人民论坛报》**不是**从哥特罗那里没收去的。

接着,总委员会根据福克斯的提议通过了下述决议:

国际工人协会总委员会向斯坦利勋爵表示感谢,因为他向法国政府进行了公正而有成效的交涉,为本总委员会索回了本来归它所有、而于 1866 年 9 月 30 日在一位名叫雅莱斯·哥特罗的英国臣民手中没收去了的印刷品和信件。

责成**福克斯**负责把这个决议通知斯坦利勋爵。

关于发表处理这件事的始末材料问题,福克斯不主张为此搞得风声太大,而建议只限于在《共和国》一家报纸上或者在这家报纸和《雷

---

① 本日记录无标题,由福克斯记在记录本第 48—51 页上。

诺新闻》[318]上发表这些材料。

经讨论后一致决定：这些材料在《共和国》和《雷诺新闻》上发表。

里昂丝织工人

福克斯要求并接受了总委员会的授权，就希望侨居美国的里昂丝织工人的问题，同美国保护贸易主义的报刊和国务活动家进行通信联系。

法国通讯

杜邦说，他高兴地宣布，最近三个月他的通讯被中断之后，他又接到了法国各省的几封来信。他宣读了：

（1）讷沙托（孚日）的勒菲弗来信的摘要。信中要求寄去日内瓦代表大会的报告。

（2）索恩河畔弗勒鲁的来信。信中对伦敦寄去的会员手册被没收表示惋惜，但是宣布他们已有107名会员，他们的煤炭合作商店获得了出乎意料的成功。

（3）波尔多的来信。要求寄去报告。

（4）鲁昂的来信。信上说总委员会推迟发表代表大会的报告，正严重损害着诺曼底的协会。这封信为此目的寄来20个会员的捐款（法国邮票）。

（5）在比利时的法国会员舍瓦尔的来信，通知出售了一些会员证。

杜邦出示一篇发表在《吉伦特回声报》上评论我们协会的文章，还有最近一期的《法兰西信使报》，上面刊登有巴黎理事会的一个通告，说明他们送交日内瓦代表大会的意见书，因为法国没有印刷厂肯承印，已在比利时刊印，印出后在比利时边境被没收了，还刊登有《法兰西信使报》编辑的短评。

杜邦还要求批准从 12 份日内瓦代表大会的法文报告[319]——从英国外交部收回的印刷品中，约有 50 份——中抽出载有协会章程的几页，随信寄给他在法国各省的通讯员。照准。

荣克宣读了几则有关协会在瑞士的进展的情报，还宣读了《淘气》上刊载的韦济尼埃又一封措词激烈的信中的几段。

这时，收到公民克里默的一封来信。信里有协会的基金账目表[320]，并宣布他辞去总委员会委员职务，理由是委员会已经同他的三个有名的宿敌一道损害他的名声，并曾威胁要公布他没有把账目表还给总书记这件事。

未予置理。

波兰人的纪念会

接着，**福克斯**报告了常务委员会在星期六的会议上所作的安排，并宣读了入场券的内容。

肖出示了晚会和大会的入场券。

由于公民奥哲尔还没有送来他是否答应由他主持 22 日大会的信，通告的印制因而受到妨碍[321]，兹决定，通告上的措词定为：

"由国际工协总委员会的一名委员担任执行主席。"

法国人分部的一位会员宣布，该分部将参加这个大会，并将提出一项决议案。

委员会即此休会。①

---

① 无签名。

委员会会议①

1867 年 1 月 8 日

公民**荣克**被委派主持会议。

金斯兰路曼斯菲尔德街米德尔顿大厦的图案绘制和木版雕刻工人的代表团来出席会议,旨在加入协会。[322] 他们还报告说,他们正在罢工反对一个雇主(即霍洛韦的亨廷顿先生),但有人要他们相信,已经从法国招雇工人来顶替他们的工作。

埃卡留斯接着主持会议。公民**荣克**提议,公民**列斯纳**附议:

接纳木版雕刻工人和图案绘制工人为附属团体。一致通过。

根据公民**荣克**的提议,杜邦受命就木版雕刻工人的争端给巴黎写信。

记 录

公民**福克斯**宣读了上次会议的记录。记录被批准。

公民科勒特根据公民**荣克**[的]提议和公民**杜邦**的附议,当选为协会法国人分部[323]的代表。

公民**福克斯**宣读了那不勒斯的一封来信,说明达希因为病重不能写信。

他还令人满意地说明了为什么他没有在《共和国》上发表总委员会致斯坦利勋爵的决议。

---

① 本日记录由肖记在记录本第 51—53 页上。——编者注

宣读了伯威克街绿人大厦马车制造匠协会的里夫利先生的一封来信,说明代表团可以出席星期三晚上的会议。

公民荣克和孔博被指派前往出席。[324]

《法兰西信使报》

公民**福克斯**宣读了这家报纸上有关本协会的几段评论。

公民**杜邦**说,乐器匠将在 14 日星期一午后 8 点钟举行全体大会,并将接待本委员会的代表团。

卡特、列斯纳、科勒特、拉法格和万–瑞恩被指派前往出席。

根据公民**福克斯**的提议,一致同意,总委员会向霍斯堡小姐致意,感谢她翻译了《先驱》上刊载的关于日内瓦代表大会的报告。[325]

工联理事会

就应向工联理事会提出什么样的行动计划问题进行了长时间的讨论,其结果是:大多数委员答应在星期三晚上出席理事会会议。

公民**李**报告说,掘土工人打算于 1 月 21 日在兰贝斯温泉举行第一次年会。他邀请总委员会出席,如果方便的话。[326]

宣读了改革同盟的一封来信,邀请总委员会参加示威。[327]

宣读了克里默的一封来信。信上报告说,风琴匠们加入了本协会。

宣读了奥哲尔的一封来信。信上请求委员会星期三晚上参加在老贝利区贝尔旅馆举行的工联理事会会议。[328]

委员会休会至 1 月 15 日。①

---

① 无签名。

委员会会议①

1867 年 1 月 15 日

公民**埃卡留斯**主持会议。

宣读了上次会议的记录,应公民**福克斯**的要求作了补充后被批准。

接着,公民**福克斯**要求总委员会允许《改革之歌》的作者拉斯科姆布先生利用协会的宣言来促进这首歌的发行。一致同意批准。

接着,**柯恩**先生交付 1 英镑 9 先令作为雪茄烟工人协会的年度会费,并且报告说,不来梅雪茄烟工人已请求伦敦雪茄烟工人把他们的章程寄去一份,以便他们依据同样的原则在不来梅成立一个团体。

公民**福克斯**报告说,他的论述法国政府对本协会的所作所为和向斯坦利勋爵致谢的文章,发表在《共和国》和《国际信使》上,并且建议将该文载入记录本。同意所提建议。②

法国政府和国际工人协会

在本协会存在的最初两年中,直到日内瓦代表大会召开以后,总委员会一直很少或几乎没有就法国政府对国际工人协会的态度表示过不满。总委员会同它在法国的通讯员的联系不曾中断过,会员证的发售也没有受到严重的阻碍。如果说某个地方当局对本委员会的代表以可怕后

---

① 本日记录由肖记在记录本第 53—57 页上。
② 记录本上此处粘贴有一页 1867 年 2 月 1 日《工人报》第 2 号刊登福克斯文章的校样。

果相威胁过,如果说他们对会员进行过登记,这些威胁也只是**虚张声势**,还不是要处置那些敢于蔑视他们的人。

这几乎与下述事实完全吻合:正是法兰西帝国和治安法[329](颁布这个法律对于维持帝国的生存是必要的)的存在,大大妨碍了协会的发展。首先,没有公开集会的权利就使协会会员不能公开地、正式地举行集会和组织支部。但是,总委员会既没有预期也没有指望帝国的法律会作特别修改以适合他们的利益。用这种方式给总委员会造成的损害,并没有给他们本身带来"特殊的"恶果。首当其害的是整个法兰西民族,其次是欧洲每一个先进的自由派和民主派人士,他们全都关心在法国有公开集会的权利。因此,协会在这个问题上并不公开表示不满。

其次,法国政府如此信赖的恐怖主义的总的精神,必定会妨碍许多赞同协会的原则和意图的法国人成为会员,并从而把他们自己同协会在法国的命运联系在一起。不过,这种损害也还是一般性的和非直接的。而且,这一点是协会在法国取得成功的障碍之一,这对于协会的创建者来说也是显而易见的。总委员会早就准备要做相当艰苦的工作了,由于在法国对于任何独立的政治活动都笼罩着恐怖,因此总委员会在这里对此也并不抱怨。

如果法国政府继续保持它在日内瓦代表大会以前和大会期间的那种中立的(也许是蔑视的)态度,总委员会也就不会被迫向协会会员发表现在这个声明。可是,自从代表大会在日内瓦召开以后,法国政府便决定改变它对协会的态度了。政策的这种改变,无论从总委员会或是从代表大会中法国或非法国的代表身上是找不到任何特殊的敌对行为来作借口的。

要是说总委员会或者代表大会的代表们是企求和招来法国政府的敌意,那是再荒唐可笑不过的了。有几个以个人身份出席代表大会的巴黎的协会会员虽有另外的想法,但是因为他们不是代表,未被允许在代表大会上发言。代表们又忙于手头的繁重事务，也不曾腾出一只手来组织过反波拿巴主义的示威。

法国政府变坏的最初迹象之一是雅莱斯·哥特罗事件。雅莱斯·哥特罗是瑞士人，加入了英国籍。他家住伦敦，去年9月去日内瓦一带探亲访友。日内瓦的瑞士德国人支部委员会和瑞士法国人支部委员会曾交托给他一些信件，以及许多有关本协会事务的小册子和报纸。所有这些东西，毫无例外地都是要转交给伦敦的总委员会的。9月30日，在从日内瓦回伦敦的路上，在法国和瑞士边境，哥特罗的提包受到法国警察的搜查，没收了他所携带的这些信件和印刷品。

这是一个暴行。在得悉这个消息之后，总委员会决定对此不能默不作声。总委员会并不否认，颁布法律的法国政府可以认为它没收由国外寄给一个法国公民、甚或只是一个居住在法国的人的印刷品和信件是合法的，但是，法国政府对于瑞士人和英国人乃至大不列颠的居民之间的通信也照样实行慈父般的"监护"之权，则是滥用权威，总委员会对此不得不加以反对。这个暴行之所以没有[①]恶化下去，是由于被没收的文件与法国政府毫不相干，也因为这些文件的性质根本不属于反波拿巴主义的攻击言论的范畴，总委员会不承认法国政府在同瑞士和大不列颠和平相处的时候有权拦截这两个国家的公民间的通信。

总委员会在这件事上采取的第一步是向法国内务部写了一封有礼貌的信，说明事实，请求他们调查清楚，最后恳求发还被没收的哥特罗的信件和印刷品。

总委员会等待对其意见书的答复等了五个星期，什么也没有等来。这个缄默是一个证明：法国政府为它的僚属的行动承担了责任。只是在这以后，总委员会才决定呼吁英国外交大臣斯坦利勋爵出面予以纠正；

[①] 这里，"没有"一词是福克斯加的，勾去了原有的"也"字。

他们发出这个呼吁的理由是：哥特罗是英国的臣民，总委员会是由大不列颠的臣民和在大不列颠定居的人所组成的。

说句公道话，斯坦利勋爵响应了这个呼吁，并指示英国驻巴黎大使考莱勋爵，要求归还上述的信件和印刷品。

上月21日，总委员会收到了（外交部的）哈蒙德先生的来信，随信附有一个盖有英国大使馆印章加封的包裹。这封信通知总委员会：包裹里是被没收的哥特罗的文件。

包裹里确实有被没收的信件和印刷品，但说来奇怪，还有一些报纸，既不是没收哥特罗的，也不是由瑞士来的。这些报纸是两捆布鲁塞尔的《人民论坛报》。这是一家无疑使法国政府非常憎恶的报纸，是协会在比利时的一家主要机关报。这些报纸曾寄给一些法国会员，总委员会不仅未曾要求发还，而且也不知道这些报纸已被没收。这两捆都盖了公安部的印章。

为了了结哥特罗这一事件，下面签名者在这里引用总委员会在本月初通过的一项决议。

"决议：国际工人协会总委员会向斯坦利勋爵表示感谢，因为他向法国政府进行了公正而有成效的交涉，为本总委员会索回了本来归它所有、而于1866年9月30日在一位名叫雅莱斯·哥特罗的英国臣民手中被没收去了的印刷品和信件。"在这同时，下面签名者奉命将这一决议尽快递交给斯坦利勋爵一份。

去年11月份，总委员会的法国书记公民杜邦发现他寄给本协会在法国的代理人的信件被没收了，而从法国各地寄给他的信也没有收到。而且，法国邮局已被禁止投递总委员会寄给它在法国的代理人的印刷品，反之亦然。

公民杜邦当然不能继续信任法国邮局了。

本标题下的最新消息是：尽管对寄给法国公民和协会会员的印刷品

的封锁仍严格执行,但从法国各省寄给杜邦的信件最近又一次到达了,虽然由巴黎寄来的信仍继续被扣留下来!

另一个情况是最近一期《法兰西信使报》上报道的。由出席日内瓦代表大会的巴黎代表供稿的一篇有趣的文章,有几部分已经在《法兰西信使报》上发表,并未引起恶果;这篇文章已送往布鲁塞尔付印,这只是因为巴黎没有哪一家印刷所愿意承印。这篇报道应该说是针对资本家阶级的,但对法国现政府则保持缄默。然而,这篇报道的铅印版却被法国邮政当局扣押并没收了。

在这种情况下,难以预言法国政府要持续多长时间才允许发售协会的会员证,才免除对其法律管辖下的协会的卓越会员的迫害。

奉总委员会之命,

彼得·福克斯

1867年1月15日①

公民**荣克**接着报告了他出使伯威克街"绿人"大厦的马车制造匠友爱协会的情况,报告结束时提议接纳马车制造匠协会为附属团体。

这个提议得到一致同意,公民里夫利被选为该团体在本委员会的代表。

接着,公民**里夫利**交付他的团体入会费5先令和他的捐款1先令。

宣读了公民奥哲尔的一封来信,说明伦敦工联理事会本月9日通过的决议可以在当天的《泰晤士报》上找到。

下面就是决议②:

伦敦工联理事会和国际协会。——昨天晚上在老贝利区贝尔旅馆举行的一

---

① 报纸校样至此结束。
② 以下是一份剪报贴在记录本上。

次伦敦工联理事会会议上,丹特先生(机械工人联合会主席)主持会议,一致通过下述决议:——"会议认为,当着各国人民之间没有旨在调整工作时间和统一工资的经常通讯联系的时候,工人的地位就绝不可能有很多的改善,而是濒临被严重忽视的危险。由于国际协会提供了达成那种目标的最好条件,因此决定同该协会合作,以促进一切影响劳动利益的问题的解决,与此同时,伦敦工联理事会继续作为像以前一样的分离的、独立的团体存在。"①

宣读了改革同盟书记的一封来信,邀请本委员会参加即将来临的示威,请求派代表参加本月16日在新人街举行的会议。

列斯纳、卡特、科勒特和肖被委派前往出席。[330]

木版雕刻工人的冲突

公民**科勒特**报告说,自上次会议以来,他曾力图了结木版雕刻工人的冲突。他会见了霍洛韦的亨廷顿先生,后者已就雇主们关于事件的声明给兰开夏郡写了信。雇主们在他们知道公民科勒特是什么人和代表什么人之前,拒绝把声明寄给他。于是,公民科勒特要求总委员会授权他写信给上述这些雇主索取他们关于事件的声明。

提出了一项授予公民科勒特所要求的权限的决议案。但是,根据**肖**的提议和**荣克**的附议,这个问题搁置到下次会议讨论。届时,应邀请木版雕刻工人协会的一个代表团来出席。[331]

肖报告说,他在前一天晚上访问了风琴匠协会。他收到了入会费5先令和填好的申请书。

宣读了迈奥尔先生索还办公室房租的票据。提议、附议并通过:付给迈奥尔先生2英镑10先令。

---

① 剪报至此结束。

Celebration of the Polish Insurrection of 1863

Citizen Bobczynski said he understood that the Council intended to celebrate the Polish Insurrection on the 22nd of January 1867. He should like to know what form it would take. After some discussion it was agreed that a tea-party and public meeting should take place under the auspices of this association and the Polish Society. Music to accompany the tea-party. Addresses to be delivered and resolutions submitted to the Meeting add that the Standing Committee prepare the programme and submit it to the Council on its next Meeting.

The Council then Adjourned until Jany 1st/67

1867.

Jan. 1, 1867.

V.P. Eccarius in the Chair.

Fox stated that he had received a communication from the British Foreign Office, dated Dec 21/66 & a packet of books, pamphlets, newspapers & letters. The letter informed him that the package contained the papers seized upon Jules Gotraux in Leipzig last and for which application been made to the French Minister of the Interior & to Lord Stanley. Fox then detailed the contents of the package, which included a bundle of copies of the *Tribune du peuple* which had not been seized on Gotraux.

The General Council, then on the motion of Fox, passed the following resolution:

"That the General Council of the International Workingmens' Association tenders its thanks to Lord Stanley for his prompt & efficacious

记录本的一页（肖和福克斯执笔）

荣克说，杜邦收到了维埃纳的一封来信。信上说他们已有 300 名会员，他们想要他们的会员手册。

荣克说，他收到了阿普尔加思先生的一封来信，邀请他在他的办公室会见一位绅士①，这位绅士很赞成我们协会的目标，他在洛桑拥有财产。

波兰人的示威

福克斯报告说，常务委员会已同意将四项决议案提交这个大会。

根据公民**埃卡留斯**的提议和**卡特**的附议，公民荣克被委派在波兰人的示威集会上担任执行主席。³³²

宣读了肯特郡里阿的罗伯特先生的来信，表示希望参加这次示威集会。

这封信由福克斯酌情作复。

会议即此休会至本月 29 日，星期二。②

总委员会会议③

1月29日

公民**埃卡留斯**主持会议。

宣读并批准了上次会议的记录。

---

① 指考威尔·斯特普尼。
② 无签名。
③ 本日记录由肖记在记录本第 57—58 页上。

接着，**书记**①宣读了上次会议以来他所收到的几封信。一封是霍斯堡小姐来的，答复总委员会给她的致谢信。另一封是考文垂织工协会[333]来的，寄来年度会费1英镑13先令4便士；两封是兰开夏郡、德比郡、约克郡和柴郡刻版印刷工人联合会来的，寄来该会入会费和1000名会员的年度会费。

接着，公民**荣克**提议，公民**列斯纳**附议：接纳兰［开夏郡］、德［比郡］、约［克郡］和柴［郡］刻版印刷工人联合会为本协会附属团体。

接着，公民**福克斯**代公民杜邦宣读了几封信。一封是《法兰西信使报》编辑来的，说明谢绝发表日内瓦代表大会会议录的原因②；另一封是巴黎装订工人瓦尔兰来的。瓦尔兰希望这封信由总委员会几位委员向伦敦装订工人宣读。这封信还宣布瓦尔兰寄给了总委员会18法郎。

接着，提议和附议：派一个代表团访问装订工人，以便转交巴黎装订工人的声明，委托书记写信给博凯特先生，把这件事通知他。

荣克、杜邦和万-瑞恩同意前往。[334]

宣读了比利时列日的一封来信，宣布成立了一个新的协会的分部。

宣读了索恩河畔弗勒鲁的贝尼埃尔的一封来信[335]以及巴黎的弗里布尔的一封来信。

由于木版雕刻工人协会派代表团来出席，在上次会议上搁置下来的有关木版雕刻工人的问题，这时由主席提出来了。

书记说明了他提议搁置这个问题的理由。

公民**科勒特**说，上次会议后，他在这件事上没有干什么；他认为他现在已无能为力，因为已经发生的情况使他要改变对这个问题的看法。

---

① 福克斯。
② "说明谢绝……的原因"一句是福克斯的手笔。

舍特尔沃尔斯先生说，他认为总委员会同从法国来的为亨廷顿先生工作的两个人保持一定的联系，可能有所裨益。

荣克、杜邦和万-瑞恩同意提供帮助，这个问题即告结束。

改革同盟邀请参加改革运动示威一事，移交给常务委员会。即此休会至1867年2月5日。①

总委员会会议②

1867年2月5日

公民**荣克**主持会议。

宣读并批准了上次会议的记录。

接着，**里夫利**先生介绍了在黄金广场宽街王冠饭店集会的马车修理匠协会会员缪勒先生，后者要求了解协会的宗旨。给了他一份章程，并答应派一个代表团在今年3月的第一个星期二去参加他的团体的会议。[336]

里夫利先生替曼彻斯特广场南街36号的路易斯·斯密斯和西区波特曼广场亚当街10号的科尔奈利乌斯·雷德林顿领取了会员证，他为此付了2先令2便士。他还退还给书记60张会员证。

萨里郡上诺伍德地方斯温顿市郊的**考埃尔·斯特普尼**先生也领取了一张会员证，并交付了1基尼。

公民**福克斯**宣读了会址在西区索霍区丹麦街自由大厅的全国改革同盟的一封来信，希望了解依据什么条件该同盟能够成为协会的附属团体。

———————

① 无签名。
② 本日记录由肖记在记录本第58—60页上。

请福克斯提供所需要的情报。

接着讨论了各附属团体缴纳会费的时间问题。

接着决定：各团体须在其入会之日起满 12 个月之前缴纳会费。

木版雕刻工人

荣克报告说，他已经访问了在霍洛韦的亨廷顿先生那里工作的两个法国木版雕刻工人，但是他还没有获得令人满意的结果。他还要会见这两个人。

荣克报告说，他已经访问了在西奥博尔德路哈珀斯堂集会的装订工人，但由于他们太忙，他未能向他们宣读巴黎装订工人的来信。然而，他给他们留下了这封信的译文。

常务委员会建议总委员会派一个代表团参加改革运动的示威。

福克斯、列斯纳、拉法格、杜邦和肖被任命代表总委员会，西莫纳尔、科勒特和尼梅耶代表法国人分部。[337]

荣克宣读了日内瓦的卡尔德索寄总报告的一封来信。[338]

委托书记付给利诺先生印刷费 3 英镑，付给迈奥尔先生房租 2 英镑 10 先令。

科塔姆先生印会员证的账单移交给常务委员会。总委员会授权常务委员会印制收集来提供代表大会的统计资料的表格。①

---

① 记录至此中断。这一页的大部分是空白。

总委员会会议①
2月12日

由于只有很少委员出席，会议在宣读记录后休会。

总委员会会议②
2月19日

由于没有委员出席，休会。

总委员会会议③
2月26日④

副主席**埃卡留斯**主持会议。

福克斯为本晚会议书记。

一位代表⑤替西头细木工联合会付1英镑7先令：5先令作为入会费，1英镑2先令为500名会员的年度会费。

---

① 本日记录由肖记在记录本第61页上。
② 本日记录由肖记在记录本第61页上。
③ 本日记录由肖记在记录本第61—62页上。
④ 原件有误，是"2月19日"而不是"2月26日"。
⑤ "代表"一词是另一种笔迹加进的，以代替划掉的"公民亚罗"几个字。

接着，**约翰**①·**柯恩**出示了雪茄烟工人协会发给他的委任状，并为委员会所接受。他说他的团体已有会员 700 人。

比利时的骚动和大屠杀

公民**科勒特**宣读了韦济尼埃的一封来信，呼吁援救遗孀和受难者。他报告说，法国人分部已经募捐了，但是，该分部要等着看看总委员会在这件事上采取什么行动。

提出了认捐问题，但大家不赞成。

最后决定向英国矿工和钢铁工人呼吁，并由埃卡留斯起草一个传单，提交这个星期六的小委员会会议。³³⁹

格罗夫诺广场北奥德莱街地球仪饭店
马车修理匠协会的报告

列斯纳报告说，总委员会上次会议后，他访问过这个团体。会员们已同意加入本协会。

法国通讯

公民**杜邦**交付了一张价值英币 9 先令 2 便士半的汇票，偿付索恩河畔弗勒鲁应付的欠款。杜邦还宣读了巴黎委员会的一封来信，宣布出席日内瓦代表大会的全体代表均已重新当选，并说明了委员会现有组成的理由。同一封信中还提出了新委员会为将在洛桑召开的代表大会所起草

---

① 应为"詹姆斯"。

的议程。³⁴⁰

福克斯宣布，《国际信使》英文版和法文版已由其业主和编辑（科勒特）临时停刊，因为他找不到两个对政府的保证人。科勒特找到了一个法国人。他想要一个英国人作为第二个保证人。福克斯认为，因为这两个报纸是拥护总委员会的原则的，总委员会应该帮助科勒特克服这个困难。

科勒特报告说，在拖延了48小时之后，法国政府才允许载有代表大会报告第一部分的上一期在法国发行。³⁴¹

1月22日波兰人纪念会

扎比茨基从华沙的政府机关报上翻译了一篇关于在剑桥大厅举行的最近一次示威集会的荒唐可笑的报道。

委员会即此休会。

巴克利、埃卡留斯、福克斯、科勒特、亚罗、扎比茨基、列斯纳、拉法格、马克思、杜邦、卡特和柯恩出席。①

总委员会会议②
3月5日③

公民**奥哲尔**主持会议。

宣读并批准了上次会议的记录。

---

① 无签名。
② 本日记录由肖记在记录本第63页上。
③ 原件有误：是"3月4日"而不是"3月5日"。

宣读了肯德耳的杰克逊先生的一封来信。信里有 20 张邮票，作为该城鞋匠的年度捐款。

还宣读了考文垂织带工人协会书记巴特勒先生的一封来信。这封信要求告诉他巴塞尔和瑞士其他地方的工资标准，因为关于瑞士织工工资低的说法成了降低英国织带工人工资的借口。

于是，指定荣克给瑞士去信，征求所需要的情报。

接着，**荣克**宣读了拉绍德封的一封来信。信中说已经成立了四个新的协会分部。他还收到杜普莱克斯寄来的并要求交给常务委员会的一封信。荣克还宣读了巴黎的弗里布尔叙述巴黎青铜匠对罢工的立场的两封来信。[342]他报告说，一个代表团已经访问了日工装订工人，他们给巴黎青铜匠捐赠了 5 英镑，并借给了 10 英镑。[343]工联理事会也已发给本协会证书，以便能够向伦敦各工联发出呼吁。[344]**荣克、马克思、拉法格、杜邦、万-瑞恩、科勒特、扎比茨基、列斯纳、埃卡留斯**和**卡特**同意访问各工联以争取他们的援助。

比利时矿工和钢铁工人的问题也被提出来了，但延期到埃卡留斯提出他就这个问题所写的传单再议。

委员会即此休会。①

总委员会会议②

3 月 12 日

公民**福克斯**主持会议。

出席委员：**荣克、万-瑞恩、杜邦、马克思、拉法格、列斯纳、卡**

---

① 无签名。
② 本日记录由肖记在记录本第 64—65 页上。

特、黑尔斯、莫里斯和肖。公民托伦、弗里布尔和另几位①协会会员出席。

批准了经宣读过的上次会议的记录。

下述决议由常务委员会提出，并被总委员会通过，即：

我们赞同并认可巴黎理事会的政治行为，并谴责《淘气》、《日内瓦未来报》及其他报刊对杜邦、荣克、杜普莱克斯及其他协会会员的攻击。[345]

杜邦报告：弗里布尔曾把勒·吕贝叫到协会法国人分部会员大会上，以便答复勒·吕贝对弗里布尔等人的攻击。这次大会以23票中22票的多数谴责了勒·吕贝的权术。[346]

根据公民**福克斯**的建议，一致同意下述决议：

本委员会认识到本委员会委员公民詹姆斯·柯普对于本委员会和本协会在全欧洲的利益所提供的帮助的价值，由于他向不列颠政府提供的保证，使得日内瓦代表大会的记录得以在本协会在英国的两家机关报——英文版和法文版的《国际信使》上连载。②

分送《国际信使》给各团体

提议并在1票反对下通过：将载有日内瓦代表大会记录头两部分的《国际信使》（英文版）送给附属我们的工联和各团体。

还决定，由常务委员会考虑是否要在尚未附属我们的工联中散发这份报纸。

---

① "几位"一词是福克斯加上的，而划掉了原有的"三位"一词。
② 句子后一部分中"本协会在英国的两家机关报"等字样是福克斯加在行间的。

巴黎青铜匠的歇业

杜邦报告：出席国际工人协会法国人分部上次大会的会员已经作出保证，在青铜匠继续斗争期间，每月提供 13 英镑，并交付了 6 英镑 10 先令。这笔钱是作为贷款提供的，归还的时候将作为基金，以应付该分部可能碰到的未来事件。

列斯纳和**莫里斯**报告：在牛津街三樽酒家举行的法国研磨工人大会将在本月 19 日即下星期二决定他们对青铜匠给以什么样的支持。他们还将指派一位代表来总委员会接替公民怀特黑德。

卡特报告：他访问了木工联合会。他们将在几天内决定他们将如何行动。

荣克报告：他和另几个人访问了机械工人委员会。他每天都想打听到该委员会将如何行动。

他还报告说，他已经给其他许多团体写了信，并访问了几个团体。在林肯会馆区朴茨茅斯街黑杰克饭店举行的制革工人大会，将在 5 月 2 日星期四 8 点钟举行季度大会，总委员会应该派一个代表团去参加。[347]

作出了代表青铜匠出席其他团体的会议的安排，有几位委员答应去出席。

日工装订工人协会

书记**博凯特**交付了 17 先令 6 便士作为这个团体 420 名会员的年度捐款，并且说，他几天内将准备好他的团体的会员致巴黎装订工人的信，并将把信交给总委员会，以便翻译并转送巴黎。

公民**列斯纳**代表国际工人协会瑞士德国人支部[348]交付了 1 英镑 7 先

令9便士。

委托书记置备一本登记簿,以便在上面填写我们的各附属团体的名称、地址和款额。①

下面的信是由公民扎比茨基交出并由**主席**宣读的。

波兰流亡者联合会中央伦敦支部
致国际［工］人协会总委员会
1867年3月12日

公民们:

我们受托通知你们,波兰流亡者联合会中央伦敦支部在其2月10日的会议上,一致通过决议,向国际［工］人协会总委员会表示谢意,感谢它在筹备剑桥大厅举行的、纪念上次一月起义周年的社交茶会和公众集会方面给予的慷慨而有成效的合作,尤其是要对主席荣克先生、彼·福克斯先生、马克思博士、埃卡留斯先生及其他发表讲话的人在与会的公众面前高尚、热情、干练地捍卫波兰事业,表示最热烈的感谢。

主席　路易斯·奥博尔斯基上校
书记　约翰·克林斯基

会议即此休会至本月19日。②

总委员会会议③

3月19日

公民**列斯纳**主持会议。

---

① 从"以便"起首的句子的后一部分是福克斯写在行间的。
② 无签名。
③ 本日记录由肖记在记录本第66—67页上。

公民**福克斯**担任书记。

上次会议的记录被批准,福克斯受命进行个别文字上的增订。

青铜匠

公民**荣克**报告,费特尔巷的制靴工人协会已拨款 5 英镑。该会执委只有权拨 10 英镑。

白铁匠(黑杰克饭店)

荣克报告说,该委员会无权拨款;必须由会员季度大会拨款,这个大会要在 4 月 10 日举行。他还说,如果我们派一个代表团去参加他们上述的大会的话,他们将非常乐意参加我们的协会。[349]

马车修理匠(北奥德莱街地球仪饭店)

列斯纳和**黑尔斯**报告:这个团体无需专门会议就可以拨款。他们大约在一个月内向本协会[交付]入会费。

瑞士消息

荣克宣读了《国际协会》[①] 上一则关于我们协会的报道。

---

① 指的是《未来呼声报》。

常务委员会的报告

福克斯提出报告,建议今后每周付给莫里斯1先令6便士,因为常务委员会利用他的房子开会。通过。

由于瑞士支部要求起草洛桑代表大会议程并立即发表,常务委员会认为,最好不要依从这个要求,但是作为替代的办法,将下述问题提出来作为现时唯一迫切而特殊的问题加以研究:"对工人实行有效信贷的办法"。这项建议被总委员会一致批准。[350]

日内瓦代表大会报告的散发

福克斯报告说,要给英国各团体和美国各通讯员提供两刀①《国际信使》(英文版),给大陆上的通讯员提供两刀半《国际信使》(法文版)。他认为,要有7期不刊登法国人的文章。[351] **福克斯**提议,**卡特**附议:

每星期分发两刀英文版《国际信使》和两刀半法文版《国际信使》,直到报告结束。一致通过。

科勒特说,如果他有通讯地址,他就会给各工会团体寄送200[份]《工人报》。[352]

柯恩说,雪茄烟工人的团体正在全英扩展。拥有300名会员的利物浦雪茄烟工人协会在北部有几个分会(他们同伦敦没有联系);他建议总委员会同他们建立联系,他们通过交换资产负债表就会看到伦敦的团体是隶属于我们的。

---

① 英制,同大同质的纸24张或25张为1刀(quire)。——编者注

奥哲尔说，他要去曼彻斯特，他想看看他同那里的工联理事会[353]能为青铜匠做些什么？可是，他需要全权证书。

即此休会。①

总委员会会议②
3月26日

书记缺席。

埃卡留斯主持会议并作记录。

公民**荣克**宣读了巴黎的一封来信。巴伯迪耶纳先生准备同他的工人商定标准工资额，别的雇主也随之效法。[354]国际工人协会日内瓦支部决定每周募捐。在巴黎，老板们开除支持歇业③的工人。（两天后，）一些雇主同他们的工人商定了标准工资额。老板们正在举行商定标准工资额的会议。这个星期日将召开全体大会。

代表团

公民**荣克**收到鞋匠协会（［捐给］青铜匠）的5英镑，并附有一封极表同情的信。他曾独自去过制帽工人那里（格拉维尔巷）。这个团体认为去一个人不成其为代表团。它要求先下通知，再派代表团去。铸工们表示了很大的同情，但是不能给予帮助，因为他们正面临巨大的困难。西头细木工联合会借给了20英镑。

---

① 无签名。
② 本日记录由肖记在记录本第67—68页上。
③ 指青铜匠的罢工。

决定再一次向鞋匠协会提出要求。

即此休会。①

总委员会会议②
4月2日

公民**埃卡留斯**主持会议。

由**福克斯**和**埃卡留斯**宣读了前两次会议的记录,予以批准。

青铜匠

荣克报告,他在上星期五访问了格拉维尔巷的制帽工人。他们将在这个星期五说明所作的决定。他还报告说,他访问过制革工人和白铁匠,还要去访问。机械工人什么事也没有干,因为他们还没有收回贷款。泥水匠的钱还没有到达巴黎。

杜邦报告说,《未来呼声报》刊载了一篇关于青铜匠歇业的文章。[355]

卡特呼吁注意火车司机的罢工,并说,在这件事上我们没有担负起自己的使命。

杜邦说,他一听说这件事,就访问了滨河区桥街31号的委员会,并在同一天与大陆上通了信③[356];随之进行了一些激烈的讨论,荣克和

---

① 无签名。
② 本日记录由肖记在记录本第68—69页上。
③ "在同一天与大陆上通了信"一句是福克斯加进去的,划掉了原有的"做了他在这件事上所能做的事"一句。

杜邦被指派去做他们同火车司机委员会所能做的工作，以促进本协会的目标。

接着，由**书记**宣读了几项关于偿付债务的要求。

接着，由**福克斯**提议和**亚罗**附议：由于公民科勒特向总委员会提供《信使》①，付给他 1 英镑 3 先令 7 便士。一致通过。

又由**福克斯**提议和**荣克**附议：付给利诺先生印刷费 1 英镑 10 先令。一致通过。

《共和国》的广告费，根据公民荣克的提议，延期支付。

即此休会。②

总委员会会议③

4月9日

公民**荣克**主持会议。

书记缺席，未能宣读上次会议的记录。

福克斯被指派为会议的记录员。

福克斯代表常务委员会提出了一项决议案，大意是：应制定出资产负债表并检查账目。一致同意。

黑尔斯为他的团体索要代表大会的报告；**柯恩**要求给他的协会提供几份载有巴黎人意见书的《信使》。357

决定：将这些要求载入记录。

---

① 见 1867 年 4 月 30 日总委员会会议记录。
② 无签名。
③ 本日记录由肖记在记录本第 69—71 页上。

黑尔斯认为，《信使》应在各附属团体中推销。

经过短时间讨论后，这个问题延至下周再议，**福克斯**负责请科勒特出席。

乔治·德鲁伊特被提名为委员会委员候选人。交给福克斯2先令2便士，作为劳伦斯和德鲁伊特的会费。

在格罗夫诺广场北奥德莱街地球仪饭店集会的马车修理匠协会的**代表**交付了5英镑，作为该团体加入协会的入会费。

杜邦宣读了弗里布尔（巴黎）的一封来信。信上说法国各工会向青铜匠提供了大约4000英镑。信上说同盟歇业已结束，但是最积极的会员中有17人已被开除出店。

接着，**主席**[①]报告：雪茄烟工人已拨款5英镑，钱已寄往巴黎。此外，泥水匠的钱还没有到达巴黎。而后他问：现在同盟歇业已经结束；他还能向各工联募款吗？

柯恩和**黑尔斯**答复说，只要那17个人被开除，同盟歇业就不能算结束；**荣克**宣布，他本人对英国工联的两位代表的反应表示满意。

公民**柯恩**报告说，雪茄烟这一行业很萧条，还会恶化，以前要好些。从业的人1/7没有工做。比利时人、荷兰人和汉堡人还到这里来，非常受苦。他们以极低的工资工作，没有别的选择，否则就要挨饿。他说，一个很熟练的荷兰人每做100件活得1先令9便士，而他柯恩，干同样的活每做100件得3先令6便士。他请求荷兰、比利时和德国的书记把事态的凄惨情况通知他们的同胞，当属于该团体而没有［工作］的人不超过25人时，大陆上的人可以来，并且欢迎他们来。

决定：立即注意上述问题。[358]

接着，**福克斯**提名威廉·黑尔斯为总委员会委员。

---

① 会议主席埃卡留斯。——编者注

杜邦和荣克被指派去访问黑杰克饭店的白铁匠。

柯恩和荣克被指派去访问制帽工人委员会。

即此休会。

出席委员：莫里斯、福克斯、柯恩、黑尔斯、博勒钦斯基、扎比茨基、巴克利、荣克和杜邦。①

总委员会会议②

4月16日

出席委员：荣克、莫里斯、列斯纳、黑尔斯、拉法格、杜邦、科勒特、福克斯、肖和柯恩。

福克斯宣读了上次会议记录。记录被批准。

福克斯提议，**莫里斯**附议：威廉·黑尔斯为总委员会委员。通过。

莫里斯提议，**杜邦**附议：伦敦裁缝协会主席乔治·德鲁伊特为总委员会委员。通过。

宣读了改革同盟的一封来信，请求派一位代表在本月17日去萨塞克斯饭店接受为纪念1867年2月11日改革运动示威的纪念匾。公民科勒特被指派代表总委员会去接受纪念匾。

福克斯宣读了哈里埃特·罗夫人关于"女权"问题的一封信，并说他认为，罗夫人如果被邀的话，或许会去参加在洛桑召开的代表大会。在大家同意的情况下，由福克斯负责写信给罗夫人，问她是不是愿意应邀出席本委员会会议。

---

① 无签名。
② 本日记录由肖记在记录本第71—72页上。

杜邦宣读了巴黎的一封来信，信中对从伦敦去巴黎的裁缝代表团不是由我们协会的巴黎理事会向巴黎裁缝作介绍一事表示遗憾。[359]

莫里斯报告说，伦敦裁缝执委会在派出他们的代表团之前来不及同我们商量。他提议，派一个代表团于22日星期一去参加裁缝在阿尔汉布拉宫举行的会议。[360]这项提议得到了公民**柯恩**和公民**杜邦**的附议。科勒特和荣克①被指派为代表前去参加。

荣克报告了他参加黑杰克饭店的白铁匠集会和格拉维尔巷王子和公主饭店的制帽工人集会的情况。制帽工人借给巴黎青铜匠10英镑。他们需要关于我们的目标的一个书面说明，以便在他们能够对加入我们的协会作出决定之前在他们各店中传阅。

关于书记担任职务的劳动报酬问题，一致同意延至下次会议再议。

拉法格（代表马克思）说，奥哲尔在改革同盟一次会议上提议的向俾斯麦伯爵致谢的决议，将损害本协会的威信。[361]因此，他要求②对奥哲尔③进行不信任投票。

进行了讨论，最后委托书记写信给奥哲尔，请他出席下次会议。

《国际信使》（英文版和法文版）

下列决议经提议、附议并一致通过[362]：

"本委员会将《国际信使》作为代表协会原则的最好机关报向各附属团体推荐；这项推荐在所有通讯中予以通告。"④

---

① "和荣克"三字是福克斯加在行间的。
② 记录中此处有"辞职"一词，据上下文判断，应删去。
③ 下面接着划掉了"作为本委员会主席"一语。
④ 无签名。

总委员会会议[①]

4月23日

出席委员：荣克、莫里斯、福克斯、科勒特、列斯纳、杜邦、拉法格、扎比茨基、德尔、卡特、埃卡留斯、肖和巴克利诸位公民。

宣读并批准了上次会议的记录。

书记宣读了刻版印刷工人联合会约翰·萨克利夫的一封来信。信上说他们有90人罢工抗议使用女工的廉价劳动，并要求金钱援助，因为他们的行业非常萧条，他们无能应付他们的花销。

公民德尔提议，**列斯纳**附议：

书记写出事件真相的说明，并指出通常采用的请求伦敦工联理事会给予金钱援助的方式。通过。

公民科勒特报告：《国际信使》（法文版）在大陆上的一个订户写信给他，要求关于协会的情报，其目的是加入协会和成立一个分部。

裁缝大会

公民科勒特报告：他本人和荣克出席了在阿尔汉布拉宫举行的裁缝大会。荣克被介绍是上次日内瓦代表大会的主席，受到了极其热烈的鼓掌欢迎。他向大会指出，如果说国际工人协会去年能够阻止巴黎的裁缝来顶替伦敦的裁缝，那么它今年就能够对比利时人和德国人做同样的事情，结果只会使裁缝老板们为从这些国家招工而白送钱。科勒特也在会

[①] 本日记录由肖记在记录本第73—75页上。

上讲了话。**埃卡留斯**说，科勒特的讲话使他在英国裁缝中成了最有声望的人。

接着，**莫里斯**提议，**科勒特**附议：

总委员会认为，必须尽可能派代表团去参加各行业的集会。通过。

火车司机和司炉

荣克报告，他同杜邦一道，同拥护本协会的火车司机的书记举行了一次会晤。他一接到这位书记的信，马上就去访问了该协会的执委会。

公民**埃卡留斯**接着主持会议。

公民**荣克**提议和公民**拉法格**附议：应付给书记担任职务的薪金。通过。

接着**荣克**建议，应通过自愿捐款的办法来建立特别基金，以便支付书记的薪金，下列委员当即捐了款，计：

拉法格——1先令　　　科勒特——1先令

莫里斯——2先令　　　卡特——6便士

杜邦——2先令　　　　德尔——1先令

荣克——3先令

共计10先令6便士

接着，由公民**列斯纳**提议和公民**福克斯**附议：每周付给书记10先令。通过。

接着，**拉法格**提出奥哲尔在改革同盟的一次会议上提议向俾斯麦伯爵致谢的问题；经过有几个委员参加的讨论之后，一致通过了由公民**列斯纳**提议和公民**拉法格**附议的下述决议：

决定："鉴于公民奥哲尔在改革同盟委员会提出了一项感谢俾斯麦先生为德国民主事业所做的事的决议；鉴于公民奥哲尔是国际工人协会

主席,总委员会认为它有责任说明,它同上述决议和公民奥哲尔支持该决议的讲话没有任何一致性。"[363]

缪勒尔先生报告说,在黄金广场宽街王冠饭店集会的马车修理匠协会已经决定加入本协会。他代表该团体交付了10先令。

接着,**福克斯**通知说,在下次会议上,他将提议就国际邮资问题派一个代表团访问邮政大臣。

即此休会。①

总委员会会议②

4月30日

出席委员:埃卡留斯、列斯纳、荣克、福克斯、拉法格、黑尔斯、科勒特、莫里斯、卡特、德尔、巴克利和肖诸位公民。

公民**埃卡留斯**主持会议。

宣读了上次会议的记录,作修改后被批准。

书记③宣读了制革工人协会关于他们的季度大会的一封来信。他受命答复这封信,并对这封信来得太晚以致总委员会未能出席一事表示遗憾。

宣读了《共和国》业务处要求支付广告费的一封来信。

接着,提议、附议并通过:付给《共和国》广告费1英镑。

又提议、附议并通过:付给公民科勒特印制法文会员手册的费用

---

① 无签名。
② 本日记录由肖记在记录本第75—78页上。
③ 福克斯。

11先令3便士。

书记报告说，上次会议后，他已经写信给制帽工人协会、达勒姆郡盖茨黑德的胡德街21号北方钢铁工人协会书记约翰·凯恩先生，以及利物浦科珀勒斯希尔66号的利物浦雪茄烟工人协会书记伍德哈奇先生，要求他们运用其影响促使他们的团体加入本协会。他还报告说，他已按上次会议的指示写信给刻版印刷工人协会书记约翰·萨克利夫先生。

卡特提醒总委员会注意一件事：他本人和荣克还没有得到本应该给他们的参加日内瓦代表大会的费用，每人1英镑。

公民**德尔**提议和公民**科勒特**附议：欠卡特和荣克的款，轮到下一次偿还。

荣克宣读了4月份《洛桑支部通报》[364]上的一段。其中说，很少几个支部交付了作为总委员会费用的3便士会费，由于这种不负责任的情况，使总委员会在完成出版日内瓦代表大会报告的任务方面遇到了障碍。

荣克还宣读了比利时书记贝松的一封来信，信中附有韦济尼埃的一封信。

公民**埃卡留斯**宣读了《先驱》上刊载的德国工人政党的纲领。[365]这个纲领如下：

"工人的政党忠于这个格言：全欧各国的被压迫者不分宗教信仰、国籍和民族而决心根据他们的利益联合起来，并致力于彼此互相帮助。"

公民**福克斯**提醒总委员会注意一家新的民主派报纸《美国人》，它刚出了第5号。[366]

在回答关于办公室租金的问题时，公民**科勒特**提出他的营业处的一个房间，租金每年约6英镑。

福克斯提议将这个问题移交给常务委员会。同意这个提议。

公民**科勒特**宣读了他所写的如下的一封信①：

致改革同盟主席埃德蒙·比尔斯文学硕士先生

阁下：

很抱歉，我没有赶上出席上次代表会议，未能聆听您就同盟执行委员会所采取的用以贯彻克里默先生的建议的措施（要求他们在上个星期三落实）所作的说明。

我从"改革运动机关报"《共和国》上发现，您说，"同盟委员会由于通过了上星期的决议，已经决定不举行如起初打算的那样的游行，而于今年5月6日在海德公园举行一次**真诚的**（bona fide）大会"，又说，"如果有什么暴动或骚乱发生，就必须归咎于政府"。我发现，该报还报道布拉德洛先生说过，"同盟不仅已经在海德公园召开过大会，而且打算在那里举行任何必要的集会。在这种情况下，他们将不仅要求允许进入公园，而且要强行进入公园，如果需要的话"。

阁下，我希望您允许我就这个重要问题发表几点意见。

我认为，人民有在公园里集会的权利，但是我也认为，在像蔑视权威这样的严重后果发生之前，人们应该准备像成年人而不要像夸海口的孩子那样来行动。

前些时，当我提议于耶稣受难日在海德公园游行的时候，我深信政府不会、也不能阻止人们个别地进入公园，即使人们一旦在那里举行集会，也不会进行干涉。

我的一些朋友试验过，证明我是正确的。

现在我相信，当代表们在本月17日投票赞成克里默先生的建议时，他们的印象是应该采取这个方针。

从上面我引述的《共和国》的内容可以看出：您和执委会决心要发起一次类似去年7月间的那样一次示威；如果当局采取过去采取过的方针，其结果不是

---

① 记录本上此处贴有一页刊载于1867年5月4日《工人报》第6号上的科勒特的信的校样。

必定会诉诸武力,就是改革者要又一次退却。我以为,要是把问题弄到这样的地步,就不仅是不明智的,而且是犯罪的。我的理由是:

如果英国人民真的准备同政府闹事,那么他们就有比为进入公园问题同他们在军队和警察里的同胞战斗更好的事情要做。

然而,集会权利的问题可能是重要的。如果说,要解决这个问题必须诉诸暴力和流血,那么人们就一定要准备:不是屈服于现有的政治结构,就是要摧毁现有的政治结构。

我以为,他们还没有成熟到作这种发动的程度,所以我说,必然会导致暴力行动和流血的事是不明智的和犯罪的,达不到实际目的。

假定改革者们甚至冲进了公园,那又会怎么样呢?您以为政府会就此止步吗?

如果政府动用武装力量对付你们呢?你们准备迎击吗?

如果议会通过一项禁止在公园集会的法案呢?你们就打算驱散议会吗?

最后,我劝您运用您的影响,使您在委员会中的同僚们重新考虑那项我以为不是代表们授权他们通过的决定,只邀请伦敦的改革者们个别地到公园去,避免可能出现的他们并不准备作有效支持的违禁事件发生。

当必须动用暴力的时候来临,如果不幸有一天果真来临的话,我希望这个国家的人民会非常明智地区分谁是他们真正的敌人,谁是他们利益与共的自己人,虽然这些人暂时可能在军队或警察的队伍之中。

工人应该使他们的义愤不是反对当时被迫谋生的人们。我希望他们三思而行,从根本上打击邪恶。

尊敬您的 约瑟夫·科勒特谨上①

就这个问题进行了长时间的交谈,没有谁表示反对意见。

根据**肖**的提议和**德尔**的附议,弗雷德里克·卡尔德,被提名为委员会委员候选人。

接着,由公民**福克斯**提议和**列斯纳**附议:

---

① 报纸校样至此结束。

书记写信给邮政大臣,要求他接见总委员会的代表团,讨论国际邮资问题。通过。

即此休会。①

总委员会会议②
5月7日

公民**埃卡留斯**主持会议。

出席委员:荣克、列斯纳、莫里斯、杜邦、博勃钦斯基、亚罗、柯恩、里夫利、德尔、奥哲尔和肖。

批准了经宣读过的上次会议的记录。

根据**肖**和**德尔**两位公民的提名,弗雷德里克·卡尔德当选为总委员会委员。

书记报告说,上次会议以来,他写信给克拉肯韦尔的普莱森特山柴郡干酪饭店集会的铜器抛光工人,要求他们接待总委员会的代表团。他还寄给他们一份如下的致邮政大臣的信:

国际工人协会

1867年5月3日于东中央区包佛里
街18号中央委员会办公处

阁下:

我受命满怀敬意地请求阁下惠予接见本协会中央委员会的一个讨论国际邮

---

① 无签名。
② 本日记录由肖记在记录本第78—81页上。

资问题的代表团。

如果阁下为上述目的指定尽可能靠近本月中的一天，本委员会将不胜感谢。谨遵阁下之意。

书记　**罗·肖敬启**[367]

他还写信给面包师傅联合会的五个分会，附有章程和成立宣言，并敦促他们加入我们的协会。他提醒总委员会注意一个事实：面包师傅的执委会每星期二晚上在法灵登街哈普胡同的工人会堂开会。他被委托同该团体通讯联系。[368]

荣克说，他收到巴塞尔应考文垂丝织工人的请求写来的关于丝织工人工价的一封信，下面是信的译文：

> 按照您的愿望，兹将工厂里的工资概况寄给您。纺所谓纬线的，每百根付17生丁；一天的工资是1法郎3生丁。平均工资经常是每天1法郎8生丁。计件工：29—46号=10箝者，每英寸300—320梭，24法郎73生丁一件。29—46号=8箝者，每英寸200梭，18法郎50生丁一件。21—40号=8箝者，7次（译者不甚理解①），21法郎一件。14—36号=10箝者，双梭，每英寸投200梭，17法郎25生丁一件——一件等于120辐。每天工作13个小时，一天最多只能完成两辐，一个星期的工资绝对超不过10法郎，而确实更为经常的是两个星期的艰苦劳动只达到15法郎。这种可悲的情况不仅是因为降低工价，也是因为提供坏丝造成的，以前每百根纱线付20生丁；用好丝，两个星期能挣25法郎；现在一般挣8—10法郎，挣到12法郎的情况极为罕见。

书记受命将这个译文的副本寄给考文垂。

公民**荣克**还宣读了日内瓦的一封来信。信中说，那里任命了一个新委员会，而委员名单中没有杜普莱克斯〔和〕卡尔德的姓名。他还宣

---

① 译信人原注。——编者注

读了拉绍德封的一封来信,要求将下述问题列入下次代表大会的议程。问题是:"产业萧条。它的原因和补救办法。"[369]

荣克(代表杜邦)宣读了里昂的一封来信。这封信请求总委员会转递里昂人通过德国报纸致德国工人的公开信,公开信的主题是德国的战争威胁,决定通过列斯纳把这封公开信送交公民马克思。[370]

宣读了布鲁塞尔的一封来信,说明裁缝业商号的头领们签署了使工人们满意的工资表。4月21日,裁缝、细木工、大理石研磨工和染色工举行大会讨论了工资问题。[371]

宣读了巴黎的舍马勒的一封来信,说明裁缝在工资提高10%而不是他们为之罢工的20%的条件下复工了。这个10%首先为极少数人所接受,而政府又不给他们举行行业大会的权利。因而罢工委员会辞了职,放弃了斗争。[372]

这封信报告说,巴黎理事会在宣传上用去了7英镑,这就是他们之所以没有给总委员会寄来3便士会费的原因。这封信还建议,各支部应派若干代表在代表大会开幕前开五天会来作准备,以便召开代表大会期间节省代表们的时间。这封信说,在亚眠成立了一个新分部,巴黎的制绳工人已经罢工六个星期,青铜匠工会的旋工分会还没有成立。巴黎的装订工人渴望同伦敦的装订工人建立友好关系,如果他们有人去参观博览会的话。

接着,**主席**(奥哲尔)提醒注意总委员会关于他在改革同盟一次会议上提出的决议案问题的表决,他说明了这项决议只是表示感谢俾斯麦伯爵给予德国人民选举权,并不包含他的全部政策,总委员会对于这个解释表示十分满意;根据肖的提议,**亚罗**的附议,决定将这个解释送《国际信使》发表。

委员会即此休会。①

---

① 无签名。

总委员会会议①

5月14日

出席委员：奥哲尔、福克斯、埃卡留斯、荣克、亚罗、杜邦、德尔和肖。

公民**奥哲尔**主持会议。

宣读并批准了上次会议的记录。

宣读了西区女鞋匠协会请求贷款10英镑的一封来信。委托书记答复这封信。

宣读了刻版印刷工人协会书记的一封来信，抱怨总委员会没有为他们募款和支持他们的罢工。责成书记答复这封信。

宣读了邮政大臣的一封来信，拒绝接待总委员会派出的讨论国际邮资问题的代表团，但仍乐于考虑可能送给他的任何书面声明。

由**福克斯**负责尽快起草关于这个问题的声明。

宣读了阿普尔加思先生的一封来信，说明他协助在诺福克郡的林恩成立了我们协会的一个分部。他请求总委员会同该分部的书记通讯联系。

委托书记对于阿普尔加思的帮助向他表示感谢，开始同林恩的分部通讯。

主席提出邓弗里斯爱尔兰街89号的 G. B. 斯图亚特作为在不列颠那个地区负责建立协会分部的人选。

---

① 本日记录由肖记在记录本第81—83页上。

书记说，他已经按上次会议的指示写了信；他还给比斯利教授、哈里逊先生、沃尔顿先生、面包师傅联合会执委会和各附属团体写了信，并寄去了代表大会的报告。

接着，**荣克**提议和**杜邦**附议：

允许《共和国》的记者报道总委员会的活动情况。一致通过。

荣克代表杜邦宣读了我们在波尔多的通讯员的一封来信，信上说明他已经把钱转交给伦敦了，并探询转交钱的最好方法。他以他的支部的名义对伦敦工人为巴黎青铜匠和裁缝所作的努力向他们表示感谢。他还宣读了马赛公民瓦瑟尔的一封来信。他是代表马赛及其郊区的许多希望在那里成立分部的工人写信的。

这件事交给杜邦去办。[373]

荣克宣读了《人民论坛报》上的几段，是关于比利时的工人组织以及我们协会在那里所起的作用的报道。[374]他还想报告访问铜器抛光工人的情况，但是没有得到发言的机会。

关于迁移总委员会会址的问题，**埃卡留斯**提议和**福克斯**附议：

总委员会会址不必迁移；为使用办公处，每周付给伦敦工联理事会1先令；通过。

西北区卡姆登镇加罗林街26号的亨利·多德领取了1张会员证，并付了1先令2便士。

委员会即此休会。①

---

① 无签名。

总委员会会议①

5月21日

出席委员：埃卡留斯、列斯纳、卡特、荣克、黑尔斯、德尔、科尔森、奥哲尔、巴克利和肖。

宣读并批准了上次会议的记录。

宣读了比斯利教授和弗·哈里逊先生的来信，对总委员会送给他们日内瓦代表大会的报告表示感谢。

荣克宣读了巴黎的一封来信，谈到在阿尔及尔建立了协会的一个分部。[375]信中还说，如果有哪个团体要去参观博览会，应该把这件事通知他们，以便巴黎人能给予他们以衷心的欢迎。信里又一次提到，必须不迟于8月26日派代表和送报告到洛桑去。荣克宣读了洛克尔的一封来信，附有一笔73名会员的会费17先令6便士的汇款，并请求将表音拼字问题列入下次代表大会讨论的议程。[376]

接着，**奥哲尔**通知说，他将在下次会议上提议举行一系列会议来讨论劳动问题。即此休会。②

---

① 本日记录由肖记在记录本第83—84页上。
② 无签名。

总委员会会议①

5月28日

出席委员：奥哲尔、埃卡留斯、列斯纳、杜邦、荣克、德尔、威·黑尔斯、约·黑尔斯、肖、巴克利、卡尔德、莫里斯和亚罗。

宣读并批准了上次会议的记录。

宣读了布雷肯的沃尔顿先生感谢总委员会寄给他日内瓦代表大会的报告的来信，还宣读了全国锻工协会联合会书记约翰·凯恩的来信，信上说，他已将书记的信加上他自己的评论刊登在他们的月报上，他将寄一份给总委员会；与此同时，他将以个人身份加入协会。

公民**莫里斯**带来了伦敦裁缝执行委员会的一封信，敦促总委员会尽最大努力为裁缝们从欧洲大陆和美国弄到一笔钱。[377]

荣克说，杜邦前些［时候］谈到这件事，并认为应该采取这样的行动，他（荣克）曾拒绝为此采取任何步骤，是因为他认为裁缝们似乎希望上工。但是既然他们向总委员会提出了申请，因而他想提议："大陆和美国的书记写信给他们的通讯员，为伦敦的裁缝们争取金钱支援。"

杜邦支持这项提议。提议被一致通过。

荣克代表杜邦宣读了阿尔及尔来的一封信，说明［那里］已成立了分部。

他还宣读了马赛附近的菲沃的一封来信，说明那里的分部已有300

---

① 本日记录由肖记在记录本第84—86页上。

名会员,他们预期不久将达到 500 人。

荣克应杜邦之请,再一次提醒总委员会注意上次会议上宣读的舍马勒信中的主张:在代表大会召开前五天应派代表和送报告到洛桑去,让这些代表为代表大会准备议程。

讨论到上次代表大会上通过的条例的第一条[378],发现制定代表大会议程完全是总委员会的职责。经过一番讨论,根据公民**约·黑尔斯**的提议决定:

由一个三人委员会起草一份致已加入和未加入协会的各团体的呼吁书,邀请他们参加即将召开的代表大会。此外,这个委员会还为代表大会草拟议程。

这个委员会的任命延至下次会议。

荣克所力陈的其次一点是:应将舍马勒的下述愿望通知协会各附属团体,即:任何准备参观法国博览会的团体或会员,应通知巴黎理事会,以便他们能够在英国人到达时给以衷心的欢迎。关于这个问题,完全委托书记在通信中加以说明。

接着,主席**奥哲尔**报告说,在上星期五晚上举行的伦敦工联理事会的会议上,决定将在伦敦举行一系列的会议来讨论劳动问题,他要求总委员会协助实现这个目的。提议、附设并一致通过:荣克和约·黑尔斯两位公民同主席奥哲尔和工联理事会的埃德加先生合作筹备上述这些会议。[379]

委员会即此休会。①

---

① 无签名。

总委员会会议①

6月4日

公民**荣克**被选主持会议。

出席委员：杜邦、列斯纳、柯恩、福克斯、扎比茨基、约·黑尔斯、威·黑尔斯、德尔、卡特、卡尔德、巴克利、摩尔根、埃卡留斯、莫里斯和肖。

宣读并批准了上次会议的记录。

宣读了迈奥尔先生关于房租和使用家具的3英镑6便士的账单，偿付问题延至下次会议再议。

根据**德尔**先生的提议，付给公民卡特参加日内瓦代表大会费用的欠款1英镑。

宣读了西蒂区新宽街19号和平协会[380]寄给主席的信。这封信提议英国工人应当发表向法国和德国的工人表示同情的公开信。

稍加讨论后，根据公民**柯恩**的提议，公民**德尔**的附议，决定："承亨利·理查牧师惠书，奉函致谢，我们要求得到有关和平协会原则的更为详细的情报，以便同他们合作以促进国际和平事业。"

杜邦宣读了我们在波尔多附近的通讯员的一封来信。信中说明了他们支部拥有经费的情况。

荣克宣读了我们协会在瑞士法国人机关报上关于伦敦发生的政治事件的几则报道。[381]这家报纸表示希望总委员会现在要做些积极的工作。

---

① 本日记录由肖记在记录本第86—88页上。

裁缝的罢工

埃卡留斯希望知道,由谁来担负代表裁缝给德国写信的费用。

稍加讨论后,根据公民**卡特**的提议,公民**德尔**的附议,决定:为争取对罢工中或同盟歇业中的附属团体给以帮助而写信给大陆各分部,一切邮资等费用应由总委员会支付。

接着,由公民**埃卡留斯**提议,公民**卡特**附议,拨出 3 先令支付代表裁缝写给德意志北部的六封信的邮资。

还决定,拨出 1 先令支付为这个问题写给菲拉德尔斐亚的公民西耳维斯的一封信的邮资。

杜邦在答复公民**莫里斯**时说,他已经为伦敦裁缝向巴黎、波尔多、里昂和阿尔及尔各支部发出了呼吁。

荣克说,他已经通过我们协会的瑞士法国人机关报向瑞士法国人支部发出了呼吁,也向代表德国人支部的贝克尔发出了呼吁。[382]

福克斯什么也没有干,因为他没有接到关于这个问题的通知;**书记**说,之所以没有把这件事通知福克斯,是因为没有他(福克斯)的地址。[383]

关于任命起草致各团体呼吁书和为代表大会制定议程的委员会问题,一致决定:

福克斯、马克思、荣克、埃卡留斯和杜邦担负这项任务。[384]

即此休会。①

---

① 无签名。

总委员会会议①

1867 年 6 月 18 日

出席委员：埃卡留斯、列斯纳、杜邦、约·黑尔斯、福克斯、荣克、德尔、奥哲尔、肖、卡尔德和巴克利。

宣读并批准了上次会议的记录。

埃卡留斯报告说，他没有收到他为伦敦裁缝所写的信件的任何复信，但《海尔曼》[385]上有一则报道，大意是说德国在这个问题上正有所行动。

福克斯报告说，他已就这个问题给美国写了信。

公民凯勒被选为总委员会委员，以替代已经辞职的公民科勒特来代表法国人分部。凯勒交付了 19 名会员的每人 3 便士会费，共 4 先令 9 便士；德尔先生替约翰·格雷厄姆交付了 1 先令。

公民**福克斯**提议，**列斯纳**附议：哈里埃特·罗夫人为总委员会委员。

荣克宣读了瑞士法国人机关报上的几段报道，说明协会在瑞士取得了许多进展。[386]

根据**德尔**和**荣克**两位公民的提议，决定：

总委员会请求起草委员会在下星期二提出代表大会的议程。

由**荣克**提议和**列斯纳**附议：

派一个代表团在下一个星期四访问机械工人。通过。

根据**肖**和**福克斯**的提议，奥哲尔、荣克和杜邦当选前去访问机械工人。[387]

---

① 本日记录由肖记在记录本第 88—89 页上。

福克斯提出如下所载决议案，公民**德尔**附议，并被一致通过。①

国际工人协会

在星期二晚总委员会的例会上，例行事务结束后，一致通过了下述决议：

第一，"国际工人协会总委员会感谢参加最近在巴黎支持波兰的示威的工人、学生和律师，因为这次示威使俄国沙皇明白，一个亚洲的野蛮强国来统治称为波兰人的那一部分欧洲人民、称为波兰的那一部分欧洲土地，是对正义和常识的背叛"[388]。

第二，"鉴于弗洛凯律师因为在正义宫对沙皇所采取的英勇而真正世界主义的举动而受到谄媚之徒或愚顽之辈的责难，我们特公开宣布赞赏他的这种举动，并对律师公会理事会拒绝指摘弗洛凯律师表示感谢"。

第三，"总委员会谨祝贺不列颠民族和政府由于认识到不值得同俄国沙皇更密切交往而获致良好的命运"②。

委托大陆各书记公布上述决议。[389]

委员会即此休会。③

委员会会议④

6月25日

出席委员：埃卡留斯、福克斯、列斯纳、凯勒、杜邦、荣克、德

---

① 记录本此处贴有一份1867年6月22日《共和国》第224号的剪报。
② 剪报至此结束。
③ 无签名。
④ 本日记录由肖记在记录本第90—91页上。

尔、莫里斯、肖、卡尔德和巴克利。

公民**埃卡留斯**主持会议。

宣读并批准了上次会议的记录。

宣读了面包师傅联合会的一封来信,说明在将于8月在诺丁汉举行的该联合会年会上,该联合会加入国际工人协会的问题将提出来讨论。

罗夫人被接纳为总委员会委员。①

房东迈奥尔先生送来一张条子,要求立即付给房租6英镑,并通知退租;稍加讨论后,公民**莫里斯**建议在9月份以前利用他在城堡街16号的房子。

公民**列斯纳**提议和公民**荣克**附议:接受公民莫里斯的建议,总委员会下星期二在那里开会。

公民**莫里斯**交出伦敦裁缝罢工委员会的一封来信。他希望总委员会将这封信送到大陆发表。

公民**荣克**提议和**福克斯**附议:把这封信寄给公民科勒特,供《国际信使》发表,听凭他(科勒特)作编排上的处理。

接着,**福克斯**宣读了代表大会委员会的报告如下:

日程:第一,总委员会的报告。第二,议程。第三,其他。

议 程

第一,依靠国际工人协会来联合工人阶级的努力。

第二,工人阶级如何才能利用贷款来为自己的解放服务,而这笔财富本是他们提供给资产阶级和政府的。[390]

---

① 这一句是埃卡留斯加的。

情况汇报

埃卡留斯报告说，他收到柏林对他代表伦敦裁缝写去的信的复信。这封复信说，柏林裁缝为伦敦裁缝筹集了约18英镑。埃卡留斯还报告说，制桶工人慈善会将在下次集会时考虑加入国际工人协会的问题。

荣克报告：他上星期四去过机械工人联合会。奥哲尔没有去，毫无所获。如果允许的话，他决定下星期四去。

荣克〔和〕**杜邦**于是被委派于星期四再去，**奥哲尔**答应在那儿等他们。

荣克还报告说，他代表伦敦裁缝寄给贝克尔的呼吁书在《先驱》上发表了，瑞士又成立了一个新的协会分部。[391]

即此休会。①

委员会会议②
7月2日

公民**约·格奥尔格·埃卡留斯**主持会议。
由于书记缺席，公民**福克斯**宣读了记录。按所宣读的予以批准。

通 讯

公民**荣克**宣读了日内瓦的一封来信。信中抱怨总委员会在代表大会

---

① 无签名。
② 本日记录由埃卡留斯记在记录本第91—92页上。

议程方面不积极。这封信还说,将在日内瓦举行的和平代表大会①使得去洛桑的代表们也能够出席,并完成双重使命。³⁹²

维埃纳的一封来信声称,该分部给伦敦坚持罢工的裁缝寄来[一笔]60法郎捐款和40法郎贷款。这个分部有600名会员,要不是缺少会员手册的话,也许有1000名会员了。它准备派两名代表参加代表大会。³⁹³他们曾申请过印行章程,但是政府当局未予批准。他们要求50几份代表大会的报告。维埃纳的公民马尔什瓦尔请求授权在阿诺奈成立一个分部。一致同意。

国际邮资

公民**福克斯**通知说,下星期二,他将提出他写的致邮政大臣的书面声明。

公民**福克斯**抱怨法国人分会的一个会员公民贝松在德意志工人教育协会主办的纪念1848年六月起义的公开集会上的行为不端。稍加交谈后,这个问题搁置到7月9日。

公民**福克斯**吁请注意美国生产合作社的迅速发展。

出席委员:福克斯、罗³⁹⁴、埃卡留斯、杜邦、凯勒、柯恩、列斯纳和莫里斯诸位公民。

即此休会至7月9日,星期二。②

---

① 和平和自由同盟代表大会。
② 无签名。

委员会会议①
7月9日

公民**荣克**主持会议。

公民**埃卡留斯**报告说，他作了上次会议的记录，但把它落在家里了。

宣读了公民肖的一封来信。他在这封信里说明，由于在伦敦找不到职业，他不能继续担任总书记这项职务了。既然没有别的办法，只得接受他的辞职。根据公民**马克思**的提议，公民**列斯纳**的附议：对公民肖在担任书记职务期间所作的贡献表示感谢。一致通过。

委任总书记

公民**福克斯**提议，公民**巴克利**附议：委任公民约·格奥尔格·埃卡留斯为协会的书记。一致通过。

宣读了阿瑟·迈奥尔先生的信，要求一份关于应付给他房租的书面声明。

公民**福克斯**提议，公民**列斯纳**附议：付给迈奥尔先生2英镑10先令。通过，委托书记交付。

通 讯

美国。公民**福克斯**宣读了美国铸工联合会[395]主席西耳维斯先生答复

---

① 本日记录由埃卡留斯记在记录本第92—95页上。

伦敦罢工裁缝呼吁书的一封来信。西耳维斯先生说明，他的联合会在反对资本家的斗争方面做了大量工作。去年一年花了3.5万美元，今年花了4万美元，现在有2000会员失业。已决定把注意力主要转向建立合作铸造厂上，这是解决劳动问题的唯一有效办法。他们已经有几家铸造厂全部开工，将要建立更多的。他们的基金太少，不能提供援助，但是他将研究在自愿捐款的方式下能干些什么。信中还透露了下个月在芝加哥举行劳工大会的消息。

委托福克斯写信给大会的组织者杰瑟普先生。

意大利。公民**荣克**宣读了在那不勒斯的朱·达希的一封来信，抱怨他前几封信没有收到回信，他要求寄去协会的章程。

委托公民卡特答复。

法国。公民**杜邦**宣布，巴黎青铜匠已决定给伦敦罢工裁缝赠款10英镑和相同数目的贷款。波尔多分部已寄给裁缝1英镑12先令，寄给总委员会1英镑8先令会费。在索恩河畔弗勒鲁和鲁昂举行了支持裁缝的公众大会。

公民杜邦询问以小册子形式出版日内瓦代表大会的报告一事。[396]

委托书记邀请公民科勒特出席7月13日星期六的常务委员会会议。

卡斯泰尔诺达里。来信抱怨警察限制，但是答应尽力组织协会。

伦敦。宣读了《共和国》经理要求付给广告费的来信。

决定停止刊登广告。

代表团

机械工人联合会。公民**荣克**报告：公民奥哲尔没有履行他所受命的职责，而他自己，因为耽搁很晚才到场，只能作极简略的说明，机械工人的委员会没有作出决定就休会了。委托书记［写信］给阿兰先生。

还委托书记写信给伦敦排字工人和铜器抛光工人。

一般性事务

公民**马克思**提议,公民**拉法格**附议,代表大会议事日程第一项如下:

关于使国际工人协会能在工人阶级(女工和男工)争取彻底摆脱资本统治的斗争中起到他们的共同行动中心的作用的实际办法。通过。

公民**埃卡留斯**宣读了下面所附的呼吁书,一致通过,并决定刊印300[份]供散发,同时委托公民拉法格把它译成法文,于7月13日星期六提交常务委员会。

就公民贝松的不正当行为作出决定:他应当出席7月13日的常务委员会会议,委托书记写信给他。

公民**福克斯**把他写的致邮政大臣的书面声明提交委员会。访问过瑞士邮政部长的**埃卡留斯**、**荣克**和**卡特**三位公民全都建议作些补充。公民**福克斯**欣然接受,并说明他将在这个星期内完成这个文件。[397]

即此休会。

出席委员:巴克利、卡特、杜邦、埃卡留斯、福克斯、荣克、列斯纳、马克思、莫里斯、斯特普尼、拉法格、亚罗和扎比茨基。①

---

① 记录本此处贴有一份铅印的有关洛桑代表大会的传单,内容见本卷《国际工人协会总委员会文件》中《国际工人协会总委员会呼吁书》(关于洛桑代表大会的英文呼吁书)。本次会议记录无签名。

委员会会议①

7月16日

公民**荣克**主持会议。

宣读并批准了上两次会议的记录。

一般汇报

总书记②报告：他收到了全国锻工协会书记约翰·凯恩的来信，宣布该团体准备加入。

机械工人的书记已经送来毋宁说是一种推托的复信，只答应把情况反映给机械工人的总委员会。

伦敦工联理事会书记要求派代表团去参加该团体的年会。

通　讯

瑞士。日内瓦人把设菲尔德的偏激行为和那几个工联同国际协会扯在一起。³⁹⁸该支部希望予以驳斥，但因日内瓦报纸转载的只是英国报纸上的零星片断，决定不理睬这件事。

宣读了《未来呼声报》社论的摘要。其中指出了一个事实，即入侵墨西哥的马克西米利安皇帝对凡被发现为保卫自己的国家而抵抗外国

---

① 本日记录由埃卡留斯记在记录本第96—97页上。
② 埃卡留斯。

入侵者的墨西哥人判处死刑,并在宣判后 24 小时内予以执行;而面对这样的事实,欧洲官方报刊竟掩盖了他那令人发指的罪行。[399]

法国。**法国书记**①交出了里昂分部的部分年度会费 2 英镑。里昂分部要求授权成立一个罗讷(河)省中央委员会。一致同意这项授权。

里昂分部的会员们感到非常困难,他们也许只能派遣一名代表去参加代表大会。为了能够举行定期的集会,他们已经决定注册为合作社,但是他们相当天真地相信他们的储金将使他们摆脱资本的统治。他们已准备了会员证的格式和符合法律的章程草案。[400]维勒弗朗什新建了一个分部,公民沙桑为书记,他们将派代表去洛桑。[401]卡斯泰尔诺达里也建立了一个分部。舍特尔收到了各期的《信使》;[他们]乐意订阅,只是太穷了。《未来呼声报》是他们的机关报,但是他们宁愿要比这家报纸更激进些的。[402]

一般性事务

常务委员会的报告。公民贝松为他的行为辩护,理由是:(1)在法国人的会议上,一个人可以把位置让给另一个人;(2)他没有领会执行主席的话;(3)他并不认为这是一个会引起争论的错误;(4)他承认他太激动了。

公民**福克斯**根据提出的这个报告,反对所列的各点,并提议以后有机会还要付诸讨论。

致邮政大臣的书面声明被通过,并决定应由所有的书记签名。

马克思、柯恩、福克斯、杜邦和埃卡留斯诸位公民被任命为代表团,出席伦敦工联理事会 1867 年 7 月 25 日在老贝利区贝尔旅馆举行的

---

① 杜邦。——编者注

年会。[403]

决定：代表大会议程于8月份讨论。

出席委员：柯恩、巴克利、埃卡留斯、福克斯、杜邦、荣克、列斯纳、罗夫人、凯勒、莫里斯、亚罗、扎比茨基。

即此休会至7月23日，星期二。[①]

委员会会议[②]
7月23日

公民**荣克**主持会议。

宣读并批准了上次会议的记录。

总书记[③]报告：他收到鞋匠联合会书记多德森先生的一封来信，[说明]去年他的执行委员会[能够]应允给代表大会基金提供5英镑的条款，已经被1867年的代表会议撤销了。该联合会从未承认是附属团体，这一点曾经向代表团作了说明。

书记要求准许他写信给伦敦工人协会。稍加讨论后同意。

通 讯

美国。公民**马克思**收到几封信：一封来自纽约，宣布共产主义者俱乐部加入协会，俱乐部否认一切天启和每一个不是以认识具体对象为基

---

① 无签名。
② 本日记录由埃卡留斯记在记录本第97—99页上。
③ 埃卡留斯。

础的［教条］。它主张消灭个人财产，人人平等，它的会员相互保证把这些格言付诸实践。[404]另一封是新泽西州霍博肯的一个类似的团体来的，也是宣布它加入协会。它要求委员会把文件寄去，还谈到美国工人面临的巨大危险就是被职业政客——天下最大的流氓所中伤，并且正在宣扬工人的本分是留在自己的岗位上。参议员威德前几天发表了一篇几乎是共产主义的演说，但是他在资产阶级听众面前却又为这个演说作了辩解。①

公民马克思提醒总委员会注意议会的蓝皮书——《女王陛下驻外使馆秘书关于其驻在国工商业情况的报告。1867年》，并从蓝皮书中摘出如下几段[405]：

"1864年头11个月，比利时进口7200吨未加工的生铁，其中5300吨是从大不列颠进口的，1865年同一时期，生铁进口增加到18800吨，其中17000吨是从大不列颠进口的；1866年，生铁进口达29590吨，其中26200吨是从大不列颠进口的。另一方面，1864年头11个月，比利时出口的生铁达24400吨，其中17200吨输入法国，5900吨输入英国，而在1866年同一时期，生铁出口没有超过14000吨，其中9600吨输入法国，输入大不列颠的只有241吨。比利时出口的钢轨也从1864年头11个月的75353吨减少到1866年的62734吨。

现在以表格的形式列出1866年头11个月同1864年同一时期相比的关于比利时从大不列颠进口的和大不列颠从比利时进口的**各种品种的钢铁**的材料。

比利时从大不列颠进口（均以头11个月计）

	1866年（单位：吨）	1864年（单位：吨）
矿石和金属屑………………………	0	1
未加工的铁、锭铁和废铁………	26211	5296

---

① 记录本此处贴有一张1867年7月27日《工人报》第18号的剪报。

	1866年	1864年
加过工的铁（钉子、铁丝等）………	1031	1777
金属铸件………………………………	41	24
锻铁……………………………………	255	203
扁钢、钢板和钢丝……………………	3219	1227
锻钢……………………………………	522	0
共计	31289	8528

大不列颠从比利时进口（均以头11个月计）

	1866年（单位：吨）	1864年（单位：吨）
矿石和金属屑………………………	1768	5555
未加工的铁、锭铁和废铁…………	241	5920
加过工的铁（钉子、铁丝等）……	6727	9436
金属铸件……………………………	5	7
锻铁…………………………………	12	0
扁钢、钢板和钢丝…………………	50	56
锻钢…………………………………	16	5
共计	8817	20979

简单总结是：1864年（头11个月）比利时向英国输出20979吨铁和钢，而1866年却只有8817吨，可是英国向比利时输出的铁和钢却从1864年的8528吨增加到1866年的31289吨。"

这使人想起，一些资产阶级报纸去年大肆叫嚣，说什么工联的存在引起了极有害的后果；它们断言，由于工联的活动而使受到比利时制铁业排挤的英国制铁业丧失了自己的阵地。所有这些大肆叫嚣的报纸，不仅没有报道过上述蓝皮书的内容，而且连蓝皮书的出版也没有提到过。

处理了一些例行事务后，总委员会延期到7月30日星期二在西区东城堡街 16 号开会。①

瑞士。日内瓦支部已经同意和平代表大会的纲领。[406]弗勒里耶的资产阶级激进派委员会号召拉绍德封的资产阶级激进派委员会进行反对国际的社会民主主义倾向的斗争,这些倾向力图推翻社会秩序和挑起不同阶级间的仇恨。[407]钟表匠利用国际的组织来制止资本家间隔好长时间发给工资和在工人预支时打折扣的制度。[408]

意大利。公民**卡特**报告说,他按指示写过信,但是他只寄出了载有代表大会报告的《信使》头四期。

公民**埃卡留斯**提名裁缝联合会西蒂分会主席公民尼尔为总委员会委员候选人。

公民**福克斯**宣布,他收到了美国劳工代表大会委员会的一份呼吁书。[409]

公民**马克思**提议,**列斯纳**附议:

在《法兰西信使报》上发表我们代表大会的议程,任何分部都无权提出自己的议程,只有总委员会有权拟定代表大会议程,委托总书记将总委员会的议程寄给《信使报》,并将这一决议通知巴黎委员会。通过。[410]

决定:到 1867 年 9 月前的资产负债表附在代表大会报告中。[411]

公民福克斯被委托在克利夫兰大厅找一个房间。

决定:需要代表大会报告小册子的各分部应寄来预订款。

公民**福克斯**宣布,美国成立了社会科学协会。

委员会即此休会至 7 月 30 日。

出席委员:巴克利、卡特、杜邦、埃卡留斯、福克斯、荣克、列斯纳、罗、马克思、莫里斯、凯勒、斯特普尼、威廉斯。②

---

① 剪报至此结束。
② 无签名。

记录本的一页（1867年7月23日总委员会会议）

贴有马克思关于新蓝皮书上统计数字的发言的铅印原文

委员会会议①
7月30日

公民**卡特**主持会议。

宣读并批准了上次会议的记录。

总书记②报告,阿尔弗勒德·阿·沃尔顿写信来说,由于出版他的《我们的未来发展》一书,妨碍了他当代表。他寄来5先令作为代表大会基金。

考文垂织带工人探询去瑞士的细节,目的是要派出一个特派代表。

锻工书记凯恩先生正尽力筹集代表大会基金。

地球仪饭店的马车修理匠将研究代表大会基金问题。

制革工人协会已答应在8月1日接待一个代表团。

怀特查珀尔的德国人俱乐部和谐协会已给代表大会基金拨款10先令[412],不来梅的裁缝为罢工的裁缝寄来了4英镑10先令。

波兰人分部写信宣布,它将委派一位住在瑞士的波兰流亡者为出席代表大会的代表[413],并根据它的财源捐款给代表大会基金。它寄给两年的会费。

公民尼尔被一致选为总委员会委员。

通 讯

法国。马赛通讯员公民瓦瑟尔从距马赛约30公里的煤矿区菲沃来

---

① 本日记录由埃卡留斯记在记录本第99—101页上。
② 埃卡留斯。

信说，这个地方的资本家千方百计地使大约500名矿工转而反对国际协会。他和几位朋友尽其所能与之针锋相对地斗争，在建立分部之前，他不准备离开。托伦已经控制了《法兰西信使报》，这是一个巨大的帮助。他要求法国书记给马赛写一封鼓励的信，使会员们保持斗争精神。

卡昂的公民塔尔博特在他的信里宣布，龙格同他在一起，他的分部将派遣一名代表去洛桑，他将寄给总委员会1基尼。[414]

宣读了索恩河畔讷维尔的欧仁·贝尼埃尔的一封来信，其中声称：一位代表将被派往洛桑，该分部支持和平代表大会。

各代表团的报告

公民**福克斯**去了解过克利夫兰咖啡间。它只在星期三有空，每周租金半克龙①。

公民**柯恩**不同意，星期三开会就等于把他开除，因为他的团体的委员会是星期三晚上开会。

这个问题延期再议。

公民**柯恩**报告了伦敦工联理事会会议的情况。这次会议把整个晚上的时间都用于理事会和木工联合会一些分会之间的争吵上。[415]这个会议休会至8月3日，他自告奋勇再去参加。公民黑尔斯被委派同他一道去。

黑尔斯和埃卡留斯两位公民被委派去参加在8月1日举行的制革工人代表会议。

公民**马克思**提议，在8月6日研究和平大会的纲领。

公民**卡特**通知说，在下一次总委员会［会议］上，他要提议任命

---

① 克龙（crown），英国银币，1克龙值5先令。——编者注

四位代表参加代表大会。

委员会即此休会至8月6日,星期二。

出席委员:巴克利、卡特、柯恩、杜邦、埃卡留斯、福克斯、加德纳、黑尔斯、凯勒、列斯纳、马克思、莫里斯、肖、扎比茨基。

授权法国人分部会员公民伊萨尔作为协会的代理人在美国进行活动。①

委员会会议②

8月6日

公民**荣克**主持会议。

宣读并批准了上次会议的记录。

总书记③报告:公民豪威耳给代表大会基金寄来了2先令6便士,并申请一封给巴黎会员的介绍信。

考文垂织带工人的理事会把派代表参加代表大会的问题,移交给将在几天内举行的行业代表的会议。[416]

细木工联合会来信说,他们的基金困难很大,以致不可能给代表大会任何捐助。风琴匠寄来了他们的年度会费2先令1便士,但是已无能力给代表大会提供经费。德意志工人教育协会准备召开一个全体大会来研究能为代表大会做些什么。木工和细木工联合会执行委员会已决定交付2英镑的年度捐款,并授权各分会分别自行决定加入。[417]制革工人协

---

① 无签名。
② 本日记录由埃卡留斯记在记录本第101—103页上。
③ 埃卡留斯。

会的代表会议礼貌地接待了代表团,但是,从该会书记的信上看,问题还必须交给会员讨论决定。

通 讯

法国。宣读了孔代(卡尔瓦多斯省)的公民图坦的一封来信。信上说,那里只剩下四个会员,他们寄给公民弗里布尔5法郎,[他们]将同卡昂分部联合派遣一名代表。公民马尔什瓦尔从维埃纳(伊泽尔)来信说,派遣代表的问题正在讨论。[418]他说,他需要一些代表大会报告。他想去阿诺奈,要求给他作些指示。南特的公民叙尔来信宣称,收到了代表大会报告以及下次代表大会的呼吁书和邀请书。许多以前的会员担心,由于协会是政治性的,可能使他们陷入困境,而没有继续缴纳年度会费。在南特进行宣传非常困难。有许多福利慈善机构,而人民整个说来都是笃信宗教的。有谁要钱做什么事,就被看成是恶棍。写信的人遭到了以前曾经是他的同事的人的冷眼。

公民**杜邦**报告说,他克服了许多麻烦才使得代表大会呼吁书和议程在《欧洲信使报》上发表。他还收到了一份邀请书,邀请总委员会派代表参加将于这个月16、17和18日在巴黎举行的合作社代表大会。[419]

公民**福克斯**宣布,他收到美国劳工代表大会委员会的一份呼吁书,根据这份呼吁书,他发现他先前得到的呼吁书是错误的。芝加哥《工人辩护士报》发表了我们的代表大会报告的几个部分,并且在谈及正在召开的美国劳工代表大会的文章中说,应予决定的问题之一是应该派遣代表参加欧洲的国际代表大会,以预防资本家为了降低劳动价值而从欧洲运进工人的泛滥,促进两大陆劳动人民之间的了解。[420]

代表团

公民**黑尔斯**报告说,他同公民柯恩一道出席了伦敦工联理事会会议,但是议论别的事情占用了整个晚上,而代表大会问题没有来得及讨论。在代表大会前将不再开会。

黑尔斯和荣克两位公民被委派去参加下星期一的铜器抛光工人的会议。

公民**卡特**提议,公民**亚罗**附议:

要求公民豪威耳作为总委员会的代表出席在巴黎召开的合作社代表大会,公民杜邦发给他全权证书。一致通过。

关于克利夫兰咖啡间的问题再次延期;罗夫人主动提出前去了解是不是能够在星期二占用。委托公民莫里斯去向富兰克林大厅了解。

公民**卡特**提议:委派四名代表,所有可能收到的钱都应在他们之间平均分配,并请他们垫付不足的部分。

稍加讨论后,这个建议被撤销。

接着,公民**黑尔斯**提议,公民**列斯纳**附议:

经费按得票数发给代表,也就是得票最多的人得头一个10英镑,并按可能收到的钱数如此轮流。这个决议以7对5票被通过。

接着作出决定:委派四名代表;立即进行候选人提名,8月13日星期二举行投票。荣克、奥哲尔和肖谢绝被提名为候选人。下列诸位公民被提名为候选人:卡特、杜邦、埃卡留斯、福克斯、罗和马克思。

即此休会至8月13日。①

---

① 无签名。

国际工人协会①

本星期二，8月13日②晚上，举行了总委员会的一周例会。

公民**荣克**主持会议。

宣读并批准了上次会议的记录。

总书记③报告：他接到通知说，编筐工人的两个协会准备举行特别会议，届时将决定派代表参加国际代表大会的问题。[421] 木工和细木工联合会切尔西分会通过了一项决议，向该会执行委员会力陈必须由全体会员表决赞成还是反对整个团体加入国际协会的问题。裁缝联合会执委会已决定提议将该联合会的加入问题作为下次代表会议上的一项实际决议；他们的章程不允许他们给代表大会基金以任何帮助。

法国人分部已委派公民杜邦为参加代表大会的特别代表，德意志工人教育协会将在下个星期内委派一名特派代表。[422]

柏林雪茄烟工人已寄给罢工的裁缝 25 泰勒。

公民**黑尔斯**宣布，弹性织品织工协会已给代表大会基金捐助 1 英镑。

接着，决定进行投票。

公民**马克思**声明，他今年不能去参加代表大会，因此必须撤销对他的提名。

---

① 本日记录是1867年8月17日《蜂房报》第305号的剪报，上面载有8月13日总委员会会议的报道。剪报贴在记录本第104页上。
② "8月13日"是手写的。
③ 埃卡留斯。

由于公民杜邦已被法国人分部委派，投票只简单决定，如果经费不够派遣四名代表的话，被提名的代表中谁有优先权。

在投票进行中，公民**马克思**吁请总委员会注意预定在日内瓦举行的和平同盟代表大会。他认为最好是让尽量多的代表以个人身份出席这次大会，作为国际协会的代表正式参加大会却不恰当。国际工人协会代表大会本身就是和平的大会，因为各国工人的团结最终应该使各国之间的战争成为不可能。如果和平同盟的日内瓦大会的发起人了解这个问题的实质，他们就会加入国际协会。

日前欧洲大批军队的扩充是由 1848 年革命所引起的。庞大的常备军是社会现状的必然结果。现在保持常备军不是用来进行对外战争，而是用来镇压工人阶级。[423]然而并不是随时都有供他们轰炸的街垒和供他们枪杀的工人，因此，也有可能为了不致使士兵丧失打仗的本领而发动国际冲突。在这次大会上，不惜以任何代价来维持和平的人无疑将占多数。他们会乐于让俄国独掌对欧洲其余国家进行战争的手段。可是，有俄国这样的强国存在，就足以使其他一切国家有理由来保持自己的军队了。

某些法国激进派完全可能利用这个机会，发表一些蔑视本国政府的言论，不过，如果这样的言论是在巴黎发表，那会产生更大的影响。

那些拒绝参加改变劳资关系事业的人，他们忽视了普遍和平的实际条件。

他在发言结束时提议："建议总委员会的代表不正式参加和平同盟代表大会，并在工人协会代表大会上反对任何主张正式参加的建议。"[424]

公民**凯勒**报告说，法国人分部的代表已经接到了同样意思的指示。

在**福克斯**和**埃卡留斯**两位公民发表意见之后，一致通过了这个决议。

投票选举的结果是：第一，公民格奥尔格·埃卡留斯；第二，彼得·福克斯；第三，詹姆斯·卡特；第四，罗夫人。[425]

根据罗夫人的提议决定：下次会议于8月20日星期二在克利夫兰大厅咖啡间举行。

将予讨论的问题是年度报告和代表大会议程。

即此休会。[①]

国际工人协会[②]

总委员会于本星期二，8月20日[③]在克利夫兰大厅咖啡间开了会。今后星期二晚间的例会将在这里举行。有许多委员近来完全投身于改革运动，现在法案已成为法律，他们将重新回来参加总委员会会议。[426]

公民**荣克**主持会议。

宣读并批准了上次会议的记录。

总书记[④]报告：伦敦雪茄烟工人已拨款1英镑1先令给代表大会基金；西头女靴匠拨款5英镑。考文垂织带工人已委派一位特派代表。布雷肯的公民阿尔弗勒德·阿·沃尔顿已经宣布他打算代表全国改革同盟，他是该同盟的主席。

瑞士书记[⑤]宣布，在伯尔尼成立了一个分部。[427]

---

① 无签名。
② 本日记录是1867年8月24日《蜂房报》第306号的剪报，上面载有总委员会8月20日会议的报道。剪报贴在记录本第105页上。
③ "8月20日"是手写的。
④ 埃卡留斯。
⑤ 荣克。

法国书记①宣读了菲沃矿工的一封来信,他们建立了一个分部。他还宣布,协会的章程已在阿尔及尔刊印。

美国书记②宣读了纽约州全国劳工同盟副主席和总干事威·约·杰瑟普的一封来信,下面是摘自这封信中的一段:

"收到您的可贵的信和附来的文件,使我感到莫大的快慰。为此,敬请接受我衷心的感谢。我长期以来渴望同英国工人通信,抱着这个目的,已经写了两三封信。全国劳工同盟通讯书记迟未作复。我作为全国劳工同盟的一个负责人,对于您寄来有关日内瓦代表大会的报告和情报的善意没有得到我们通讯书记的酬答一事,极感遗憾。正如我认为这是新老两个国家的工人都应该就劳工运动问题密切联系的极为重要的事情一样,我相信这将证明对双方是互利的。我深感遗憾的是,我们的全国同盟来不及开会确定派遣代表去参加洛桑的代表大会了。我非常想看到美国工人在这个会上有代表出席。我将十分高兴地按照您的要求将你们的代表大会于9月2日召开一事通知芝加哥代表大会。我还将在向大会作报告时冒昧宣读您的来信,我认为将它发表是十分重要的。我愿意向你们的总委员会保证,由于我已由本市的工人联合会[428]选为出席芝加哥代表大会的代表,我一回来就写信给你们,详细报道关于同盟所采取的步骤,并将载有会议最全面资料的文件寄给你们。我的副主席任期将在同盟会议结束时届满。我愿意保持我们的通信,因为我还担任纽约州工人会议主席或者纽约工人联合会通讯书记的职务,并且随时都乐于交换关于劳工问题的文件。我认识到我们两个团体之间经常联系的必要性,如果我明年还在那里担任职务,我将在我的权限范围内尽一切努力保持这样的联系,并乐于在权限范围内将您或总委员会可能想要的情报转送给你们,或者交换感兴趣的报纸或文件。旧金山的许多行业罢工,反对延长劳动时间,因为过去19个月来是按八小时工作日受雇的。"

---

① 杜邦。
② 福克斯。

接着，**总书记**宣读了他起草的协会第三年度报告的草稿，增加了一段关于总委员会在国际邮资问题上所采取的步骤的说明，还作了一些文字上的修改，随后通过了这个报告。从这个报告来看，协会的英国支部增加了十个有组织的附属团体。在法国，新建立了七个分部，阿尔及尔也建立了一个。瑞士有几个工会以及合作社和政治性团体已经加入协会。

美国书记的专门报告也被通过了。

接着，谈起了总委员会的一些委员的问题。他们是上次代表大会委任的，但是一些时间以来没有出席会议，也没有缴纳年度捐款。

决定："凡是到8月27日星期二还没有交付捐款的总委员会委员，应从总委员会委员名单中除名。"

因为晚上的会议开得太晚，代表大会问题的讨论延期至下星期二。①

委员会会议②

8月27日，星期二

公民**肖**主持会议。

宣读并批准了上次会议的记录。

总书记③报告，制革短工联合会已宣布加入协会，该会书记交付了入会费。伦敦编筐工人交付了他们的年度捐款，并交付了代表大会基金

---

① 无签名。——编者注
② 本日记录由埃卡留斯记在记录本第106—107页上。——编者注
③ 埃卡留斯。——编者注

12先令6便士。

接着宣读了资产负债表。莫里斯和黑尔斯两位公民被委派为查账员。

根据公民**福克斯**的提议，公民**马克思**的附议，作出决议：代表大会代表应得到12英镑。

公民**福克斯**宣读了邮政大臣答复总委员会送去的备忘录的来信，赞成降低国际邮资。邮政大臣同意这个文件中所阐明的观点。[429]

宣读并通过了美国书记的专门报告。[430]

讨论代表大会问题

定期缴纳捐款被认为是极其重要的，这是保证协会履行其职责的一种实际手段。

公民**黑尔斯**认为，总委员会应该少依赖各工联，而更多地从事普遍宣传，以吸引各地最重要的思想家。

公民**福克斯**认为，我们在各地有地方代理人。

公民**卡特**坚持认为，我们除了干预罢工，没有干别的，完全忽视了协会的伟大原则的实际应用。

公民**福克斯**提到，波兰问题一直保持不衰，应归功于国际。

公民**奥哲尔**说，我们必须讨论日常最重要的问题，以吸引公众的注意，并使我们的会议令人更感兴趣，这会增加我们的基金和使我们能以贯彻我们的原则。至今还没有充分引起大家的注意。

公民**马克思**十分反对把我们的协会变成辩论俱乐部。我们在国外已经取得了相当大的进步，在法国也获得了良好的声望。一连几个星期以来，除了福克斯、肖、卡特和巴克利之外，没有一个英国委员来靠近我们。他并不反对讨论重大问题。

公民**奥哲尔**认为，特殊问题可以举行特别会议。

卡特、**罗夫人**、**黑尔斯**和**福克斯**发言主张辩论。

接着有人提议，星期四举行特别会议讨论第二个问题。通过。①

[特别会议]②

在特别会议上通过了资产负债表。[431]

前几次会议上宣布为地方代表的公民沃尔顿和公民斯旺出席了会议。

公民**沃尔顿**交付了全国改革同盟的入会费和年度捐款，公民**塔奇基**交付了德意志工人教育协会的捐款。

[公民**福克斯**详细论述了银行法规和货币法，公民**沃尔顿**对信贷的一般性问题作了一些评论。因为没有人表示要认真讨论各工联团体基金问题，会议以执行主席公民肖对代表大会讨论成功表示的良好祝愿结束。]③

这一段文字根据公民**福克斯**的建议被删去，代之以由他本人提出的下述两段：

公民**福克斯**就信贷问题发了言，并在一篇详细说明中指出了大不列颠的货币法妨碍了这几个岛上的大众信贷社的发展。

公民**沃尔顿**就信贷的总题目发了言。再没有别的人参加讨论，即此休会。④

---

① 无签名。
② 原无标题和日期。会议是在8月20日举行的。本日记录由埃卡留斯记在记录本第107页上。
③ 这一段在记录本上被划掉了。
④ 无签名。

委员会会议①

9月17日

公民**荣克**主持会议。

宣读了前两次会议的记录。

公民**福克斯**不同意有关讨论第二次代表大会问题的那一段记录。

在详细讨论后，公民福克斯写了一个书面说明给书记，以代替书记所记录的那一段。通过。批准记录。

总书记②的报告

法国研磨工人寄来了他们的年度捐款；林恩木工和细木工寄来了9先令9便士邮票，要求寄去章程和会员证；利物浦全国泥水匠协会③在召开代表会议时，决定每年拨给国际协会基金1基尼，并想要知道把钱寄给谁；伯明翰房屋油漆匠寄来了入会申请书，附有一张19先令7便士的汇票，作为入会费和年度捐款。

公民**荣克**宣布，一家新报纸《自由报》在比利时开始出版，该报编辑部征过稿，表示愿意刊登任何可能使协会感兴趣的材料。[432]

公民**肖**不同意公民**福克斯**将美国劳工代表大会的报道提供给《蜂房报》发表的这种做法，那样，仿佛我们的通讯员就是《蜂房报》的通

---

① 本日记录由埃卡留斯记在记录本第108—109页上。——编者注
② 埃卡留斯。——编者注
③ 记录本此处划掉"寄来了他们的入会申请书"一句。——编者注

讯员似的。[433]

详细讨论之后，这件事告结束。

根据公民**埃卡留斯**的提议，决定：欠理·科塔姆款的余款 2 英镑，应予支付。

还决定：购买两刀 9 月 14 日星期六的《蜂房报》和两刀 9 月 21 日星期六的《蜂房报》，供总委员会之用。[434]

由于时间太晚，来不及听取代表大会代表的报告，会议休会至 9 月 24 日，星期二。

出席委员：巴克利、卡特、柯恩、埃卡留斯、福克斯、黑尔斯、荣克、列斯纳、马克思、肖、扎比茨基。①

委员会会议②

9 月 24 日

公民**奥哲尔**主持会议。

宣读并批准了上次会议的记录。

法国研磨工人的一位代表报到出席。

利物浦雪茄烟工人的书记来信宣布该团体入会。此外，他已邮寄一张汇票给包佛里街 18 号罗·肖收兑。这张汇票尚未收到。

公民**福克斯**答应进行查询。

公民**埃卡留斯**报告了他出使洛桑和日内瓦和平代表大会开会的情况。[435]

---

① 无签名。
② 本日记录由埃卡留斯记在记录本第 109—111 页上。

公民**列斯纳**谈到在洛桑的一些代表的失礼行为。他报告说,代表大会具有真正的代表性。记录将用法文全文发表,费用由操法语的代表负担。

[通过了] 向代表们致谢的决定。

由于宣布代表大会已决定每个会员每年给中央基金交付 1 便士,公民**福克斯**提出问题:是否不应该取消各团体的 5 先令入会费。[436]

埃卡留斯、**奥哲尔**、**马克思**诸位公民表示①反对取消。

公民**肖**建议取消各附属团体派到总委员会来的代表的捐款。

公民**福克斯**吁请总委员会注意《泰晤士报》上刊载的埃卡留斯关于代表大会的报道。

公民**马克思**吁请委员会注意公民福克斯致日内瓦的菲·贝克尔的一封信,以便弄清楚这封信的主旨。[437]

委任负责人员

根据公民**黑尔斯**的提议,一致决定不委任常务主席。[438]

根据公民**肖**的提议,一致[决定]:财务书记迄今所履行的一切职责移交给总书记,取消财务书记一职。

下列诸位被委任为负责人员,没有不同意见:罗·肖,财务委员;约·格奥尔格·埃卡留斯,总书记;欧仁·杜邦,法国书记;卡尔·马克思,德国书记;扎比茨基,波兰书记;海尔曼·荣克,瑞士书记;詹姆斯·卡特,意大利书记;彼得·福克斯,美国书记;保尔·拉法格,西班牙书记。

因为前任比利时书记公民贝松经常缺席,比利时书记的委任延期。[439]

---

① 记录本此处划掉了"反对意见"等字。

伦敦雪茄烟工人协会的代表公民**柯恩**报告说,由于管理上的节俭,他的协会成功地积攒了约计2000英镑的基金,这笔钱以2.5%的年息存入了储蓄银行。他们认为,这笔钱可以更好地派用场,因而想知道如何运用。他把这个问题提供总委员会考虑,总委员会可以就此提出一些建议,发表意见,看是否能够想办法把钱用得更好些。

该协会委员会出2基尼的代价征求论述运用协会基金最佳方法的最佳论文。这只限于该协会会员,但是他们也需要征求总委员会的意见。审查论文的时间确定在1868年2月。

公民**欣顿**(美国公民)询问他回国后怎样为国际协会尽力。他认为,应该是美国人抛弃其局限于一国疆域内的有点狭隘的运动的时候了。他认为,为支持欧洲战斗着的民主政治,采取适当的手段,可以获得美利坚共和国的道义力量。他将尽最大努力以造成有这样效果的合作,他还要竭力使一个美国代表团参加下一次国际工人代表大会。他指责《泰晤士报》对美国劳工代表大会的攻击,并说明了《泰晤士报》上所作的关于来自欧洲的移民的论断是没有根据的。[440]

在提出几项建议并作详细讨论之后,关于授予公民欣顿特殊权力的问题,延期再议。

会议于10时半休会。

出席委员:巴克利、柯恩、埃卡留斯、福克斯、黑尔斯、荣克、罗夫人、列斯纳、马克思、莫里斯、肖、扎比茨基。

主席　海·荣克[①]

书记　约·格·埃卡留斯

[①] 海·荣克是在10月1日的会议上主持会议,并在这次会议上批准本记录的。此前,在会议记录上签字的主席,一般是总委员会主席(President),此后,都是会议主席(Chairman)。——编者注

由代表大会任命的有权增加委员人数的总委员会委员：贝松、巴克利、卡特、德尔、杜邦、埃卡留斯、福克斯、哈里埃特·罗、黑尔斯、豪威耳、荣克、鲁克拉夫特、列斯纳、拉萨西、拉法格、劳伦斯、马克思、摩尔根、莫里斯、奥哲尔、肖、斯坦斯比、威廉斯、沃尔顿、韦斯顿、亚罗、扎比茨基。

委员会会议①
10月1日

公民**荣克**主持会议。

宣读并批准了上次会议的记录。

总书记②宣读了伯明翰的来信。这封信的作者奥尼尔教士要求得到大陆上各书记的地址，以便转递和平呼吁书。

总委员会对这件事没有采取行动。

宣读了科隆的裁缝的一封来信，要求寄去英国裁缝协会的章程，并要求对10月14日在莱比锡举行裁缝代表大会建立联合会提一点指导性建议。[441]

委托书记正式答复。

书记报告：波特尔先生送来了100份《蜂房报》（每份2便士）的欠账单。

公民**福克斯**自告奋勇愿意去争取使报价降为批发价格。

---

① 本日记录由埃卡留斯记在记录本第112—113页上。
② 埃卡留斯。

公民福克斯报告：迈奥尔先生持有利物浦雪茄烟工人来的内有一张汇票的信，但是只交给某个授权的负责人。

公民埃卡留斯受命去取这封信。

莫里斯和**埃卡留斯**两位公民提名纽伯里为总委员会委员候选人。

公民**福克斯**宣布，靴帮缝制工人入会的问题延期到一个人数更多的会议上再议。

公民**福克斯**要求准许延期讨论公民埃卡留斯在《泰晤士报》上的通讯。

公民**马克思**表示宁愿延期讨论他提出的关于公民福克斯致菲·贝克尔的信的问题。

决定：载有年度报告和资产负债表的《蜂房报》应寄给首都的各团体，写出地址并提交给下次会议。

根据公民**福克斯**的提议，公民**列斯纳**的附议，一致决定发给美国公民欣顿全权证书。

公民**福克斯**通知说，他近日将要求注意《蜂房报》同总委员会的关系。

由于公民**肖**缺席，以他的名义所立的提案延期再议。

出席委员：埃卡留斯、福克斯、黑尔斯、荣克、拉法格、列斯纳、马克思、扎比茨基。

主席①

书记　约·格奥尔格·埃卡留斯

---

① 未签名。

委员会会议①
10月8日

公民肖主持会议。

宣读并批准了上次会议的记录。

总书记②报告：伯明翰工联理事会书记索寄协会的章程。他已寄去几份宣言和临时章程。⁴⁴²

林恩的希拉姆先生前几天申请发给九张会员证和章程，并寄来了9先令9便士。他寄来了各工联中即将入会成为会员的九个人的姓名。各工联分会的入会问题尚未作出决定。

阿瑟·迈奥尔先生只肯在如下条件下才肯交出信件来：由书记签署一张字据，负责偿付欠下的房租和煤气费3英镑10先令。书记没有接受这个条件。

公民肖负责去取回这封信。

通　讯

公民伊萨尔从纽约寄来一封信，报告说：他认识许多有影响的人物，但是除了杰瑟普先生外，没有一个人是关心国际的。给其他人写信都劳而无功。他出席了全国劳工同盟的联邦代表会议，会上他和法国人分部的另一个会员公民德鲁里受到了友好的接待。两个人都讲了话，并

---

① 本日记录由埃卡留斯记在记录本第113—115页上。。
② 埃卡留斯。

附带提出了建议。他要求发给他本人和公民德鲁里两人全权证书。[443]

根据公民**福克斯**的提议，公民**杜邦**的附议，决定将全权证书、年度报告和代表大会报告寄给他。

公民**拉法格**宣读了一位西班牙人的西班牙文来信，此人阅读了洛桑代表大会的一些材料，对工人阶级满腔热情。在马德里，他使学生和工人之间实现了联盟。他遍游全欧，意识到在西班牙有许多事情要做，但是这个国家现在十分激动不安。在卡泰罗尼亚、阿拉贡和卡斯蒂尔有好经验。他将奋斗不懈，必要时不惜牺牲。

公民**福克斯**宣布：他收到了美国报纸，但是还没有看。芝加哥的《工人辩护士报》全文刊载了报告。

公民**马克思**宣布：协会会员公民李卜克内西，由萨克森工人再次选为北德意志议会议员。[444]他是唯一敢于抨击俾斯麦战争政策的议员，因此他受到工人联合会——舒尔采—德里奇的团体——的邀请，去接受工人对他的贡献所表示的感谢。①

公民**福克斯**提出了他在上次会议上说到过的建议——谴责公民埃卡留斯从洛桑给《泰晤士报》寄报道，并作长篇发言来支持这个建议，公民**卡特**表示支持，并且说：他认为，凡受到污辱的总委员会委员，其本分是辞职。于是，他宣布辞去意大利书记和总委员会委员，并离开了会议室。

公民**肖**也同意福克斯的意见，并认为②把报道寄给《泰晤士报》③是错误的。

---

① 记录中此处划掉了下面几句："接着，公民福克斯就公民埃卡留斯在《泰晤士报》上发表关于洛桑代表大会的报道一事，对埃卡留斯提出了指责。"
② 这里划掉了"报道应该有"等字
③ 这里划掉了"而不是把它们寄给"等字

马克思、荣克、拉法格和扎比茨基诸位公民反对这一点。

公民**黑尔斯**提出了一项更一般性的决议案；**福克斯**宁愿要他自己的决议案；公民**马克思**提议转入议事日程作为修正案，这项提议被通过，两票反对。[445]

委员会即此休会。

出席委员：巴克利、卡特、埃卡留斯、福克斯、黑尔斯、荣克、拉法格、列斯纳、马克思、莫里斯、肖、斯特普尼、扎比茨基。①

委员会会议②

10月22日

公民**荣克**主持会议。

宣读并批准了上次会议的记录。

书记③宣布：切尔滕纳姆的鞋匠给代表大会基金寄来2先令6便士。

公民**肖**宣读了迈奥尔先生的来信，要求星期三以前给钱，否则将起诉。利物浦雪茄烟工人寄来的附有汇票的信被迈奥尔先生拆开又粘上了。

决定付给迈奥尔先生10先令，并委托书记对他对总委员会委员含沙射影的信作答复。

公民**荣克**宣读了洛桑的一封来信，要求一笔贷款以偿还该支部为组织合作社所亏欠的债务。[446]

公民荣克受托答复这封信，说明总委员会无力提供援助。

---

① 无签名。
② 本日记录由埃卡留斯记在记录本第115—116页上。
③ 埃卡留斯。

公民**马克思**宣读了北德意志议会速记报告上的几则摘要。协会会员李卜克内西先生发表演说，主张废除常备军和提倡人民武装，并严厉批评了俾斯麦在卢森堡事务中的所作所为。**447**

接着作出决定：书记应召集由洛桑代表大会委任的所有总委员会委员开会。

关于在美国的伊萨尔和德鲁里两位公民所要求的代表全权的问题。延期再议。

决定：今后，个人会员证不另收费。

要求各附属团体的代表领取个人会员证的决议，予以废止。**448**

一致决定：为租用公民莫里斯的房间而决议拨给他的钱，应尽可能予以支付。

10时半休会。

出席委员：巴克利、埃卡留斯、黑尔斯、荣克、列斯纳、马克思、莫里斯、肖、斯特普尼、扎比茨基。①

10月29日②

一致选举公民**肖**主持会议。

宣读并批准了上次会议的记录。

书记③报告：由于没有总委员会委员的地址，他只给五个人写了

---

① 无签名。
② 本日记录无标题，由埃卡留斯记在记录本第116—117页上。
③ 埃卡留斯。

信。公民豪威耳回了信，答应出席下次会议。

他宣读了迈奥尔先生的一封来信，对他上封［信］里的含沙射影表示道歉，并声明［他］认为他本人有权拆开总委员会的信件，虽然这是不合法的。

公民荣克宣读了迪涅（下阿尔卑斯省）和博讷维尔的来信，写这些信的人要求［寄给］章程，因为他们打算建立协会的分部。

由公民列斯纳提议，公民黑尔斯附议，并一致通过，公民荣克写信去洛桑查询上次代表大会的记录。

委托书记打听刊印1000份协会章程的价钱。

布拉德尼克先生被一致接纳为弹性织品织工协会派来的代表。

韦斯顿先生通过黑尔斯先生转达，对他的缺席表示歉意，并答应以后来参加。

有人提议：现任书记，包括总书记在内，组成常务委员会。通过。

公民福克斯说，我们需要关于美国劳工运动的经常性的情报，而得到情报的最好办法是让我们的通讯员沃尔利和杰瑟普供给我们报纸。不论哪个地方有社会运动发生，杰瑟普能从全国各地找到报纸。杰瑟普是一位可靠的人。他怀疑沃尔利是不是也一样可靠，如果他可靠，而我们的基金又快用完了，我们就可以在他们两人中只挑一个。但是，现在我们必须同两个人打交道。我们只得轮流寄报纸，要不怎么办呢？他认为，《蜂房》周报、《合作者》双周刊和《合营企业纪事》[449]能达到目的。这些报纸一个月费用总计4先令4便士。

公民荣克说，他准备支持这个提议，但是在这样做之前，他想知道我们要这些报纸干什么用。

公民福克斯希望首先能确定这个问题。

公民黑尔斯发言支持这个建议。他认为，得到情报提供给大陆，是总委员会的职责。

委员会于10时半休会。

出席委员：巴克利、埃卡留斯、福克斯、黑尔斯、荣克、列斯纳、罗夫人、马克思、莫里斯、肖、斯特普尼、扎比茨基。①

委员会会议②
11月5日

公民肖主持会议。

宣读并批准了上次会议的记录。

决定刊印1000份章程。

委托书记改正乔治·波特尔送来的账单，账单上的索价超过所收到的《蜂房报》数量两倍的价钱。

通 讯

宣读了洛克尔的来信，对刊印代表大会报告所造成的延误一事表示道歉。信上说，决议准备好了，就要送来。

日内瓦报纸曾报道说，改革同盟委员会通过了一项支持芬尼亚运动的决议，政府已开始对决议的提案人起诉。[450]

洛克尔的学校当局同吉约姆教授发生了争吵，他有失去位置的危险。

里昂。旧的分部已一分为二。一派赞成积极参加政治活动，另一派

---

① 无签名。
② 本日记录由埃卡留斯记在记录本第117—120页上。

则持不同意见。来信者认为舍特尔是一名好战士，但不是一位好统帅。帕里克斯是新分部的书记。又有第三个分部以"独立小组"名义在里昂自行成立起来，它希望直接同总委员会通讯，并要求发给章程。他们将同别的分部一道寄来捐款。

鲁昂。[宣读了]一封信，宣布已经接纳了60名新会员。

马赛。[宣读了]一封信，宣布有令人满意的发展，并在马赛建立了一个组织局。瓦瑟尔从代表大会回来以后，一直受到教权派报纸的攻击。将在今年除夕那一天寄来捐款。

日内瓦。木工协会像细木工一样，把他们的福利基金同国际协会合并。泥水匠也以同样方式合并了他们的基金。

拉绍德封。又有一批钟表匠合作社在协会的主持下成立起来。此外，还成立了一个发条制造匠协会。他们都将向总委员会缴纳捐款。

里昂人第三小组的名称引起了一些议论。

委托公民荣克劝说这个小组采取更为中立的名称。

公民**福克斯**宣布：他打算辞去他的美国书记职务，以便他在同《蜂房报》的关系上有行动自由。如果总委员会有钱给他解决困难，他的文章由协会拿出去，那就再好不过了。但是，因为总委员会给不了钱，他就只好为《蜂房报》服务了。总委员会委员中有一些人站在他一边，他的目的是要推广《蜂房报》的纲领。如果总委员会多数人反对他，[他]势必不会理睬他们的意见。

公民**荣克**说，就福克斯来说，这绝不是好样的。他利用他担任美国书记的职务得到情报和建立了关系，而现在却对总委员会说：你们太穷不能给我钱，我就到《蜂房报》那边去。

公民**马克思**说，我们一开始就应该表现出更多的预见性。我们应该就我们的报道达成协议。现在，把它们竟登在里页的杂拾新闻中间。福克斯只是在美国代表大会报道中的一个细节上受到了指责。没有犯别的过错。我们同福克斯的文章没有关系,除非他写文章攻击我们。

公民肖除了已经提到对代表大会的报道曾给协会造成了某些危害之外,从没有听说有谁责备福克斯不该为《蜂房报》写文章。只要总委员会问一问《蜂房报》编辑,他们是否给我们的报道付稿费,他们就会付的。他为已经发生的事感到遗憾。

公民福克斯提出了下述建议:

本委员会指令它的美国书记同华盛顿全国劳工同盟主席 J. C. 华尔利先生通信,寄给他《蜂房》周报、曼彻斯特《合作者》半月刊和《合营企业纪事》月刊,并请他作为回报,也寄来芝加哥《工人辩护士报》和其他能够给予总委员会所期望的与美国工人阶级事业有关的情报的工人阶级报纸。

委员会即此休会。

出席委员:巴克利、杜邦、埃卡留斯、福克斯、豪威耳、荣克、列斯纳、罗夫人、马克思、莫里斯、肖、斯特普尼。①

委员会会议②

11 月 12 日

公民肖主持会议。

宣读并批准了上次会议的记录。

书记③宣读了乔治·波特尔先生关于送到协会办事处的 9 月 14 日和

---

① 无签名。
② 本日记录由埃卡留斯记在记录本第 120 页上。
③ 埃卡留斯。

21日的两期《蜂房报》的一封来信。

这件事委托给书记处理。

福克斯的信。宣读了彼·福克斯寄来的一封长信,再次坚持辞去美国书记一职,并指责上次会议执行主席的做法,以及总委员会委员们对这种做法的默认,他不接受公民荣克在那次会议上所作的说明。

公民**荣克**说,他已经当面对福克斯讲过了,他要是认为不对,当时就应该答复。

出席的委员们认为,上次会上发生的事情,不足以证明公民福克斯送来这样一封信是正当的。

决定把这件事移交给常务委员会。[451]

公民**荣克**报告说,日内瓦工人举行了群众大会,通过了一封号召意大利人举行总起义的公开信。还为加里波第基金举行了音乐会义演。[452]

日内瓦雕刻匠已宣布罢工。

几位教授正筹备建立一所与协会联系的免费学校,这所学校将教授数学、几何学和簿记。

公民**摩尔根**提议哈勒克夫人为总委员会会员。

公民**荣克**提议,公民**列斯纳**附议:芬尼亚社社员的问题在11月19日星期二讨论。一致通过。[453]

出席委员:巴克利、杜邦、埃卡留斯、荣克、拉法格、列斯纳、莫里斯、摩尔根、肖。

收到代表大会记录的第一种版本。[454]此外,还收到美国杰瑟普先生寄来的三种报纸:芝加哥《工人辩护士报》、菲拉德尔斐亚《欢迎工人》和匹兹堡《辩护士周报》。

12月17日宣读并通过。

海·荣克

格·埃卡留斯

总委员会同协会会员和朋友们的联席会议①
11月19日

公民**韦斯顿**被一致选举主持会议。

书记②宣读了总委员会上次会议记录上的决议,确定19日的议程是讨论芬尼亚社社员的问题。

主席③说:我认为,总委员会决定在这个时候讨论这个问题是明智的,我相信它将受到应有的注意。

他接着请公民荣克揭开讨论。④

荣克先生说:当我提议讨论这个问题的时候,我认为表达本协会总委员会方面的意见是符合愿望的。我不是实力运动的鼓吹者,但是爱尔兰人舍此没有别的手段来促成对他们的印象。在英国,许多人似乎害怕"实力"这个词,可是英国的政治运动仍没有摆脱它的影响。改革同盟尽管靠道义力量的方式做了许多事情,但这只是在政府所允许的海德公园集会⁴⁵⁵有诉诸实力之虞的情况下才完成的。要是英国工人在这个问题上处理不当,我是非常遗憾的。他们在所有其他问题上都处理得正确嘛。爱尔兰人要求的不只是单纯的改良。他们已经作了一些努力来吸引英国工人对芬尼亚社社员的注意。在芬尼亚社社员被指责为杀人犯的同时,加里波第却被推崇为伟大的爱国者;难道在加里波第的运动中没有

---

① 本日记录由埃卡留斯记在记录本第121—122页上。
② 埃卡留斯。
③ 韦斯顿。——编者注
④ 记录本此处贴着一份剪报。

人丧生吗？爱尔兰人同意大利人一样，也有反叛的权利，只是意大利人没有显示出比爱尔兰人更大的勇气罢了。我也许不同意爱尔兰人进行抵抗的特殊方式，但是他们应该得到自由。（热烈欢呼）

列斯纳先生说：我们的协会不要局限于任何特殊的民族特性；我们是属于一切民族的，爱尔兰问题像别的问题一样，同我们利害相关。20年来，爱尔兰的人口从800万下降到550万，这个衰落乃是不列颠统治的结果。没有哪个国家人口下降而能够繁荣昌盛。爱尔兰在急剧衰落，爱尔兰人有权反叛那些把他们赶出自己家园的人；如果有任何外来势力以类似的方式压迫英国人，他们也会这样做。（欢呼）

杜邦先生：总委员会如果仍然对爱尔兰人的事业漠不关心，那就是缺乏责任感。芬尼亚运动是怎么回事呢？难道它是同我们所抱宗旨相反的宗派或政党吗？当然不是。芬尼亚运动是一个被压迫民族为其社会生存和政治生存的权利而进行的抗争。芬尼亚社的宣言在这方面是不容置疑的。他们要求共和政体，信仰自由，废除国教，劳动产品归劳动者，土地归人民。哪一个民族能够放弃这样的原则呢？只有瞎子和丧尽天良的人才能支持相反的方面。我们听到的是，那些因忠于这样的事业而被英国法律行将处死的人在高呼："我们为我们的国家和共和制原则去死而感到自豪。"让我们来看一看英国的假冒自由保卫者们所加于芬尼亚社社员的责难究竟有什么价值吧！他们说，芬尼亚运动虽然并不全错，那又为什么不使用集会和示威的合法手段呢？借助于这种手段，我们曾赢得了改革法案。老实说，听到这样的论调，要遏制人的义愤简直是不可能的。对于一个在英国压迫下一世纪又一世纪地沦于苦难深渊的民族，对于一个成千上万的人流离失所而在国内到处谋生的民族，空谈合法手段有什么用？爱尔兰人有几百万流亡到美国，这难道不是最雄辩的合法抗议吗？在毁灭了他们的一切——生命和自由之后，他们就只有对压迫者的仇恨，这不值得大惊小怪。英国人对那些稍有一点芬尼亚运动嫌疑就会遭到逮捕、监禁并受到肉体上和精神上的摧残——其残酷程度，使假冒自由保卫者们议论得如此之多的炮弹国王①也瞠乎其后——的人来谈论合法性和正义，是不是好呢？[456]曼彻斯特有一位公民，他的住宅被警察闯进去，他要求其中一个拿出证件来。这个警察从口袋里掏出手枪，回答说"这就是证件。"这生动地说明了英国政府对爱尔兰人的所作所为。这样的行为，既是两个警察方面无权行使的，便足以引起反抗，足以说明反抗是有道理的。英国的工人如果责备芬尼亚社社员，那就大错特错了，因为两个民族的事业是一样的，他们要去打败同一个敌人——土地贵族和资本家。（欢呼）

摩尔根先生认为，颇为不幸的是，爱尔兰人选择了芬尼亚这个名称，许多英国人认为这个名称是一切都坏的同义词。如果他们简单地自称为共和派，他们就会马上堵住那些声称拥护共和主义的英国人的嘴。通常，英国人看待他们本国的事情不像看待别国的事情那样持公允的态度。他们鼓掌赞许外国的起义，但是指责爱尔兰的起义。一个举动，如果发生在法国、意大利或者波兰，会被认为是英雄主义，而发生在爱尔兰就会被指责为犯罪。爱尔兰人有一切理由求助于实力。不列颠政府从来对他们晓以义理；它总是运用法衣和滑膛枪。英国人看待爱尔兰人至少应该像看待意大利人一样，后者只要遭到外国势力同样方式的对待，就会比爱尔兰人更快地举行起义。（好哇！好哇！）

鲁克拉夫特先生说，问题不在于爱尔兰人是不是有理由运用实力，而是他们能不能把它运用好。他认为他们不能。他觉得颇为奇怪的是，例如，伦敦的爱尔兰人在改革运动中就没有同英格兰人和苏格兰人共同行动。

韦斯顿先生认为，芬尼亚运动一词意味着受了几世纪的压迫而产生的强烈感情和因此形成的仇恨，这是不能靠英国人自身要求的那种改良

---

① 斐迪南二世。

让步所能平息的。对于一个践踏人民权利的政府来说,绝不能靠道义的劝导来感化,而只能以实力来反抗。在英国,不需要大棒,但是道义力量在爱尔兰发挥不了公正的作用。解救曼彻斯特的芬尼亚被囚者,同英国政府现在试图解救在阿比西尼亚的被捕者[457]完全一样。如果曼彻斯特为了解救被囚者偶尔杀了人是杀人犯的话,那在阿比西尼亚同样也是杀人犯;如果在这个地方是错的,那么在别的地方也是错的。饿死爱尔兰人的罪行,远比试图解救芬尼亚被囚者时偶尔杀死一个人的罪大得多。他不相信法律的正义性。法律只要是由怀有敌意偏见的人制定和执行的,就有可能认定无辜的人有罪。他认为,爱尔兰受到的统治比任何别的国家都更为残酷无情,他对爱尔兰问题已成为最主要的问题感到高兴。姊妹王国的民主派必须着手研究这个问题,匡正错误。(热烈欢呼)

威廉·帕克斯先生说:在爱尔兰,在美国和英国,爱尔兰人都是一个意见——他们要的是爱尔兰人的爱尔兰,要的是自治。

公民**雅耶**在其颇长的发言中强调说,实力反抗是每一个无论受本国或外来的暴政压迫的民族的本分;他指出,这一点在罗伯斯比尔为领导成员的法国国民公会的宪法中作为基本原则规定下来了。①

根据**马克思**博士的提议,下星期二继续讨论。②

根据公民**鲁克拉夫特**的提议,并经稍加讨论后作出决定:委托常务委员会同本次会议的执行主席一道,就在曼彻斯特被判处死刑的芬尼亚囚犯问题起草一份致内务大臣的意见书,并把它提交给11月20日星期三的总委员会特别会议通过。③

---

① 雅耶的发言记录是手写的。
② 这里划掉了下面一句:"委托常务委员会以现在曼彻斯特被判处死刑的芬尼亚囚犯的名义起草一份致内务大臣的意见书。"剪报至此结束。——编者注
③ 无签名。

特别会议①

11月20日于西区东城堡街16号办事处

公民**韦斯顿**主持会议。

一致通过了常务委员会提出的下述意见书：

国际工人协会总委员会意见书[458]

谨致尊敬的女王陛下国务大臣格桑-哈第。

在本意见书上签名的欧洲各国工人组织的代表声明：

处决在曼彻斯特被判处死刑的爱尔兰囚犯，将会给英国在欧洲大陆的道义影响造成很大损失。根据虚假的证词和错误的判决（赦免马瓜伊尔一事正式证实了这一点）处决四名被告者，将是一种政治报复，而不是司法行为。即使曼彻斯特陪审法庭的判决和判决所依据的证词没有被不列颠政府自己所污损，不列颠政府现在也应当在旧欧洲的血腥做法和大西洋彼岸的年轻共和国的宽大仁慈之间有所选择。

我们要求减轻判刑，因为这将不仅是正义之举，而且是政治上的明智之举。

受国际工人协会总委员会的委托：

执 行 主 席
美 国 书 记
法 国 书 记
德 国 书 记
瑞 士 书 记
西 班 牙 书 记

---

① 本日记录由埃卡留斯记在记录本第122—123页上。

波兰书记
荷兰书记
比利时书记
名誉总书记　约·格奥尔格·埃卡留斯

公民罗·肖被一致同意任命为美国书记。

出席委员：埃卡留斯、杜邦、荣克、拉法格、马克思、莫里斯、肖、韦斯顿、列斯纳。

主席　海·荣克
书记　约·格奥尔格·埃卡留斯

12月17日宣读并通过。

委员会会议[①]

11月26日

公民**肖**主持会议。

继续芬尼亚社社员问题的讨论。

公民**马克思**声明，他把发言权让给公民福克斯。

公民**福克斯**在长篇发言中声明，丹·奥康奈尔领导下的爱尔兰人曾经是道义力量运动的创始人，但是英国政府迫使他们改变了策略，由于英国缺乏政治生活，芬尼亚运动乃归咎于对英国的公开敌视；芬尼亚运动是对公开反对英国的爱尔兰民族特性的明确申辩，而爱尔兰的统治集团则与其他国家的贵族不同，是反民族的。爱尔兰的动乱局面，对英国和美国之间的关系来说是一种经常的危险：爱尔兰人在合众国的影响，

---

① 本日记录由埃卡留斯记在记录本第124页上。

对侨居美国的不列颠工人大有妨碍。爱尔兰问题也妨碍了英国在波兰问题上采取合适的立场。英国对爱尔兰的统治权同奥地利对意大利的统治权一样糟。他在发言结束时提出了［如下］决议案：

"本会议表示希望：不列颠民族和爱尔兰民族之间将建立起持久和平和友谊，以代替英格兰人和爱尔兰人之间的 700 年战争；为此目的，会议号召爱尔兰民族的朋友们向不列颠人民提出这一问题，同时本会议也建议不列颠人民毫无偏见地听取有利于爱尔兰自治权的各种论据。"[459]

公民**亚罗**支持这个决议案，并赞同公民福克斯对美国情况所作的说明。

公民**柯恩**认为，英国［和］奥地利之间有区别。爱尔兰处在去美洲的通道上，如果转入别人手里的话，就可能妨碍英国的贸易。

在**主席**①与马克思、埃卡留斯、韦斯顿和荣克几位公民一起交换意见之后，根据公民**柯恩**的提议作出决定：将这个决议案移交给常务委员会。[460]

即此休会。②

委员会会议③

12 月 17 日[461]

公民**肖**主持会议。

分别宣读并批准了前几次会议的记录。

宣读了戈斯韦尔路的约瑟夫·哈特的来信，表示希望成为会员。

---

① 肖。——编者注
② 这里划掉了如下一句"出席委员：埃卡留斯、荣克、罗夫人、列斯纳、马克思、莫里斯、肖。"且无签名。
③ 本日记录由埃卡留斯记在记录本第 125 页上。

公民荣克表示自愿去见他。

公民马克思提议，公民莫里斯附议：

刊印章程，如果进款不［敷］，公民马克思同意垫付。[462]通过。

公民荣克宣读了巴黎的一封来信。信上说，该委员会已经决定清偿去年的欠债。总计300名会员，他们应该拿出4英镑12先令。扣除已支出的费用2英镑10先令，他们希望总委员会不要拒收这2英镑。他们愿意将这笔钱交给总委员会，并希望早日得到答复。他们还要努力筹集一些钱，并尽早寄来。

作出决定：总委员会[①]有权削减应交的钱数，公民肖负责将这一点通知法国书记。

公民荣克还宣布，日内瓦的雕刻匠已加入协会。

接着，书记被要求宣读了公民福克斯提出的关于芬尼亚社社员问题的决议案。

决议案宣读后，公民荣克说，他愿意在准备考虑这个问题之前说几句话。他说，公民福克斯出席会议是大家所希望的，而为了使他能够这样做，他收回他曾说过福克斯有不诚实行为的那些话。他提议，决议案延期讨论。

同意这一建议，并委托书记通知公民福克斯。

委员会即此休会。

出席委员：巴克利、埃卡留斯、荣克、罗夫人、列斯纳、马克思、莫里斯、肖。

主席　马修·劳伦斯[②]
书记　约·格·埃卡留斯

[①] 记录中接着划掉了"不能"二字。
[②] 劳伦斯主持12月31日会议，这份记录是在该次会议上宣读并批准的。

委员会会议①

12 月 31 日

公民**劳伦斯**主持会议。

宣读并批准了上次会议的记录。

公民**劳伦斯**报告说,由于辞去了裁缝协会书记的职务,他有时间来参加总委员会的会议,并将尽力促进协会的目标。他还代表裁缝协会感谢在他们罢工期间所给予他们的援助。[463]

公民**荣克**报告说,他去看过约瑟夫·哈特,但是他不在城里。

他根据来自瑞士的报告宣布,日内瓦的雕刻匠已经加入协会,两位面包师傅已同意以低于一般市价的价钱向协会会员供应面包。

公民福克斯的决议案由于本人缺席,再次延期讨论。

公民**杜邦**宣布,巴黎警察局在一些会员的家里进行了搜查。[464]

委员会即此休会。

出席委员:杜邦、埃卡留斯、荣克、劳伦斯、列斯纳、莫里斯、扎比茨基、哈勒克和哈勒克夫人。

主席　罗·肖
书记　约·格奥尔格·埃卡留斯

---

① 本日记录由埃卡留斯记在记录本第 126 页上。

国际工人协会伦敦代表会议[465]

(1865年9月25—29日)

常务委员会与大陆代表联席会议①

9月25日

出席人：常务委员会代表——公民：荣克、马克思、德尔、韦斯顿、豪威耳、博勃钦斯基，副主席埃卡留斯和名誉总书记②。巴黎代表——公民：托伦、弗里布尔、利穆赞、席利、瓦尔兰、克拉里翁和杜梅尼尔-马里尼；瑞士代表——公民：杜普莱克斯和贝克尔；比利时代表：塞扎尔·德·巴普。[466]

由于等待主席③到达，直到下午三点一刻才开会。因主席仍未到来，推举公民**荣克**主持会议。他一开始就宣布，第一项议程是审议协会的财务状况。

总书记报告说，协会的账目已结算到3月底，当时的账目如下：

| 收入 | 支出 | 结存④ |

此后再没有结算过，但将在本月底结算。届时，资产负债表将分送各分会。现在，协会的收入大约有三十二三英镑。

公民**弗里布尔**提出了巴黎的财务状况报告。理事会发出了大量会员证，但是，因为他们必须租用办公中心会址，代表们的旅费开支又很大等，所以几乎没有剩下什么钱来上缴中央委员会。但是，前景很好，因为主要的费用已经开支，往后的会费就主要是上缴中央委员会的纯收入

---

① 本日记录共七页，由克里默执笔。
② 克里默。
③ 奥哲尔。
④ 原稿中为空白。根据记录本判断，总委员会资产在3月28日是6镑3先令8便士半。

了。他们还剩下400张会员证没有发出。代表大会的延期是他们进展中的一个大障碍,而且许多工人还怀疑在现今制度下能不能办成什么事。他们常常碰到这样的声明:请告诉我们,你们可能有什么活动,我们好来参加。公民弗里布尔希望英国人格外理解他们处境的困难:他们只能召开少数人的会,开会人数不能超过20人;如果他们开会的人多了,就可能遭到逮捕。前不久,他们开了一个60人的会,好不容易才把他们聚在一起,从8点开到10点。人们老是向门口张望,深恐警察来逮捕人。他之所以提到这一点,是想说明他们要同什么样的困难作斗争。他们随身带来了巴黎理事会的账簿和财务报告,请财务委员审查。

公民**托伦**报告说,他们在鲁昂、南特、埃尔伯夫、卡昂、利雪、圣丹尼、庞坦和皮托征集过会员;但是,在所有这些地方,代表大会的延期,妨碍了他们的进展。

公民**席利**说,在瑞士就好得多,他们按月开会和缴纳会费。然而在法国,他们只有想一切办法才开得成会,也只有这样才收得到会费。

公民**克里默和马克思**提议:

德尔、荣克和杜邦三位公民仔细审查巴黎的账目,并向下一次常务委员会会议报告。一致通过。

公民**杜普莱克斯**报告瑞士的工作。他们才成立六个月,但是工作顺利。会费现在是每月按5便士征收,但是会员们愿意,如果需要,每月交1先令也可以。要不是支付代表们的旅费,他们就会有更多的结余上缴中央委员会。他们在日内瓦吸收了250名会员,洛桑吸收了150人,沃韦吸收了150人。人们完全懂得资助中央委员会的必要性,甚至甘愿解散自己的组织,只参加国际工人协会。

公民**席利**吁请注意必须保证在各国工人迁居时给予适当的帮助。此外,各地书记也应该能够帮助工人、协会会员找到工作。

公民**德·巴普**报告比利时的工作。他们才建立一个月,但是已经有

60个会员,他们同意每年交会费不少于3法郎,或2先令8便士;其中,他们愿意每年拿出1先令交给中央委员会。在向他们提出选举一名代表的问题时,他们只有24先令,但是,尽管组织小、经费有限,他们还是选出他来参加代表会议。

公民**弗里布尔**不同意比利时人关于规定按每个会员1先令向中央委员会交会费的建议。他认为,有的年头会费可能富裕,说得确切些,有盈余,而有的年头则会出现短缺。如果经费宽裕,则应用于地方需要。

公民**马克思**回答说,代表大会将逐年决定经费的处置办法。

公民**托伦**说,在瑞士和比利时,他们能够公开集会,讨论任何问题和公开征集会员;但是在法国,他们却只能秘密集会,也不能公开宣传协会的原则,所以他们不能同他们不认识的人接触,也不能争得这些人的信任。

财务报告,至此结束。

接着,讨论筹集经费的方法问题。

瑞士德国人支部的代表公民**贝克尔**提议,公民**席利**附议:铸制代表会议的纪念章。制造一枚这样的纪念章约花费1便士,而能够卖,比如说,6便士;这对协会来说是一笔可观的收入,有助于支付各种花销,也可用作宣传活动的费用。

弗里布尔认为,最好是作出代表大会前这段时间内中央委员会的费用以及代表大会的费用的概算,并努力在会员中筹募这笔钱。

克里默同意弗里布尔的意见,并认为,如果中央委员会估计一个总开支的约数,据此发行1便士的募捐卡,用这样的方法就可募集到这笔钱。他认为召开代表会议并不是一件足以引起群众永志不忘的大事情。他认为,铸制纪念章一事应该提到代表大会上;那时候协会将有更高的声望,并且可能已经作出了值得纪念的事情。他认为提出纪念章问题为时尚早。鉴于各宗教组织靠收低额的会费的办法筹集到大部分宣传经费,他认为,在这种场合下,我们也可以效法他们的活动方式。有许许多多的人，他们会给便士而不给先令。他并不怀疑能够筹集到必要的钱，如果认真从事的话。

利穆赞支持弗里布尔的意见。

发行纪念章的提议也得到了**德尔**和**韦斯顿**的支持。他们说，这个办法在罗伯特·欧文的运动中曾获得过成功。

博勃钦斯基赞成发行纪念章，但主张有不同的质量和价格：向那些慷慨资助协会并希望成为终身会员的人按2先令6便士收费。他们可以在公开场合佩戴这种纪念章。

埃卡留斯不同意发行纪念章。他说，因为我们是准备战斗的；我们最好等到弄清楚了我们的成就是否值得纪念的时候再说。

马克思反对弗里布尔提出的那种规定一定款额的建议。

豪威耳不同意发行纪念章；他认为这不会成功。

最后，根据**马克思**和**杜邦**的提议，通过如下决议：

代表们关于向中央委员会上缴会费的几项提议：比利时代表主张按每个会员每年1先令上缴，瑞士人主张规定固定的数额，法国人主张以出售会员证为主要收入（包括他们手中的400张会员证），应予采纳。财务状况延期到晚会以后再进一步研究。一致通过。

即此休会至明天下午2时。[467]

代表会议全体会议[①]

1865年9月25日，星期一

由于小委员会和代表们的联席会议一直开到5点半，快到8点钟，

---

① 本日记录共五页，由勒·吕贝执笔。

还有好多人没有到场。这时，会议在公民**奥哲尔**主持下开幕，公民**荣克**当选为副主席并担任翻译。

公民**奥哲尔**起立向大会致辞。他说，出席代表会议的［有］法国、意大利、比利时、瑞士、德国、波兰和西班牙的代表。他说，英国工人正在争取选举权，难得使他们注意别的什么事情；因此，协会在英国发展迟缓。当我们向英国工人证明我们的确在做什么事情的时候，他们就会相信我们并加入协会。但是，如果他们常常受诓骗，他们也就不会匆忙给予信任。接着，他宣布代表会议开幕。

提出并一致通过了代表会议于8时开始举行的建议。

公民**克里默**向会议发表了关于英国工会情况的讲话。大陆上的工人可能以为英国各工会是很富有的，能够帮助本来也与他们切身攸关的事业，但是他们为一些清规戒律所束缚，把他们圈在狭小的圈子里。他们优柔寡断，除了极个别的人外，他们中未必有人能够为自身的解放或者自己同志的解放做点什么有价值的事情。他们一点也不懂得政治，也难得向他们说明白有这门科学存在。可是，开始有了些进步。前几年，就连我们协会的代表的话也听不进去；现在我们则受到很好的接待，听取我们的意见，我们的原则也得到一致赞同。与政治有关系的团体得到各工会的接待，这是第一次。

法国代表、公民**弗里布尔**说，协会在法国受到欢迎。巴黎发出了1200张会员证，尽管他们还不能举行集会，不过他们进行个人活动，他们希望协会取得巨大的扩展。

公民**杜邦**宣读了里昂的来信，以及卡昂的公民塔尔博特的来信。塔尔博特赞成作有利于波兰的干涉，但特别坚持要压缩俄国的势力。他对坐火车从圣彼得堡到斯特拉斯堡只要47个小时这一点深怀疑惧。

巴黎来的公民**托伦**谈到巴黎各团体的情况。他说，在1848年那时候，政治事变曾唤醒人民投入运动并行动起来；而现在，事变则妨碍行动；可是，行动仍然发生，甚至与事变力量相对抗。社会问题受到注意和深入研究。他说，人民要经历两个阶段：政治阶段和社会阶段。现在，他们正在完成后者。

瑞士法语区的代表公民**杜普莱克斯**说，该分会一开始就有 60 个会员；现在他们有 400 人。他们感到，工人靠本身的力量求得自己解放的时候已经来临了。在日内瓦，他们向各互助会发出过呼吁。[468]已有三个团体加入。他说明，在蒙特勒，由于协会的影响，赔偿法案已经实行。[469]

瑞士德语区的代表**贝克尔**先生说，仅在日内瓦一地就已经有 1500 人入会。今年夏天，成立了几个互助会，它们自己打算建立各团体的联合会；但是，听说有国际协会，他们就把它作为他们联合的链环。[470]

他的讲话热情洋溢，雄辩感人，获得所有懂德语的人的热烈的掌声。

比利时代表公民**塞扎尔·德·巴普**介绍了各种联合会的历史。两年前已经建立了一个国际性的联合会，但是里面的中产阶级分子太多，结果垮了。现在比利时有三种类型组织：直接想推翻现存制度的革命家的组织；研究人民的苦难及其原因以及医治的手段的社会主义者的组织；最后，还有几个团体，很像英国的工联，他们把希望局限于为几个小铜钱而准备罢工上。

还有不少自由思想者的团体，它们的唯一使命似乎就是反对僧侣。这位可尊敬的代表说，他认为合作社只是一种局部的补救办法。还有信用互助会。但是，他认为土地所有权问题是应予着手解决的问题。在现有情况下，贫困必将按照现在人所共知的"贫困随财富一道增长"的规律而增长！土地和空气一样是属于一切人的。土地的果实必须属于使它生长出来的人们，但土地本身不应属于哪个人。

星期一的代表会议继续进行

接着讨论报纸问题。[471]

公民**韦济尼埃**说,报纸应该每月出版一次双刊——附刊用三种语言出版,报道协会的工作。

公民**席利**说,《工人辩护士报》应该有一个副标题,表明是协会的机关报。

马克思、博勒特、勒·吕贝及另几位公民参加了讨论,而后,公民**贝克尔**提议,**勒·吕贝**附议:承认《工人辩护士报》为协会机关报。

就国外通信问题通过决定:代表们从国外寄来的通信,应由专人修改整理,供我们的报纸发表。[472]

外国的代表们承诺寄来通信。

常务委员会与大陆代表联席会议①
9月26日

公民**荣克**主持会议。

常务委员会出席的有:埃卡留斯、马克思、韦斯顿、克里默、豪威耳和荣克。全体大陆代表出席。

再一次讨论财务问题。

克里默提议,**豪威耳**附议:我们建议代表会议以协会名义负责筹集150英镑,以用于宣传和开支代表大会的费用;授权本次代表会议规定

---

① 本日记录共三页,由克里默执笔。

这笔钱中各国所应筹集的部分。一致通过。

其次，讨论全体代表大会的问题。

马克思代表中央委员会提议：代表大会在日内瓦召开。

杜普莱克斯支持这项提议。

弗里布尔希望在记录上写明：法国代表们已接受委托提议在日内瓦召开，而不是在早先确定的比利时召开，以表示对比利时所通过的外侨法的抗议。[473]这项决议被一致通过。

德·巴普提议，**托伦**附议，将下述决议案提交今晚的代表会议：

代表会议将召开代表大会的地点由比利时移到日内瓦，以表示对比利时所通过的外侨法的郑重抗议。一致通过。

接着讨论了召开代表大会的时间问题。

马克思和**克里默**代表中央委员会提议：如果没有必须再延期的特殊情况，代表大会在明年的9月或10月举行。

巴黎代表提出一项修正案：代表大会在明年4月的头一个星期日召开。他们全体声明，代表大会再往后延期，将使协会在法国遭到致命的危害。**托伦**反对在这个问题上赋予中央委员会以自由决定权。

席利认为，法国代表们夸大了召开代表大会的紧迫性。

德·巴普说，如果代表大会举行得过于仓促，他们从比利时派不出代表；他们现在债台高筑，需要一些时间来料理自己的事务。他支持原提案。

法国代表表示同意稍稍后延；他们赞成在5月份。

马克思对法国代表的说明有强烈印象，有意撤销自己提出的决议案。

克里默认为，我们没有在德国[474]、西班牙、意大利进行宣传，我们应该朝这方面努力，因为如果没有这些国家的代表出席，欧洲工人的代表大会就是不全面的。

席利认为，巴黎理事会正把刀子对准协会的咽喉，如果他们不多加小心，他们就会把它杀死。

利穆赞说，现存制度使工人产生互不信任，从而增加了他们的困难。

荣克说，如果代表大会失败，法国代表们应承担全部责任。他建议把5月改为6月，因为瑞士的春天来得晚。

法国代表作了最大的让步，同意在5月份的最后一周。

由于**马克思**撤销了他的关于在9月召开代表大会的提议，修正案作为决议案提付表决，被一致通过。[475]

接着，下列诸位被委派在晚会上讲话：托伦、杜普莱克斯、贝克尔、博勃钦斯基和琼斯。

讨论的下一个问题是协会的组织问题。

杜普莱克斯希望知道协会应该怎样建立起来。

利穆赞认为，解决这个问题不是代表会谈职责范围内的事。他以为，只有代表大会才能解决这个问题。

弗里布尔和**杜普莱克斯**提议：协会的组织是代表大会应予解决的问题。一致通过。

马克思和**弗里布尔**提议把下列问题提交代表大会："合作劳动"，"缩短工作日"，"女工和童工"。

全体与会者，除韦斯顿外，都赞成提出这些问题。

马克思和**弗里布尔**提议把下述问题提交代表大会："直接税和间接税"。通过。

议程的第3、4和10项所提的下列问题也被通过①：

3. 在协会帮助下实现各国劳资斗争中的联合行动。

4. 工会——它们的过去、现在和未来。

---

① 以下是剪贴总委员会关于伦敦代表会议的传单。

10. 常备军——他们对生产者阶级的利益的影响。①

会议即此休会至明天，27日午后2时。

代表会议全体会议②
星期二晚8时

公民**奥哲尔**主持会议。公民**荣克**被选为副主席兼翻译。

公民**克里默**宣读了小委员会前两次预备会议的报告，并将其中所议决的各项问题提交代表会议。

第一，筹集150英镑的经费，作为宣传和召开代表大会之用。一致通过。

第二，代表大会在日内瓦举行。一致通过。

第三，记录上写明代表大会开会地点所以由比利时改为日内瓦的[原因]，是由于比利时通过了野蛮的、不人道的驱逐著名的③外侨的法律。一致通过。

第四，召开代表大会的时间定于明年5月。

公民**勒·吕贝**极力反对这项提议，他说，没有足够的时间保证在那个时候使代表大会圆满成功。

这个声明引起长时间的讨论。巴黎代表坚持绝对必须不迟于这个时间召开代表大会。

决议案由大多数票通过。**汉森**和**列斯纳**两位公民投票反对。公民

---

① 剪贴至此结束。
② 本日记录共两页，由勒·吕贝执笔。
③ "著名的"一词用铅笔勾掉了。

勒·吕贝放弃投票。

第五，代表大会上所要讨论的问题。

公民**勒·吕贝**要求就每个问题分别讨论。

第一个问题被认为已经解决，因此，第二个问题被提交会议并被通过。

可是，由于公民**勒·吕贝**要求回到第一个问题上来，以便解决准予参加代表大会的手续问题。公民韦济尼埃问，什么样的人有权出席，什么样的人有权投票。

巴黎代表说，凡持有会员证的人都应该有参加讨论和表决的全权。他们认为这是个原则问题，认为这就是普选权。

公民**克里默**强调，代表大会应该只能由代表们[476]组成；他还提出一项决议案[477]，其大意是：国际协会的所有分会都可以派出代表，在不迟于代表大会召开前三个月建立起来的其他任何工人团体[478]，亦可派出享有与国际协会的代表同等权利的代表。

于是，**巴黎代表**撤销了自己的提议。

有很多意见反对公民**克里默**提议的后一部分："允许还没有承认国际协会的原则的一切有组织的团体的代表，与中央委员会和各分会团体的代表一样享有同等权利来参加表决和影响协会的命运。"

接着，公民**韦济尼埃**提议：凡持有会员证的协会会员，或得到两个会员向中央委员会或某一分会委员会推荐、并被这二者或其中之一所接受的一切知名人士，应享有参加代表大会的代表的一切权利。

公民**杜普莱克斯**说，在日内瓦，他们邀请过其他团体的会员参加他们的会议，并允许他们参加讨论，但**不参加表决**。他建议代表大会也遵循这个方针。他还说，对那些愿意出席代表大会的人，应该发行收费的专用卡片。

公民**塞扎尔·德·巴普**提议：只给协会的当代表的会员表决权，而讨论则所有的人……①，每个人都能发言，但不能都投票。

参加讨论发言的还有：**卡特、埃卡留斯、托伦、弗里布尔、利穆赞**（他说，出席的人都应该投票）、**惠勒、莱诺、拉萨西**及另几位公民。[479]这时，公民克里默的提议被分做两部分。第一部分提付表决并被通过，但**韦济尼埃**和**德·巴普**两位公民投票反对。

接着，讨论提议的第二部分——承认一切工人团体的代表都有权出席和表决。

公民**韦济尼埃**竭力呼吁代表们要提防波拿巴主义者，他们很可能弄几个他们的帮伙当选为代表，并在代表大会上占我们的上风。

公民**托伦**说，他认为波拿巴主义并不像某些人所描绘的那样危险——他认为，这种危险性被格外夸大了。[480]

最后，公民**克里默**撤销了他的提议的第二部分。[481]

然后，逐一提付表决并通过了其余的几项提议：第3、4、5、6、7、8、10项。第9项推迟到明天再表决。

即此休会。

星期三晚上的代表会议②

1865年9月27日

公民**奥哲尔**主持会议，公民**荣克**为翻译兼副主席。

公民**马克思**宣读了常务委员会和代表们的联席会议的报告。[482]

---

① "而讨论则所有的人……"（"所有的人"记录原文是 à tous les。——译者注）一句是用铅笔加的；其中有一个以上的词无法辨认。

② 本日记录共三页，由勒·吕贝执笔。

公民勒·吕贝宣读了记录,并应巴黎代表之请翻译记录。记录被一致批准。

下午的预备①会议上作出了下列决议,建议列入即将提交代表大会的议程:

第一项决议:在代表大会结束后,在日内瓦举行一次大会。一致通过。

第二项:将救济病人、孤儿和老人的问题提交代表大会。[483]

公民克里默非常强烈地支持这个意见,他说,在现时,物质利益是吸引英国各团体的最大一环。他希望协会严肃对待这个问题。一致通过。

第三项:建立国际信贷团体。[484]

据说,这种团体可能有极大的好处。大家知道,在法国,这种团体是允许的。但是,由于在专制政府下绝不能保证基金不被没收,他们乐于在英国找一个存放基金的可靠地方。一致通过。

第四项:消灭俄国在欧洲的侵略影响是必要的,其途径是将"民族自决权"应用于波兰,并在社会和民主基础上恢复这个国家。[485]

公民勒·吕贝提议:只保留提议的后一部分,即:"各民族有自决权"。他说,要肯定这样一个原则,但必须是建立在更为广泛,确切些说是普遍的基础之上。

公民韦斯顿支持修正案,他说,除了社会问题之外,他反对引进任何别的问题。他说,我们应该一次只干一件事,干就把它干好。

公民德·巴普说,他认为,根本不应该提出这个问题。恢复波兰可能只对三个阶级有利:上层贵族、下层贵族和僧侣。至于农奴,他们很

---

① "预备"一词,记录原文为"prealable",英文版编者注认为系"preliminary"之误。但法文有"prèalable"一词,只是拼写时"è"误为"e"而已。

少能指望得到什么。发言人说:"你们想抑制俄国的影响,究竟是什么影响呢?政府的影响吗?那么我要求抑制欧洲一切政府的影响。难道普鲁士、奥地利、英国或者法国的政府的影响比俄国政府的影响危害小些吗?我说不是。但是,如果你们打算抑制俄国人民的影响,那么我要说,他们与任何别的人民是一样的。其实,在劳动农民中有一种运动,他们为'土地和自由'而斗争。[486]最后,有那么多受苦受难的人民,以致只指出其中的某一个就几乎是不公正的。"他提议,这个问题不予考虑。[487]

公民**惠勒**热烈支持决议案。他说,俄国从来就是进步道路上的障碍。专制制度到处都是可怖的,但俄国的专制制度是最残暴的。

公民**拉萨西**认为,我们注视这些国家的人民所受的深重苦难和暴政,胜于我们去追寻不义之事。各国政府都愿意使我们的注意力集中于遥远的问题上。这妨碍我们关注国内的暴政。他主张爱尔兰应当从英国的桎梏下解放出来。

博勒钦斯基上尉在详尽而雄辩的发言中答复了反对决议案的各种意见。他说,波兰进行了比谁都更长期的斗争,也是比谁都更长期地遭受压迫;她的儿女在公理反对强权的每一个战场上都流血牺牲。波兰是欧洲自由的关键——她必须是民主的,她赞成普遍自由。[488]

主席①说,法国工人和英国工人的第一次兄弟般的会晤,是在保卫波兰的名义下在圣詹姆士大厅举行的那次会议上进行的。[489]我们必须支持波兰。对于我们说来,她是一切被压迫民族的典型。

公民**卡特**说,处理社会问题而不涉及政治问题,就好像是同无头躯干或者同无灵魂的躯体打交道一样。他说,如果人类不提高反对专制制度的声音,就不知道该到哪里去结束专制制度。他赞成原提案。

---

① 奥哲尔。

在进行了长时间的讨论以后,主席提付表决:投票赞成不提出这项提议的只有 7 票,而有 10 票反对。

赞成公民勒·吕贝的提议的——10 票,赞成最初提议的——23 票。

公民**韦济尼埃**要求除波兰外,还列出下述名称:罗马、威尼斯、匈牙利、法兰西、爱尔兰、墨西哥等。但是,主席对他说:已经迟了,因为问题已经解决。

第五项决议:宗教思想;它同人民的社会的、政治的和精神的发展的关系。[490]

公民**卡特**提议,不要讨论这个问题。他说,我们与教义和信条无缘,每个人都必须有自己作出判断的充分自由,绝不应该干预一个人的良知同他的神之间的关系。

公民**勒·吕贝**说,他希望没有干预,那么我们就不应有神父或牧师,然而他们是存在的。问题的另一方面也必须加以说明。

公民**弗里布尔**支持决议案。[491]

公民**霍尔托普**也表示支持。

公民**韦斯顿**极力呼吁会议**不要**把这个问题提付讨论。

公民**豪威耳**说,我们的职责不是从狭隘的宗派观点出发,而是把它当做一个哲学原则来研究这个问题。在英国,宗教问题或政治问题的任何讨论都要受到谴责,这已经成为习惯。其所以这样少的人了解这些问题,以及我们前进得这样缓慢,原因就在这里。可是,我们必须详细地研究这些问题,因为这些问题对于我们的福利有很大的影响。

公民**德·巴普**说,天主教国家里在自己的伙伴面前顶礼膜拜的那些人,是不可以信赖他们去实现自身的解放的。信奉上帝在他们之上永恒存在的人(他们是上帝的直接工具)总是觉得自己是尘世的人,大概不可能成为有独立性的人。[492]

公民**托伦**说,如果没有这项提议,议程就不全面。[493]

公民**韦斯顿**再次呼吁会议不要把这个纷争之果端出来。

赞成修正案的——13票，赞成原提案的——18票。

散会。[494]

常务委员会与代表们联席会议①
9月29日于共济会馆

总建议：将公开信[495]分发给各分会。**杜普莱克斯**和**德·巴普**支持，一致通过。

————

为筹集150英镑，按国别分配如下：英国人——80英镑；法国人——40英镑；瑞士人——10英镑；德国人——10英镑；比利时人——10英镑。如果在比利时筹不到上述的10英镑，则相应多分派给其他国家。一致通过。

————

今后，关于一切财务问题，各国代表应由其选举人授以与其会员人数成比例的最后决定权。一致通过。

————

由**杜普莱克斯**等人提议，从我们的正式报告中勾掉韦济尼埃的名字。

————

托伦提议，鉴于彼得·福克斯先生对协会的贡献，由中央委员会对于他的缺席表示歉意。

---

① 本日记录共一页半，由豪威耳执笔。

席利代表法国代表和常务委员会附议。

马克思博士宣读了记录原稿,一致通过。

宣读了下列建议,移交给中央委员会:

由于代表会议举行时的那种热烈气氛,由于全体与会代表所表示的友谊之情,我们谨以协会英国会员的名义,表示最大的愉快和满意。

——

代表会议对于公民荣克在担任代表会议翻译中细心周到和公正无私的作为表示感谢。

关于德国工人运动的报告[496]

由威·李卜克内西执笔①

由于我国工业和贸易的发展缓慢,德国工人阶级进入政治生活,比他们英国和法国兄弟要晚得多。只是在1848年,在二月革命后,才第一次使德国工人开始明白改善自己的社会地位的必要性。以前,在这方面,一切所思、所言、所行,几乎都只是出自那些严格说来还不是属于工人阶级的人们,或者出自那些住在或去过英国、法国和瑞士的工人们,而不是出自德国工人阶级。

工人在1848年和1849年运动中所起的作用是光荣的,然而也是模糊的和不确定的。在每一个街垒中,在每一个战场上,他们都搏斗在最前列,然而他们并没有自己的关于阶级利益和劳资关系的明确概念,他们不是为自己、而是为旁人的事业搏斗。当时,只有一家报纸捍卫过工人阶级的真正利益,并努力使人民力量的溪流汇入正确的河道:这就是

---

① 报告由威·李卜克内西执笔,共11页。

卡尔[①]·马克思博士创办和主编的《新莱茵报》。这家报纸用原则代替了空话，它粉碎了中产阶级经济学的谬论，而不是宣传模糊的社会主义理论和乌托邦主义。《新莱茵报》很快发生了巨大的影响，特别是在莱茵普鲁士和威斯特伐里亚的工人中间。这里的工业较之德国其他地区要更为发达些，因而这里的工人和中产阶级的利益也更加互相对立。然而，由于中产阶级的怯懦，反动派很快占了上风，因而不可能得到任何**直接的实际的**结果。人民的运动在全德意志都被淹没在血泊之中，《新莱茵报》横遭封闭，工人阶级的领袖被放逐，出版自由连同集会结社的权利一并被摧毁了。

曼托伊费尔政府并不满足于此。耶稣会会员的本能提示他们，为了使人民完全屈从他们的政权，他们必须从最幼嫩的童年开始来**培养**人民，按照他们的模式来养成年青一代的意识。杜撰出并实施了整整**九年**的可耻的**"学校规程"**。在大多数别的德意志国家里，反动派也都依样画葫芦。如果我们注意到德国每个儿童都**必须**上学，而教育事业完全掌握在政府手中，我们就能想象得到"学校规程"那种使人道德败坏、使人**自暴自弃**的效用。当1862年我返回德国的时候，我为这种方法给我国工人的智力和品性的发展所造成的损害，简直惊呆了。

普鲁士国王解散曼托伊费尔内阁的即兴之作，在德国仿佛也引起了某种政治复苏。随时随地都毫无特色的中产阶级，从来就准备为了一时的蝇头小利而牺牲其虚有其表的原则，拜倒在威廉国王的膝下。这位君主，当他还是王太子的时候，就指挥过普鲁士军队来反对为"德意志的自由和统一"而战斗的人民，而现在竟被中产阶级奉为争取"德意志的自由和统一"的战士！如今这种愚鲁的奴颜婢膝品行的后果，一目了然。

---

① 原文误刊为"Charles"。

工人阶级也没有完全逃脱这种传染病。在《新莱茵报》被查禁后，工人阶级没有了自己的机关报。他们的被放逐的领袖们所曾起过的那种影响，在反动年代里必然是很小的。在没有合法宣传手段的时候组织起来的秘密团体，差不多全都被警察摧毁了。除了政府的鹰犬和牧师们所建立的工人组织，除了过去号称"民主主义者"而今早已改宗了的舒尔采－德里奇先生所倡导的无害的鹅会①和储金会之外，任何工人团体都不允许存在。然而，舒尔采先生获得了某些人望。当伪自由主义的"新时代"一开始，中产阶级的政治家们（"自由党人"、"进步党人"、"民族协会"的人们）就把他拉到自己的卵翼之下，吹捧他是当代最伟大的政治经济学家、工人阶级的恩人和用他的鹅会解决了社会问题的奥狄浦斯②。这种诡计取得了某些效果。大多数工人相信许多中产阶级代言人、许多中产阶级报纸每天灌输给他们的东西。比较繁荣的时期到来了，许多生产部门的工资提高了——这对于社会的不满情绪，确实不怎么有利。

舒尔采先生成了"大人物"。为恪尽职守——**起初**他也谨言慎行，并不明白他只不过是中产阶级手中的工具；但是，自从他收下了他的庇护者们的5万泰勒的"赠礼"之后，他就再也不能安于"不知者，不为罪"了。——为恪尽职守，他在工人中宣传其鹅会的福音书，并向工人证明他们的利益同中产阶级的利益是一致的，劳资对立只是英国人和法国人的**虚构**，工人在所有问题上都必须服从他们的拥有资本的兄弟们的领导。舒尔采先生能言善辩，他有半打现成的套话，全都娓娓动听，

---

① 鹅会（goose club）——欧俗，贫苦人集资合伙买鹅过圣诞节的互助团体。——编者注
② 奥狄浦斯（Oedipus）——古希腊神话中的忒拜国王。他曾猜出怪物斯芬克斯所出的无人猜到的谜语，因而使忒拜城免于灾祸。因此，奥狄浦斯的名字成了智慧、会解决难题的人的同义语。——编者注

让最笨的脑袋也能记得住；他拨弄起来，就像万花筒一样千变万化，以致他虽然每一次都讲同一个东西，却总是花样翻新；他的每一次演说辞，不管是从末尾读起，还是从半截读起，也都像从头读起一样。

从1859年即"新时代"开始时起，到1862年底，德国工人只扮演了中产阶级政党"自由党"的**合唱队**的角色；在选举中，他们只不过是"进步党人"的——用一个美国词语来说——**"投票手"**。

1862—1863年冬天，一个名叫艾歇尔的工人，在柏林进行了争取解放的第一次尝试。他在柏林一家大工厂里做工，同另几个工人一道被雇主们派去参观1862年的伦敦博览会。在伦敦，他偶尔碰上了德意志工人协会（现已加入国际协会）举行的纪念巴黎六月起义的集会。[497]他在会上听到的东西使他惊愕不已，他自己发觉并且很快就确信：舒尔采先生发明的摆脱一切社会贫困的手段——鹅会、自由竞争、开业权等等，英国老早就全都有了，然而那里的社会问题**仍然**没有得到解决，工人的锁链并没有被砸碎。他回到柏林，对雇主们说舒尔采先生是江湖骗子，因而被解雇了。他召集了一系列的集会，向工人说明，为了争得自由，必须走自己的路，从中产阶级那里期待不了什么东西，并建议召开**德意志工人代表大会**。这个建议博得了热烈的喝彩；但是，"进步党人"的阴谋诡计到底遏制住了这个计划，他们说这位发起人是"反动派的工具"，企图瓦解"伟大的自由党"的统一。艾歇尔找不到工作，他确实在流落挨饿，最后弄得走投无路，在柏林**警察局**的电报室里找到了一个报务员的职位。当然，他走这条路是不对的，但是主要的罪孽无疑是在中产阶级身上，他们有计划地剥夺了他**正直**谋生的一切机会。

同时，"新时代"的肥皂泡也破灭了。政柄从孱弱的"自由派"手中溜走了，并为冯·俾斯麦先生所攫取。在普鲁士和德意志各地，"自由派"都哀嚎起来；但是，墙壁因高嗓门饶舌家的嚎叫而坍塌的时刻过去了——冯·俾斯麦先生平安无事，**再也不会被中产阶级"自由派"**

所推翻。这位投机政客，在圣彼得堡和巴黎留过学。他不愧是波拿巴的**同道**。他竭力追求无限制的专制权力，但是，他狡狯伶俐，完全懂得争取不到群众的政府在今天是不行的，他马上仿照他在巴黎的朋友的样子，投给工人阶级以社会主义的诱饵。当西里西亚发生了企业主和工人的冲突的时候，政府伪装站在后者一边。还找人向一个刚从伦敦回来的前流亡者①建议，给政府报纸写关于社会问题的文章，并且许诺他完全自由发表意见——不言而喻，他拒绝了。冯·俾斯麦先生寻找过社会主义的鼓动员。

这时候，拉萨尔先生登上了舞台。要不是他自我表演，他就像是被人虚构出来的了。

我没有时间也没有篇幅来详细介绍拉萨尔其人和叙述他参加德国工人运动的全部历史。伦敦有人能够做到这一点。拉萨尔具有革命的**智慧**，更加具有革命的**性格**，或者毋宁说是革命的**气质**，他对于"自由"中产阶级的怯懦深恶痛绝。他看到了他们不可能实现他们自己的纲领，便决定诉诸工人阶级。他着手向工人介绍马克思（他在政治经济学领域中是马克思的学生）、恩格斯等人的著作的部分内容，可是没有说明来源；他建立了全德工人联合会，并开始了反对中产阶级的运动。他野心勃勃，热情奔放，贪求立竿见影，然而忘记了他是生活在一个强暴的专制政府的统治之下，**偶一触犯**，这个政府就会把他变成齑粉。他请求在英国的旧友给予支援。他们答复他说，现在尚非其时，像他所设想的那种运动是不可能的，这种运动要不就会变成一场滑稽剧，要不就得去迎合政府。但是，拉萨尔已经走得太远了。他已经深深陷入贵族统治的罗网之中，再也不能回头了。他的朋友们给他的预言很快得到了证实。为了使他开创的运动不致立即止步，他不得不向当权派**让步**，就是说，他

---

① 威·李卜克内西。

不得不放弃他曾加以发挥的那些原则的宗旨。**过了一年以后，他进退两难，处境尴尬：或者承认他犯了错误，或者转向政府一边。自尊心**不许他做到前者，而**诚实**又不许他做到后者。1864年8月，他在决斗中死去，对手的子弹使他摆脱了这个严酷的尴尬处境。

到拉萨尔死的时候，他的联合会总共约有4000会员；这是联合会在实际上而不是在纸面上曾经达到过的最高数目。拉萨尔在社会问题方面的著作，可以说，如莱辛有一次谈过一本书时所说的：里面有许多好的东西和新的东西，可惜的是，好的不新，新的不好。好的是，拉萨尔说了反对中产阶级经济学的话，但是这一切，马克思、恩格斯等人早就说过，而且说得好得多。坏的，而且带来巨大危害的，就是拉萨尔所说的必须**在国家帮助下建立合作社**。他指的是另一种国家，并不是现在的国家，然而他的大多数听众不**可能**不以为他说的就是**冯·俾斯麦先生的国家**。要国家来帮助的倒霉说教，也败坏了他的**争取普选权**的宣传。在普鲁士，也像在大多数德意志国家一样，选举是间接的，选举人依据其纳税额划分为三个不同的等级：工人和绝大多数人民属于第三等级，这一级的票数，只和少数富人组成的另两级中**每一**等级的票数一样；所以，工人阶级所拥有的投票权显然落空了。现在，普遍、直接、平等的选举权的要求，在德国工人阶级中已经深入人心；但是，因为德国工人看清了拉萨尔本想把俾斯麦变成自己的工具，却反而成了俾斯麦的工具，他的"国家帮助"助了政府的一臂之力，他们就不再理睬他了。要不是这样，联合会会员人数就会有20倍以上；然而，那时候它也就得不到这样的宽容了。

拉萨尔死后，俾斯麦先生全力以赴地想把工人运动完全直接抓到手里。他通过自己的代理人向工人许诺普选权、取消反结社法和其他让步；作为报答，工人应该支持他的**兼并**政策，并帮助他根本消灭"自由"中产阶级运动。诱惑是大的，拉萨尔的许多朋友倾心拜领。

这时候，即去年［1864年］12月，拉萨尔的几个朋友在柏林出版了名为《社会民主党人报》的报纸。他们邀请马克思、恩格斯和《新莱茵报》的全体同仁同他们合作。几经踌躇之后，这个建议在下述特殊条件下被接受了：**报纸不得直接或间接地支持现存的政府**，它要向工人阶级说明它的地位和责任，**并训练它独立行动**。

这个条件没有得到遵守。马克思先生和他的朋友退出了报纸，并揭露了它的继续留任的编辑们和其余的撰稿者都是人民事业的叛徒。

俾斯麦的阴谋结了果。拉萨尔的"联合会"和拉萨尔私人朋友创办的报纸**归附了政府**。时间一点没有白过，在柏林和别的地方，叛徒们受到了打击，经过激烈的斗争，他们被开除出他们自己的联合会。《社会民主党人报》现在大约有300个订户，而"拉萨尔派"已经减少到只有几百个骗人的或者被骗的，他们分裂为两派，进行着两败俱伤的战斗，可恶而又荒唐可笑。主要是在柏林从事阻止政府和工人阶级"联盟"的活动的那个人①，已被驱逐出了普鲁士，而"联合会"在普鲁士的所有分会，因为它们对政府再也没有什么用处，统统被封闭了。

由上所述，容易了解到为什么国际工人协会至今一直未能在德国站稳脚跟。协会的原则得到了每一个有思想的德国工人的赞同。去年冬天，纲领从伦敦寄来了，柏林**所有多少重要一点的工人团体**都宣读过并作过解释，**它得到了一致而热烈的赞同**。按照德国的法律，各团体被禁止同别的团体、特别是同外国的团体联合、甚至通信。这使它们不可能直接加入协会。因此，打算以个人会员的方式来加入；要是没有政府的阴谋把各工人团体引入我所说的危机的话，这一点就已经做到了。

目前，在普鲁士干不了什么事，因为我们的党正处在一个肆无忌惮的政府的严密监视之下；但是仍然有事**可干**，也**会**干起来。

---

① 威·李卜克内西。

在普鲁士以外，只有一个德意志国家有工人运动的良好土壤，这就是萨克森。在这里，所有的工人团体——除了很少几个其残余现在正迅速衰竭的"拉萨尔派"团体之外——直到最近还处在舒尔采先生指导之下。可是，它们现在完全摆脱了羁绊，虽然它们还必须学会许多东西，但它们已经上了正路。确实的，除了极其罕见的例外，所有所谓**舒尔采式**的团体都摆脱了束缚；上个月，它们在斯图加特召开了年度代表大会，会上，他们一致主张争取普遍、直接和平等的选举权，反对反结社法。要知道，舒尔采先生和他的中产阶级保护人已经尽了可以说是超人的努力来劝导工人，说他们不应该干预政治，联合（联盟）的**完全自由**对他们是有害的。

我认为，从我的报告中可以明显看出，德国工人阶级在**前进**。不管怎样，最近几年来，他们向前跨了一大步：**他们已经懂得了在劳动和资本之间存在着对抗，他们必须自己起来进行战斗，以及为了能够达到他们的社会解放，他们必须掌握政权。**

再者，我只能匆匆忙忙写一个梗概；有协会会员出席，他们会说明这其中的原因，也会说明为什么我这一次不能亲自出席。

卡尔·马克思的手稿

卡尔·马克思
给总委员会报告的草稿

1865 年 1 月 24 日[498]

至于全德工人联合会的加入问题,它无论如何将宣布它的目标与国际协会的目标一致,但是,不能直接地即通过由全德联合会的[代表们]通过正式决议的方式来申请加入,因为这样做会触犯普鲁士有关结社的法律。

由于同样的原因,对你们的活动最为关心的柏林印刷工人和排字工人协会,也不能用通过正式决议的方式申请加入伦敦的团体。

然而,就是这后一个团体也保证派代表参加伦敦委员会将要召开的代表大会。

此外,你们不要忘了,我们的报纸[499]即全德工人联合会的机关报,已经交给国际委员会完全支配。

卡·马克思写于 1865 年 1 月 24 日 　　　　　　　按手稿刊印
　　　　　　　　　　　　　　　　　　　　　第一次按原件发表

卡尔·马克思
关于巴黎支部中的冲突的札记[500]

2月21日（星期二）。中央委员会决定派出勒·吕贝，他将启程。

2月22日。星期三。晚。吕贝启程。

巴黎。2月23日。弗里布尔等人邀见勒福尔（见**弗里布尔的信。席利信中勒福尔的答复**，第2页）。

2月24日。晚。同弗里布尔等人会见。

2月25日。早晨。**勒福尔偕同勒·吕贝访问席利**。

然后，席利（让勒福尔暂时待在附近）上弗里布尔那里去，在那里他们碰上了各种朋友，其中还有勒福尔的一位朋友。大家全都坚决反对他钻进来。席利便跟他出去了，也没有对他隐瞒他认为像他那样提出的要求难以得到支持（第2页）。勒福尔本人也受骗了（同上）。[501]对勒福尔作了周到的安排（第2、3页）。

2月25日。**晚。会议**。勒·吕贝缺席；去参加勒福尔的晚会了（第3、4页）。

2月25日这次会议的记述（第4、5、6页）。

卡·马克思写于1865年3月4日　　　　　　　按手稿刊印
　　　　　　　　　　　　　　　　　　　　　第一次按原件发表

卡尔·马克思
就巴黎支部中的冲突给海尔曼·荣克的便函[502]

小委员会会议。3月4日。他①已经打算提出一项决议案，根据这项决议案，巴黎理事会的组成应为：弗里布尔、万萨德、利穆赞，由勒福尔指定三个理事，类似**公断人**的**席利**。

小委员会会议。3月6日。他再次提出这项议案。

中央委员会会议。3月7日。他曾准许**不经按名表决**通过对席利的委派，用议会辞令说，也就是**认可了这项委派**。

这项委派作出后，甚至**决议**还没有到手，他就匆匆忙忙写信去巴黎。他希望，如他所说的（3月14日），**巴黎理事会**将**反对**席利。因为根据第五项决议（**第五项决议：由于巴黎理事会表示愿意承认**中央委员会的**直接代表**，中央委员会特委派公民席利作为自己在巴黎理事会的代表）。

席利只被委派作为在该理事会的代表，对他的委派只有他们才可以提出异议。

吕贝由于同他们打交道受挫，就同他的小圈子里的兄弟们搞阴谋，把对席利的委派说成是他们辞职的原因。[503]

他把他自己弄到这种不妙的境地：他以勒福尔的名义反对巴黎理事会，又以**代表**法国分会的巴黎理事会的名义反对席利，等等。

根据福克斯的说法（在上次中央委员会会议上），他在3月4日和

---

① 勒·吕贝。

6日忘记了席利的国籍，而在3月14日又**清清楚楚**记起来了，这只能被解释为：因为他们以为勒福尔先生没有受到尊重，他要报复一下。他接受了**这个直截了当的解释**。

他的拙劣的旁敲侧击有：

第一，仿佛第五项决议的导语是为了骗取支持插进去的。这句话是首先依据**席利先生的公开信**，这封信由吕贝转来，3月7日托伦等人在场时宣读过；其次是**席利先生的报告**，转给了小委员会；最后是巴黎**2月24日会议通过的决议**。插进这句话，只是为了避免中央委员会方面的哪怕是独裁的影子。

第二，3月7日，为了要匆匆忙忙通过最后三项决议，把时间耗费在私人争吵上，使他们措手不及。

第三，席利先生不是工人。这个说法作为**原则**已为第2项决议所摒弃。席利只应该以**私人身份**同巴黎理事会一起活动；勒福尔则应代表协会在世界面前**公开**活动。两者情况**不同**。

关于勒福尔。

他要求我们委派他为法国报刊的总辩护人。我们照办了，因为我们以为他会同托伦等人协同一致进行活动。他这样获得了这项提名，却又反过来以合法头衔来**反对**我们。根据托伦的信，**在吕贝被派往巴黎之前**，考虑到勒福尔先生的**名声**和**社会地位**，我们**取消**了这项委派。（我们将此归结为：他写文章可以**不署自己的名字而署一个工人的名字——没有我们的许可，他也可以这样办。**）这就是他当时写给吕贝的一封怒气冲冲的信所造成的结果，但是他让步了。巴黎2月24日会议只犯了这个错误：**反对**一项已不复存在的决议。**于是**，勒福尔先生，或者他在伦敦的朋友，假装忘了他已经放弃了曾经委派给他的职务。他甚至威胁我们，他要号召所有的民主派提防我们。他忘了，**我们**也可以号召人们**提防**他，如果必要的话。

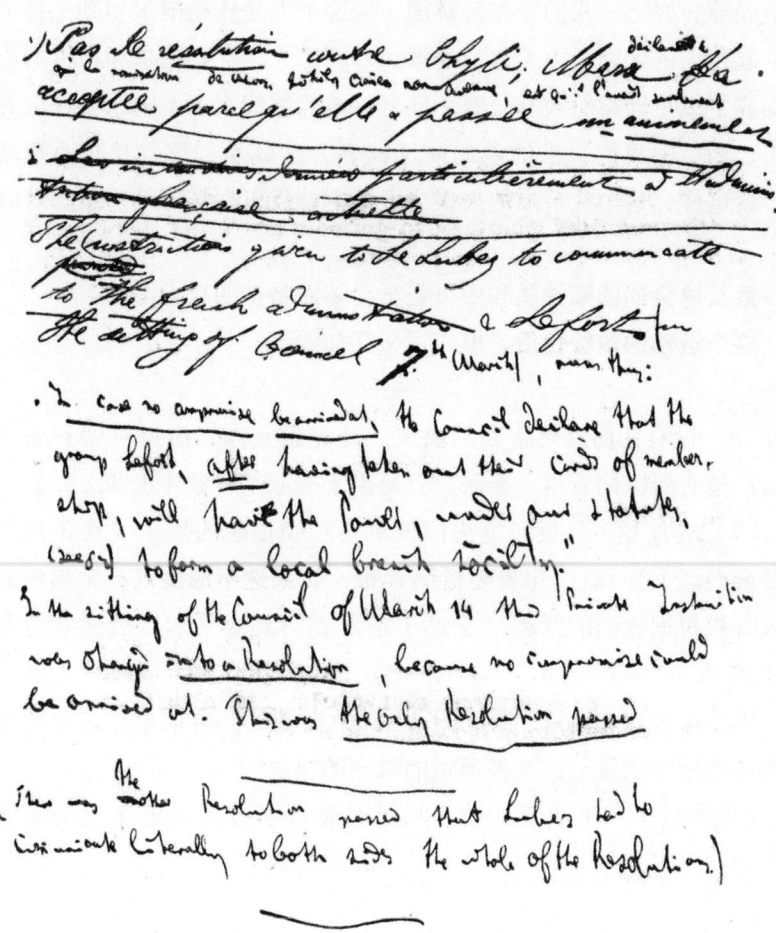

马克思就巴黎支部中的冲突给荣克的便函的一页

他和他的代理人勒·吕贝说，他不是受个人野心的驱使。他只需要政治保障。好吧。我们委派**万萨德**，他这个人是比勒福尔和勒·吕贝加在一起还大的保障。由于这项委派，万萨德先生在勒福尔和吕贝的心目中变成了无足轻重的人。只有一件事，他们能够表示不同意由托伦等人提出、随后由我们批准的他的候选提名，这就是：没有及时通知勒福尔。就这样，这个礼节上的失误成了他们持反对立场等等的最后借口。

危及协会的国际性质和中央委员会委派**特使**的权力。

这个运动的阶级性质。形式主义共和派。

（1）没有任何反对席利的**决议**。马克思宣布，撤销对席利先生的委派；他之所以同意这一委派，只是由于委派是**一致作出的**。

（2）委托勒·吕贝转交法国理事会和勒福尔的指示（在3月7日委员会会议上）称："中央委员会宣布，**如果达不成协议，勒福尔的一派人有权根据我们的章程（见第7条）在得到会员卡**以后建立地方分会团体。"

因为未能达成协议，在3月14日中央委员会会议上，这项对个人的指示变成了**决议**。这是**被通过的唯一的决议**。①

（还通过了一项决议：勒·吕贝必须逐字逐句地把决议全文通知双方。）

卡·马克思写于1865年3月16—18日　　　　　　　　　　　按手稿刊印

　　　　　　　　　　　　　　　　　　　　　　　　　　第一次按原件发表

---

① 以上这三段，部分是马克思的手笔，部分是荣克的手笔。——编者注

卡尔·马克思
就厄内斯特·琼斯致总委员会会议的信给荣克的简记

1865 年 3 月 21 日[504]

厄内斯特·琼斯写信给马克思（3月16日自曼彻斯特）说，他将支持被派往参加曼彻斯特代表会议的代表团。中产阶级曾向他和胡森建议在召开曼彻斯特代表会议的通告上签名。到写信的时候，他还没有同意。此外，他写道①："我们打算在曼彻斯特举行区域性大会，以组织成年男子普选权运动来支援伦敦的运动。"

请（私下）把厄·琼斯的地址告诉克里默先生：曼彻斯特十字街55号。

卡·马克思写于1865年3月18日　　　　　　　　　按手稿刊印
　　　　　　　　　　　　　　　　　　　　　　第一次按原件发表

---

① 这一句是德文"Er Schreibt ausserdem"。——译者注

卡尔·马克思
关于工资、价格和利润的报告的札记[505]

（1）工资水平的普遍提高，一般地说，会引起利润率的普遍下降，而商品的价值却保持不变。

（2）只有在完全例外的场合，工资的普遍提高才可能实现。如果工资得到普遍提高，那它也只有在完全例外的场合才会丧失掉。在现今基础上的生产的总趋势，不是提高工资，而是降低工资。即使工资水平的普遍提高持续的时间再长，也不会消灭、而只不过是减轻雇佣劳动者即人民群众的受奴役的状况。

（3）工联只有在它们哪怕是暂时地阻止工资水平普遍下降的趋势的时候，只有在它们致力于缩短和调整劳动时间（换言之，工作日）的时候，它们的工作才有成效。只有当它们是把工人阶级组织成为一个阶级的手段的时候，它们的工作才有成效。就偶然因素说，它们遭到失败，是由于它们不正确地使用力量。而一般说来，它们遭到失败，是由于它们把现存的劳资关系看成是某种永恒的东西，而不去努力消灭这种关系。

卡·马克思写于1865年6月

按手稿刊印
第一次按原件发表

卡尔·马克思

所作的总委员会会议记录

1866 年 1 月 16 日[506]

埃卡留斯主持会议。

宣读并批准了记录。

龙格和克雷斯佩耳两位公民被选为中央委员会委员。

马克思通知委员会,福克斯收到奥顿诺凡夫人的一封信,对他登在《工人辩护士报》上的关于芬尼亚运动的文章,以及这家报纸转载关于援助被判罪的芬尼亚社社员的呼吁书表示感谢。

马克思提名公民龙格接替他担任比利时通讯书记。**荣克**附议。通过。

荣克宣读了迪容夸(纽约饭店)的一封信,要求偿付代表会议期间该他的欠款 7 英镑 17 先令。

接着进行了讨论,**勒·吕贝、荣克、杜邦、惠勒、列斯纳**等人参加了讨论。

克里默:委员会委员和协会会员应马上交付会员证费。

荣克提议:委托杜邦转告迪容夸,由于委员会委员到会人数不多,下星期三将偿付部分欠款,并作出肯定答复。**列斯纳**附议。

荣克宣读:卡昂的塔尔博特的一封来信以及 1 英镑(20 个会员证费)(给杜邦)。

在卡尔瓦多斯省、奥恩省和芒什省的各城市的宣传。

惠勒先生动议：发出通告，凡在2月15日前不交会员证（新换的）费的，将停止会籍。（在《工人辩护士报》上刊登广告。）公民荣克附议。通过。

维列茨基（波兰代表）解释他们没有出席常务委员会会议的原因。他们在星期一开了会，并筹集了一笔应急的钱。一番讨论后，关于开会地点，圣马丁堂，下星期一（1月22日）晚8时。

克里默宣读了致英国会员的呼吁书。通过公开信。签名有困难。提议印上签名单。通过惠勒的建议。

卡·马克思写于1866年1月16日

按手稿刊印
第一次按原件发表

卡尔·马克思
关于爱尔兰问题的未作的发言的提纲[507]

一、引言。处决

自从我们上次开会以来，我们所讨论的对象芬尼亚运动已进入了一个新的阶段。这个运动接受了英国政府所给予的血的洗礼。曼彻斯特的政治处决使我们想起约翰·布朗在哈帕尔斯渡口的遭遇。① 它们揭开了爱尔兰同英国的斗争的一个新时期。整个议会和自由派的报刊要对此负责。格莱斯顿。

目的：保持伪善的外表，似乎这不是政治性的，而只是一种普通的刑事犯罪。在欧洲，处决产生了恰好相反的印象。看来，英国人还想保持长期议会所通过的法令。[508]他们赋予自己一种神圣的权利，可以在爱尔兰国土上反对爱尔兰人，而任何一个爱尔兰人，要在英国反对不列颠政府，就会被宣布为非法。Habea Corpus Act[509]暂时停止生效。特别戒严。《纪事》周刊所举的事实。由政府组织的"杀人和暴行"。[510]波拿巴事件。[511]

二、问题

什么是芬尼亚运动？

三、土地问题

人口的缩减

1846 年（　）

1841 年——8222664　25 年间共缩减　　1801 年爱尔兰人口为

---

① 以下在原稿中删去一句："不过，奴隶主们至少还把约翰·布朗当做一个叛乱者，而不是当做一个普通的刑事犯。"

1866 年——5571971　2650693 人　　　5319867 人
　　　　　　————
　　　　　　2650693
　　　　1855 年——6604665
　　　　1866 年——5571971　　　　11 年间共缩减
　　　　　　————
　　　　　　1032694　　　　　　　1032694 人

不仅人口有所减少，而且同人口的总数比起来，聋哑人、盲人、残废人、疯子和痴子的数量有所增加。

1855—1866 年牲畜总数的增长

在 1855—1866 年这些年中，牲畜总数增长的情况如下：牛增加 178532 头，羊增加 667675 只，猪增加 315918 头。如果我们注意到在同时期中马减少 20656 匹，并用 1 匹马折合 8 只羊计算，那么**牲畜增长的总数**应为 996877 头，即接近 100 万头。

这就是说，1032694 个爱尔兰人为大约 100 万头牛、猪、羊所排挤了。被排挤的爱尔兰人的情况如何呢？**移民统计**对这一问题作了回答。

移　民

从 1851 年 5 月 1 日到 1866 年 12 月 31 日移居国外的共计 1730189 人。这种移民的性质。

由于**农场的合并或扩大**（逐出土地）以及同时变耕地为牧场，移民的规模越来越大，并将继续扩大下去。

从1851年到1861年农场总数减少了120000个，而面积15英亩到30英亩的农场却增加了61000个，30英亩以上的农场则增加了109000个（共计增加170000个）。农场总数的减少几乎完全是1英亩以下的到15英亩的农场消失的结果。达费林勋爵。大农场数目的增长只是表示，所减少的农场很大一部分成为较大的农场。

这一过程所起的作用

（a）对人口所起的作用

人民群众的状况恶化了，已接近于危机，像1846年那样的危机。当前的相对人口过剩已经像饥荒前一样严重。

从马铃薯歉收引起饥荒以来，**工资**提高不过20%。而马铃薯的价格却几乎提高了200%；日用必需品的价格则平均上涨了100%。**克利夫·莱斯利教授**在1867年2月9日的伦敦《经济学家》上写道：

"在21年中人口减少2/5以后，目前几乎全岛的常规工资每天只有1先令；而1先令目前所能买的东西并不多于21年前用6便士所能买到的。由于一般食品价格的高涨，工人的生活比10年前更坏了。"

（b）对土地所起的作用

（1）播种面积的缩减

粮食作物面积的缩减：	饲料作物面积的缩减：
1861—1866年——470917英亩	1861—1866年——128061英亩

（2）各种作物每一法定英亩①的收获量的缩减。小麦的**收获量**缩减了，而在1847—1865年这一段时期中收获量缩减得更多的是（用确切的百分比来表示）：燕麦缩减16.3%，亚麻47.9%，芜菁36.1%，马铃

---

① 法定英亩是王国法律所规定的英亩，合4047平方米。——编者注

薯50%。有几年收获量的缩减还更严重,而总的来说,从1847年起,收获量是**不断缩减**的。

自从大规模移民以来,土地因不再施肥而变得贫瘠了,这部分是由于农场疯狂地扩大,部分是由于在"谷地制"[512]的条件下,租佃者多半不自己为土地施肥,而让他的雇农去施肥。地租和利润在收获量减少的情况下也一样能增加。整个产量总的来说可能减少,但是落入大地主和大农场主手中而不归农业工人所有的、转变为剩余产品的那一部分产品,以及剩余产品的价格,却会增加。

因此,结果是:本地居民逐步被排挤,民族生活的源泉——土地逐步恶化和贫瘠。

扩大的过程

这一过程只是刚刚开始,但是进行得颇为迅速。扩大首先打击的是1英亩以下的到15英亩的那些农场。即使100英亩以下的农场全部消失,那时扩大的过程也还远远不会达到在英国那样的程度。1864年的情况是这样:

全爱尔兰的面积,包括**沼泽和荒地**,共计20319924英亩。**全部面积的3/5**,即12092117**英亩**,至今仍为1**英亩以下的到**100**英亩**的农场所占有,掌握在569844**个租佃者**手中;2/5的面积,即8227807英亩,则为100**英亩到**500**英亩以上的农场所占有**,掌握在31927个土地所有者手中。这样,要被驱逐的(只算租佃者和他们的家属)有2847220人。

这种制度[就是]1846年饥荒以及目前肉类和羊毛价格不断上涨的自然的结果,这种结果更因谷物法的废除而加速产生。

爱尔兰的清扫领地使爱尔兰成了英格兰的隔了一条宽阔的海峡的农

业区，——这里没有地主，地主们都和他们的家奴一起住在英格兰。

英国在爱尔兰的统治性质的改变

国家只是大地主的工具。**逐出土地**也被作为一种政治上的惩罚手段。（**阿伯康勋爵**。英国。**苏格兰山区的盖尔人**。⁵¹³）英国原来的政策：以英国移民（伊丽莎白时代）和圆颅党①移民（克伦威尔时代）代替被排挤的爱尔兰人。女王安即位以后的18世纪的经济政策只须用英国对它自己的殖民地爱尔兰采用的关税保护办法就可以说明；在这个殖民地的内部，则把**宗教信仰**变成为财产权的法律基础。在实行**合并**⁵¹⁴以后是苛刻的地租和土地中间人的制度，但是爱尔兰人尽管受到极度严重的压迫，却仍然是他们自己的土地的握有者。目前这种制度则是无声无息地、着着实实地进行着的一种歼灭；政府只是大地主（和高利贷者）的工具。

——

从这一改变了的情况产生了：

1. **芬尼亚运动的特点：社会主义的运动，下层阶级的运动。**
2. **运动的非天主教性质。**

在解放天主教徒的斗争⁵¹⁵及这一斗争的领袖丹尼尔·奥康奈尔在爱尔兰运动中占主导地位以前，起领导作用的一直是神甫。英国人关于教皇政治的可笑的空谈。天主教的上层神甫们反对芬尼亚运动。

3. **没有一个领导人作为代表选入英国议会。**奥康奈尔暴力运动的

---

① "圆颅党（round heads）"是17世纪英国资产阶级革命对议会的称呼，因为他们按清教徒的习惯剪短发，而不是像骑士党（王党）那样留长发。——编者注

特点。议会中的爱尔兰党的退化。

4. **民族性质**。欧洲运动的影响和英国的语言风格。

5. **美国、爱尔兰、英国**——三个活动场所,美国的主导作用。

6. **共和运动**,因为美国是共和国。

我在这里说明了芬尼亚运动的特征。

四、英国人民

人道和正义的问题,但首先是一个独特的英国问题。

(a) **贵族和教会。军队。(法国、阿尔及利亚。)**

(b) **在英格兰的爱尔兰人**。对工资的影响等。贬抑英国人和爱尔兰人的性格。**爱尔兰性格**。爱尔兰人的纯洁。在爱尔兰国民教育方面的尝试。犯罪数字的缩减。

爱尔兰的判罪

受审讯者	判罪者
1852 年——17678	10454
1866 年——4326	2418

1855 年以来在英格兰和威尔士受审讯者的数字所以减少,部分是由于 **1855 年的刑事法**;这一法律使法官在被告同意之下,有权自己判处短期禁闭,而不必将他们的案件移交法庭开庭审判。

伯明翰。英国人民的进步。英国报刊的卑鄙无耻。

(c) **对外政策**。波兰等。卡斯尔雷。帕麦斯顿。

五、挽救的办法

议会的无足轻重的措施是毫无意义的。

改革同盟的错误。[516]

破坏合并应成为英国民主党派的一个要求。

卡·马克思写于不迟于1867年
11月26日

原文是英文
参看《马克思恩格斯全集》中文第1版第16卷第499—505页

国际工人协会总委员会文件

国际工人协会成立宣言[517]

协会于1864年9月28日在
伦敦朗-爱克街圣马丁堂举行的公开大会上成立

工人们!①

　　工人群众的贫困在1848—1864年间没有减轻,这是不容争辩的事实,但是这个时期就工业的发展和贸易的扩大来说却是史无前例的。1850年,不列颠资产阶级一家温和的、消息灵通的机关报曾经预言,只要英国的进出口贸易增加50%,这个国家里的贫困现象就会消灭。其实不然! 1864年4月7日,财政大臣曾用下面这样的报告取悦他的议会听众:英国进出口贸易总额在1863年已经增加"到443955000英镑!这个惊人的数额几乎比刚刚过去的1843年时代的贸易额多两倍!"虽然如此,财政大臣还是雄辩地讲到了"贫穷"。他喊道:"请想想那些濒临贫穷深渊的人们","那……没有提高的工资","那十有八九都是为生存而挣扎的……人的生活!"[518]可是他完全没有提到爱尔兰人民,他们在北部正逐渐被机器所取代,在南部正逐渐被牧羊场所排挤;可是羊群在这个不幸的地区也在减少,不过不像人减少得那样快罢了。他没有重复贵族阶层的最高代表诸君在惊慌失措中刚刚脱口说出的话。当"勒杀犯"[519]所引起的恐慌达到了相当程度时,上院决定要对流放和苦役情况进行调查,并把调查结果用报告书形式加以公布。真实情况已在1863

---

　　①　在1866年伦敦出版的小册子中是"工人朋友们"。

年的一本厚厚的蓝皮书[520]中揭露出来，由官方提供的事实和数字证明，在英格兰和苏格兰，连最坏的刑事犯（苦役犯）也比英格兰和苏格兰的农业工人工作轻得多，饮食却好得多。但是还不止于此。当兰开夏郡和柴郡的工人因受美国内战影响被抛掷到街头时[521]，同一个上院又派出一个医生到工厂区去，任务是查明按最低廉的价格和最简便的方式来供给，平均至少需要多少碳素和氮素，才刚好能够"防止饥饿病"。当时医务专使斯密斯医生确定，一星期至少需要28000格令①碳素和1330格令氮素，才可以维持一个普通成年人的生命……也就是把他维持在刚好不致发生饥饿病的界限上；其次，他还发现，这个数量大约与棉织工人在极度贫困压迫下实际上所能够得到的菲薄养料相等。② 但是请注意！同一个博学的医生，不久后又被枢密院卫生视察员派去调查工人阶级中更贫困部分的营养状况了。他的调查结果写在今年根据议会命令公布的《公共卫生。第6号报告》③ 内。这位医生发现了什么呢？他发现，丝织工人、缝纫女工、织手套工人、织袜工人以及其他工人的食物，平均④比失业的棉织工人的救济口粮还坏，甚至没有包含"刚好能够防止饥饿病"的碳素和氮素。

我们在报告书中读到："不仅如此，在调查属于农业人口的家庭时发现，这些家庭有1/5以上得不到必需的最低限度的含碳食物，有1/3

---

① 1格令＝0.065克。
② 大概用不着提醒读者，除水的构成元素和某些无机物外，碳素和氮素也是人类食物的原料。但是要使人体获得营养，这些简单化学成分应该以植物质或动物质的形态供给；例如马铃薯主要是含有碳素，而小麦面包则含有相当分量的碳素和氮素。——马克思原注
③ 《公共卫生。枢密院卫生视察员第6号报告。1863年。附附录》1864年伦敦版第13—17页。
④ 在德文版中加有"每年"。

以上得不到必需的最低限度的含氮食物,并且在三个郡里(伯克郡、牛津郡和萨默塞特郡),缺乏含氮食物是通常的现象。"官方报告书中补充说:"应当记住,食物的匮乏已经极难忍受,而食物的恶化通常是在其他各种匮乏之后才发生的……甚至保持清洁也成为一种费钱或难于办到的事情;如果由于自尊心而仍然要保持清洁,那么,每一次这样的企图都不免要带来更多的饥饿痛苦。""这种情形是令人痛心的,特别是当人们想到这里所谈的贫困完全不是因懒惰而应得的惩罚;在一切场合,这都是劳动人民的贫困。实际上,工人为取得这点菲薄食物而付出的劳动,在大多数情况下都是时间非常长久的。"

报告书举出了一件奇怪和完全出人意料的事实:"在联合王国各个部分中"——英格兰、威尔士、苏格兰和爱尔兰——"正是在英格兰"这个王国最富有的部分,农业人口吃得最坏;但是,甚至伯克郡、牛津郡和萨默塞特郡的农业工人,也比伦敦东头大量家庭工业的熟练工人吃得好一些。

这就是官方按照议会命令在1864年间,即在自由贸易的黄金时代公布的材料,正是这时财政大臣通知下院说:

"大不列颠工人的一般状况已经有了改善,并且应当承认这种改善是绝无仅有的,是任何一个国家和任何一个时代都比不上的。"①

同这种官方的赞美辞令形成尖锐矛盾的是官方的公共卫生报告书中这样一句枯燥的评语:

"一国的公共卫生状况是指其居民大众的健康而言,如果这些居民直到最下层在生活上得不到一定的保障,那他们就很难是健康的了。"

财政大臣被"国家进步"的统计数字弄得眼花缭乱,他得意忘形

---

① 马克思在这里和下面引用了英国财政大臣格莱斯顿于1863年4月16日在下院的讲话。

地喊道:"从1842年到1852年,国内应纳税的收入增加了6%……在从1853年到1861年的八年内,如以1853年的收入为基础,这种收入则增加了20%!事实令人惊奇得几乎到了难以置信的程度……财富和实力这种令人陶醉的增长,"——格莱斯顿先生补充说,——"完全限于有产阶级!"[522]

如果你们想知道,产生这种"完全限于有产阶级的财富和实力的令人陶醉的增长"的条件过去和现在怎样使工人阶级健康损坏、道德堕落和智力衰退,那就请你们看一看最近一次《公共卫生报告》关于印刷厂和男女服装缝纫厂情况的描绘吧![①] 请你们把这一描绘同1863年公布的《童工调查委员会报告》对照一下,例如,那里有这样一段话:

"陶工作为一个阶级,不分男女……代表着身体上和道德上退化的人口","不健康的儿童,将来又要成为不健康的父母","有增无已的人种退化是不可避免的","只是由于有新的人口从邻近的乡村地区补充进来,由于同较为健康的人结婚,斯塔福德郡的人口才没有发生更严重的退化"。[②]

请看一看特里门希尔先生的蓝皮书《面包工人的申诉》[③] 吧!当人们读到工厂视察员发表的有官方的出生和死亡统计数字作例证的矛盾的陈述时,又有谁能不为之浑身战栗呢?工厂视察员说:当兰开夏郡的工人依靠少量救济粮维持生活时,他们的健康状况实际上却改进了,因为由于棉荒,他们暂时停止了在棉织工厂做工;儿童死亡率在这个时期也

---

① 《公共卫生。枢密院卫生视察员第6号报告。1863年。附附录》1864年伦敦版第25—29页。
② 《童工调查委员会。1862年。委员会委员的第1号报告》1863年伦敦版第24页。
③ 休·特里门希尔《就面包工人的申诉向女王陛下内务大臣所作的报告。附证词》1862年伦敦版。

减低了，因为母亲这时终于有可能给他们喂奶，而不是给他们喂安眠的鸦片药水了！

现在让我们重新来看看事情的另一面吧！1864年7月20日向下院提出的关于所得税和财产税的报告表明，每年收入按收税员的估计在5万英镑以及5万英镑以上的人数，从1862年4月5日到1863年4月5日的一年中增加了13人，即从67人增加到80人。从同一个报告中还可以看到，大约有3000人每年共收入2500万英镑，这个数目比英格兰和威尔士全体农业工人每年的总收入还要大。翻开1861年的人口调查表，你们就会看到，英格兰和威尔士两处的男性土地所有者人数已经由1851年的16934人，减少到1861年的15066人；这就是说，土地集中程度在十年中增大了11%。如果英国地产集中于少数人手中的过程今后仍将如此迅速地继续下去，那么土地问题就将异常简单化，就像在罗马帝国有过的情形那样，当时尼禄皇帝听说阿非利加省有一半土地属于6个所有者，就曾露齿狞笑。

我们这样详细地谈到这些"令人惊奇得几乎到了难以置信的程度的事实"，是因为英国在贸易和工业方面占欧洲第一位①。请回忆一下，几个月前路易-菲力浦的一个亡命的儿子就曾公开祝贺过英国农业工人，说他们的命运比他们在海峡彼岸的那些更不幸的同伴们好些。的确，在大陆上所有先进的工业国家里，都在重复着英国的情况，只是带有不同的地方色彩和规模较小罢了。从1848年起，在所有这些国家里，工业都有了空前的发展，输入和输出都有了梦想不到的扩大。在所有这些国家里，"完全限于有产阶级的财富和实力的增长"确实是"令人陶醉的"。在所有这些国家里，也如在英国一样，实际工资②就工人阶级的

---

① 在德文版中加有"并且在世界市场上实际上代表欧洲"。
② 在德文版中加有"也就是用货币工资所能买到的生活资料"。

少数来说稍微有些提高，但就大多数来说，货币工资的提高很少表示福利的实际的增长，正如就伦敦贫民院或孤儿院的被收容者来说，购买他们的生活必需品在1852年花7英镑7先令4便士，到1861年要花9英镑15先令8便士，这并不表示他们的生活有了任何改善。工人阶级的广大群众的生活水平到处都在深深地下降，下降的程度至少同那些站在他们头上的阶级沿着社会阶梯上升的程度一样。不论是机器的改进①，科学在生产上的应用，交通工具的改良，新的殖民地的开辟，向外移民，扩大市场，自由贸易，或者是所有这一切加在一起，都不能消除劳动群众的贫困；在现代这种邪恶的基础上，劳动生产力的任何新的发展，都不可避免地要加深社会对比和加强社会对抗。这在欧洲一切国家里，现在对于每一个没有偏见的人都已成了十分明显的真理，只有那些一心想使别人沉湎于痴人乐园的人才会否认这一点。在这种"令人陶醉的"经济进步时代，在不列颠帝国的首都，饿死几乎已经成为一种常规。这个时代在世界历史上留下的标志，就是被称为工商业危机的社会瘟疫日益频繁地重复发生，规模日益扩大，后果日益带有致命性。

在1848年革命失败后，大陆上工人阶级所有的党组织和党的机关报刊都被暴力的铁腕所摧毁，工人阶级最先进的子弟在绝望中逃亡到大西洋彼岸的共和国去，短促的解放梦已随着工业狂热发展、道德败坏和政治反动的时代的到来而破灭了。大陆上的工人阶级的失败，部分是由无论当时或现在都和圣彼得堡的内阁结成兄弟同盟的英国政府的外交所促成，这一失败很快也就像传染病一样蔓延到了拉芒什海峡的这一边。大陆上的阶级弟兄的失败，把英国工人阶级弄得垂头丧气，挫伤了它对自己事业的信心，同时却使土地巨头和金融巨头恢复了他们已经多少动摇了的自信。他们蛮横地收回了已经宣布过的让步。新的金矿产地的发

---

① 在德文版中加有"化学上的发现"。

现，引起了大量的向外移民，结果造成了不列颠无产阶级队伍的不可弥补的减员。工人阶级中另一部分先前积极的分子，受了暂时增加工作和工资的诱惑而变成了"政治工贼"。维持或革新宪章运动[523]的一切尝试都遭到了决定性的失败；工人阶级的机关报刊由于群众的漠不关心而相继停刊；的确，英国工人阶级过去从来没有像现在这样苟安于政治上的毫无作为。如果说过去在英国工人阶级和大陆上的工人阶级之间过去在行动上没有过一致，那么现在至少在失败上是一致的了。

虽然如此，1848年革命以来的这一段时期还不是白白地过去的。我们这里只指出两件重大的事实。

英国工人阶级经过30年惊人顽强的斗争，利用土地巨头和金融巨头间的暂时的分裂，终于争得了十小时工作日法案[524]的通过。这一法案对于工厂工人在体力、道德和智力方面引起的非常良好的后果，在工厂视察员每半年一次的报告书中都曾指出过，现在已经为大家所公认。欧洲大陆上的大多数政府都不得不在作了或多或少的修改之后采用了英国的工厂法，而英国议会本身也不得不每年扩大这一法律的应用范围。但是工人的这一措施的奇迹般的成就，除了有实际的重要性以外，还有另一个重大的意义。资产阶级通过自己颇有名气的学者如尤尔博士、西尼耳教授及其他同类聪明人的口屡次预言，并且不停地重复说：对于工时的任何立法限制都必然要为不列颠工业敲起丧钟；不列颠工业像吸血鬼一样，只有靠吮吸人血，其中也有儿童的血，才能生存。古时杀害儿童是崇拜摩洛赫的宗教的神秘仪式，但它只是在一些极隆重的场合下实行，大概一年不过一次；同时摩洛赫并没有表示专爱吃穷人的儿童。这种围绕用立法手段限制工时问题而展开的斗争所以更加激烈，撇开利润贪求者的惊慌不谈，是因为这里的问题涉及一个大的争论，即构成资产阶级政治经济学实质的供求规律的盲目统治和构成工人阶级政治经济学实质的由社会预见①指导社会生产之间的争论。因此，十小时工作日法案不仅是一个重大的实际的成功，而且是一个原则的胜利；资产阶级政治经济学第一次在工人阶级政治经济学面前公开投降了。

但是，劳动的政治经济学对财产的政治经济学②还取得了一个更大的胜利。我们说的是合作运动，特别是由少数勇敢的"手"独力创办起来的合作工厂。对这些伟大的社会试验的意义不论给予多么高的估价都是不算过分的。工人们不是在口头上，而是用事实证明：大规模的生产，并且是按照现代科学要求进行的生产，没有那个雇佣工人阶级的雇主阶级也能够进行；他们证明：为了有效地进行生产，劳动工具不应当被垄断起来作为统治和掠夺工人的工具；雇佣劳动，也像奴隶劳动和农奴劳动一样，只是一种暂时的和低级的形式③，它注定要让位于带着兴奋愉快心情自愿进行的联合劳动。在英国，合作制的种子是由罗伯特·欧文播下的；大陆上工人进行的试验，实际上是从并非1848年发明的，而是1848年大声宣布的理论中得出的实际结论。

同时，1848—1864年这个时期的经验毫无疑问地证明④，不管合作劳动在原则上多么优越，在实际上多么有效，只要它仍然限于个别工人的偶然努力的狭隘范围，就始终既不能阻止垄断势力按照几何级数增长，也不能解放群众，甚至不能显著地减轻他们的贫困的重担。也许正是由于这种原因，那些面善口惠的贵族，资产阶级的慈善空谈家，以至于机灵的政治经济学家，先前在合作劳动制处于萌芽状态时曾枉费心机地想要把它铲除，嘲笑它是幻想家的空想，咒骂它是社会主义者的邪

---

① 在德文版中是"由社会认识和社会预见"。
② 在德文版中不是"财产的政治经济学"，而是"资本的政治经济学"。
③ 在德文版中是"低级的社会形式"。
④ 在德文版中加有"就像工人阶级最卓越的领导者们在1851年和1852年谈到英国合作运动时已经断言的那样"。

说，现在都突然令人发呕地捧起场来了。要解放劳动群众，合作劳动必须在全国范围内发展，因而也必须依靠全国的财力。但是土地巨头和资本巨头总是要利用他们的政治特权来维护和永久保持他们的经济垄断的。他们不仅不会促进劳动解放，而且恰恰相反，会继续在它的道路上设置种种障碍。请回忆一下帕麦斯顿勋爵在最近一次议会会议上攻击爱尔兰租佃者权利法案[525]维护者的嘲弄口气吧。他大喊道：下院是土地所有者的议院[526]。

所以，夺取政权已成为工人阶级的伟大使命。工人们似乎已经了解到这一点，因为英国、德国、意大利和法国都同时活跃起来了，并且同时都在努力从政治上改组工人政党。

工人的一个成功因素就是他们的人数；但是只有当工人组织而联合起来并获得知识的指导时，人数才能起举足轻重的作用。过去的经验证明：忽视在各国工人间应当存在的兄弟团结，忽视那应该鼓励他们在解放斗争中坚定地并肩作战的兄弟团结，就会使他们受到惩罚，——使他们分散的努力遭到共同的失败。这种认识促使1864年9月28日在圣马丁堂出席公开大会的各国工人创立了国际协会。

还有一个信念鼓舞着这次大会的参加者。

工人阶级的解放既然要求①工人们兄弟般的合作，那么在那种为追求罪恶目的而利用民族偏见并在掠夺战争中洒流人民鲜血和浪费人民财富的对外政策下，他们又怎么能完成这个伟大任务呢？使西欧避免了为在大西洋彼岸永久保持和推广奴隶制进行可耻的十字军征讨冒险的，并不是统治阶级的智慧，而是英国工人阶级对于他们那种罪恶的疯狂行为所进行的英勇反抗[527]。欧洲的上层阶级只是以无耻的赞许、假装的同情或白痴般的漠不关心态度来观望俄罗斯怎样侵占高加索的山区要塞和宰

---

① 在德文版中加有"各国"。

割英勇的波兰；这个头在圣彼得堡而爪牙在欧洲各国内阁的野蛮强国所从事的大规模的不曾遇到任何抵抗的侵略，给工人阶级指明了他们的责任，要他们洞悉国际政治的秘密，监督本国政府的外交活动，在必要时就用能用的一切办法反抗它；在不可能防止这种活动时就团结起来同时揭露它，努力做到使私人关系间应该遵循的那种简单的道德和正义的准则，成为各民族之间的关系中的至高无上的准则。

为这样一种对外政策而进行的斗争，是争取工人阶级解放的总斗争的一部分。

全世界无产者，联合起来！

卡·马克思写于1864年10月21日和27日之间
载于1864年11月5日《蜂房报》第160号《1864年9月28日在伦敦朗-爱克街圣马丁堂举行的公开大会上成立的国际工人协会的宣言和临时章程》。由作者译成德文载于1864年12月21日和30日《社会民主党人报》第2号和第3号

原文是英文
参看《马克思恩格斯文集》第3卷第3—15页

协会临时章程[528]

鉴于：

工人阶级的解放应该由工人阶级自己去争取；工人阶级的解放斗争不是要争取阶级特权和垄断权，而是要争取平等的权利和义务，并消灭任何阶级统治；

劳动者在经济上受劳动资料即生活源泉的垄断者的支配，是一切形式的奴役即一切社会贫困、精神屈辱和政治依附的基础；

因而工人阶级的经济解放是一切政治运动都应该作为手段服从于它的伟大目标；

为达到这个伟大目标所做的一切努力至今没有收到效果，是由于每个国家里各个不同劳动部门的工人彼此间不够团结，由于各国工人阶级彼此间缺乏亲密的联合；

劳动的解放既不是一个地方的问题，也不是一个民族的问题，而是涉及存在有现代社会的一切国家的社会问题，它的解决有赖于最先进各国在实践上和理论上的合作；

目前欧洲各个最发达的工业国工人阶级运动的新的高涨，在鼓起新的希望的同时，也郑重地警告不要重犯过去的错误，要求立刻把各个仍然分散的运动联合起来；

鉴于上述理由，下面署名的委员会委员，根据1864年9月28日在伦敦圣马丁堂举行的公开大会上所作决议赋予的全权，采取了必要的步骤来创立国际工人协会。

他们宣布，这个国际协会以及加入协会的一切团体和个人，承认真理、正义和道德是他们彼此间和对一切人的关系的基础，而不分肤色、信仰或民族。

他们认为，一个人有责任不仅为自己本人，而且为每一个履行自己义务的人要求人权和公民权。没有无义务的权利，也没有无权利的义务。

根据这一切，他们制定国际协会的临时章程如下：

1. 本协会设立的目的，是要成为追求共同目标即追求工人阶级的保护、发展和彻底解放的各国工人团体进行联络和合作的中心。

2. 本会定名为"国际工人协会"。

3. 1865年将在比利时召开全协会工人代表大会，由当时已经参加国际协会的工人团体派遣代表出席。代表大会的使命是在全欧洲面前宣布工人阶级的共同愿望，最后批准国际协会章程，研究使国际协会能顺利进行活动的方式方法，并任命协会的中央委员会。全协会代表大会每年召开一次。

4. 中央委员会设于伦敦；它由参加国际协会的各国的工人组成。中央委员会从其委员中选出为处理各种事务所必需的负责人员，即主席、财务委员、总书记、各国通讯书记等。

5. 全协会代表大会在每年的会议上听取中央委员会关于过去一年的活动的公开报告。每年由代表大会任命的中央委员会，有权增加新的中央委员。在紧急情况下，中央委员会可以早于规定的一年期限召开全协会代表大会。

6. 中央委员会是沟通各种互相合作的团体之间的联系的国际机关，它应该使一国工人能经常知悉所有其他各国工人阶级运动的情况；使欧洲各国中的社会状况调查工作能同时并在共同的领导下进行；使一个团体中提出的但具有普遍意义的问题能由一切团体加以讨论，并且在需要立刻采取实际措施时，例如在发生国际冲突时，使所有加入协会的团体能同时和一致行动。在一切适当场合，中央委员会应主动向各个全国性团体或地方性团体提出建议。

7. 既然每个国家的工人运动的成功只能靠团结和联合的力量来保证，而国际中央委员会活动的成效又在很大程度上取决于它是同少数全国性的工人协会中心还是同许多细小而分散的地方性团体联系，所以，国际协会的会员应该竭力使他们本国的分散的工人团体联合成由全国性中央机关来代表的全国性组织。但是，不言而喻，章程中这一条的运用要取决于每一国家法律的特点，同时不管是否存在法律造成的障碍，并不排斥独立的地方性团体同伦敦的中央委员会发生直接的联系。

8. 在第一次代表大会召开之前，1864年9月28日选出的委员会作为临时中央委员会进行活动，它应尽力在各国工人组织之间建立联系，在联合王国中征收会员，为召开全协会代表大会进行筹备，并同各全国性和地方性团体一起讨论应提交这次代表大会的主要问题。

9. 国际协会的每个会员，在由一个国家迁居另一国家时，应该从加入协会的工人方面得到兄弟般的帮助。

10. 加入国际协会的工人团体，在彼此结成亲密合作的永久联盟的同时，完全保存自己原有的组织。

卡·马克思写于1864年10月21日和27日之间
载于1864年11月在伦敦出版的小册子《1864年9月28日在伦敦朗-爱克街圣马丁堂举行的公开大会上成立的国际工人协会的宣言和临时章程》

原文是英文
参看《马克思恩格斯全集》中文第1版第16卷第15—18页

更　正[529]

贵报第 30 号曾报道说，在 3 月 1 日于伦敦举行的纪念波兰起义大会上，通过了比尔斯先生和利弗尔逊先生的两项建议。但是，在通过这两项建议之后，**彼得·福克斯先生**（英国人）代表**国际工人协会**还提出了一项建议：

"应当承认：完整而独立的波兰是民主欧洲存在的必要条件；只要这一条件不存在，大陆上的革命胜利就只能是反革命长期统治的短暂前奏。"

彼·福克斯先生对于欧洲因波兰丧失自由和俄国采取侵略政策而遭到的种种灾难作了简要的历史概述，然后指出，在这个问题上，**自由党**的立场和**民主**的协会（他是代表它说话的）的立场不一致。保守的欧洲的口号是：被奴役的欧洲要以被奴役的波兰为基础。相反，国际工人协会的口号是：自由欧洲的基石是自由和独立的波兰。

埃卡留斯先生（德国工人，国际工人协会副主席）支持这项建议，并详细地阐述了普鲁士几次参与瓜分波兰的情况。他用下面这句话结束了自己的演说：**"普鲁士君主政体的灭亡，是建立德国和恢复波兰的 Conditto sine qua non［必要条件］。"**

国际工人协会的法国会员**勒·吕贝先生**也发言拥护这项建议。这项建议在整个大会表示赞同的经久不息的欢呼中一致通过。

《每日新闻》和其他一些"自由党的"伦敦报纸不乐意国际工人协会取得的成就，所以**删掉了**这一部分报道；顺便提一句，如果没有国际工人协会的促进,圣马丁堂的纪念波兰起义的大会根本就开不成。我代表国际工人协会请贵报刊登这个更正。

国际工人协会瑞士通讯书记　海·荣克
……于伦敦

卡·马克思写于1865年4月13日　　　原文是德文
载于1865年4月22日《白鹰报》　　参看《马克思恩格斯全集》中文第
第48号,刊载时略有改动　　　　　1版第16卷第106—107页

国际工人协会致约翰逊总统的公开信[530]

美国总统安德鲁·约翰逊

阁下:

南部为维护"特殊秩序"的统治发动了武装叛乱,这个"特殊秩序"的恶魔不会让它的信徒们在公开的战斗中光荣死去。它既然以叛逆开始,就必然以无耻告终。正如菲力浦二世维护宗教裁判所的战争出了一个热拉尔一样,杰弗逊·戴维斯维护奴隶占有制的战争也出了一个蒲斯。

当旧大陆和新大陆都群情激愤的时候，我们的任务不是要倾泻悲痛和愤怒的言辞。就连那些被雇用的诽谤者，他们成年累月地、不辞劳苦地、息息法斯式地对阿伯拉罕·林肯和他所领导的伟大共和国进行了精神上的暗杀，现在也在人民的这种愤懑情绪的总爆发面前吓得目瞪口呆，争先恐后地将辞令的花朵撒满他的陵墓。他们现在终于明白了：这是一个不会被困难所吓倒、不会为成功所迷惑的人；他不屈不挠地迈向自己的伟大目标，而从不轻举妄动，他稳步向前，而从不倒退；他既不因人民的热烈拥护而冲昏头脑，也不因人民的情绪低落而灰心丧气；他用仁慈心灵的光辉缓和严峻的行动，用幽默的微笑照亮为热情所蒙蔽的事态；他谦虚地、质朴地进行自己宏伟的工作，绝不像那些天生的统治者们那样做一点点小事就大吹大擂。总之，他是一位达到了伟大境界而仍然保持自己优良品质的罕有的人物。这位出类拔萃和道德高尚的人竟是那样谦虚，以致只有在他成为殉难者倒下去之后，全世界才发现他是一位英雄。

光荣属于同这样一位领袖一起被刺的、成为奴隶占有制恶魔第二个牺牲者的西华德先生。难道他不是在大家还犹豫不决的时刻就敏锐地预见到并勇敢地预言了"不可制止的冲突"吗？难道不是他在这场斗争的最阴暗的时刻显示出罗马人那样的对自己的职责忠贞不渝，对共和国和它的命运坚信不疑吗？我们衷心希望他和他的儿子在比"九十天"更短的日子里恢复健康，重新回到社会活动中来，并获得应有的尊敬。

如果我们注意到这场惊心动魄的国内战争的规模之大、范围之广，并把它和旧大陆的百年战争、三十年战争和二十三年战争作比较的话，恐怕就很难说它是持续九十天的战争；在这场战争结束之后，阁下，您的任务就是借助法律来根除那些曾用刀剑砍倒的东西，领导政治改革和社会复兴的艰巨工作。深刻地意识到您的伟大使命，将使您在严肃的职责面前不作任何妥协。您将永远不会忘记，美国人民在开创劳动解放的新纪元中曾把领导的责任付托给两位劳动的人:一位是阿伯拉罕·林肯,另一位是安德鲁·约翰逊。

1865年5月13日中央委员会代表国际工人协会签署于伦敦:

卡尔·考布;埃德温·科尔森;弗·列斯纳;卡尔·普芬德;N.P.汉森;卡尔·沙佩尔;威廉·德尔;格奥尔格·罗赫纳;格奥尔格·埃卡留斯;约翰·奥斯本;彼·彼得逊;A.詹克斯;克利莫什;约翰·韦斯顿;亨·博勒特,本·鲁克拉夫特;詹·巴克利;彼得·福克斯;纳·萨尔瓦特拉;乔治·豪威耳;博尔达日;A.瓦尔蒂埃;罗伯特·肖;约·朗梅德;W.摩尔根;乔·威·惠勒;约·D.尼阿斯,威·沃利;D.斯坦斯比;F.德·拉萨西;詹·卡特;波兰书记——埃米尔·霍尔托普;德国书记——卡尔·马克思;瑞士书记——海·荣克;法国书记——欧·杜邦;财务书记——J.惠特洛克;主席——乔·奥哲尔;名誉总书记——威·朗·克里默

卡·马克思写于1865年5月2日和
9日之间
载于1865年5月20日《蜂房报》
第188号

原文是英文
参看《马克思恩格斯全集》中文第
1版第16卷第108—110页

中央委员会告各工人团体书[531]

国际工人协会中央委员会

伦敦西区希腊街18号

兹邀请各工会团体、互助会和其他工人团体以集体方式加入协会；接受入会的唯一条件就是承认协会的原则并缴纳入会申请书的费用；申请书（上面打蜡，并裱在带轴的麻布上）的费用是5先令。加入协会的团体**不一定要缴纳什么会费**；它们可以根据自己的经费斟酌情况决定是缴纳会费或是在它们认为协会的活动**应当得到支持**的时候随时**给协会以支持**。

中央委员会愿意把充分地阐述了协会的原则和目标的宣言和章程寄给任何一个表示了这种要求的团体；在伦敦地区内还准备派出代表团，代表团将对提出的任何需要了解的细节作进一步的说明。加入协会的团体有权派遣代表一名参加中央委员会。个人会员除为会员证缴纳1便士以外，规定每年缴纳会费1先令；会员证同关于协会的全部情况一样，可以从名誉书记或每星期二晚上8点至10点在希腊街18号举行的中央委员会会议上得到。

法国**通讯书记** 欧·杜邦

德国**通讯书记** 卡·马克思

波兰**通讯书记** 艾·霍尔托普

瑞士**通讯书记** 海·荣克

美国通讯书记　莱·路易斯
中央委员会主席　乔·奥哲尔
名誉财务委员　乔·威·惠勒
名誉总书记　　威·朗·克里默

愿意加入国际工人协会的团体的申请书格式

我们，在_____集会的_____成员们声明，我们完全同意国际工人协会的原则和目标，并保证传播和贯彻这些原则和目标；为了证实我们的诚意，我们现在特请求中央委员会接受我们加入兄弟般的同盟，作为协会的附属分会。

　　　　　　受_____名会员的委托签字

　　　　　　　　　　　　　书记_____

　　　　　　　　　　　　　主席_____

　　　　　　　　　　　　　186　年于_____

起草于1865年6月　　　　　原文是英文
1865年夏在伦敦印成传单　　参看《马克思恩格斯全集》中文第
　　　　　　　　　　　　　1版第16卷第579—580页

International Working Men's Association.

CENTRAL COUNCIL,
18 GREEK STREET, LONDON, W.

Trade, Friendly, or any Working Men's Societies are invited to join in their corporate capacity, the only conditions being that the Members subscribe to the principles of the Association, and pay for the declaration of their enrolment (which is varnished and mounted on canvas and roller), the sum of 5s. No contributions are *demanded* from Societies joining, it being left to their means and discretion to contribute or not, or as they may from time to time deem the *efforts* of the *Association worthy of support*.

The Central Council will be pleased to send the Address and Rules, which fully explain the principles and aims of the Association, to any Society applying for them; and, if within the London district, deputations will gladly attend to afford any further information that may be required. Societies joining are entitled to send a representative to the Central Council. The amount of contribution for individual members is 1s. per annum, with 1d. for Card of Membership; which may be obtained, with every information concerning the Association, by applying to the Honorary Secretary, or at the Central Council's Meetings, which are held every Tuesday Evening, at 18 Greek Street, from Eight to Ten o'clock.

E. DUPONT, *Corresponding Secretary for* France.
K. MARX, „ „ Germany.
E. HOLTORP, „ „ Poland.
H. JUNG, „ „ Switzerland.
L. LEWIS, „ „ America.

G. ODGER, *President of Central Council.*
G. W. WHEELER, *Hon. Treasurer.*
W. R. CREMER, *Hon. Gen. Sec.*

国际工人协会中央委员会告各工人团体书

FORM OF APPLICATION

FOR SOCIETIES WISHING TO JOIN THE

International Working Men's Asssociation.

———◆◆◆◆———

We, the Members of the _____

_____ assembled

at the _____

declare our entire concurrence with the principles and aims of the International Working Men's Association, and pledge ourselves to disseminate and reduce them to practice; and as an earnest of our sincerity we hereby apply to the Central Council to be admitted into the fraternal bond as an affiliated Branch of the Association.

Signed on behalf of the Members, _____ in number.

_____ *Secretary.*

_____ *President.*

_____ 186

愿意加入国际工人协会的团体的申请书格式

告大不列颠和爱尔兰工人书[532]

工人朋友们：

大家都知道，现有的成千上万家日报和周报中，能捍卫工人阶级利益并为劳动者事业而斗争的，屈指可数。只要想一下，几乎所有的报纸无一例外地都是资本家的财产，都是他们为了自己的需要，或者为了政治党派的目的，或者作为投机买卖而创办的，也就不足为奇了。因此，在报纸上阐述涉及我们雇佣劳动者的政治权利、社会解放或者物质福利问题，在很大程度上是出于仁慈心。即使间或有哪一个编辑心血来潮想要站在我们一边，也常常令人怀疑其坚决的反对立场是不是会胜过这种恩宠。对于像英国工人这样完全有理由渴求提高自己的政治地位和社会地位的大多数人来说，这是一种极其不能令人满意的情况。

据说本杰明·富兰克林曾经说过："要做成做好一件事，就得亲自动手。"我们正应该这样办。要使你们所期待的地位改善不致成为梦幻和笑柄，我们就必须自求生路，而这只有靠我们在报纸上和讲坛上占据前所未有的显要地位才能做到。

为了提防诡谲多诈的朋友，我们需要有我们自己的报刊。为此，我们必须尽力创办和扶持尽可能多的报纸和期刊。在这些报刊上，我们一定要提倡和捍卫我们自己的事业，反对公开的敌人和狡诈的朋友。在报纸上和讲坛上，我们一定要使我们自己能够自卫和防范一切来犯者。那时候，也只有那时候，我们才得以在改善我们自己的状况方面获得成功。

为了实现这个目标，一些著名的工人阶级利益的捍卫者建立了一个有限责任团体，名为"工业报公司"，拥有票面资本1000英镑，每股价值1英镑；每认一股预付2先令6便士，而后分期付清，每次2先令6便士。

本公司获得了《矿工和工人辩护士报》的版权、信誉等项，并决定把它办成不仅供矿工而且也供一切工业部门的工人阅读的第一流报纸，办成广泛讨论涉及整个或某一部分工人阶级的一切政治问题、社会问题和职业问题的报纸。

我们下列签名的人，受公司的委托，邀请一切关切自己伙伴的福利和热爱自由的人们，通过购买、帮助推销股票等方法来参加本公司所承担的良好而艰巨的任务，以便使工人的报纸很快能够占有光荣的地位，并积极而庄严地参加日常的斗争。

认股申请书可以马上发出，每认一股请随函附寄2先令6便士。

主　　席　乔·奥哲尔
临时书记　埃·谢·曼茨
财务委员　乔·威·惠勒

写于1865年8月下半月

载于1865年9月2日《矿工和工人辩护士报》第130号

按报纸原文刊印

工业报(有限)公司[533]

资本1000英镑,每股价值1英镑。每股预付2先令6便士。

理事会

乔·奥哲尔先生,主席　　　尼阿斯先生
威·朗·克里默先生　　　　荣克先生
罗·阿普尔加思先生　　　　克里斯马斯先生
科尔森先生　　　　　　　　马克思博士
亨·特尔弗先生　　　　　　韦斯顿先生
埃卡留斯先生　　　　　　　勒·吕贝先生
威·斯坦斯比先生　　　　　考布先生
沃利先生　　　　　　　　　摩尔根先生
费西先生　　　　　　　　　列斯纳先生

　　　　财务委员　爱·科尔森先生
　　　　书　　记　埃德温·谢利·曼茨先生

募股书

　　上述公司的发起人的目的是要满足当代的迫切要求——创办一家为工人阶级利益服务的报纸,保证向工人如实说明他们的委屈和忠实维护他们的权利。

　　理事会满意地通告,为促进这一目的,他们已购买了《矿工报》,并将它并入《工人辩护士报》。此外,他们还聘请了一批最杰出的作家为它的专栏撰稿。

　　该公司主持人的观点,已为人们所熟知,无须广为宣扬了。毋庸赘述,它在政治上是民主主义的,随时准备坚持原则,绝不随波逐流。

　　对那些习惯于把穷人的努力看做是劳动反对资本连续不断的徒劳斗争的人们,可以这样解释:那些努力之所以失败,并不是因为其所追求的目的缺乏正义性,而是由于没有一个足以影响舆论的合法的机关报。如果有哪一个牛津的教授或者博学的作家偶尔自告奋勇为千百万被压迫者的信条作辩护,他的声音也只不过是人间深重苦难的回音而已,在争斗着的同行的喧闹中虽然勉强可闻,却为报界走卒的狂嘲怒骂所淹没。要说报纸反映舆论,那是对思维健全的人们的侮辱。报纸是投机商、政界领袖、承包巨头、铁路董事们的财产。我们能够从谎言的河流中期待真话,在黑暗地带期待光明,或者从以诽谤、曲解和欺骗为职业的人们那里期待真诚吗?当然不能。这就是为什么我们需要有一个没有贪赃舞弊、不怕攻击、为相信其使命是传播他们在沉重劳动和痛苦灾难中得到的真理的人们所激励的机关报的原因。

《工人辩护士报》勇敢地担当起这个必要的重任。如同一个当之无愧和英勇无畏的平民群众的斗士所应该具备的那样,它不需要卑鄙下流的文抄公和无原则的冒险家的帮助。该报将在工人和工人的朋友中寻找自己的伙伴。产生了埃利奥特、克莱尔、白恩士,在小说方面贡献了笛福,在科学方面贡献了斯蒂芬逊,在文学方面贡献了莎士比亚的阶级,在自己的队伍里仍不乏像拿织布梭或大锤那样善于拿笔杆的优秀的儿子。

工业报公司应用合作的原则;时代的标志是:行动的人同时也就是思想的人,他们将在自己的机关报上"直言不讳"。

《工人辩护士报》对当前的重大问题将发表明确的意见。为了促进千百万劳动者的完全的政治解放和社会解放,该报将奋力支持成年男子普选权,秘密投票,以获票数量为根据的代表权,直接税,土地国有化,在全国范围内发展自营合作社,缩短工作日,争取星期六半日休假的运动,以及政治的、国际的和行业的组织,总之,一切促进人类进步的事业。

工人的代表们所创办的报纸,必须主要是指靠工人的儿女的鼓励和支持;但是,因为社会上各个阶层中都有好人,有理由认为,许多拥有财产的酷爱自由的人在同我们的合作中将会感到满意。来自这方面的帮助将是慷慨的,也会是善意的,因而将受到敬谢拜领。

由于坚信为其传播而牺牲了那么多的高尚殉难者的政治原则,由于认识到革命必须靠精神上的努力而不是靠肉体上的暴力来完成的时代已经到来,《工人辩护士报》的负责人绝不至于自甘堕落去进行下流粗野的谩骂,但是将努力用理由充足的论据和它的仁爱精神来证明它的要求的正义性。

该报聘请的撰稿人中有一些世界各国最杰出的知识分子;外交问题的论文将是博学的思想家的深思熟虑的见解;由于该报同有通讯员遍布

世界各地的国际工人协会的密切联系，这一部分将是最有价值的专栏之一。

关于国内问题，一周概况将在精湛的述评中得到忠实的反映，而各政治组织的各种活动将予以记载，并作出公正的评论。

有关劳动的权利的一切问题，该报将持独立立场，工人们将会看到，至少有一家报纸的版面是为工人和捍卫工人事业的人们开辟的。

为了使广大群众都能够买到《工人辩护士报》的股票，股票发售每股定价1英镑；为了尽可能放宽付款条件，理事会决定每股收订金2先令6便士。

（根据理事会的命令）
书记　埃·谢·曼茨

认股申请书格式

兹请求发给工业报公司股票_____张，并汇上购买股票的第一次订金_____；请书记指派地区收款人每周向我收款。

姓名_____
地址_____

此致

书记　埃·谢·曼茨先生

金斯兰区唐哈姆路60号玫瑰小宅

写于1865年8月下半月

载于1865年9月16日《矿工和工人辩护士报》第132号

按报纸原文刊印

国际工人协会[534]

中央委员会：伦敦西区希腊街 18 号

代表会议

订于 9 月 25 日及随后几天举行

由协会法国、德国、瑞士和比利时的各主要分会的代表，与中央委员会委员联席举行。讨论议程如下：

(1) 关于代表大会的问题。[①]
(2) 关于协会组织的问题。
(3) 在协会帮助下实现各国劳资斗争中的联合行动。
(4) 工会——它的过去、现在和未来。
(5) 合作劳动。
(6) 直接税和间接税。
(7) 缩短工作日。
(8) 女工和童工。
(9) 俄国佬对欧洲的威胁和恢复统一而独立的波兰。
(10) 常备军——它对生产者阶级的利益的影响。

---

① 指打算（在下年）召开欧美各工人组织代表参加的全体代表大会。

邀请各工会、互助会或其他工人团体派代表出席。代表会议于晚上6时开幕。

晚会

订于9月28日举行

在朗-爱克街圣马丁堂举行，以纪念协会成立一周年和欢迎大陆代表，并通过祝贺美国人民消灭奴隶制和共和国胜利的致敬信。

晚会包括茶会，德意志工人合唱团的歌咏，大陆代表和其他朋友的致词，意大利工人协会乐队的一些创作，舞会等。

茶会7时半开始。

整个晚会票价1先令。

茶会以后，8时半进场的票价6便士。

晚会票可从下列中央委员会委员处领取：克勒肯威尔区北安普敦广场查理士街4号；杜里巷56号；黑修道士区帽场街25号；星期二晚上8时至10时在希腊街18号；滨河区贝德福德街10号和11号；以及西区梯契菲尔德大街31号名誉总书记威·朗·克里默处。

起草于1865年9月 　　　　　　　　　　　　按传单原文刊印

1865年9月在伦敦印成传单

国际工人协会[535]

中央委员会：伦敦西区希腊街18号

第二次晚会节目

1865年9月28日在朗-爱克街圣马丁堂举行

庆祝协会的成立和欢迎大陆的代表，并祝贺美国人民消灭奴隶制和共和国胜利。

茶会7时半开始。

茶会期间，意大利工人协会乐队演奏下列作品：

（1）科苏特进行曲

（2）有莫拉先生参加表演的短号和低音号幻想曲

（3）近卫军华尔兹舞曲

8时半，中央委员会主席公民**奥哲尔**主持并宣布开会，而后由公民**克里默**和公民**琼斯**提出致美国人民书。

巴黎代表公民**托伦**用法语讲话。

德意志协会的代表公民**贝克尔**用德语讲话。

公民**克雷斯**指挥的德国人合唱团表演：

（1）G. A. 阿斯托尔茨的《猎人的欢乐》

（2）T. W. 沃林沃德的《德意志之歌》

(3) W. 霍恩的《作坊》

瑞士代表公民**杜普莱克斯**讲话。

比利时代表公民**德·巴普**讲话。

波兰联合会代表公民**博勃钦斯基**讲话。

德国人合唱团表演：

施米茨的《守望莱茵河》

卡尔·沃耳奈尔的《W. A. B. C.》

莱恩特叶尔的《小溪上的十字架》

鲁日·德·里尔的《马赛曲》

公民**奥哲尔**朗诵埃利莎·库克的《诚实》

舞会10时半开始：

（1）康蒂的巴勒摩波尔卡舞

（2）四对方舞

（3）苏格兰舞

（4）哥德弗雷的华尔兹

（5）阿尔伯特的兰塞舞

（6）马祖卡舞

（7）库特斯的古苏格兰舞

（8）托纳塔的华沙革命歌

（9）马丁尼的意大利波尔卡舞

休息20分钟，供应茶点，自由活动。

第二部分

（1）巴黎四对方舞

（2）苏格兰舞

（3）阿尔伯特的兰塞舞

（4）哥德弗雷的华尔兹

（5）吉哥津·乔治的波尔卡·拉·贝拉

（6）库特斯的古苏格兰舞

（7）马祖卡舞

（8）四对方舞

（9）《华沙革命歌》和《急马奔驰》

会员证可在台下委员会办公室领取。由左门入口。**妇女**得为会员。年度会费1先令1便士。宣言和章程1便士。

葡萄酒、烈性酒、淡色啤酒、黑啤酒、茶、咖啡等，一律市价。

整个晚会由公民**克里默**负责主持，可在委员会办公室向他询问各项事宜。

1865年9月在伦敦印成传单　　　　　　　　　　　　　　按传单原文刊印

告美利坚合众国人民书[536]

伟大共和国的公民们!

我们再一次冒昧地向你们致意。这一次不是表示同情和哀悼,而是向你们祝贺。

在你们的敌人——内部的和外部的——竭尽全力企图推翻你们的政府,并破坏它所依据的普遍正义的原则那个困难的时刻,如果我们没有深深同情过你们的话,我们现在也就无颜来祝贺你们的成功了。

但是,我们从来没有背叛过你们的、同时也是全人类的事业,我们也从来没有对它的最后胜利丧失过信心,即使它处在黑夜茫茫的逆境之中的时候也是如此。

因为服膺平等和共同的手足之情的原则,你们曾为之拔出了利剑。我们也曾相信,当战斗既已结束,胜利既已取得,利剑就会重返剑鞘,和平就要回到你们的国土,给你们整个民族带来欢乐。

我们的期望已为结果所证实。你们的斗争,是历史上政府为了人民的自由而进行的、反对本国一部分国民的斗争的唯一范例。

首先,我们要祝贺你们结束了战争和保卫了联邦。曾被你们本国的子孙扯下了的星条旗,从大西洋之滨到太平洋沿岸,又重新迎风招展;我们希望,它从此永远不再遭受你们本国子孙的凌辱,永远不再在国内暴乱或对外战争的屠场上飘扬。

但愿那些在为肮脏事业厮杀的战场上表现勇敢的、误入歧途的公民们,在帮助医治他们所造成的创伤和恢复他们共有的祖国的和平中,也会表现出同样程度的热心。

其次,我们也要向你们祝贺,长年累月的苦难的原因现在已被消除了:奴隶制没有了。玷污了你们其他方面美誉的污渍永远揩拭掉了。从今以后,拍卖商的木槌再也不在你们的市场上为从事冷酷无情、令人战栗的人类血肉的买卖而敲打了。

为了洗刷这些污渍,你们流洒了最崇高的热血。凄凉张开黑幕,笼罩你们的土地,以赎前愆。

今天,你们自由了,用过去的苦难荡涤了污泥浊水。光明未来的曙光辉映着你们光荣共和国的上空,同时也给旧世界以教训:由人民产生的人民的政府,是为人民的,而不是为少数特权者的。

既然我们已经荣幸地对你们的苦难表示过同情,鼓励过你们的努力,祝贺过你们的成就,现在也请允许我们再说一句展望未来的话。

因为对于你们一部分人民的不公正已经导致了如此悲惨的后果,那就让这种情况终止吧!让你们今天的公民被宣布是一律自由平等的吧!

如果你们不给他们公民的权利,而同时却又要求他们履行公民的义务,那么在今后仍然会有一场斗争,你们人民的鲜血可能再一次染红你们的国土。

欧洲和全世界的目光都萦注着你们进行重建的努力,而敌人却寻随时准备为共和制度的垮台敲起丧钟。

最后,我们要警告你们,共同事业的兄弟们,砸开自由肢体上的一切镣铐,你们的胜利才是完全的。

起草于1865年9月 　　　　　　　　　　　　　按报纸原文刊印
载于1865年10月14日《工人辩护
士报》第136号

国际工人协会[537]

中央委员会：伦敦东中央区
弗利特街包佛里街18号

中央委员会英国委员致联合王国工人同志的呼吁书

兄弟们！

　　巴黎工人的代表团出席了1864年9月28日晚上在圣马丁堂举行的伦敦工人的公开大会，向大会转达了法国工人对于他们曾收到英国兄弟的一封公开信[538]的复信。这次大会选出了一个委员会，并赋予它一个崇高的使命，即建立用兄弟合作的思想联合各国工人的协会。委员会的首要任务是起草和发表一篇宣言，以阐明协会创立者所设想的目标，并制定组织章程。这项任务很快就完成了。从那时起，委员会就专心致力于宣传工作；已经有一些英国团体表示赞同它的原则并加入协会。在法国、德国、瑞士和比利时，他们取得了更大的成就——在这些国家已经拥有好几千会员了。去年9月份，在伦敦召开了协会各主要分会的代表出席的代表会议。在这次代表会议上，一致决定第二年5月份在日内瓦召开协会欧洲各分会代表参加的代表大会，讨论下述问题：

1. 协会的组织。2. 在协会帮助下实现各国劳资斗争中的联合行动。3. 工会——它们的过去、现在和未来。4. 合作劳动。5. 直接税和间接税。6. 缩短工作日。7. 女工和童工。8. 常备军——它对生产者阶级利益的影响。9. 关于用给波兰以民族自决的权利，并在本国的民主基础上恢复这个国家的方法来消除俄国在欧洲的影响的迫切必要性。10. 宗教信仰：它与人民的社会发展、政治发展和精神发展的关系。

我们向你们呼吁的一个直接目的，是想敦促你们帮助我们使大不列颠工人充分派出代表参加这次代表大会。这可以通过下述方式来实现：第一，加入协会①，或者作为个人会员，或者如果你们属于哪一个有组织的团体，则以集体身份加入。第二，参加讨论议程中提出的重大问题和委派你们的代表出席代表大会；如果这也做不到，就请把你们的意见和指示寄交中央委员会。第三，为举行这次代表大会必要的开支筹集经费。国王、女王、亲王和国家要人召开他们的代表大会来讨论涉及他们阶级特权的问题，为什么劳动者群众不同样来召开自己的代表大会，以便在全世界面前讨论自己的冤苦并提出补救的办法呢？因此，你们要在这个崇高的事业中帮助我们，帮助我们来建立各国人民之间的互相谅解，以使卑鄙龌龊的资本家们不再能在同劳动者的斗争中搞阴谋，如他们常常干的那样——利用一个国家的工人作为打击另一个国家的工人的

---

① 工会、互助会和其他工人团体被邀以集体方式加入，接受入会的唯一条件是承认协会的原则和缴纳入会申请书（上面打蜡，并裱在带轴的麻布上）费5先令。不要求加入协会的团体缴纳会费；它们可以根据自己的经费酌情决定是不是缴纳会费，或者在它们认为协会的活动值得支持的时候随时给协会以支持。中央委员会乐意把宣言和章程寄给任何一个要求得到它们的团体，而如果在伦敦地区之内，代表团将乐于提供可能是必需的更为详细的情报。加入协会的团体有权选出自己的代表参加中央委员会。个人会员的会费每年1先令，会员证价值1便士。——原文注释

正义要求的工具,他们过去这样干过,借以播下不和的种子,连绵不断地制造民族龃龉。我们的使命之一就是要防止类似的有害伎俩再度流行,而你们是能够帮助我们达到这个目的的。你们要经常从你们的基金中慷慨地拿出钱来支援罢工工人,从而帮助我们来开创一种因其发展和最后胜利而使罢工成为不必要的运动。

中央委员会英国委员签名:

巴克利,卡特,柯普,科尔森,多纳蒂,德尔,加德纳,豪威耳,约翰逊,朗梅德,勒·吕贝,莱诺,鲁克拉夫特,摩尔根,尼阿斯,奥斯本,肖,斯坦斯比,赛德,希尔曼,威廉斯,韦斯顿,惠勒,沃利,黑尔斯

中央委员会主席　　乔·奥哲尔

财　务　书　记　　威·德尔

财　务　委　员　　乔·威·惠勒

名　誉　总　书　记　　威·朗·克里默

捐款可寄交弗利特街包佛里街18号,财务书记威·德尔;汇款寄滨河邮局交他收。捐款单、宣言和章程,以及一切通报,均可按上述地址向名誉总书记索取。所有捐款将在《共和国》上公布。

克里默起草于1866年1月　　　　　　　　　　　　按传单原文刊印
载于1866年2月3日《工人辩护士
报》第152号,并用传单发表过

给《佛尔维耶回声报》的信[539]

于伦敦弗利特街包佛里街18号

致《佛尔维耶回声报》编辑先生

阁下：

我们信赖您的正义感和您"在工人阶级中间传播真理和普及教育"的愿望，因此恳请您将附上的这封信予以发表，这封信的副本已经寄给公民韦①了。

忠实于您的　荣克

韦先生：

在1865年12月16日《佛尔维耶回声报》第293号上登载了一篇文章，其目的似乎是要向劳动者解释**国际工人协会**中央委员会委员所遵循的原则；公民勒·吕贝向委员会介绍了这篇文章（这是根据给他的委托），他认为，这篇文章虽然是匿名发表的，然而是出于您的手笔。

在讨论了这篇文章之后，中央委员会于1866年1月9日的会议上通过了如下决议：

---

① 韦济尼埃。

"要求公民韦论证他所提出的事实，如果拒绝证实或者不能证实这些事实，就把他开除出**国际工人协会**。"

由于您的文章同真实情况完全不符合，因此中央委员会认为自己有责任恢复真相；中央委员会意识到自己的使命和托付给自己的权力，不打算以诬蔑还击诬蔑，以伪造的非难对付伪造的非难，不愿意堕落到进行人身攻击的地步，它让被非难者本人来为自己辩护，它不会在任何东西面前止步不前，同时不管虚伪的朋友怎样说，它绝不让自己受到任何怀疑。

下面几个地方特别值得注意：

一

"不久，全体法国委员和意大利委员都辞职了，他们退出的理由是托伦先生和弗里布尔先生参加了委员会的工作并且进行阴谋活动。"（《佛尔维耶回声报》第293号）

中央委员会的9个法国委员中只有两人退出，即德努阿尔先生和勒·吕贝先生，而且后者很快又回来了；至于意大利委员，其中有1人（公民沃尔夫）说明了自己退出的理由并不是"托伦先生和弗里布尔先生参加了委员会的工作并且进行阴谋活动"，而是中央委员会通过了由小委员会提出的关于公民勒福尔的决议，可是这个决议在几小时以前他本人还以小委员会委员的身份投票赞成过。

二

"委员会在没有他们参加的情况下一直进行工作到今天。"（《佛尔维耶回声

报》第293号）

退出委员会的两个法国委员之一，前法国书记公民勒·吕贝不久就作为德特福德支部的代表回来了；因此，"委员会在没有他参加的情况下进行工作"为时不久。

三

"它（委员会）公布了宣言和临时章程；前者出自一位著名的拉丁族政论家之手，等等。"（《佛尔维耶回声报》第293号）

宣言和章程是在意大利委员和两名法国委员退出委员会以前发表的；宣言并不是出自拉丁族的著名政论家之手，而是出自日耳曼族的作家之手；① 还在拉丁族政论家看到宣言以前，宣言就由中央委员会全体委员、其中包括法国委员和意大利委员一致通过了；拉丁族政论家不仅不是宣言的作者，而且如果他事先看到这个文件，他就会因为宣言的反资产阶级倾向而号召意大利委员起来反对它；但是他晚了，只能阻止意大利委员把宣言译成意大利文。显然，您从来没有读过这个宣言，而拉丁族政论家也不会因为您把他当做这个作品的作者而感激您。

四

"它（委员会）是否力争达到给自己规定的目标——彻底解放劳动者呢？
没有！它没有这样做，而是把一年的宝贵时间浪费在召开代表会议和制定应

---

① 前者指朱·马志尼，后者指卡·马克思。

在日内瓦举行的代表大会的议程上面,等等。"(《佛尔维耶回声报》第293号)

中央委员会只是到1865年才开始工作;因此,在代表会议以前是有九个月的时间;它把这九个月的"宝贵时间"用于建立国际联系和扩大英国国内的联系。在几个月的时间里,由委员会委员组成的代表团每周都访问了各种不同的工人团体,建议它们加入协会。这项工作的成果如下:到代表会议召开时,**国际工人协会**在英国有14000名会员,加入协会的包括鞋匠协会和泥水匠协会这样大规模的组织;这些规模巨大的工人组织(工联)的最有威信和最著名的活动家都是中央委员会的委员;创办了报纸,其名称(《工人辩护士报》)本身就说明了它的任务,它随时随地都维护着工人阶级的利益。

在英国成立了争取普选权的团体(改革同盟)——这个团体有成千上万的成员;其执行委员会的书记和大部分委员都是从我们的人中间选举出来的。

在法国有数千名拥护者。

在巴黎有一个强有力的、活动积极而又无可非议的理事会领导着一个拥有2000多名会员的组织;在里昂、鲁昂、南特、卡昂、讷沙托、庞-勒韦克、庞坦、圣丹尼、利雪、皮托、伯利维尔以及其他地方都有分会。

在瑞士:在日内瓦有一个由优秀人物组成的领导机构,领导着一个拥有500名会员的组织;在洛桑、斐维、蒙特勒和纳沙泰尔州都有分会。

在比利时,运动一开始就具有最好的征兆;中央委员会有理由认为,西班牙很快也会学比利时的榜样。

五

"不,它(委员会)甚至既没有邀请拥有如此多的工人团体的德国或许许多多的英国团体派一名代表、也没有邀请组织得非常好的意大利团体或法国现存的这些团体派一名代表来参加它于1865年9月举行的代表会议,因为托伦、弗里布尔之流并不是某个法国工人团体的代表,而只是代表他们自己,他们提不出什么证据来说明他们负有全权代表的责任。他们不仅不是法国工人团体的代表,而且他们参加伦敦召开的代表会议成了妨碍这些团体派出自己的代表的唯一原因。我们可以举出一些这样的团体,它们由于这个原因而拒绝参加代表会议,等等。"(《佛尔维耶回声报》第293号)

按照业已确定的原则,只有国际工人协会的支部和加入国际工人协会的团体才能派代表出席代表会议;我们的财政状况使我们不得不把代表的人数限制到最低限度。

从"拥有如此多的工人团体的"德国,能够派遣代表的只有舒尔采-德里奇组织的各消费合作社和拉萨尔派的各个团体即全德工人联合会。前者只是普鲁士自由资产阶级的工具(这一点它的成员是不知道的),舒尔采-德里奇就是普鲁士自由资产阶级的首脑人物之一;至于拉萨尔派的各个团体,它们过去而且直到现在都是处于完全瓦解的状态,其中有一部分同俾斯麦达成了协议,而另一部分、即当时尚未改组的那一部分则承认曾作为瑞士代表出席代表会议的约·菲·贝克尔的领导。在代表会议期间,贝克尔接到了索林根工厂工人的委托,于是他也成了日内瓦德国人团体(德意志工人教育协会)的代表,当时伦敦的德国人团体(德意志工人教育协会)派有自己的代表——中央委员会委员出席会议。

除了工人们在德国建立团体时所遇到的阻碍外,法律也禁止他们加入外国团体;然而仍然有几个协会的支部在德国的北部和南部建立起来了。

如果考虑到所有这些困难,那么是否应当对于德国并没有像中央委员会所期望的那么多的代表这一点感到惊讶呢?

中央委员会的英国委员很好地代表了英国人的团体。主席奥哲尔是工联理事会（英国所有工联的最高理事会）的书记；总书记克里默是木工执行委员会委员，而改革同盟的书记豪威耳同时又是泥水匠执行委员会的委员；他和泥水匠协会书记科尔森都是这个协会在中央委员会里的代表；一个人寿保险互助会的理事会的成员惠勒也是中央委员会委员。

代表鞋匠（有5500名会员）的是奥哲尔、摩尔根和柯普，而肖则代表了彩画匠，等等。

出席1865年意大利工人在那不勒斯举行的代表大会的公民沃尔夫以及委员会的其他意大利委员，虽然非常积极地参加了中央委员会的工作，但是他们在意大利却连一个会员也没有能够吸收；中央委员会感到十分遗憾，意大利委员甚至到退出委员会时都没有得到"组织得非常好的意大利团体"的充分信任，没有能说服哪怕是一个这样的团体加入国际协会。

"……或法国现存的这些团体……因为托伦、弗里布尔之流……并不是某个法国工人团体的代表，而只是代表他们自己"。

里昂支部的成员由于经费不足不能派出代表而表示遗憾，但是他们也像卡昂支部和讷沙托支部的成员所做的那样，寄来了信件，因而也就参加了中央委员会的活动。

托伦、弗里布尔、利穆赞和瓦尔兰是由巴黎支部一致投票选出的；这个支部是由各种专业的工人和"劳动信贷"协会的几百个会员组成的。这个协会的领导人贝律兹也是支部的成员；他们全都参加了或者可以参加代表的选举。四个巴黎代表之一的利穆赞是各合作团体的国际性机关报《联合》杂志理事会秘书。

克拉里奥尔先生是巴黎印刷工人协会的代表。席利先生、杜梅尼尔-马里尼先生等人应中央委员会的邀请从巴黎来出席了代表会议，他们非常积极地参加了会议的工作。

您所说的由于托伦、弗里布尔之流的参加而妨碍它们不能派遣代表出席代表会议的其他团体是哪些呢？您是否指在法国目前制度下容许存在的唯一团体十二月十日会[540]呢？

关于代表会议的报道在巴黎的所有自由派报纸上都发表了，既没有引起国际协会会员或法国合作团体成员的任何怨言，也没有引起他们的任何异议；代表们所持有的代表资格证经过中央委员会的小委员会的审查和批准。

代表会议一开始，巴黎代表就提出了关于他们理事会的活动和关于财政状况的详尽而精确的报告，为了证实这个报告，他们还把他们的账簿和全部往来信件交给了中央委员会；中央委员会对于巴黎理事会为在法国创建和宣传国际协会而采取的有效措施只有表示欢迎。

六

"比利时派遣了一位非常称职的代表——公民德·巴普，但他是一个拥有很多团体的国家的唯一代表。"（《佛尔维耶回声报》第293号）

比利时只派遣一名代表，而这名代表又恰好代表着最少数的选民，这是极可惋惜的。可是塞扎尔·德·巴普这个人毕竟还是称职地代表了比利时。

七

"从瑞士,或者更确切些说,从日内瓦来了两名代表,两人都不是瑞士人,一位是法国流亡者,一位是巴登流亡者,他们同上述两名似乎是法国的代表一起参加了代表会议;结果有五名或者六名同一种类的人,而只有一名真正认真选出的代表——比利时人。"(《佛尔维耶回声报》第293号)

瑞士代表是由国际协会瑞士各支部、成员全是瑞士人的格留特利联盟[541]以及德国人团体普遍投票选举的。

德意志工人教育协会也通过它在瑞士的国际协会组织中的代表参加了选举。瑞士的协会会员由于选举了自己的代表而在国际协会史中占据了光荣的地位。

瑞士代表不是同"两名似乎是法国的代表"、而是同四名巴黎代表一起来参加代表会议的。

出席代表会议的代表之一公民贝克尔在20多年以前就是瑞士人;比恩市的公民称号是为了感谢他对国际民主事业的效劳而授予他的;他既是工人,同时又是出色的鼓动家、战士、组织家和作家;他一直把自己多方面的才能贡献给劳动者的事业;像这样的伟人居然遭到小人们的攻击,这是可笑的。显然,只有那些以自己的正直和无私见称的人才能评论他们的功绩。

八

"我们要问。能不能认为这种成果是令人满意的呢?"(《佛尔维耶回声报》第293号)

中央委员会几乎全是由一些拿惯了锤子和锉刀的工人组成的,他们只是牺牲了个人的利益才把锤子和锉刀换成笔杆;他们拿起笔杆,始终是为了维护或宣传某种崇高的事业,而绝不是为了给波拿巴主义效劳。如果已经取得的成果并不如工人们一般所期望的那样令人满意,那么我们深信,他们会考虑到在长时间的、令人疲惫的劳动日之后还必须进行夜间劳动,考虑到他们的弟兄们在不得不经受了怎样的不安之后才使事情达到目前这样的状况。

九

"委员会受到有害的影响,把类似关于必须消除俄国在欧洲的影响这样的违背协会宗旨的问题列入了日内瓦代表大会的议程。"(《佛尔维耶回声报》第294号)

中央委员会把关于消除俄国佬(而不是俄国,这完全是两回事)在欧洲的影响的问题列入了自己的议程,这是受到了什么有害的影响呢?"消除俄国佬在欧洲的影响"的必要性在我们的宣言中已经原则上得到了承认,这个宣言绝不是在什么人的有害的影响下发表的。

还有什么问题是在这种有害的影响下列入议程的呢?

十

"这个重大错误已经招致了极其严重的后果:一群波兰人要求让他们参加委员会,并且他们很快就会在委员会中拥有绝大多数。"(《佛尔维耶回声报》第294号)

一群波兰人根本没有要求让他们参加中央委员会，他们在中央委员会中也绝不是占绝大多数，而是不到1/20。

作者声称："委员会拟定了一个列有12个问题的议程，并把它提付表决，这12个问题几乎包括所有最一般的政治经济学问题，但科学问题一个也没有提出。"可是过了几行，他连一口气也没有喘就又承认还是这些问题具有"科学的意义"；怎样同这样的作者进行理智的交谈呢？

中央委员会没有表现出丝毫的偏执，它一向力求采纳劳动人民事业的一切真诚朋友的高见；它极力利用一切可以利用的手段来宣传自己的伟大原则和把全世界的工人联合起来。抱着这种目的在瑞士创办了三家报纸：法文的《国际工人协会报》、《未来呼声报》和德文的《先驱》；在英国创办了唯一的以民族自决权为依据、认为爱尔兰人有权摆脱英国的枷锁的英国报纸《工人辩护士报》。

中央委员会不能做自己本身行动的鉴定人。日内瓦代表大会将要决定：委员会是否辜负对它的信任，它是否轻率地背弃了它所承担的崇高使命。

阁下，我仍然是您的顺从的仆人

海·荣克
代表国际工人协会中央委员会
1866年2月15日

载于1866年2月20日《佛尔维耶回声报》第43号

原文是法文
参看《马克思恩格斯全集》中文第1版第16卷第586—596页

爱尔兰政治犯。
乔治·格雷阁下和国际工人协会[542]

几个星期前，约·波普·亨尼西先生给《派尔-麦尔新闻》的编辑送去了一篇如下的信件：

阁下：

看来，《派尔-麦尔新闻》使内务部格外积极起来了。据最近报道，前几天，乔治·格雷阁下和另几位政府成员微服出巡，冒充普通热心肠的公民，察看了临时济贫所和夜店。如果这是真的，请允许我向作了乔装打扮的内务部官员们指出，有一个颇为阴森的机关——我指的是彭顿维耳监狱，他们也不妨去探视一两次。前往探视的人也不应该只限于乔治·格雷阁下和他的秘书们。彭顿维耳现在对罗素勋爵和格莱斯顿先生有（或者说应该有）一种特殊的利益。不久前在爱尔兰判决的政治犯，在这里遭受着英国法律规定的仅次于死刑的最残酷的刑罚——彭顿维耳单身监禁制度。特别是为了这些政治犯，我冒险犯难，建议进行某种调查。必须承认，罗素勋爵和格莱斯顿先生在他们关于政治犯待遇的告谕中，并不总是像所应期待于当今杰出政治家那样的言词谨慎。他们所制定的原则：对待政治犯在各方面都绝对不应该像对待普通刑事犯一样。这是完全有道理的。不过，把违犯这个原则说成是"破坏一切道德法则"，"可恶的迫害"，"野蛮下流的制度"，也未免有点儿过分。所以，我在借用罗素勋爵和格莱斯顿先生的原则的同时，也要同他们用以强调这个原则的颇为激烈的言辞划清界限。他们应该表现得多少更为稳健些的一个理由是不言自明的。他们抨击过外国政府的不正当行为；而我正试图纠正政府的不正当行为，这些同情政治犯的乐善好施的辩护人正是这个政府里的负有崇高责任的成员。在这件事情上，对这样的辩护人，如果以其道还治其身，未免气量狭小。所以，我并不借用罗素勋爵和格莱斯顿先生的激烈而愤怒的谩骂之词，而是直截了当地谴责他们及其同伙破坏了他们用了那么多的文告、演说和书信来具体表述过的那个众所周知的原则——对政治犯不应该像对待普通刑事犯一样。我还要谴责现任内阁如此虐待爱尔兰政治犯，以致他们中有的人也许会发疯。在格莱斯顿先生致阿伯丁勋爵的一封有名的信中（第31页），他写道：

"我听说，政治犯被强迫剃光头；但是，这一点没有办到，不过，他们被迫把胡子刮光了。我要说，他们在谈及他们深受其残酷迫害的那些人时的温和态度，曾使我吃惊。"

不多几天前，格莱斯顿先生也许已经得悉：爱尔兰的政治犯在宣判后半个小时就全都剃了光头，刮光了胡子；接着被脱去了平常的衣服，换上了囚衣，戴上了手铐，被解往彭顿维耳。一家政府机关报记述这个过程时说："30分钟内，他们就这样变得连他们最亲密的朋友也几乎认不出他们来了。"格莱斯顿先生在他的这本小册子的另一部分记述了宣判后关押在尼西达的巴尼奥的政治犯的不幸遭遇：

"每周有半个小时（或者看守放宽稍稍延长一点）允许他们在牢房外边会见亲友。只有在这个时候才能看一眼他们周围的自然景色。其余的时间，他们唯有在四壁之内度过（第29页）。"

大约两个星期前，一个爱尔兰法官请求内务部允许他去探视现在关押在英格兰的政治犯。乔治·格雷阁下拒绝了他的请求，其理由是：在头六个月，生人无论如何不得探视在彭顿维耳单独监禁的囚犯。彭顿维耳单独监禁制度究竟是什么样的呢？它完全不是像格莱斯顿先生所描绘的那样娓娓动听的制度。犯人们不得"在牢房外边会见朋友"，也不得在牢房里边会见朋友，也不得彼此会见。每个囚犯都有一个独有的孤独世界——长13英尺，宽7英尺。便桶占去了这间囚室的一部分，在这间囚室的两码大小的一块地方之内，犯人单独进餐，单独完成工作定额以及夜间休息。如果他怠忽了每天早晨清扫囚室，或者违犯了他这个小天地里其他规章，狱吏就可能令其饱尝鞭笞，并把他禁闭在另一个没有光亮的小天地里28天，只给面包和水。这种单独监禁制度有什么效果呢？

现任皇家放逐和劳役监禁委员会蓝皮书提供了关于这个问题的最近的、最精确的情报。约书亚·杰布阁下在他的证词中说到了他称之为彭顿维耳单独监禁制度的"严重的肉体效果"。

当犯人被押上船准备解往范代曼兰①的时候，他们中有许多人发了猝发症，只是由于在他们从彭顿维耳起解前把他们关在一起两周左右，猝发症在船上才停止下来。

格雷伯爵：我心想，陡然的变化有那样的作用吗？——是的。医生不能说明这些猝发症的原因；这种猝发症具有一种反常的特点。

约翰·帕金顿阁下：这种猝发症的性质是什么？——医务总监惊慌失措。他以前从未见过这样的事。这种猝发症极其怪诞。

约翰·帕金顿阁下：这种猝发症会不会影响这些人往后的健康呢？——这些人以后好些了；但是据说他们都变得非常沉默寡言了。有理由认为，严厉的单独监禁产生了效果。

约翰·帕金顿阁下在塞利法官的《新南威尔斯的回忆》（1863年）中会找到这个问题的进一步回答。塞利法官提到的唯一的英国苦役监狱是彭顿维耳监狱。"它在很大程度上使他们（流放犯）不能适应家务劳动和一般服务。它使他们养成一种神思恍惚的怪癖。"医务人员认为，这种制度"严重损害了许多所谓**彭顿维耳人**的智力"。现在，把彭顿维耳制度刑满的犯人解往查塔姆或波特兰同别的犯人结帮劳动。这就是所谓让他们回到人间。就在这个时候，彭顿维耳对于智力的严重损害就完全暴露出来了。查塔姆副长官米索尔先生在呈报皇家委员会的证词中说："我观察过，当他们来到公共工程监狱的时候，他们智力非常迟钝，体力非常孱弱。我认为，它（彭顿维耳制度）产生了这两种后果。"有人问他："你能用你自己的经验来说明这一点吗？"他回答说：

"我能。我见到了来自单独监禁的人，令人遗憾的是，我同他们谈论任何问题，都不能期待从他们那里得到任何有理性的看法。看起来，好像他们的身体曾遭到极大的摧残，以致你再也不会把他们看成是有理智的、能够对厉声厉色

---

① "Van Diemen's Land"意为死亡之境。——编者注

有明确反应的人,你还不如把他们看成是濒临死亡的人。"(第2卷第446页)

被彭顿维耳制度弄疯了的人的百分比绝不低。查塔姆副长官提出这个证词的同一年(1863年),苦役监狱狱吏的年度报告里有一个表,说明一年中到达查塔姆的犯人人数和一年中从查塔姆解走的犯人人数。从这个表(第222页)中摘录下列数字,可以证实米索尔先生的证词,不过这些数字还说明了更加精确而悲惨的事实。

囚犯人数

1月1日以来解到查塔姆苦役监狱来的……………………852

解往米尔班克……………………………………………………1

解往达特穆尔……………………………………………………2

解往沃金…………………………………………………………26

解往布罗德穆尔疯人院…………………………………………85

为公正起见,应该指出,被单独监禁制度弄疯了的人的这个百分比,[较之这个制度]实行得更为严厉的时候[还是要小些]。在从中摘录了这些数字的同一个报告中,有一个彭顿维耳的医官的说明,他指出:"1859年以来,单独监禁制度有所缓和,在最近三年,精神病患者比以前减少了,自杀现象也减少了。"(第29页)显然,彭顿维耳制度败坏理智,被弄得完全精神失常的人数是同虐待的严厉程度成正比例的。有了这些事实,至于彭顿维耳的饮食定量比别的苦役监狱更低的事,就不值一谈了(皇家委员会报告第1卷第274页)。总之,彭顿维耳的单独监禁是法律所认可的除死刑外最严厉的刑罚。我不敢肯定我是不是应该说"除死刑外",因为我发现监狱牧师在他的报告中说,任何一个认为犯人受到优待的人,如果他能参观彭顿维耳,"看一看(这里有更加虐待的样板)一个因为在别的监狱犯了凶杀罪、现在服终身劳役的暴徒,他准备血刃随便哪一个孤身来到他力所能及的范围内的人,因为他宁愿以其现有状况换来绞架"(第17页),他就会改变自己的看法。如果一个囚犯在波特兰或别的监狱图谋杀害狱吏,他就会被解往彭顿维耳受惩罚。他在那里一直呆到死,或者穿上拘束衣解往布罗德穆尔。难得说,对别国的政治犯表现得如此忙碌的那些政府成员们，是不是也愿意关心一下本国的政治犯。格莱斯顿先生在此之前就改变了观点，罗素勋爵也一样。但是，我可以有把握地说，英国人民不会同意判处英国政治犯罹受彭顿维耳单独监禁制度。

阁下，我是你忠实的仆人，

约·波普·亨尼西
1866年2月2日于教堂街帕皮尔大厦1号

这封信被国际工人协会中央委员会的一个委员①偶然看见了，他同一个政治犯的妻子接了一次头，并从她那里得知了下述事实：现在监禁在彭顿维耳监狱里的政治犯是1865年12月23日解往那里去的；这种监禁的头六个月中，只允许犯人和他的妻子双方之间通过一次信；放宽这种残酷的规定，就是对犯人的巨大恩惠和对他的悲苦的家庭的慰藉。

这些事实已摆在国际工人协会中央委员会的面前。这个组织，其指导原则是平息民族仇恨和鼓励国际友爱感情，它对于英格兰和爱尔兰两个民族间长期存在的夙怨深抱惋惜，并认为如果把爱尔兰政治犯逼到精神失常的地步就只能是加深这两个民族间仇恨的新源泉，因而它认为认真研究这个问题是自己的职责。

经过充分磋商，中央委员会决定要求乔治·格雷阁下接见一个完全由英格兰委员和苏格兰委员组成的代表团，代表团恳求内务大臣关心一下政治犯的精神健康，特别是要允许犯人同他们最亲近的亲友更经常地通信。中央委员会所以决定拟议中的代表团全由英国人组成，其目的在于由统治民族向受苦受难的爱尔兰人民提供一个友好的保证。据此，将如下一封信送交乔治·格雷阁下：

---

① 福克斯。

致最尊敬的内务部大臣
乔治·格雷阁下

1866年2月24日于弗利特街包佛里街18号

阁下：

完全由英国人组成的国际工人协会代表团，请求下星期二以后在你方便的尽早的一天同你会见，以便向你力陈稍稍减轻彭顿维耳监狱对爱尔兰政治犯所采取的现行狱规的严厉程度是适当的。

我仍然忠于阁下。

名誉书记　威·朗·克里默

书记已经收到了对这个请求的如下答复：

1866年3月1日于白厅

阁下：

我受乔治·格雷大臣阁下的指令，告知已收到你上月24日的来信。你在信中要求指定尽早的一天接见"国际工人协会"的代表团，讨论彭顿维耳监狱里爱尔兰政治犯的待遇问题。我现在通知你，大臣不得不拒绝接待关于这个问题的代表团。

阁下，我是你忠实的仆人。

H. 沃丁顿

致　中央东区包佛里街18号

威·朗·克里默先生

中央委员会把这个通信公诸于英国公众，并通过他们公诸于两个大陆的公众，不加评论。

主席　乔·奥哲尔

彼·福克斯起草 按报纸原文刊印
载于 1866 年 3 月 10 日《共和国》
第 157 号

警　告[543]

不久以前，伦敦的裁缝帮工们为了坚持自己的要求，对抗大部分是大资本家的伦敦裁缝师傅，成立了一个全行业工会。问题不仅是要使工资同消费品上涨的价格相适应，而且要结束对这个工业部门中的工人们的极其恶劣的待遇。师傅们企图主要从比利时、法国和瑞士招募裁缝帮工来破坏这个计划。针对这一点，国际工人协会中央委员会的书记们在比利时、法国和瑞士的报纸上提出了警告，警告收到了圆满的效果。伦敦裁缝师傅的诡计破产了，他们不得不放下武器，并满足工人的正当要求。

师傅们在英格兰遭到失败后，现在又企图从**苏格兰**开始进行反扑。正是由于伦敦事件，他们在爱丁堡也不得不先同意提高工资 15%。但是背地里他们却派代理人到德国（包括汉诺威和梅克伦堡的农村）去招募裁缝帮工，把他们运到爱丁堡来。第一批裁缝帮工已经取道水路动身了。这种输入的目的同把印度的^① Coolies（苦力）输入牙买加一样，就是要**使奴隶制度永远保存下去**。如果爱丁堡的师傅们利用从德国输入劳动力的办法而得以取消他们已经作出的让步，那么这也必然会影响到英国。**结果，吃亏最大的会是德国工人自己**，因为他们在大不列颠的人数比所有其他大陆国家的工人都要多。而新运来的工人在异邦又将完全孤立无援，很快就会沦落到贱民的地位。

此外，对于德国工人来说，向国外证明，他们也像自己的法国、比利时和瑞士兄弟们一样，能够维护本阶级的共同利益，而不会同意在资本反对劳动的斗争中充当**资本的顺从的雇佣兵**，乃是有关他们荣誉的事情。

受国际工人协会中央委员会^②的委托

卡尔·马克思

1866年5月4日于伦敦

德国裁缝帮工如果想得到有关英国情况的较详细的材料，请寄信给伦敦裁缝工会德国分会委员会，收信人的地址和姓名如下：**伦敦**瑞琴特街海登巷王冠饭店，**阿尔伯特·弗·豪弗**。

载于1866年5月15日《上莱茵信使报》第113号

原文是德文
参看《马克思恩格斯全集》中文第1版第16卷第184—185页

---

① 手稿上是"亚洲的"。
② 手稿上是"总委员会"。

各国工人致巴黎大学生、各国大学生和青年[544]

巴黎大学生们：

我们已获悉你们向意大利和德意志兄弟们发出的热情的呼吁。喜悦激荡着我们的心。有人曾说，随时准备捍卫正义事业的卓越的青年学生再也没有了。并非如此！他们朝气蓬勃！他们正空前热情地沿着革命的道路前进。

在各国政府利用来怂恿各民族互相残杀的普遍迷误之中，你们却鼓起勇气宣扬和平与相互谅解。我们要对你们说：

是呀，我们同你们一道诅咒战争，因为正是我们承担战争的全部重负，正是我们成千上万的人倒毙沙场。

人类受够了苦难，再也不能屈辱于残忍的暴力之下了；该是从心灵中驱除迷信，挺起腰杆，坚决要求正义的时候了。

各国大学生和青年们，

我们——被剥夺了财产、带着沉重项轭的人们——生产了财富，却不能享用这些财富，我们向你们的良心呼吁。

医科大学生们，你们比谁都更清楚我们的苦难，你们在医院里见到过我们，这就是对我们充满劳累艰辛的一生的唯一报偿。

法科大学生们，你们了解法律在世界各国所加给我们的组织的桎梏。

哲学大学生们，科学已经使你们摆脱了迷信，你们该记得，为了取得这样的结果，你们曾不得不竭尽努力，而无止无休劳累的我们，难道能够取得这样的结果吗？

像我们一样不得不挣钱糊口的青年们，你们知道，我们的一块面包皮要花费我们多少不堪忍受的劳累呵！

我们，要以你们为榜样，也来召开**我们的代表大会**。大会将于今年9月13日①在日内瓦举行。我们要到一起来研究贫穷这个腐蚀着我们队伍的令人厌恶的溃疡；我们要找到一个补救的办法，无论如何都要运用这个办法。

你们风华正茂，没有虚度年华，当然，你们是未来的希望。所以，我们从苦难的深渊中对你们说：加入我们的行列吧，看一看我们辛劳粗糙的双手，来加强我们的联盟吧！你们同我们共享你们的学识，至于我们，我们将传授给你们**劳动的奥秘**。我们彼此应该更好地互相了解，更深地互相爱护。

穷人无祖国，在各个国家，他们都遭受同样的灾难。所以，他们懂得，当权者为了实行更彻底的奴役而建造的藩篱，必须撤除。正是穷人，首先是穷人，负有实现**人类代言人**善良的阿纳卡雪斯·德·克罗茨的梦想——建立各民族伟大联盟——的使命。年轻人，来吧！来帮助我们完成19世纪的这个崇高的任务。

那时节，我们所期待的、我们全力企求的社会革命将要发生。那时节，人不仅要成为自己人身的主人，而且也要成为他的劳动的主人，因为特权将消逝，寄生虫更不复存在。那时节，独有劳动者受到尊敬，和平和幸福将降临全球，人类的统一将最终建成。

---

① 应为9月3日。——编者注

杜邦——乐器匠，马尔科——制扇工人，约翰·黑尔斯——织工，詹姆斯·达顿——马车制造匠，荣克——钟表匠，威·霍普金①——细木工，肖——彩画匠，巴克利——机器匠，卡特——香料制造工，埃卡留斯——裁缝，约·韦斯顿——木匠，列斯纳——裁缝，勒·吕贝——商品推销员，弗朗索瓦·加罗——细木工，贝松——机器匠，莫里斯——裁缝，拉萨西——理发师，等人。

注意：根据本呼吁书起草人的请求，国际工人协会中央委员会（总部设在伦敦弗利特街包佛里街18号）负责征集签名。签名的名单将刊载在它的正式机关报《共和国》上。这样，欧洲就能够判断工人阶级的心境和热望。

中央委员会要求凡接到本呼吁书的人，**国际工人协会**的全体会员，声称代表民主主义观点的各个报刊，采取一切可能的方法，向公众广为介绍本呼吁书。此外，本呼吁书将译成各种文字，并委托各国书记分发给各通讯员。

本呼吁书（这是头一个）将为诚恳谅解奠定基础，**国际工人协会**正奋力争取并将取得这种谅解。

载于1866年6月10日《法兰西信使报》　　　　　　　　　　　原文是法文

---

① "威·霍普金（W. Hopkin）"应为"霍·威廉斯（H. Williams）"。

临时中央委员会就若干问题给代表的指示[545]

1. 国际协会的组织

临时中央委员会建议大体上采纳临时章程中所阐述的**组织计划**。两年来的经验证明了这一计划的正确性,并证明易于把它应用于不同国家而不致使行动的统一受到损害。我们建议下一年中央委员会仍设在伦敦,因为大陆的情况看来不利于作任何的改变。

中央委员会委员自然应由代表大会选出(临时章程第5条);中央委员会有权加聘委员。

总书记应在代表大会上选出,任期一年,是协会中唯一领取薪金的负责人。我们建议每星期付给他2英镑。①

协会每个个人会员的统一年度会费规定为**半便士**(或1便士)。会员卡(证)的费用另付。

我们号召协会会员组织互助会,并彼此建立国际联系,同时,我们把这一问题(组织互助会;从道义上和物质上帮助协会会员的孤儿)的动议权留给瑞士人,因为他们在去年9月的代表会议上曾提出这项建议。

---

① 在法文和德文版里,下面紧接着这样一段话:"常务委员会实际上是中央委员会的执行机构,应由代表大会选出;各个委员的职权由中央委员会确定。"

2. 在协会帮助下实现劳资斗争中的国际联合行动

（a）一般说来，这一问题包括国际协会的全部活动，因为协会的目的就在于把至今仍然分散的各国工人阶级争取自身解放的斗争联合起来，把它纳入共同的轨道。

（b）我们协会至今成功地执行着的一个特殊职能，就是反对资本家在工人罢工和同盟歇业时随时准备利用外国工人作为工具来对付本国工人的阴谋。协会的伟大目的之一就是要尽力使各国工人在争取自身解放的统一大军中不仅有兄弟和同志那样的**感情**，而且像兄弟和同志那样地**行动**。

（c）由**工人阶级自己所进行的对各国工人阶级状况的统计调查**将是"国际联合行动"的伟大范例。为了行动起来有些把握，应该熟悉所要涉及的资料。工人一旦开始这项巨大的劳动，就会证明：他们能够把自己的命运掌握在自己手中。因此，我们建议：

在设有本协会分会的每个地区，应立即开始工作，按下述调查大纲所示各点收集实际资料。

代表大会号召欧洲和美国的全体工人参加收集关于工人阶级情况的统计材料的工作；报告和实际资料应寄给中央委员会。中央委员会将根据这些材料编写总报告，把实际资料作为报告的附录。

这项报告将同附录一起提交每年的例行代表大会，经大会批准后，由协会出资刊印。

调查大纲（当然每个地区均可有所改动）

1. 生产部门的名称。
2. 该生产部门从业工人的年龄和性别。
3. 该生产部门从业工人的人数。
4. 工资：(a) 学徒工资；(b) 计日工资或计件工资；中间人所付的工资额。平均周工资、平均年工资。
5. (a) 工厂中工作日的长短。(b) 如有小企业和家庭生产，则调查其中的工作日长短。(c) 夜工和日工。
6. 吃饭的时间和对工人的态度。
7. 对工场和劳动条件的评定：房屋拥挤，通风不良，光线不足，采用瓦斯照明，清洁条件，等等。
8. 工种。
9. 劳动对身体的影响。
10. 道德状况。教育。
11. 生产情况。是季节性的生产还是全年内开工比较均衡，是否经常发生很大的波动，是否遭到国外的竞争，它主要是为国内市场服务还是为国外市场服务，等等。

3. 工作日的限制

限制工作日是一个先决条件，没有这个条件，一切进一步谋求改善工人状况和工人解放的尝试，都将遭到失败。

它不仅对于恢复构成每个民族骨干的工人阶级的健康和体力是必需的，而且对于保证工人有机会来发展智力，进行社交活动以及社会活动和政治活动，也是必需的。

我们建议**通过立法手续把**工作日**限制为八小时**。这种限制是美国工人的共同要求[546]；代表大会的决定将使它成为全世界工人阶级的共同行动纲领。

为了引起大陆上那些在工厂法方面经验较少的协会会员的注意，我们还要补充说明：如果不精确指明这八小时劳动安排在**一天中**的哪些**时间里**，则任何法定的限制都不能达到目的，而会遭到资本的破坏。这一时间的长短应规定为劳动八小时，外加吃饭的时间。例如，各次吃饭的时间共占**一小时**，法定的一天时间就应该是九小时，比如说，从上午七时到下午四时或从上午八时到下午五时，等等。夜工只能在法律上明文规定的生产行业或生产部门中当做一种例外。必须力争完全废除夜工。

这一节只涉及成年男女的情况；必须绝对禁止妇女从事**任何夜工**，也禁止她们从事对妇女较弱的身体有害的，以及可能使她们受到有毒物质及其他有害物质影响的各种劳动。所谓成年是指年满18岁的人。

4. 男女儿童和少年的劳动

我们认为，现代工业吸引男女儿童和少年来参加伟大的社会生产事业，是一种进步的、健康的和合乎规律的趋势，虽然在资本主义制度下它是畸形的。在合理的社会制度下，**每个儿童从9岁起都应当像每个有劳动能力的成人那样成为生产工作者**，应当服从普遍的自然规律，这个规律就是：为了吃饭，他必须劳动，不仅用脑劳动，而且用双手劳动。

但目前我们的任务只是关怀工人阶级的儿童和少年。

我们认为必须根据生理状况把男女儿童和少年分为**三类**，分别对待：第一类包括9—12岁的儿童，第二类包括13—15岁，第三类包括16—17岁。我们建议法律把他们在任何工场或家庭里的每日劳动时间限制如下：第一类2小时，第二类4小时，第三类6小时。第三类至少应当有1小时吃饭或休息的间歇时间。

也许，小学教育最好不到9岁就开始；不过我们这里所谈的只是一种最必要的抗毒素，它被用来抵制下述社会制度的各种趋势，这种制度把工人降低为积累资本的简单工具，把那些被贫困压得喘不过气来的父母变成出卖亲生儿女的奴隶主。儿童和少年的**权利**应当得到保护。他们自己没有能力保护自己。因此社会有责任保护他们。

如果资产阶级和贵族忽视他们对自己后代应尽的责任，那是他们的事。享有这些阶级的特权的孩子们却不免要由于他们的偏见而遭殃。

对工人阶级来说，情况就完全不同了。工人的行动不自由。他们在很多场合甚至十分无知，不能理解自己孩子的真正利益或人类发展的正常条件。但不管怎样，最先进的工人完全了解，他们阶级的未来，从而也是人类的未来，完全取决于正在成长的工人一代的教育。他们知道，首先应当使工作的儿童和少年不受现代制度破坏作用的危害。这只有通过变**社会意识**为**社会力量**的途径才能办到，而在目前条件下，只有通过国家政权施行**普遍法律**才能办到。工人阶级要求施行这种法律，绝不是巩固政府的权力。相反，工人阶级正在把目前被用来反对他们的政权变为自己的武器。工人阶级通过普遍的立法行为能够得到靠许多分散的个人努力所无法得到的东西。

从这一点出发，我们说，如果不把儿童和少年的劳动和教育结合起来，那无论如何也不能允许父母和企业主使用这种劳动。

我们把教育理解为以下三件事：

第一：**智育**。

第二：**体育**，即体育学校和军事训练所教授的那种东西。

第三：**技术教育**，这种教育要使儿童和少年了解生产各个过程的基本原理，同时使他们获得运用各种生产的最简单工具的技能。

对儿童和少年工人应当按不同的年龄循序渐进地授以智育、体育和技术教育课程。技术学校的部分开支应当靠出售这些学校的产品来补偿。

把有报酬的生产劳动、智育、体育和综合技术教育结合起来，就会把工人阶级提高到比贵族和资产阶级高得多的水平。

不言而喻，法律应当严格禁止9—17岁（包括17岁在内）的人在夜间和在一切有害健康的生产部门劳动。

5. 合作劳动

国际工人协会的目的在于把工人阶级的**自发运动**联合起来，把它纳入共同的轨道，但是绝不指使或强迫它接受任何空论主义的制度。因此代表大会不应该宣布任何**特殊的**合作**制度**，而只应该阐明若干总的原则。

（a）我们认为，合作运动是改造以阶级对抗为基础的现代社会的各种力量之一。这个运动的重大功绩在于：它用事实证明了那种专制的、产生赤贫现象的、使**劳动附属于**资本的现代制度将被共和的、带来繁荣的、**自由平等的生产者联合**的制度所代替的可能性。

（b）但是，合作制度限于单个的雇佣劳动奴隶通过自己的努力所能创造的这种狭小形式，绝不能改造资本主义社会。为了把社会生产变为一种广泛的、和谐的自由合作劳动的制度，必须进行**全面的社会变**

革，社会制度基础的变革，而这种变革只有把社会的有组织的力量即国家政权从资本家和大地主手中转移到生产者本人的手中才能实现。

(c) 我们建议工人们与其从事**合作贸易**，不如从事**合作生产**。前者只触及现代经济制度的表面，而后者却动摇它的基础。

(d) 建议一切合作社把自己总收入的一部分作为从行动和言论两方面来宣传自己的原则的基金，也就是说，除了传播自己的学说，还要促使建立新的生产合作社。

(e) 为了避免使合作社蜕化为通常的资产阶级的股份公司（sociétés par actions），每个企业的工人，不管他们是不是股东，都应当从收入中得到同样的份额。我们同意让股东得到少量的利息这种纯粹临时性的措施。

6. 工会（工联）。它们的过去、现在和未来

(a) 它们的过去

资本是一种集中的社会力量，而工人只拥有自己的劳动力。因此，劳资之间永远不可能在公平的条件下缔结**协定**，即使在物质生活资料和劳动资料的所有权同活的生产力相对抗的社会看来的公平条件下也不可能。工人的社会力量仅在于他们的数量。然而，数量上的优势被他们的分散状态所破坏。工人的分散状态之所以造成并继续存在，是由于**他们之间的不可避免的竞争**。

工会的产生，最初是由于工人们**自发地**企图消除或至少削弱这种竞争，以便在协定中争取到哪怕是能使他们摆脱纯粹奴隶状态的一些条件。因此，工会的直接任务仅仅是适应日常的需要，力图阻止资本的不

断进攻，一句话，仅仅是解决工资和劳动时间的问题。工会的这种活动不仅是合法的，而且是必要的。只要还存在着现代生产方式，就不能没有这种活动。不仅如此，这种活动还应当通过各国工会的建立和联合而普遍地开展起来。另一方面，工会已经不知不觉地变成了工人阶级的**组织中心**，正如同中世纪的市政局和公社是资产阶级的组织中心一样。如果说工会对于进行劳资之间的游击式的斗争是必需的，那么它们作为**消灭雇佣劳动制度本身和消灭资本权力的一种有组织的力量**就更为重要了。

（b）它们的现在

工会过多地与资本只是进行地方的直接的斗争，它们还没有充分意识到它们是反对雇佣奴隶制度本身的一种多么大的力量。因此它们几乎完全不过问一般的社会运动和政治运动。最近看来它们总算是意识到①它们的伟大历史使命了。下面的例子可以证明这一点：它们参加了英国目前的政治运动，更多地理解了它们在美国的作用，以及不久以前在设菲尔德举行的盛大的工联代表会议上通过了如下的决议：

"这次代表会议恰当地估计了国际协会在把各国工人联合为统一的兄弟般的联盟方面的活动，并郑重地建议出席这次会议的各个团体参加这个协会，认为它能真正促进全体劳动者的进步与繁荣。"

（c）它们的未来

不管工会的最初目的如何，现在它们必须学会作为工人阶级的组织中心而自觉地进行活动，把工人阶级的**彻底解放**作为自己的伟大任务。工会应当支持这方面的任何社会运动和政治运动。它们承认自己是并且以实际行动表现出自己是整个工人阶级的代表和为工人阶级利益而斗争的战士，因而有义务把没有组织起来的工人吸引到自己的队伍中来。它们应该特别关怀那些报酬最少的生产部门的工人的利益，例如农业工

---

① 德文版加有"至少在英国"。

人，他们由于不利的条件而处于完全孤立无援的境地①。工会应该向全世界证明，它们绝不是为了狭隘的利己主义的利益，而是为了千百万被压迫者的解放进行斗争。

7. 直接税和间接税

（a）无论怎样改变征税的形式，都不能使劳资之间的关系发生根本的变化。

（b）但是，如果需要在两种征税制度间进行选择，我们则建议**完全废除间接税**而**普遍代之以直接税**；

因为，间接税提高商品的价格，这是由于商人不仅把间接税的总数，而且把为交纳间接税所预先垫支的资本的利息和利润也加在这些价格上来了；

因为，间接税使每个个人都不知道他向国家究竟缴纳了多少钱，而直接税则什么也隐瞒不了，它是公开征收的，甚至最无知的人也能一目了然。所以，直接税促使每个人监督政府，而间接税则压制人们对自治的任何企求。

8. 国际信贷

应当让法国人去提出动议。

---

① 法文版中不是"处于完全孤立无援的境地"，而是"不能进行有组织的反抗"。

9. 波兰问题①

（a）为什么欧洲工人要把这个问题提出来呢？首先是因为资产阶级作家和鼓动家们约好了对这个问题保持沉默，尽管他们也庇护大陆上的所有民族，甚至也庇护爱尔兰。他们保持沉默的原因是什么呢？原因是：无论贵族或资产者都把那个居于幕后的黑暗的亚洲强国当做抵挡日益高涨的工人运动浪潮的最后堡垒。只要在民主的基础上恢复波兰，就会使这个强国真正被摧毁。

（b）在目前欧洲中部特别是德国的状况发生了变化的情况下，民主的波兰的存在比任何时候都更加必要了。没有民主的波兰，德国就一定会变成神圣同盟的前哨；有了民主的波兰，德国就会同共和制的法国进行合作。在这个重要的欧洲问题没有解决以前，工人运动总会遇到障碍，遭受失败，发展也将延缓。

（c）德国工人阶级特别有责任在这个问题上提出动议，因为德国是瓜分波兰的参加者之一。

---

① 法文版的标题是"关于通过实现民族自决权并在民主和社会的基础上恢复波兰的途径来消灭俄国在欧洲的影响的必要性"。

10. 军　队①

（a）在各种名目的资产阶级代表大会上，即和平的、经济的、统计学的、慈善事业的和社会学的代表大会上，庞大的常备军对**生产**的毁灭性影响，已经得到充分的证明。因此我们认为，谈论这个题目完全是多余的。

（b）我们建议普遍武装人民并进行使用武器的普遍训练。

（c）作为一种临时的必要措施，我们允许保存一支不大的常备军，它可以充当训练民兵指挥人员的学校；每一个男性公民都应当在极短的时期内到这种常备军中服役。

11. 宗教问题②

应当让法国人去提出动议。

---

① 法文版的标题是"常备军及其对生产的关系"。
② 法文版的标题是"宗教思想：它对社会、政治和理智发展的影响"。

卡·马克思写于1866年8月底
载于1867年2月20日英文版《国际信使》第6—7期、3月13日第8—10期，1867年3月9日和16日法文版《国际信使》第10期和第11期，以及1866年10月和11月《先驱》杂志第10期和第11期

原文是英文
参看《马克思恩格斯全集》中文第1版第16卷第213—223页

泥水匠协会加入国际的申请书

日期是1865年2月21日

国际工人协会[547]

1864年9月28日在伦敦圣马丁堂公众大会上成立

中央委员会,伦敦西区希腊街18号

临时中央委员会发表的宣言和章程,详细阐明了协会的目的和愿望,而这些目的和愿望可以用几句话来概括。协会追求的目标是工人阶级在经济上和政治上的保护、发展和彻底解放。为了达到这个伟大的目标,协会要促进**每个国家各个不同劳动部门工人间的团结的建立**,促进**各国**工人阶级的合作。

协会的组织——其中心在伦敦,其附属分部遍布欧美——将帮助世界各国工人阶级彼此结合为一个亲密合作的永久联盟。由各附属工人团体自己推选代表的年度代表大会将为工人阶级创造一个公开的、强有力的、全欧范围的象征。

在伦敦黑修士区帽场街25号集会的泥水匠协会执行委员会①赞同这些原则,并申请加入这个亲密的联合,现在被接纳为本协会的附属分部。

日期:1865年2月21日。①

总委员会主席　　乔·奥哲尔
名誉财务委员　　乔·威·惠勒
法国通讯书记　　欧·杜邦

---

① 此处的黑体字都是手写的。——译者注

德国通讯书记　　卡·马克思
波兰通讯书记　　艾·霍尔托普
瑞士通讯书记　　海·荣克
美国通讯书记　　莱·路易斯
名誉总书记　　　威·朗·克里默

1865年在伦敦印成传单　　　　　　　　　　　　　按传单原文刊印

国际工人协会资产负债表
1865年3月29日至1866年4月28日

收入	英镑	先令	便士
1865年3月28日结存	6	3	8
入会申请书	—	10	—
德意志工人教育协会年度会费	1	—	—
格林威治分部,吕贝士经手	—	10	—
马里尼1先令6便士,考布贷款6英镑10先令,荣克贷款1英镑5先令	7	16	6
巴黎理事会	4	—	—
里昂8英镑,卡昂1英镑	9	—	—
德国,马克思博士经手	3	1	6
为1865年晚会360捐款	3	—	—
裁缝	1	—	—
西头女裁匠	8	3	9
会员会费			
宣言和章程		4	3
汇票		9	8
	47		
	46	18	8

支出	英镑	先令	便士
兑换货币		1	6
分担克利夫兰大厅会议费用361		12	—
写致约翰逊总统的公开信362		10	—
希腊街的房租363	6	7	—
被印入会申请书印刷和雕刻	1	18	—
参加曼彻斯特代表会议的代表团364	4	7	6
邮费和各种开支	7	—	—
代表们的食宿	5	5	11
往返阿德尔菲撤椅子用车365	7	17	—
供应代表会议晚茶点		3	6
九月晚会亏损		18	5
	11	17	10
	46	18	8

第一次发表

4月28日至9月1日①

	英镑	先令	便士
会员会费和章程	3	3	6
入会申请书	1	—	—
各团体交代表们转送协会的		6	—
入会费	51	15	5
各团体为日内瓦代表大会捐款	1	14	6
总委员会委员在代表团			
赴日内瓦前最后一次			
会议上的捐款	57	19	5

债务

	英镑	先令	便士
利诺先生。印刷	9	8	—
科塔姆先生。会员证	5	—	—
吕贝先生。邮费和文具	1	—	9
考布先生。欠帐	6	10	9
	21	18	9

	英镑	先令	便士
致彩画匠协会呼吁书邮费	1	4	—
一个季度的房租		5	—
利诺先生。印刷	2	—	—
凯利先生。印刷	2	2	6
广告6先令6便士。克			
里默先生。令6便士, 邮费等19先			
令6便士	1	6	—
克里默先生。薪金	7	15	—
付财务委员的帐簿		14	10
赴日内瓦的代表会议代			
表	42	12	5
	57	19	5
承前	21	18	9
荣克先生欠帐	1	5	—
	20	13	9
财务委员手中结存	1	1	1
	19	12	8

1866年9月1日审订 **詹姆斯·巴克赛**

---

① 1866年。——编者注

国际工人协会章程和组织条例[548]

章　程

鉴于：

工人阶级的解放应该由工人阶级自己去争取；工人阶级的解放斗争不是要争取阶级特权和垄断权，而是要争取平等的权利和义务，并消灭任何阶级统治；

劳动者在经济上受劳动资料即生活源泉的垄断者所支配，是一切形式的奴役即一切社会贫困、精神屈辱和政治依附的基础；

因而工人阶级的经济解放是一切政治运动都应该作为手段服从于它的伟大目标；

为达到这个伟大目标所作的一切努力至今没有收到效果，是由于每个国家各个不同劳动部门的工人彼此间不够团结，由于各国工人阶级彼此间缺乏亲密的联合；

劳动的解放既不是一个地方的问题，也不是一个民族的问题，而是一个社会问题，涉及存在有现代社会的一切国家，它的解决有赖于最先进各国在实践上和理论上的合作；

目前欧洲各个最发达的工业国工人阶级运动的新的高涨，在鼓起新的希望的同时，也郑重地警告不要重犯过去的错误，要求立刻把各个仍然分散的运动联合起来；

鉴于上述理由：

第一次国际工人代表大会宣布，这个国际协会以及加入协会的一切团体和个人，应承认真理、正义和道德是他们彼此间和对一切人的关系的基础，而不分肤色、信仰或民族；

本代表大会认为，一个人的责任是要不仅为他自己也为每一个履行其义务的人要求人权和公民权，没有无义务的权利，也没有无权利的义务；

根据这种精神，定出国际协会的章程如下：

1. 本协会创立的目的，是要成为追求共同目标即追求工人阶级的保护、发展和彻底解放的各国工人团体进行联络和合作的中心。

2. 本会定名为"国际工人协会"。

3. 总委员会由国际协会中属于各国的工人代表组成。总委员会从其委员中选出管理各种事务所必需的负责人员，即主席、财务委员、总书记、各国通讯书记等。代表大会每年确定总委员会驻在地，选举委员并赋予总委员会以增加新委员的权利，规定下次代表大会召开的时间和地点。代表按规定的时间和地点集会，无须另行通知。在必要时，总委员会可以改变集会地点，但无权推迟集会时间。

4. 全协会代表大会在年会上听取总委员会关于过去一年活动的公开报告。在紧急情况下，总委员会可以早于规定的一年期限召开全协会代表大会。

5. 总委员会应成为沟通各种互相合作的团体之间联系的国际机关，以便使一个国家的工人能经常知悉其他各国工人阶级运动的情况；使欧洲各国中的社会状况调查工作能同时并在共同的领导下进行，使一个团体中提出的但具有普遍意义的问题能由一切团体加以讨论，并且在需要立刻采取实际措施时，例如在发生国际冲突时，使加入协会的团体都能同时和一致行动。总委员会应在它认为适当的时候主动向各个全国性团体和地方性团体提出建议。为了加强联系，总委员会应发表定期报告。

6. 既然每个国家工人运动的成功只能靠团结和联合的力量来保证，而国际总委员会活动的成效又在很大程度上取决于它是同少数全国性的工人协会中心还是同许多细小而分散的地方性团体联系，因而国际协会的会员应该竭力使他们本国分散的工人团体联合成由全国性中央机关来代表的全国性组织。但是，不言而喻，章程中这一条的运用要取决于每一国家法律的特点，同时不管是否存在法律造成的障碍，并不排斥独立的地方性团体同总委员会发生直接的联系。

7. 各分部和支部应在其所在地尽可能扩大影响，不仅主动倡导一切有利于公共生活的普遍逐步改善的事业，而且也要主动倡导建立生产协作社和其他对工人阶级有用的机构。总委员会应尽一切可能予以鼓励。

8. 国际协会的每个会员，在由一个国家迁居另一国家时，应该从加入协会的工人方面得到兄弟般的帮助。

9. 每一个承认并维护国际工人协会原则的人，都可成为会员。每一个分部对它所接受的会员的品质纯洁负责。

10. 每一个支部或分部均有权任命自己的通讯书记。

11. 加入国际协会的工人团体，在彼此结成亲密合作的永久联盟的同时，完整地保存自己原有的组织。

12. 凡本章程规定未尽之处，将另由有待于每次代表大会修订的特别条例来补充。

组织条例

1. 总委员会授权执行代表大会的决议。(a) 为此，它收集各国中央委员会寄给它的一切文件，以及它能通过其他途径获得的一切文件。(b) 它负责组织代表大会并在各中央委员会协助下把代表大会的议程通知每个分部。

2. 总委员会应在经费许可的范围内经常出版报告，报道国际工人协会所关心的一切情况。这种报告首先是报道各地劳动的供求情况、合作团体以及每个国家中工人阶级的状况。

3. 上述报告以各种文字出版，并分发给一切有关部门出售。为了节约开支，各通讯书记必须把各该地方可能需要报告的大概份数预先通知总委员会。

4. 为了使总委员会能够履行这些职责，各附属团体应按每个会员每年1便士缴纳会费，供总委员会季节开支之用。这些会费用来支付总委员会的诸如总书记的报酬、邮费、印刷费等费用。

5. 条件许可时，应建立代表使用同一语言的各个分部的中央委员会。这些委员会的负责人员由所联系的各支部选出，并可随时撤换他们的职务。各中央委员会负责人员应向总委员会每月至少呈交一次报告，在必要时应更为频繁。

6. 中央委员会的经费由同它们联系的支部支付。每个分部，不论其会员人数多少，均可派遣一名代表出席代表大会。

7. 不能派遣代表的分部，可以同其他分部合派一名代表来代表它们。

8. 成员在500人以上的分部或小组，每超过500人即可增派代表一名。只有向总委员会缴清了会费的分部和支部的代表，才能参加代表大会的工作。

9. 代表的费用由派遣他们的分部和支部负担。

10. 国际工人协会的每个会员都有被选举权。

11. 在代表大会上每个代表都只有一票表决权。

12. 每个支部有权制定其适应各国特殊情况的地方法规的章程和附则。但是这些附则不得与共同章程和条例有任何抵触。

13. 本章程和条例可以由每次代表大会进行修改，但须有出席代表的2/3赞成这种修改。

适用于联合王国的附则

1. 个人会员的会费每年1先令。
2. 以团体会员身份加入的团体，须缴纳会费5先令。
3. 在本首都辖区内的附属团体，有权派遣一名代表出席总委员会会议。根据邀请，总委员会应派遣代表团访问本首都辖区内的各团体，以阐释协会的目标和宗旨。

受总委员会委托，

    主　　席　　罗伯特·肖
    名誉总书记　约·格奥尔格·埃卡留斯

根据总委员会1867年11月5日的决定，以小册子发表：《国际工人协会章程》，伦敦〔1867年〕

按小册子原文刊印

法国政府和国际工人协会[549][①]

波 兰[550]

为纪念1863年最近一次波兰革命,订于1867年1月22日在新人街剑桥大厅举行。

茶会和公众大会的节目

茶会7时开始。

茶会上将由乐器匠管乐队演奏:

---

① 全文见1867年1月15日委员会会议记录,此处略。——编者注

1. 波兰国歌
2. 坦克雷第序曲
3. 朱里埃特华尔兹舞曲
4. 波兰颂歌
5. 法兰西花束四对舞曲
6. 马赛曲
7. 可爱的小鸟华尔兹舞曲
8. 加里波第之歌
9. 奥尔菲乌斯飞驰舞曲

茶会后,主席将介绍合唱团,并唱波兰歌曲《上帝啊,保卫波兰》。

主席简短致辞。

而后将提议并附议:

第一项决议

在这里举行集会纪念其起义周年的波兰人宣布:他们衷心拥护1863年1月22日波兰国民政府的宣言,这个宣言废除一切特权,使土地归农民,并宣布全体居民在法律面前一律自由平等;他们坚信,这是用以抵抗当前俄国沙皇把波兰社会分裂为不同的阶级、宗教信仰和民族的碎片的邪恶图谋的唯一有效的手段,是据以巩固人民的联合和组织足以恢复其自由和独立的强大民族力量的唯一公正的原则;再者,他们还吁请这次大会宣布,在为这些目标而进行的斗争中,他们有资格获得一切自由和文明的人民尤其是全世界工人阶级的良好祝愿与合作。

第二项决议

没有波兰的独立，欧洲的自由就不能确立。

第三项决议①

国际工人协会的法国人分部以各民族间利益的共同性的名义，抗议对波兰人的奴役，并保证给波兰人以援助，在民主、共和和社会主义基础上恢复波兰。

第四项决议

最近沙皇对"会议桌上的波兰"[551]的废除，是对以其纵容和互相忌妒促成这种结果的欧洲列强的一种侮辱，但我们既是代表人民的意愿和利益的，便不能对彻底扫除1815年不义的和不可避免要流产的妥协感到遗憾，甚至应当为今后波兰问题必然归结为这样一个简单的论题——是默许波兰的名字在欧洲地图上全然消失，还是为它在1772年的疆界之内的重建而奋斗——而感到高兴。

决议通过后，乐队将演奏波兰国歌《波兰不亡》。

1867年1月以传单形式发表　　　　　　　　　　　　按传单原文刊印

---

① 这项决议原文是法文，其下排印有英译文。——译者注

国际工人协会中央委员会[552]

伦敦东中央区包佛里街 18 号

致大不列颠矿工和钢铁工人

工人们：

  才几天前，印坊广场的雷神①曾预言，如果工联会员坚持拒绝在某种工钱下工作，英国炼铁业就要崩溃和毁灭。据它说，比利时人以廉价的煤和低廉的工资，在国内和国外市场上将独占这个工业部门。克里德和威廉斯二人在《泰晤士报》上详细描述了比利时煤铁业主们不受令人烦恼的工厂法和工联的困扰的幸运，说比利时的矿工和钢铁工人，连同他们的妻子儿女，每天工作12—14小时，而领取低于英国同等工人每天工作10小时收入的工资，却感到心满意足。然而，他们的墨迹未干，浪潮就来了，这些感到心满意足的人们起义了。《比利时经济学家》说，炼铁业近来由于煤价高昂和矿产量平常而处于困境。这家报纸说：

  "矿区居民愚昧无知、野蛮残忍、挥霍无度，以致最高的工资也不能满足他们的要求。"

---

① 《泰晤士报》。

这是不足为怪的。责任要由那些使他们一生过着牛马不如的生活的人们来负。

上个月初，马谢讷邻近地区有三座熔铁炉停了工，别的炼铁业主立即宣布降低工资10%；沙勒罗瓦的煤矿业主也依样画葫芦。然而《经济学家》还说煤的需求从来不比现在多，价钱也不比现在高。事情因面粉价格同时上涨而恶化了，因为煤铁业主们也就是这个地区的磨坊的业主。众多的工人被激怒了，但由于他们还没有组织起来和研讨共同事务的习惯，他们没有行动计划来作为他们的指导。

他们聚集在大道上，到处劝阻诸如尽管降低了工资也打算上班这类的事情。沙勒罗瓦的煤矿工人来到一家磨坊旁边，这家磨坊由100名荷枪实弹的士兵守卫着。于是引起了一场冲突，其结果是被击毙、负伤和被捕。这些受诬蔑和受虐待的牺牲者，弃家室于墓穴和狱墙之外，贫苦无告。在比利时没有人敢为他们说一句话。这些工人的行动方针也许在思想上和方法上都不对头，但他们毕竟是为劳工的事业牺牲的，他们遗下的孤儿寡母应该得到同情和支援。对遗孀和孤儿的某种金钱援助及其所产生的道义上的影响，如果来自国外，将振奋整个阶级的正在衰颓的精神，并可导致通讯联系和意见交流，而这将使我们的大陆兄弟更好地理解劳动的战争必须如何战斗，战斗的队伍需要什么样的组织性和教育程度。

国际工人协会总委员会呼吁你们考虑这件事，因为一国劳工的事业也是世界各国劳工的事业。

主　　席　　**乔治·奥哲尔**
副主席　　**约·格奥尔格·埃卡留斯**
书　　记　　**罗·肖**

埃卡留斯起草于1867年3月初
刊登于1867年3月13日《国际信使》（英文版）第8号，3月16日《国际信使》（法文版）第11号，4月6日《工人报》第4号

按《国际信使》（英文版）刊印

国际工人协会资产负债表

1866年9月1日至1867年4月23日

收入	英镑	先令	便士	支出	英镑	先令	便士
各团体入会费：				出席日内瓦代表大会代表的欠款	6	—	—
法国研磨工人协会	5	—	—	截至1866年圣诞节止三个季度办公室房租	7	10	—
编筐工人聚打工人协会	5	—	—	利诺先生印刷费（帐户）	4	—	—
日工人协会	5	—	—	科塔姆先生印刷费（帐户）	3	—	—
掘土工人协会	5	—	—	科勒先生报费	1	—	4
弹性织品雕刻工人协会	5	—	—	科勒帐户上劳布尔先生的箱子运费	1	7	—
木版织造协会	5	—	—	偿还帐户上考布先生的贷款			
书本印刷工人	5	—	—	日内瓦和文具	2		
西头细木工	5	—	—	邮费和文具		4	6½
马车修理匠协会（"地球仪"）	5	—	—	付德尔先生帐户贷款		18	—
马车修理匠协会（"王冠"）	5	—	—	欠款	8		1½
风琴匠	5	—	—				
各团体年度会费：							
弹性织品组工		9	—				
雪茄烟工人	1	5	8				
达灵顿裁缝	1	13	4				
芳文垂织工		5	—				
镌匠互助会	2	1	8				
木版印刷工人		2	1				
诺丁汉鞋匠	1	—	—				
泥木匠	1	2	—				
西头细木工		1	8				

日工装订工人		17	6	
"王冠"马车修理匠		5	7	
日内瓦代表大会基金特别捐款	1	8	—	
会员年度捐款	7	19	—	
大陆普查(日内瓦)交来,荣克经手	2	4	—	
杜普雷交来,杜邦经手	4	—	8	
法国国人支部(日内瓦)交来	1	3	9	
瑞士德国人支部,报告		7	11	
章程:会员证		5	—	绍德封,荣克经手
向德尔先生借款	2	10	—	
共计	33	2	10	

债务				
利诺先生,印刷	4	13	—	
科塔姆先生。印刷会员证	2	16	—	
前一帐转来的债款	6	—	9	
勒·吕贝先生	1	—	—	资产:
西头女鞋匠	10	4	—	手中现金:
向德尔先生借款(大约)	2	7	—	
办公室租金	3	—	—	
荣克和卡特两位先生	2	—	—	
科勒先生:印刷会员手册和小册子371(大约)	2	—	—	
扣除资产	34	5	9	
债务总计	3	18	1½	
	30	7	7½	

共计 33 2 10

8 18 1½

审查和订正:
约翰·格奥尔格·埃卡留斯
弗里德里希·列斯纳

第一次表

按原稿手刊印

国际工人协会总委员会呼吁书

致会员和各附属团体[553]

工人朋友们：

　　从我们经常收到的报告中可以看出，我们大陆上的会员坚韧不拔地宣传我们协会的原则和扩展我们协会的分支，尤其是在瑞士，我们的大多数分部积极地从事建立与我们协会有联系的互助信贷基金和生产合作社，英国支部的进展却大大受到了改革运动的妨碍。由于总委员会把工人阶级的政治解放看做完成他们社会解放的手段，英国会员自然必须领导改革运动，我们的附属团体目前必须把它们的全部注意力投入反对反动的花言巧语之辈和恶毒的捣乱者，以便使事件达于决定关头。可是，运动的热潮现在已经低落下来，也没有必要组织大规模的示威了；而业已确定的第二次年度代表大会开会的时间正在迫近，该是那些在斗争高潮时离开了的人们恢复他们在总委员会中的席位的时候了，我们的附属分部应该助我们一臂之力。[554]我们协会的目标不是瞬息即逝的；我们的努力将继续吸引劳动居民的注意，直到雇佣奴隶制成为历史的陈迹。如果听任每件事都孤立地、个别地讨价还价，劳动居民的命运如何，那是可想而知的。如果听任供求的铁的规律不予遏制，将会使一切财富的生产者迅速地降到饥饿的水平线上，因为在社会的现实条件中，生产力的每一进步，体力劳动的每一节省，都不过是使工资下降和劳动时间增加。贫苦劳动者，即一切财富的生产者，无疑具有一种分享他们自己劳动果实的人类固有的天赋权利，但是这个权利只有靠大家的联合才能实行和实现。分散的努力收效甚微，部分的成功也只是短命的。除非是全世界劳动人民的完全联合和结合，劳动问题就不能得到令人满意的解决。在这方面已经做了许多事情，但是更多的事情尚待完成。各国有代表性的人物的定期集会，对于消除由来已久的民族仇恨、增进友谊和为朝着共同目标前进的共同行动方式铺平道路是有效的。因此，我们呼吁你们力所能及地派出尽可能多的英国各分部的代表去参加即将于1867年9月2日星期一在洛桑开幕的我们协会的代表大会。

按照第一次年度大会上所通过的条例，每个分部有权派遣一名代表。拥有500名会员以上的分部，每超出500名会员可增派代表一名。不能派遣各自代表的分部，可以向代表几个分部的代表捐助费用。

代表大会要解决的主要问题是：

1. 关于使国际工人协会能在工人阶级（女工和男工）争取彻底摆脱资本统治的斗争中起到他们的共同中心的作用的实际办法。

2. 工人阶级如何才能利用贷款来为自己的解放服务，而这笔财富本来是他们提供给资产阶级和政府的。

请及早作出答复。

受总委员会的委托，

主　席　**乔治·奥哲尔**
总书记　**约·格奥尔格·埃卡留斯**

1867年7月9日于伦敦西区东城堡街16号

由彼·福克斯，海·荣克，约·格·埃卡留斯和欧·杜邦组成的委员会起草
1867年7月9日总委员会通过
1867年7月中旬以传单发表

按传单原文刊印

国际工人协会总委员会呼吁书[555]

致会员、各附属团体和全体工人

无产者们！

从我们收到的通讯中可以看出，协会的会员仍在继续努力宣传国际协会的原则并成立新的分部。这项活动在瑞士进行得特别出色，在那里，我们的大多数分部都积极地从事建立各种工人团体，并使这些团体靠拢我们。

在比利时，自从马谢讷大屠杀以后，正在进行值得赞扬的努力来团结比利时全体无产阶级，使它受到我们的保护。

但是在其他国家里，却有种种情况妨碍了我们的宣传工作。

在德国，1848年以前是那样有兴趣研究社会问题，而现在，几乎

所有的积极力量都被国内展开的统一运动吸引住了。

在法国，由于工人阶级享有的自由有限，我们的原则和我们的协会都没有像预期的那样快地得到传播和发展；因为我们本来以为，英国工人团体**由于我们的关系**而在法国工人最近几次罢工[556]期间给予法国工人团体的帮助，会保证我们得到全体法国工人的支持。现在，当法国的资本家阶级和工人阶级之间的斗争进入一个我们称之为**英国式**的阶段的时候，也就是说斗争具有了非常明显的性质的时候，工人们应当懂得，要成功地与资本家的力量相对抗，就必须有一个把工人团体的各种队伍连结在一起的巩固联盟。

在英国，选举改革运动曾经席卷全国，经济运动暂时被挤到了次要地位。但是现在，当改革运动已经停止，通过对**工联**的调查[557]已经查明工人阶级的人数并证实了工人阶级的力量的时候，我们认为，一切工人团体都会懂得我们这个组织的益处的时刻已经到来。我们协会的作用已经不止一次地在工人阶级代表的会议上得到了应有的估价，许多团体已经加入了我们的行列。英国拥有组织强大的无产阶级，因而有义务成为我们最可靠的支柱之一。

美国看来在它刚刚经过的流血战争中恢复了青春：工人阶级已经组织起来，并对在美国执掌政权的资产阶级政府施加压力，迫使几个洲的立法议会通过了八小时工作日的法律。由于应届的总统选举，各个政党不得不公开说明自己的行动纲领。激进党借参议院主席威德的口承认必须首先专门研究劳动和资本的问题；它公开主张改造资本主义所有制和土地所有制。由于这个国家的工人阶级有相当高的组织性，它一定能够使自己的要求得到实现。

目前，在所有文明国家里工人阶级都动起来了，在那些工厂工业最发达的国家，如美国和英国，工人阶级有更加团结一致的组织，资产阶级和工人阶级之间的斗争也就带有最尖锐的性质。

在资本的权力面前，人失去了他个人的力量；工厂中的工人成了机器的一部分。为了恢复自己的个性，工人不得不团结起来，建立协会以保障自己的工资和生活。到目前为止这些协会还带有地方性质；但是资本却由于新的工业发明而日益强大起来，国家范围内的协会在许多场合都暴露出自己的软弱无力。在研究英国工人阶级斗争的时候可以看到，厂主为了对抗自己的工人，不是把外国工人运进来，就是把活儿交到劳力最便宜的国家去。在这种情况下，工人阶级要想比较顺利地继续自己的斗争，就必须把全国性的协会变为国际性的协会。

希望全体工人注意研究对于问题的这种新的观点，希望他们相信，团结在我们的旗帜下，就能保住自己的面包和自己孩子们的面包。

我们以总委员会的名义号召大家促使将于1867年9月2日在洛桑召开的应届代表大会成为工人阶级的雄壮的示威。

"按照第一次代表大会所制定的条例，每个分部有权派遣一名代表参加代表大会。拥有500名会员以上的分部，每超出500名会员可增派代表一名。没有足够资金派遣代表的分部，可以和其他分部共同负担一名受权代表它们的代表的费用。"

代表大会将讨论以下的问题：

（1）用什么实际手段把国际协会变成工人阶级（女工和男工）摆脱资本压迫的斗争的共同中心？

（2）工人阶级如何才能利用本是他们提供给资产阶级和政府的贷款来为自己的解放服务？

敬礼和兄弟情谊

通讯书记 欧·杜邦——法国
卡尔·马克思——德国
扎比茨基——波兰
海·荣克——瑞士

彼·福克斯——美国
贝松——比利时
卡特——意大利
保·拉法格——西班牙
汉森——荷兰和丹麦

主　　席　乔·奥哲尔
副 主 席　格·埃卡留斯
财务委员　威·德尔
财务书记　肖
总 书 记　彼得·福克斯

于牛津街，城堡街16号

由保·拉法格起草，并由卡·马克思校订于1867年7月中
1867年7月以小册子发表；并刊登于1867年8月4日《未来呼声报》第31号，1867年7月30日《国际信使》（法文版）第28—29号，1867年8月31日《人民论坛报》第8号

原文是法文
参看《马克思恩格斯全集》中文第1版第16卷第606—609页中

国际工人协会第三年度报告[558]

第一次年度代表大会交给总委员会的任务

代表大会通过了一项决议,委派伦敦代表访问瑞士、法国和英国邮政当局,提请他们注意国际邮费率即低廉的邮费问题。

瑞士的邮政部长同意代表团向他提出的各点,但他指出:法国政府妨碍了他们。

在法国,代表们未能得到接见;而英国政府只同意接受送去的一份书面声明。

第一次年度代表大会交给总委员会的其他任务是:(1)用几种文字出版代表大会的材料,包括寄给代表大会的信件和报告;(2)用不同文字定期或随时发表报告,报道所有能使国际协会感兴趣的问题;(3)提供有关各地劳动供求的情报;(4)合作社情况报告;(5)各国工人阶级状况的报告。总委员会还被责成在欧洲最文明的国家里着手进行统计调查,搜集雇用工资劳动的各工业部门的详细的和专门的情报。

为了使总委员会有可能完成这些任务,代表大会规定每个会员向执行委员会捐款3便士;并规定每周付给总书记2英镑的报酬;总书记由总委员会委任。

伦敦的代表们一回来,总委员会就获悉,在法国边境上,法国警察从雅莱斯·哥特罗这个人那里没收了我们代表大会的一些文件。

总书记曾受托写信给法国内务大臣，但由于没有得到答复，又向英国外交部提出了请求。斯坦利勋爵立即责成英国驻巴黎大使考莱勋爵进行斡旋；结果，几天以后文件归还给我们了，还另有一捆《人民论坛报》，这显然是从另一人那里没收的。

代表大会的文件随即转交给了常务委员会，由它准备出版报告。由于没有钱给总书记，这项工作只得交给自愿者利用闲暇时间来做，因而拖长了时间。全部工作做完后，估计用一种文字印1000份至少要花40英镑。为了完成代表大会的委托，必须立即付出120英镑；而在12月31日只有18先令4便士的存款。

总书记受托号召英国支部各附属团体捐款——只有伦敦雪茄烟工人以及考文垂和沃里克郡的织带工人立即响应。织带工人协会执行委员会在履行自己的义务时，表现了极堪称道的热忱，——尽管它没有存款，而且许多会员失业，——立即向有工作的会员募集了必需数量的捐款。

后来，总委员会接受了《国际信使》的所有人和编辑——公民科勒特提出的建议，把报告用法文和英文逐周分别刊登在他的报纸上。他还同意由他自己出钱把报告铅印成小册子，并且让总委员会分享盈利，万一有亏损，总委员会也不承担责任。

但是，这一极其有利的安排刚一就绪，由于没有遵循政府事先并未追究的法律手续，公民科勒特便不得不把他的报纸停止出版几个星期，因而在3月份以前，出版代表大会报告的工作不能正常进行。

刊登报告的那几号《国际信使》已免费分送给各分部。由于缺乏类似的机会，德文译本不能出版。

虽然排好了版，但由于资金不足，直到现在还未能印成小册子。

为了把事情弄得更糟，法国警察没收了一包准备发给法国支部的章程和会员证，其印费花了4英镑，是借的钱。除了这个无可补偿的损失外，还受到在法国主要来自个人会员捐款减少的损失。除此而外，代表大会虽然把有些旧债作为协会的负债承担下来，但是没有偿付这些债务的专门储备。这些情况大大妨碍了我们的行动，并且仍然是令人作难的事。

在这样的情况下，根本不可能出版定期的或即时的报告；我们的通讯员也没有劳神为出版这些报告给我们送来任何专门的情报。因此今年不得不放弃统计调查工作。因为要使这项调查完全有用，就不能把调查局限于现有的我们附属团体范围内的那些行业。为了解决问题，这样的调查必须包括一切行业、一切国家、一切地方。这就不仅牵涉到印刷、文具和邮费的庞大开支，而且还牵涉到用于通信、编辑以及把分散的专门材料整理为一个综合性的清楚明了的完整材料的大量工作，［因此］要想依靠自愿者利用闲暇时间来完成这项工作是根本不可能的。

对各行业纠纷的干预

对促进国际联合施加有利影响的最好手段之一是由国际工人协会在日常的行业纠纷中提供帮助。无论伦敦或各省的英国资本家，每当工人不顺从他们恣意专横的命令时，经常使用的主要威胁手段就是运进外国人来代替这些工人。这种运进工人的可能性，在多数情况下曾迫使英国工人不再坚持原来的要求。由于总委员会的活动，有效地使这样的威胁不那么公开进行了。即使有类似的图谋，也不得不秘密进行，因为工人只要稍一得到消息，就足以使资本家的计划落空。通常，在加入协会各团体的行业中不论发生罢工或遇到同盟歇业，大陆上的通讯员就立即受托警告各自地区的工人，不要同发生纠纷地方的资本家代理人订立任何合同。但这一行动并不限于已加入协会各团体的行业内才有。在提出了请求的其他行业内也有这样的行动。这就经常导致要求我们帮助的团体加入协会。

有时，资本家也能诱骗几个迷途的工人，但是一旦他们了解了被雇的原因，他们一般就会废弃合同。

去年冬天伦敦编筐工人纠纷期间，得到了有六个比利时人在百蒙德西区蓝锚巷铁路桥拱下做工的情报。他们被严密看守起来不让他们与外界公众接触，就像女修道院中被诱骗的姑娘一样。总委员会一位佛兰芒的委员施计得以会见了他们，当他们一经了解到他们所订合同的性质，就放弃工作回国去了。正当他们准备搭船动身的时候，又来了一艘载满工人的轮船。当即同新来的人联系上了；他们也废弃了合同，回国去了，他们还答应将尽力劝阻有人再来，而且做到了这一点。

由于总委员会派遣代表团向英国的各团体发出呼吁，巴黎的青铜匠在他们遭遇同盟歇业期间得到了相当可观的金钱援助；而伦敦的裁缝在罢工时也由于总委员会的请求得到了大陆上各团体的支援。总委员会也同样帮助了掘土工人、金属丝工人、木版雕刻匠、理发师和其他工人。

宣传和各附属团体

宣传工作和各团体的加入，过去一年中在英国大受阻碍。看来，若没有公众的激昂情绪发展到偏执的程度而产生威胁性的和压倒一切的压力，英国的立法机构大概是绝不会在任何重大的社会政治问题上朝正确的方向挪动一步的。当改革运动处于高潮，经常组织声势浩大的示威游行的时候，要想把工人们的注意力吸引到国际工人协会的略为遥远的目标，几乎是徒劳无望，我们总委员会的大多数英国委员都积极参与了这项工作，把我们有效的力量都花在派出代表团上，而这种做法本身造成了如此激昂的

记录本的一页（1867年7月9日总委员会会议）

载有马克思关于1867年洛桑代表大会议程的提议

情绪，并吸引了那些本可以接受我们的入会书的人太多的注意力，以致他们也没有考虑这个问题的余地了。这种做法也使工人的注意力转向别的目标，结果是妨碍了许多新会员入会和一些老会员继续缴纳会费。人们到处都遇得到这样一种看法，即认为争取议会改革的斗争［不］仅是一时性的斗争，而且是目前至高无上的责任，也是达到国际工人协会的目标——工人阶级从资本统治下彻底解放的不可缺少的踏脚石。1867年的法案无疑是前进了一步。这个法案提供了极为广泛的可能性，使工人阶级在宪法范围内为了阶级的目的而在政治上联合起来，并在涉及劳动问题的社会经济改革问题上，对立法机构施加直接的影响。

但是，尽管我们的宣传工作在去年受到许多阻挠，但是宣传工作并未中断。法人团体加入协会的正规手续有点烦琐。当总委员会确有根据相信这个问题将为一个社团作赞同性考虑时，它就通过信件向这个团体的主席和书记提出要求。如果这个要求被接受了，一个代表团就应邀去参加该团体的执委会，说明协会的目标。如果该执委会赞同代表团的说明，它就把问题提交给稍后的全体大会或代表会议予以考虑，届时代表团也许再次被邀出席。有时候，立即作出了加入协会的决定；有时候，则必须由全体会员或所有分会进行投票来作出决定。

去年一年，有33个团体用这个方法加入了协会。有20多个团体通了信和接待了代表团。另有一些尚待作出决定的团体延期到更适当的时机再予研究；只有一个团体因为本协会干预政治问题而断然地拒绝建立任何关系。

捐款和各附属团体

关于各附属团体捐款的问题,总委员会研究了好多次。当这个问题还在讨论的时候,泥水匠协会执行委员会加入了协会,并决定每年捐款1英镑。

1865年3月,总委员会派代表团参加了鞋匠联合会的代表会议,会议一致通过了伯明翰代表提出和赫尔代表附议的下述决议案:

"我们诚恳同意国际工人协会代表团所阐明的该协会的原则,我们宣誓加入协会以促进这些原则,并努力在我们的会员中宣传这些原则。"

捐款问题曾经提出过。但是,这个问题的讨论由于受阻而停下来了。几周以后,作出决定:印制入会申请书,每个入会的团体缴纳5先令的入会费,向这些团体的会员个人尽可能多地发售会员证,其余的,如果需要钱,则应由他们自行酌情决定。正是在这种情况下欠下了前已提及的那些债务。

各附属团体去年交的钱是捐助支付派遣出席第一次代表大会代表的费用,这笔钱已用于这一目的。

鞋匠执委会捐了5英镑。

为了改变这种不可靠的情况,总委员会提出了各附属团体每个会员的最低捐款额。

代表大会规定3便士;英国代表认为,规定的这个数额不可能从英国各工会团体中征收到。

日内瓦代表大会以后,我们派往各工会团体的代表团发现,正如英国代表所预见的那样,每个会员3便士的捐款额成了各团体加入协会的一个不可克服的障碍。

总委员会在10月9日一致决定,把捐款额减少到每个会员半便士。所有曾经隶属于协会的团体都以这样的条件来加入了。

鞋匠联合会已明确宣布,他们1865年代表会议的决议不是加入协会的决议,该团体1867年代表会议废除了能让委员会去年向我们捐款5英镑的决议。

泥水匠执委会缴纳了1867年的1英镑,但是还没有宣布该团体是不是考虑全都加入的任何决定。

鞋匠协会去年减少到约有5000名会员,泥水匠有3000—4000名会员。

曾两次发出关于募集今年捐款的呼吁;有些原先的附属团体缴纳了,其他团体还没有缴纳,但是,除了鞋匠协会以外,没有一个团体规避自己的义务。

木工和细木工联合会执委会不久前通过了每年向总委员会基金缴纳2英镑捐款的决议,但是现在全体会员才讨论决定该团体是否全都加入协会的问题。这个联合会拥有约9000名会员,遍布英格兰、威尔士和爱尔兰。兹将英国支部的各附属团体的名单以及它们两年来交款数列表如下:

附属团体名称	捐款和入会费 1866年			捐款 1867年		
	英镑	先令	便士	英镑	先令	便士
伦敦,德意志工人教育协会………	2	—	—	—	—	—
伦敦,法国人分部………	—	—	—	—	4	9
波兰流亡者中央支部………	—	—	—	—	4	10
泥水匠执委会………	—	—	—	1	—	—
泥水匠第一分会………	—	8	—	—	—	—

细木工联合会…………………	10	—	—	1	13	4
西头细木工协会…………………	5	—	—	1	7	—
日工装订工人协会………………	—	8	3	—	17	6
箍桶匠互助会……………………	6	—	—	—	6	—
伦敦雪茄烟工人协会……………	5	—	—	1	9	—
鞋匠联合会执委会………………	5	—	—	—	—	—
鞋匠联合会达灵顿支部…………	—	5	—	—	—	—
鞋匠联合会诺丁汉支部…………	—	5	—	—	2	1
考文垂和沃里克郡织带工人……	—	5	—	1	9	—
制箱工人…………………………	1	5	4	—	—	—
鞍具鞴具工人……………………	4	—	—	—	—	—
肯德耳鞋匠协会…………………	—	5	—	—	1	8
西头女靴匠………………………	6	—	—	—	10	—
伦敦裁缝…………………………	3	—	—	—	—	—
裁缝联合会达灵顿支部…………	—	5	—	—	1	8

1866年9月以来加入的团体

伦敦编筐工人协会………………		5	—	—	—	—
兰开夏郡印染工人………………	—	5	—	2	1	8
伦敦马车制造匠…………………		5	—	—	—	—
马车修理匠("地球仪")………	—	5	—	—	1	10 1/2
马车修理匠("王冠")…………		5	—	—	5	—
弹性织品织工……………………		5	—	—	5	—
掘土工人联合会…………………		5	—	—	—	—
法国研磨工人……………………		5	—	—	—	—
风琴匠……………………………		5	—	—	2	1
图案绘制和木版雕刻匠…………		5	—	—	—	—
木工和细木工执委会……………	—	—	—	2	—	—
制革工人联合会(8月27日加入)…	—	—	—	—	—	—

全国改革同盟……………………	—	5	—	—	2	6

代表大会基金捐款

西头女靴匠……………………………	4	10	—
伦敦雪茄烟工人……………………	1	1	—
弹性织品织工………………………	1	0	—
————————	—	10	—
编筐工人……………………………	—	12	6

除此之外，弹性织品织工给代表大会基金捐赠了1英镑；雪茄烟工人1英镑1先令。

两年中的实际收入有相当大的差别，但就其主要项目来说有个基本的差别。去年，钱是用于派遣出席代表大会的代表，因而没有用于别的目的，今年的收入是捐款，用于开支行政费用。去年，我们欠了债，因为我们没有固定的收入；今年，我们偿付了债务，因为我们有了这样一笔收入。

为什么我们的一些附属团体还没有缴纳它们的年度捐款，为什么另一些附属团体没有捐助代表大会基金，原因是由于生产的停滞、罢工和同盟歇业对它们的基金造成严重压力。

我们收到了几封信，说明了如上所说的何以同一个团体去年对代表大会基金如此慷慨解囊而今年无能为力的原因。裁缝罢工用尽了伦敦工会团体的基金。

大陆上的和美国的支部

通常，总委员会只同国外由于警察限制而妨碍成立分部的地方的单个分部有通信联系。[559]

在比利时，曾试图吸收工会团体参加，但是我们不知道结果如何，也没有收到任何捐款。

德国的情况仍不正常。在日内瓦的德国人支部的主席公民菲力浦·贝克尔成功地建立了几个分部，但是我们目前尚未获悉详情。

在意大利，有一个正规工人组织，我们同它的负责人有通讯联系，但是尚未正式加入协会。

在美国，我们在纽约和霍博肯（新泽西）有两个附属的分部。我们同全国劳工同盟委员会通信，也同国际铸工联合会主席通信。详情见美国书记的专门报告。

总　论

过去一年是以剧烈的斗争和动荡为标志的。在美国、英国、法国、比利时，不断地发生罢工、同盟歇业、迫害和指控工人阶级的事情。

资本家顽固地把工人看成是只能卑躬屈服地生存的下等人。

在美国，有一个团体为抵抗资本家的侵害花费了7万美元[560]；在英国，法庭曾决定盗用工联的基金可以不受法律的惩罚。已经对工联的工作着手进行官方调查，其目的在于诋毁它们的性质，并对它们的活动加以诬告。

伦敦裁缝业主对工人大规模起诉，地方法庭、法官和每日报刊的态度，巴黎裁缝被判决，以及马谢讷的大屠杀——这些事实无可辩驳地证明，社会只是由两个敌对的阶级即压迫者和被压迫者构成的，只有全世界劳苦的儿子们联合起来，他们才能摆脱现在的受奴役的地位。因此，我们以下述箴言结束:"全世界无产者,联合起来!"[561]

刊登于1867年9月14日《蜂房报》第309号　　　　　　　　　　　　按报纸原文刊印

国际工人协会总委员会美国通讯书记的年度报告[562]

(1866年9月至1867年8月27日)

我担任美国书记这个职务以来的第一件事,是在英国收到了[1866年]9月份的一期《铸工国际报》,该报由W. H. 西耳维斯在菲拉德尔斐亚出版,出版者是该报的编辑,同时也是国际铸工联合会的主席。这一期刊载了前一个月在巴尔的摩召开的美国工人第一次全国代表大会的详细报道。这次代表大会的记录摘要和决议全文刊登在1866年10月份的伦敦《共和国》周报上。值得特别注意的是,巴尔的摩代表大会在得知欧洲工人代表大会准备在日内瓦召开之后,便决定授权在这次代表大会上成立的全国劳工同盟执行委员会派代表参加欧洲工人代表大会。

我从这份报上知道,担任美国全国劳工同盟通讯书记的是康涅狄格州纽黑文的威廉·吉布森。直到今年8月初我才知道,吉布森先生的地址被搞错了,他住在康涅狄格州的诺威奇(不是纽黑文)。代表大会报道编写者的这个错误在我的活动中几乎成了不可挽回的失误。

但是,我没有想立刻为此同书记吉布森通信,因为我认为在开始同他通信时最好把关于日内瓦代表大会工作的正式报告寄去。关于这个报告迟迟不能发表的原因，在总委员会的总的报告中已经说过了，这里不再赘述。

大约在去年12月，公民奥尔西尼来总委员会，把住在纽约的五个欧洲社会主义者的姓名通知我们，并请求我们同他们通信。他还请求授权他们在美国为协会进行活动。已经给奥尔西尼所说的五位公民去了信，但不论是我还是总书记都没有收到这些信的任何复信。这样，我的第一次尝试没有成功。

奥尔西尼还通知总委员会说，在纽约人们开始很关心我们的协会，马萨诸塞州的伟大废奴主义者和激进演说家温德尔·菲力浦斯先生曾宣布，只要他看到国际工人协会产生了任何预期的良好效果，他将亲自准备举办义务讲演来资助国际工人协会。奥尔西尼还说，爱尔兰民主主义者和民族主义者詹姆斯·斯蒂芬斯领取了我们协会的会员证。

1867年3月，关于日内瓦代表大会工作的报告开始用英文在伦敦的《国际信使》上连载。刊登这份报告的四期《国际信使》一出来，也就是在4月份，我就把这四期寄给了下列四个人：一份按照所设想的地址寄给书记吉布森，另一份寄给W. H. 西耳维斯，第三份寄给在马萨诸塞州波士顿出版的忠于工人阶级利益的日报《呼声报》的编辑，第四份寄给伊利诺斯州芝加哥《工人辩护士报》的编辑，该报是美利坚联邦西部各州工人阶级的主要机关报。我在寄给书记吉布森的那四期报纸中附了一封信，信中指出总委员会非常重视同美国全国劳工同盟执行委员会的密切接触和经常联系。

这封信没有回音，也无法证实报纸是否收到了。这次失败的原因很简单：信和报纸没有寄到诺威奇，而是寄到了纽黑文。

寄出这些报纸只得到了一个好的结果。《国际信使》的编辑从5月开始收到芝加哥报纸《工人辩护士报》，这两家报纸之间建立起了互换报纸的关系。从此《国际信使》的编辑公民约瑟夫·科勒特每周都从芝加哥《工人辩护士报》上摘录一些东西。

关于日内瓦代表大会工作的报告已于5月1日全文刊登完毕，我立即把全部报告按照上面所说的四个地址分寄出去了。

这个报告的摘要转载在芝加哥《工人辩护士报》上。我无法知道其他两家报纸中是否有一家也对此注意到了。

今年春天，总委员会根据里昂通讯员的请求，要在美国弄清楚：好几百不满意国内状况的丝织工人想迁往美国，在那里建立自己的专门工业，美国资本家是否有人愿意给他们垫付搬家和开业的费用。总委员会指示我向几家美国报纸和几个国家要人谈谈这个问题。我执行了这一指示。信件是由一位去纽约的波兰人公民科切克捎到美国去的。然而，我又没有收到任何回音；自科切克走后也没有从他那里得到任何消息。

6月间，总委员会指示我写信给W. H. 西耳维斯，请求他帮助正在罢工的伦敦裁缝。我根据指示于6月11日写了信。借此机会我向他表示，我由于没有收到书记吉布森的任何复信而感到烦恼，我请西耳维斯先生告诉我全国劳工同盟的任何其他负责人员的姓名。他在6月24日①的复信中告诉我美国炼铁业何以不能响应总委员会号召的原因，他还把与全国劳工同盟有关系的一个人即纽约的威廉·约·杰瑟普的姓名和地址告诉了我。

我把这封信报告给总委员会，便要我赶紧把洛桑代表大会的开会日期通知威廉·杰瑟普，并且告诉他总委员会将因有美国代表出席大会而感到荣幸。我据此于7月19日去了信，述说了我想和书记吉布森建立联系而毫无效果的情况，并寄给我的这位新通信人一份关于日内瓦代表大会的正式报告。

我收到了这封信的复信，复信日期是8月9日。这封信表明，复信

---

① 法文版是"6月25日"。

人高兴地看到新旧大陆工人之间、特别是同不列颠工人之间建立更为密切联系的前景。他认为，在芝加哥召开全国劳工代表大会的时间（即8月19日）太晚了，不能向洛桑派出代表。他补充说，他作为这个团体的副主席和纽约州的通讯书记，在他要向全国劳工代表作的报告中将宣读我的这封信，因为他"相信［其］重要性应予公布"。他答应把芝加哥代表大会的情况详细告诉总委员会。公民杰瑟普宣布，不管他是否再次当选为全国劳工代表大会的负责人员（虽然他不怀疑他将再次当选），他将高兴地以纽约工人联合会通讯书记的身份交换报纸，并同总委员会保持通讯联系。

虽然公民杰瑟普认为芝加哥代表大会召开太晚，以致不能采取行动，但是可以公正地说，我在不久前的一期芝加哥《工人辩护士报》上看到一篇社论，其中提到派代表到洛桑去的问题将是芝加哥代表大会上提出的首要问题之一。

本月初，公民马克思交给我弗·阿·左尔格代表国际工人协会霍博肯分部写来的一封信和已经加入了我们协会的纽约的共产主义者俱乐部的章程。

也是在本月初，伦敦《国际信使》的编辑给我看了一份以小册子形式出版的全国劳工同盟执行委员会致美国工人的号召书，号召工人派代表参加芝加哥代表大会。在这本小册子的书名页上，写着书记威廉·吉布森的姓名和地址，这时我才恍然大悟，他的那个地址是错误的，这个错误并不是我自身的过失导致的。我很惋惜这个错误所耗费的时间，只好用一句俗语来安慰自己："晚知道总比不知道好。"

八小时工作日运动。美国工人阶级为争取更多空闲时间所作的鼓动工作，即大家闻名的八小时工作日运动，吸引了日内瓦代表大会的注意。因此，我认为不妨概要地叙述一下我所知道的去年一年在这方面获得的成果。运动开展得很快，而且立即在国会和某些州的立法议会上得到了反应。在国会（联邦立法机构）里，八小时法案仅仅遭到半数票的反对。

有几个州的立法议会规定，如果没有意思相反的协议，法定工作日是八小时。纽约州也通过了这样的法律，但是工人阶级暂时还没敢于要求付诸实施。不久以前这个州的工人举行了一次代表会议，讨论在目前情况下他们所应遵循的政策。结果决定，各地将在今年11月1日同时提出实施这一法律的一致要求，并尽可能不降低工资，如有必要，就降低。从会议辩论的大多数情况来判断，工人将提议降低工资。

在加利福尼亚州，还没有通过八小时工作日的法律。不过近19个月来，八小时工作制已在那里占优势；然而据最近来自这个州的消息，业主们宣布同盟歇业来反对这个制度，这些反动企图的后果是许多企业停工。

————

关于我未获得成功但仍有成功希望的活动概述就此结束。我还要提及两点：

其一，是降低寄美国的邮费。我很高兴地告诉总委员会：从明年1月1日起，联合王国和美国之间半盎司的信件的邮费，根据刚刚签订的邮政协定，将由1先令降到6便士。

其二，也是最后一点，兹列出在美国的几个人的姓名和地址，我愿意把他们称做我的继任人：

1. W. H. 西耳维斯，《铸工国际报》编辑，国际铸工联合会主席。菲拉德尔斐亚第2357号信箱。

2. 卡梅伦先生，芝加哥《工人辩护士报》编辑。伊利诺斯。

3. 弗·阿·左尔格，新泽西州霍博肯第101号信箱。

4. 威廉·C. 吉布森，全国劳工同盟书记。康涅狄格州诺威奇第1055号信箱。

5. 威廉.J. 杰瑟普，全国劳工同盟副主席和纽约工人联合会书记。纽约市诺福克街11号。

6.《工人辩护士报》，宾夕法尼亚州匹兹堡第15街72号。

美国书记　**彼得·福克斯**
1867年8月27日

总委员会于1867年8月27日批准　　　　　　　　　　　　　　第一次发表

1867年8月31日为止的财政年度资产负债表

收入	英镑	先令	便士	支出	英镑	先令	便士
英国支部：				邮费	11	10	11
各附属团体捐款	15	15	—	印刷和报纸	5	5	10 1/2
入会费	3	—	10 1/2	本册和文具	—	11	9 1/2
代表大会基金捐款384	7	13	6	房租和煤气	10	7	6
个人会员捐款	9	18	7	杂项	1	9	11 1/2
英国支部捐款共计	36	7	11 1/2	参加代表大会的代表	12	—	—
法国支部捐款	15	7	5	常用开支共计	41	15	11 1/2
瑞士支部捐款	9	10	4	偿还旧债	21	10	—
贷款	2	10	—	结余	—	9	9
全部收入总计	63	15	8 1/2	总计	63	15	8 1/2

审查与订正

查帐员：约翰·黑尔斯

摆雄·莫里斯

代表大会主席：欧·约格·埃卡留斯

副主席：约·菲·吉约姆·贝克尔

[书记]：让·瓦雷尔

卡·毕尔克利

毕蒂纳

载于1867年9月21日《蜂房报》第310号

按报纸原文刊印

在曼彻斯特被囚禁的芬尼亚社
社员和国际工人协会[563]

星期三晚间在西区东城堡街16号总委员会驻在地举行的国际工人协会总委员会特别会议，通过了如下的意见书：

国际工人协会总委员会意见书。

谨致尊敬的女王陛下国务大臣格桑-哈第。

在本意见书上签名的欧洲各国工人组织的代表声明：

处决在曼彻斯特被判处死刑的爱尔兰囚犯，将会给英国在欧洲大陆的道义影响造成很大损失。根据虚假的证词和错误的判决（赦免马瓜伊尔这一事实正式证实了这一点）处决四名犯人，将是一种政治报复，而不是司法行为。即使曼彻斯特陪审法庭的判决和判决所依据的证词没有被不列颠政府自己所污损，不列颠政府现在也应当在旧欧洲的血腥做法和大西洋彼岸的年轻共和国的宽大仁慈之间有所选择。

我们要求减轻判刑，因为这将不仅是正义之举，而且是政治上的明智之举。

受国际工人协会总委员会的委托，

会议主席　约翰·韦斯顿
美国书记　罗·肖
法国书记　欧仁·杜邦
德国书记　卡尔·马克思
瑞士书记　海尔曼·荣克

西班牙书记　保·拉法格
波兰书记　扎比茨基
荷兰书记　德金德兰
比利时书记　贝松
总　书　记　格·埃卡留斯

1867 年 11 月 20 日

卡·马克思用英文写
载于 1867 年 11 月 24 日《法兰西信使报》第 163 号

参看《马克思恩格斯全集》中文第 1 版第 16 卷第 246—247 页

注　释

1 国际的领导机构，即1864年10月18日命名的中央委员会，是在1864年9月28日伦敦圣马丁堂国际性大会上选出的。这次大会是由伦敦工联的领导人和一群巴黎的蒲鲁东派工人召开的，有当时居住在伦敦的德国、意大利等外国工人的代表，以及欧洲小资产阶级流亡者和革命民主派流亡者的著名活动家参加，会上通过了建立国际工人协会（后来以第一国际著称）的决议。中央委员会的委员有：著名的英国工联主义者如乔·奥哲尔、威·朗·克里默、本·鲁克拉夫特、乔·豪威耳、罗·肖、布莱克莫尔、威·斯坦斯比、W. 皮金和乔·朗梅德；19世纪60年代英国工人运动和民主运动的活动家，其中也有一些资产阶级激进分子——威·德尔、乔·威·惠勒、约·奥斯本、威·沃利、托·费西、约·尼阿斯、惠特洛克等人；还有欧文主义者约·韦斯顿，19世纪60年代参加选举法改革运动的宪章主义者约·莱诺，工联机关报《蜂房》周刊的编辑之一、前宪章主义者的罗·哈特韦耳，英国记者、工人运动和民主运动的积极参加者彼·福克斯，在伦敦的法国小资产阶级流亡者的代表勒·吕贝、让·巴·博凯、茹·德努阿尔；伦敦的意大利工人组织——马志尼影响下的共进会的会员鲁·沃尔夫、多·拉马。卡·马克思和约·格·埃卡留斯作为德国工人的代表被选入中央委员会。大会授权中央委员会增补新委员。后来，中央委员会（从1866年末起定名为总委员会）由国际工人协会代表大会选出。

　　从1864年10月8日的《蜂房报》（第156号）上的报道中可以清楚看出，约40人出席了总委员会的这次会议。——3

2 这里和其他各处的"修正案"（amendment）一词，是按英国国会议事程序中具有的意思使用的。按照英国国会的习惯,修正案不是对提案的简单修正。它具有独立的性质,并可用以代替提案。这个习惯也为包括工人集会在内的一切公众集会所沿用。——3

3 指的是1863年12月在伦敦成立的劳动阶级福利总同盟(Universal League for the Welfare of the Industrious Classes)。伦敦工联理事会积极参加了这个同盟的建立。同盟的领导人中有后来被选进国际总委员会的费西、泰勒、沃利、德尔、奥哲尔。同盟的纲领具有资产阶级慈善性质和文化教育性质,它声明其目的是促进"全世界劳动阶级的道德的、社会的和身体的福利,而不分民族、宗教信仰和政治观点"。同盟的总部设在伦敦索霍区希腊街18号。这里也是国际工人协会总委员会从1864年10月5日到1866年1月2日开会的地方。——4

4 指德意志工人教育协会(Deutscher-Arbeiter-Bildungs-Verein)。它是卡尔·沙佩尔、约瑟夫·莫尔和正义者同盟的其他活动家于1840年2月建立的。最初几年,协会是处在威廉·魏特林的空想平均共产主义的强烈影响下的。共产主义者同盟成立后,协会里起领导作用的是同盟的地方支部。教育协会同英国的社会主义者和宪章派,同民主派兄弟协会和法国社会民主派的各组织保持过经常的联系。1847年和1849—1850年,马克思和恩格斯积极参加了协会的工作。1849年11月—1850年9月,马克思在这里举行过一系列的关于政治经济学问题和关于《共产党宣言》基本思想的讲座。

在马克思和恩格斯领导下的共产主义者同盟中央委员会的多数派和宗派主义冒险主义的少数派(维利希—沙佩尔集团)之间的斗争中,协会站在少数派一边。因此,马克思、恩格斯和他们的许多拥护者一起于1850年9月17日退出了协会。从19世纪50年代末起,马克思重新参加了该协会的工作。

后来,在60年代,该协会除了设在索霍区拿骚街2号协会会员亨·博勒特小饭馆的总部之外,在伦敦的东区和南区还有两个分会,即和谐协会和条顿尼亚。国际成立后,该协会的许多会员——埃卡留斯、考布、列斯纳、博勒特、罗赫纳等人参加了总委员会,并在它的活动中起了重大作用。——4

5 指居住在伦敦的意大利工人于1864年6月底成立的共进会(Associazione Di Mutuo Progresso)。该会在成立时大约有300名工人会员,处于马志尼的影响之下。

加里波第被选为名誉主席。——4

6 小委员会（Sub-committee）是为了制定国际工人协会的纲领性文件而选出的。上述工作完成后，委员会继续存在，通常每周开会一次，成了总委员会的执行机关。从1865年夏天起也称做常务委员会（Standing Committee）。常务委员会通常在每周六开会。它的成员包括：总委员会主席（这个职务在1867年9月根据马克思的提议被撤销）、名誉总书记和各国通讯书记。马克思实际上领导了常务委员会的工作。1865年春天，勒·吕贝和鲁·沃尔夫退出了总委员会，皮金随后也退出了。福克斯，还有法国通讯书记杜邦和瑞士通讯书记荣克都积极参加了常务委员会的工作。在1865年伦敦代表会议之前不久，常务委员会改组，重新确定了它的成员。——5

7 马克思因为有病未能出席小委员会的这次会议和1864年10月11日的总委员会会议。埃卡留斯10月12日写信给马克思说：

"你的亲爱的小女儿寄给我的说明情况的信，今晨1点钟我回家的时候才收到；因此，我未能在委员会里说明你缺席的原因。得悉你身感不适，殊为挂念，竭诚希望贵恙不重，早日痊愈。在欧洲工人组织的初生婴儿的身上，你绝对必须打上你的言简意赅的印记。

上星期三，我们离开后，你被选入小委员会。沃尔夫少校不明白你缺席的原因，而你昨天晚上又缺席，更加不可理解；大家都问你为什么不来。我当然作不出任何确定的回答。但是，关于小委员会的事，我猜想大概是没有通知你已当选，也没有通知你开会的时间和地点；仔细一打听，原来正是如此。克里默先生将通知你有关下次会议的事情。"

又参看马克思1864年11月4日给恩格斯的信（参看《马克思恩格斯全集》中文第1版第31卷第9—18页）。——5

8 欧文主义者韦斯顿起草的国际工人协会纲领草案原文，没有保存下来。马克思在1864年11月4日给恩格斯的信中说这个文件"内容极其混乱"和"文字异常冗长"。——5

9 鲁·沃尔夫在这次小委员会会议上提出的章程乃是《意大利工人团体联合会条例》的英译本，这个条例于1864年7月在《工人协会报》上发表，并于1864

年10月底在那不勒斯意大利工人团体代表大会上通过。马志尼及其拥护者向国际工人协会提出这个从资产阶级民主派立场写成的章程,是打算把国际工人运动的领导权抓到自己手里。——6

10 埃卡留斯在10月12日给马克思的信中,详细说明了在这次总委员会会议上讨论韦斯顿和沃尔夫的草案的情况:

"为了证明你绝对必须出席小委员会的下次会议,我认为我有责任向你报告某些情况。

你大概记得,韦斯顿先生上星期三就曾建议讨论草拟原则纲领的措施,并且说他已经起草了一个东西,准备把材料交给小委员会讨论。昨天晚上才明白,他起草了一个长篇大论的东西,简直像一大堆糠埋着不起眼的一小把米。小委员会要求他精简。但是,压缩后的作品仍不比原稿好多少。这是一篇谈问题而又不涉及实质的无病呻吟的评论。克里默公开说这个文件必须压缩掉3/4。此外,沃尔夫少校翻译了意大利工人组织的章程草案,并建议采用。总的说,这个草案得到了赞同。这两个文件交还给小委员会,以便利用其一切可以接受的东西加以修订等,起草一个同时包括原则纲领和章程的单一的文件。会后,克里默私下说,不应该还让韦斯顿办这件事;草案的修订应该交给一个最多由三人组成的委员会来做,他们可以对现有材料自行决定取舍。奥哲尔等人同意他的意见。'人得其位,位得其人',无疑是马克思博士。

韦斯顿是一个老欧文主义者,尽管他向工人传播旧学派的多情善感的学说,并且真正憎恨压迫者,但是,除了真理和正义的陈词滥调之外,大概他并不知道工人运动的任何别的原理。"——7

11 在这次总委员会会议上,将国际工人协会同资产阶级慈善性的劳动阶级福利总同盟合并的尝试失败后,同盟的两位领导人泰勒和费西就退出了总委员会。——7

12 意大利工人团体那不勒斯代表大会于1864年10月25—27日举行,有25个组织的代表出席。代表大会上通过了名为《意大利工人团体联合会条例》的章程。鲁·沃尔夫没有出席这次代表大会。——7

13 指的是1864年10月15日小委员会会议上通过的文件。它包括章程的序言部分（纲领）和章程本身，原由韦斯顿和沃尔夫起草，后经勒·吕贝修改。这次小委员会会议的记录没有保存下来。马克思没有出席，因为克里默通知小委员会会议的便条是在10月15日当天寄出的，没有及时送到。克里默写道：

"尊敬的阁下：

小委员会将于本星期六晚上在白十字街80号韦斯顿先生家里举行会议，我受托通知您，大家都非常欢迎您出席。也许您不知道总委员会在您缺席时将您选入了小委员会。我不知道或者是忘记了在选举小委员会的时候，您已经离开了会场，要不然我早就将您当选的事通知您了。

深深尊敬您的

　　　　　　　　　名誉总书记　　威·朗·克里默。"——9

14 对照总委员会1864年10月份的记录和马克思1864年11月4日给恩格斯的信加以分析，就有可能复述马克思是如何起草国际的纲领性文件的。10月8日，在小委员会第一次会议上，韦斯顿提出了他所写的原则宣言草案，鲁·沃尔夫提出了他译成英文的意大利工人团体的章程。10月11日，总委员会研究了这两个文件后，决定把它们退还给小委员会进行修改。在小委员会10月15日会议上，勒·吕贝宣读了他以韦斯顿和沃尔夫的草案为基础的修订稿。总委员会在10月18日讨论了这个修订稿，它包括作为序言的原则宣言和章程。

只是在这次会议上，马克思才第一次得到机会熟悉这些文件，他在1864年11月4日给恩格斯的信中，对这些文件发表了意见。讨论后，原则宣言和章程大体上得到了总委员会的赞同。然而，马克思争取到了把它们交给小委员会最后定稿。10月20日，小委员会在马克思的家里开了会；这个会上，他们只校订了章程的第1条。小委员会下次会议定于10月27日举行。这就给了马克思必要的时间来从根本上改造所提出的文件。他写了《国际工人协会成立宣言》，它同原稿完全不一样，他完全改写了整个序言部分，从中删去了勒·吕贝写的原则宣言，把章程由40条压缩为10条，改变了组织原则本身，只保留了纯属表面性质的个别点（组织的名称，关于1865年在布鲁塞尔召开代表大会的决定，在组织的成员由一地迁往另一地时予以帮助，等等）。

小委员会于10月27日同意了马克思起草的宣言和章程。——11

15　11月2日伦敦自由派报纸《晨星报》第2703号和11月5日工联的周刊《蜂房报》第160号，刊登了总委员会1864年11月1日会议的报道。报道中引用了不确切的材料。特别是，报道中说似乎通过了1865年将在布鲁塞尔召开国际工人协会代表大会的决议案。实际上，总委员会没有通过这样的决议。报道的作者从国际的《临时章程》第3条中简单剽窃了这条消息。此外，在《蜂房报》的同一期上未经通知总委员会就发表了《成立宣言》。

　　《蜂房》是英国工联的机关周报；从1861年到1876年在伦敦出版，用过三个名称：《蜂房》(The Bee-Hive)、《蜂房报》(The Bee-Hive Newspaper)、《便士蜂房》(The Penny Bee-Hive)；该报受到资产阶级激进派和改良派的强烈影响。在1864年11月22日的总委员会会议上，该报被宣布为国际的机关报。国际工人协会的正式文件和总委员会历次会议的报道，都刊登在该报上。但是，刊登在该报上的国际文件常被篡改或删节，为此，马克思曾一再提出抗议。从1869年起，该报实际上成了资产阶级的喉舌。1870年4月26日，总委员会根据马克思的建议，通过了同《蜂房报》决裂的决定。——12

16　指的是1864年11月5日《蜂房报》第160期刊登成立宣言误植的错别字。"纲领"一词指的是章程的序言部分。——12

17　这里是指担任不领取报酬的职务。——14

18　记录不准确。《临时章程》没有在《蜂房报》上刊登过。它包括在1864年11月下半月由《蜂房报》社印成的单行小册子中，小册子名为《1864年9月28日在伦敦朗-爱克街圣马丁堂公开大会上成立的国际工人协会的宣言和临时章程》。——14

19　在《蜂房报》1864年11月26日第163号上刊载的关于这次会议的报道中，马克思提出的第二个决议案是这样写的："加入协会的伦敦团体有权各选派一名代表参加中央委员会；委员会保留接纳或拒绝这些代表的权利。至于各省愿意加入协会的团体，则有权选举一名成员为协会的通讯员。"——16

20　致阿伯拉罕·林肯祝贺他再度当选为美国总统的公开信，如马克思1864年12月2日给恩格斯的信中所表明的，是由马克思起草的，然后得到常务委员会同意，并在总委员会这次会议上通过。关于递交公开信问题的更为详细的讨论情况,马克思1864年12月2日给恩格斯的信中谈到了。有57个委员会委员签名的公开信的手抄本,送交给了美国驻伦敦的公使亚当斯。

致林肯的公开信,首先发表在1864年12月23日的英国报纸《每日新闻》上,随后又发表在12月25日《雷诺新闻》第750号上以及一些德国报纸上:1864年12月30日《社会民主党人报》第3号、1865年1月5日《柏林改革报》第4号和1月7日《海尔曼》第314号上。——20

21 1864年12月3日《峰房报》第164号上关于这次总委员会会议的报道中说,这个决议案也得到了马克思的附议。——22

22 彼·福克斯根据总委员会1864年11月29日的决定起草的总委员会英国委员关于波兰的公开信,预先于12月6日由小委员会初次讨论过。这封公开信(原文没有保存下来)是按资产阶级民主主义精神写的。从马克思1864年12月10日给恩格斯的信中可以看出,福克斯提出了一个论点,仿佛法国传统的对外政策支持波兰的独立。马克思坚决不同意这一点。他指出,法国的当权阶级,从路易十五的时候起,直到拿破仑第三时代止,都是为了自私自利来蛊惑地利用争取波兰独立的斗争,并且是为了这些私利而经常出卖波兰人。小委员会以根据马克思的建议作修改为条件通过了福克斯的公开信。瑞士通讯书记荣克说,他打算向总委员会提议否决福克斯的这封公开信,因为它具有资产阶级性质。——23

23 还在1863年夏天,一群后来加入了国际总委员会的英国工联主义者(克里默、奥哲尔、费西、豪威耳、沃利、惠勒等人),发起了争取英国选举法改革的运动。他们在1863年9月成立了工联争取成年男子普选权协会。奥哲尔当选为协会的主席,书记是啥特韦耳,财务委员是特利姆勒脱。——25

24 指星期六早晨出版的各周报。——25

25 马克思指的是《成立宣言》在1864年12月21日《社会民主人报》第2号上和12月30日第3号(附页)上以《欧洲工人阶级宣言》为题发表一事。《宣言》德译文是马克思译的。——26

26 国际的瑞士各支部是在报上刊载圣马丁堂集会的报道后立刻开始建立起来的。1864年10月11日,以装订工人杜普莱克斯为首的一批日内瓦工人写了一封信给托伦,通知他在日内瓦组织了临时委员会,以便同其他国家的工人建立联系,并要求他给他们寄去必要的指示。这封信由托伦寄往伦敦,如在瑞士通讯书记荣克1865年1月10日给杜普莱克斯信中所表明的,这封信由马克思在这次会议上宣读了,并被非常满意地接受下来。荣克给杜普莱克斯寄去了协会的《章程》。他代表总委员会建议瑞士工人建立全瑞士的中央委员会,并同伦敦的总委员会建立经常的联系。——26

27 总委员会致林肯总统的公开信,在1864年12月后半月,就在英国报纸上发表了。《蜂房报》虽然是总委员会的机关报,只是在1865年1月7日(第169号),即在通过了这个决定之后,才发表这封公开信。——26

28 福克斯起草的总委员会英国委员致波兰人民的公开信,成了1864年12月13日和20日,以及1865年1月8日的总委员会会议上进行漫长讨论的题目。马克思在12月13日和1月3日的总委员会会议上两次就这个问题发了言。马克思根据波兰和法国之间相互关系的大量实际材料,指出福克斯美化了法国统治阶级关于波兰的传统的对外政策,并揭露了俄国、普鲁士和奥地利等国政府在波兰问题上所推行的政策的反动实质。马克思认为在国际中提出波兰独立问题具有重大意义,因为这会使每一个国家的工人有可能揭露本国政府的对外政策。同时,马克思认为波兰民族运动是一种能够损毁俄国沙皇制度的实力,使俄国境内革命民主运动加速发展的力量。

   马克思在这次会议上的发言没有发表。——28

29 总委员会在1864年12月29日通过决议,邀请资产阶级激进分子比斯利、比尔斯和哈里逊参加庆祝协会成立的晚会,当时已将决议载入了会议记录;关于这次会议的报道没有发表,而克里默在寄给报纸的关于1865年1月8日会议的报道中,却把这个决议包括了进去,并且把它第二次记入记录本里。不仅如此,他还擅自在决议中添上了格罗斯密斯的名字,格罗斯密斯是总委员会委员,按情理不需要专门邀请。报道发表在1月7日《蜂房报》第169号及《矿工和工人辩护士报》第97号。1月8日,在曼彻斯特恩格斯那里作客的马克思写信给荣克,抗议把格罗斯密斯的名字加进记录中,并告诫总委员会要警惕某些领导人想把它变成满足其小小虚荣心的工具的企图。从荣克1865年1月11

日的复信中可以看出,在1月10日的总委员会会议上宣读了马克思的抗议。克里默承认了错误,因而从1月3日的会议记录中删去了格罗斯密斯的名字。——28

30 这封信也发表在1865年1月11日《社会民主党人报》第7号上。——29

31 英国波兰独立全国同盟(National League for the Independence of Poland)是1863年7月28日在伦敦成立的。由于波兰起义遭到镇压而于1863年7月22日在圣詹姆斯大厅召开的那次有名的会议是同盟建立的先导。这次会议是成立国际的准备步骤之一,出席这次会议的有英国的工联派、民主派以及从巴黎来的法国工人代表。会议决定派遣代表团向外交大臣约翰·罗素转交会议对英国政府的抗议书,抗议它对波兰起义者采取两面政策。罗素拒绝接见代表团,1863年7月28日在《蜂房报》编辑部再度集会,在这次会上也就成立了同盟。埃德蒙·比尔斯被选为同盟的主席,约翰·罗·泰勒是名誉书记。同波兰流亡者民主派(博勃钦斯基、奥博尔斯基、扎比茨基等人)有联系的扬·库日纳是曾经领导1863—1864年起义的波兰国民政府在伦敦的代表。——30

32 指的是1865年1月15日在伦敦格林尼治举行的会议。总委员会委员勒·吕贝、奥哲尔、摩尔根和努斯佩尔利在会上说明了国际工人协会的目的和任务。会议认识到工人阶级国际组织的必要性,并保证全力促进协会的成功。会议决定在格林尼治成立协会的分会,并选出了由七人组成的有权增聘新委员的委员会。努斯佩尔利被选为委员会的委员。——31

33 杜普莱克斯1865年1月17日从瑞士的来信,是回复荣克1月10日的去信。杜普莱克斯报告说,日内瓦委员会正为在瑞士建立国际协会的支部进行活动,因此,他要求把所有的总委员会出版物寄给他。——32

34 指的是威廉·李卜克内西1865年1月21日给马克思的信。阻碍全德工人联合会加入国际的,不仅由于普鲁士的警察统治,而且也由于联合会中拉萨尔派领导的宗派主义立场(详见本卷李卜克内西给伦敦代表会议的《关于德国工人运动的报告》)。——32

35 指的是前共产主义者同盟盟员、马克思和恩格斯的朋友魏德迈1865年1月2日的来信。在1848—1849年革命失败后,魏德迈侨居美国,并站在北部方面积极参加了1861—1865年的内战。1864年底,他被任命为圣路易斯军区司令。1864年11月29日,马克思写信告诉魏德迈成立了国际工人协会,并寄给他四份《成立宣言》。魏德迈在信中说,他打算在当地的工人报纸《圣路易斯每日新闻》以及纽约的民主报纸《世界报》上发表《成立宣言》。——32

36 国际协会的巴黎支部是在1864年底成立的。它是由蒲鲁东主义的工人昂利·托伦和沙尔·利穆赞创立的,这两个人都参加过1864年9月28日在圣马丁堂举行的成立大会。1865年1月初,巴黎支部出版了《临时章程》的法文译本,其中有几处不确切和歪曲,特别是序言的第三段("因而工人阶级的经济解放是一切政治运动都应该作为手段服从于它的伟大目标")中"作为手段"几个字被删掉了。

除托伦集团外,法国律师昂利·勒福尔也以国际的奠基者和法国工人的代表自居。(勒福尔并未参加成立大会,但参加过成立大会的筹备工作。在成立大会上,勒·吕贝宣读了他给大会的书面发言。)勒福尔同法国通讯书记勒·吕贝以及在英国的法国小资产阶级流亡者保持联系。1865年1月13日拉萨尔派机关报《社会民主党人报》第8号上刊登了莫泽斯·赫斯的一篇文章,文章指责托伦同波拿巴主义者集团有联系。1月16日,马克思从曼彻斯特回来读到这篇文章,他立即写信给柏林的约·巴·施韦泽和巴黎的维克多·席利。在给席利的信中,他要求席利进行有关的调查;在给施韦泽的信中,则强烈抗议施韦泽对国际工人协会的诬蔑,并警告如果该报再出现这样的指责,他就要同它公开决裂。1月19日,席利告诉马克思,对托伦的诽谤性指责来自接近法国合作协会机关刊物《联合》杂志的几个人,勒福尔是该杂志编辑部的成员。席利答应很快就把补充消息寄来。

如马克思1865年1月25日给恩格斯的信中所表明的,他在这次会议上建议暂时不要把会员证给巴黎寄去。——32

37 1865年1月24日记录中相应的地方并无修改。非常可能,是在这次会议批准记录后,克里默才把记录抄上记录本的。——33

38 亚当斯给克里默的信刊登在1865年2月6日《泰晤士报》上。马克思在1865年2月写给李卜克内西的信中指出,林肯对祝贺他再度当选总统的各种贺信的所有回信中，只有对协会贺信的回信"不是单纯从形式上证明他已收到了贺信"。（参看《马克思恩格斯全集》中文第1版第31卷第478页，注明日期是"1865年5月27日以前"。又：马克思在1865年2月1日致恩格斯的信中谈到林肯的回信时说："这是老头子迄今唯一的超过纯粹客套话的答复。"参看《马克思恩格斯全集》中文第1版第31卷第52—53页。）——34

39 指的是《圣路易斯每日新闻》的社论。同一期上还刊登了《国际工人协会成立宣言》的摘要。1865年1月31日，马克思从魏德迈那里收到了这张报纸。——34

40 比利时民主派的全国联盟盟员莱昂·封丹1865年1月29日的布鲁塞尔来信，是给比利时临时通讯书记勒·吕贝1月18日附有《成立宣言》和《章程》一信的回信。封丹的信发表在1865年2月4日《蜂房报》第173号关于这一次总委员会会议的报道中。——34

41 指的是一群资产阶级激进派分子1865年2月6日在伦敦酒馆举行的选举法改革拥护者筹备会。会议是给定于1865年2月23日在圣马丁堂举行的更广泛的大会作准备。——35

42 马克思在1865年2月1日写给恩格斯的信中，详细阐述了总委员会在这次会议上所采取的关于选举改革运动的彻底民主主义的立场。马克思告诉恩格斯，总委员会接到了资产阶级激进派的邀请，并写道："没有工联，群众大会就开不成，没有我们，他们就得不到工联。这就是他们向我们呼吁的真正原因。""会议根据我的提议作出了如下决议：（1）派遣一个代表团作为普通的'观察员'（在我的建议中我不要外国人做代表团的成员，而埃卡留斯和吕贝也是作为'英国人'和不讲话的证人当选的）；（2）关于群众大会，如果第一，在他们的纲领中直接地、正式地提出男子普选权，第二，我们选派的代表加入常务委员会，从而可以监督这些家伙，在他们企图发动新的叛变（我已经向大家说明，他们肯定在进行这种策划）时揭发他们，那么我们就和他们一起行动。"（参看《马克思恩格斯全集》中文第1版第31卷第54页。）——35

43 信是弗里布尔写的。他在信中告诉勒·吕贝，由于总委员会1月24日的决议，托伦表示他准备辞职，如果这会加速从伦敦收到会员证的话。——36

44 任命勒福尔为国际在巴黎的报刊辩护人,是根据他自己的请求作出的。马克思赞成任命勒福尔,是因为他从席利的信(1865年2月5日)中得到的印象,以为巴黎的冲突已经解决,他指望把法国参加合作运动的工人吸引到国际中来,并利用《联合》杂志来宣传国际的思想。——36

45 马克思的这个报告是以琼斯1865年2月13日的来信为根据的。琼斯写道:
"亲爱的马克思!我在上一封信里忘了请您把我列为国际协会的会员,如果您寄给我一打会员证,我敢说我能够发展12个会员。"——37

46 琼斯1865年2月10日的信,是对马克思2月1日去信(这封信没有保存下来)的回信。马克思在信中勾画出了在总委员会领导下吸引英国广大工人群众参加选举改革运动的要点。琼斯在回信(预定要在总委员会宣读)中表示同意所拟定的办法,并特别强调,需要用以成年男子普选权为口号的大规模工人运动来对抗其总部设在曼彻斯特的自由资产阶级的全国改革联盟的宣传。——37

47 指的是1860—1866年在汉堡出版的德国周报《北极星》(Nordstern);从1863年起,这家周报成了拉萨尔派的机关报。在1865—1866年,约·菲·贝克尔关于瑞士的国际支部的报道在它上面发表。

1865年2月11日《北极星》第296号刊登了贝克尔2月4日关于1月27日举行的日内瓦支部(1864年10月成立)会议的一篇报道。以贝克尔为主席的德国社会共和人民联盟的代表也出席了这次会议。会议赞同国际协会的《临时章程》,并选出了一个七人委员会。随后,又决定吸收日内瓦各个工人团体的代表来扩大这个委员会。——37

48 指的是托伦1865年2月10日写给勒·吕贝的信,由于任命了勒福尔为国际在巴黎的报刊辩护人,托伦在信中强烈反对把不是工人的人任命为协会的负责人员。——37

49 1829年在英国建立的泥水匠协会伦敦分会,到19世纪60年代初有会员约4000人。埃德温·科尔森是协会的总书记。1865年2月21日豪威耳被任命为伦敦分会在总委员会里的代表。——37

50 从马克思在1865年2月25日写给恩格斯的信中可以知道,马克思在通知席利关于他的任命时，对他作了专门指示。根据席利在2月25—28日的回信判断，马克思的指示可以归结如下：竭力保持总委员会监督巴黎支部事务的职能，在任何情况下都不允许受到相当一部分巴黎无产阶级支持的巴黎支部脱离国际。——39

51 艾·比尔斯的信中邀请总委员会委员参加伦敦的选举法改革拥护者赞助的群众大会。大会是1865年2月23日星期四在圣马丁堂举行的，总委员会的代表积极参加了这次大会。大会通过了建立改革同盟的决定，还选出了一个代表团（参加代表团的除了工联主义者和资产阶级激进派，还有几位总委员会委员——奥哲尔、克里默、韦斯顿、德尔、哈特韦耳、惠勒、莱诺、尼阿斯、豪威耳），同自由资产阶级的代表谈判关于选举法改革的联合斗争问题。马克思认为会议的结果是最令人满意的，他在2月25日写给恩格斯的信中说："国际协会在为建立新的改革同盟而成立的委员会中如此成功地构成了多数，以致整个领导权都掌握在我们手中。"（参看《马克思恩格斯全集》中文第1版第31卷第84页。）——39

52 刊登在2月25日《蜂房报》第176号的关于总委员会这次会议的报道中，在选举权运动上的讨论有更详细的反映。报道中说："接着，就发起普选权运动的问题进行了长时间的讨论。一致同意中央委员会只考虑或支持给一切成年男子选举权的要求。还同意，必须密切注意将要领导运动的那些人。工人常常受骗，他们的职责是加倍提高警惕。"——39

53 马克思认为通过这个决议有极大的重要意义。他在1865年2月25日写给恩格斯的信中写道：

"此外，其他一些议员，像泰勒等（一些同马志尼有关系的家伙）竟敢向我们宣称，现在召开波兰大会不适宜。我通过我们的委员会回答说，工人阶级有它自己的对外政策，而这个对外政策绝不以资产阶级认为适宜为依据。资产阶级总认为，适宜的是，在新的起义开始时怂恿波兰人，在起义过程中通过外交手段出卖他们，并在俄国迫害他们之后将他们投入灾难之中。实际上，大会的目的首先是在金钱上予以支持。因为英国资产阶级恰恰现在认为哪怕提到波兰这个名称本身都是不适宜的，难道这些不幸的流亡者（这一次多数是工人和农民,所以不会得到扎莫伊斯基亲王之流的任何支持)就应当饿死吗?"(参看《马克思恩格斯全集》中文第1版第31卷第86页。)——39

54 指的是厄·琼斯在1865年2月25日写给马克思的信。琼斯报告了曼彻斯特普选权运动的成就,欢迎改革同盟的成立,并邀请同盟代表团参加将在曼彻斯特举行的支持成年男子普选权的群众大会。——40

55 《社会民主党人报》(*Der Social-Demokrat*)是全德工人联合会的机关报,1864年12月15日到1871年在柏林出版,起初每周三期,从1865年7月起是日报。在1864—1865年,约·巴·施韦泽是报纸的编辑。因为没有别的机关报在德国宣传自己的观点,马克思和恩格斯在该报创刊时曾同意为它撰稿。在报纸纲领中没有特别的拉萨尔主义的口号和李卜克内西被预定为报纸的非正式编辑,也促使他们同意这一点。报纸上刊登了《国际工人协会成立宣言》,以及马克思应施韦泽请求写的专论《论蒲鲁东》。可是,不久得到证实,施韦泽把报纸引上了同俾斯麦容克政府协妥的道路,于是,马克思和恩格斯就在1865年2月23日发表声明,公开宣布同该报决裂。——40

56 小委员会同法国代表托伦和弗里布尔于1865年8月4日和6日举行了联席会议。小委员会通过了马克思起草的决议。决议原稿保存在马克思的笔记本里:

"(1)伦敦的中央委员会批准由公民托伦、弗里布尔和利穆赞组成的巴黎分会理事会,并且对他们的热心活动表示感谢。

(2)最好能够吸收公民皮埃尔·万萨德参加巴黎分会理事会。

(3)伦敦的中央委员会感谢公民勒福尔加入国际协会的组织,并且衷心地希望他以巴黎分会理事会的 Homme De Conseil[顾问]身份进行合作,然而中央委员会并不认为自己有权强使公民勒福尔在巴黎分会理事会中担任任何正式职务。

(4)委派公民维克多·席利为伦敦中央委员会在巴黎的代表。

作为这样的代表,他应当只同巴黎分会理事会协同工作。他将行施 Droit De Surveillance[监督权],而巴黎分会自己也认为必须承认这种监督权是中央委员会的一种由当前政治情况决定的必然属性。"(参看《马克思恩格斯全集》中文第1版第16卷第90页。)

决议的最后文本由总委员会在3月7日批准,并载入了记录本。——40

57 由于任命昂·勒福尔为协会在巴黎的报刊辩护人,国际巴黎支部的会员在1865年2月24日举行了会议。会议虽然承认总委员会对地方支部的活动有监督权,但坚决反对资产阶级共和党人勒福尔利用总委员会决议把巴黎支部的领导权夺到自己手里的企图。会上通过了利穆赞起草的决议,其大意是:为了保卫协会和即将召开的代表大会的纯粹工人阶级性质,组织中的领导职务只应由工人担任。会议完全赞成弗里布尔、托伦和利穆赞的活动。由巴黎支部32个会员签名的决议,由托伦和弗里布尔带到了伦敦。——42

58 从马克思1865年3月13日给荣克的信中判断,马克思对这个决议的最后措词不满意,认为对勒福尔作了过大的让步。——42

59 认为只有工人才能担任工人组织中正式职务的这种蒲鲁东主义的错误观点,在1866年国际日内瓦代表大会上被彻底粉碎了。在讨论章程和条例时,法国代表托伦提出,第11条"国际工人协会的每个会员都有选举权和被选举权"应该加以修改,他说,只有直接从事体力劳动的人才能被选为国际代表大会的代表。托伦遭到了其他与会代表的断然拒绝。克里默和卡特在发言中强调说,国际本身的存在就有赖于许多不从事体力劳动的公民。在这方面,他们特别指出了马克思的贡献,正如克里默所说的,马克思一生的工作就是为了谋求工人阶级的胜利。托伦的修正案被否决。——42

60 使工人政论家和1848年革命老战士皮埃尔·万萨德参加巴黎理事会,旨在使国际的法国会员更广泛地接受40年代法国工人运动的革命传统和社会主义传统。然而,从万萨德4月30日给杜邦的信中可以看出,他以健康为理由辞谢了这项任命。——42

61 总委员会的这个决议在寄往巴黎时,附上了给席利的个人指示。根据这个指示,勒福尔一派人可以根据情况在巴黎建立独立的国际支部。——43

62 席利没有接受让他担任总委员会在巴黎理事会的代表的任命,并在1865年3月20日的一封信中把这一点通知了马克思。——45

63 2月23日会议选出的代表团同资产阶级的代表在罗德雷斯饭店举行的会议,参加的约有20名工联的代表(其中有几名总委员会委员)和同样数目的资产阶级的代表（包括4名议员）。自由贸易派领袖约翰·布莱特建议只把选举权扩大到一户一票。成年男子普选权的要求被资产阶级的代表否决了，因而没有达成共同行动的协议。

3月16日在圣马丁堂专门召开的工联会议上，奥哲尔报告了罗德雷斯饭店会议的结果。这次会议批准了2月23日的建立改革同盟的决议，并选出了起草同盟章程的委员会。——45

64 在1865年2月23日圣马丁堂举行的选举法改革筹备会上，一些工联的领袖曾经声明准备对资产阶级作某些让步。因此，1865年3月4日《蜂房报》第177号上刊登了韦斯顿的一封信，他在这封信中号召2月23日选出的代表们在即将举行的同资产阶级自由派的谈判中，坚持成年男子普选权的要求。——47

65 1865年5月9日，奥哲尔当选为总委员会代表团的成员，接替已被选为改革同盟的代表的豪威耳。——47

66 弗里布尔的信谈到了巴黎支部的冲突，特别是勒·吕贝对任命席利的反对态度。弗里布尔的信的内容，可从荣克1865年3月22日给马克思的信中得悉。——47

67 1865年4月，勒福尔写信给《联合》杂志第6号，宣布他退出了国际。——47

68 指的是阿·阿·沃尔顿的《从诺曼人征服到目前为止大不列颠和爱尔兰土地占有史》(History of the Landed Tenures of Great Britain and Ireland, from the Norman Conquest to the Present Time, 1865年伦敦版）一书。作者在1865年8月1日送给总委员会20本。马克思在《资本论》第3卷第6篇《剩余利润转化为地租》第37章《导论》中提到过沃尔顿的这本书。——48

69 国际的里昂支部是由一群左派共和党人即1848年革命的参加者在1865年初建立的，其中有一部分人是布朗基主义者。机械工人阿德里安·舍特尔被选为支部的通讯员，他以这个身份向总委员会报告了建立支部的情况。总委员会把约500张国际会员证寄给了里昂支部。——49

70 刊登在1865年4月1日《蜂房报》第181号上的关于这次会议的报道，对克里默报告代表团访问鞋匠协会的情况写得更为详细："总书记公民克里默报告了中央委员会代表团（由克里默、埃卡留斯、韦斯顿、荣克、福克斯、勒·吕贝、摩尔根、德尔和惠勒诸位公民组成）同近来在老贝利的贝尔旅馆开会的全国鞋匠协会的代表会晤的结果。代表有38名之多，代表各协会约5000名会员。伯明翰的代表托马斯先生提议，赫尔的代表附议，在另外一两位代表表示赞同之后，一致通过了如下的决议。"接着就是决议的全文。——49

71 显然，惠特洛克报告了改革同盟的章程。这个有总委员会委员直接参加起草的章程，在专门起草委员会1865年3月20日会议上进行了讨论，并于3月23日在圣马丁堂举行的公众集会上被通过。同盟的目的在章程中表述如下：

目的

"1. 争取把选举权扩大到每一个已登记住址、智力健全、未判罪的成年男子。

2. 保障投票人秘密投票。"

方法

"同盟将力求实现上述目的，其方法为：建立分支组织、公众集会、举办讲座、举行代表会议、候选人作出必要的保证，以及执行委员会随时可以决定的其他措施。"——49

72 1865年3月22日在汉堡全德工人联合会会议上。联合会主席伯恩哈德·贝克尔发表了诽谤国际、马克思、恩格斯和李卜克内西的讲话。这篇讲话发表在1865年3月26日《社会民主党人报》第39号附页上。由博勒特署名的国际的答复，刊登在1865年4月22日《北极星》第306号上。马克思本人在《人类的主席》一文中驳斥了贝克尔，这篇文章刊登在1865年4月13日《柏林改革报》第88号上（参看《马克思恩格斯全集》中文第1版第31卷第100—105页）。——51

73 韦斯顿提交讨论的问题，总委员会在1865年5—8月间（1865年5月2日、20日和23日，6月20日和27日，7月4日和18日，以及8月15日的会议）讨论过。在这个讨论的过程中，为驳斥韦斯顿的错误观点，马克思宣读了题为"工资、价格和利润"的著名报告。——52

74 1865年4月15日，马克思写了一封信给封丹。信中附有总委员会关于任命马克思为比利时临时通讯书记以接替已经辞职的勒·吕贝的正式决议。——52

75 指的是沙尔·龙格,即1864年10月20日起在巴黎出版的民主派周刊《左岸》的编辑。1865年3月12日,这个刊物刊登了龙格抨击第二帝国的文章《拉帕理斯王朝》。作者被判处8个月监禁,刊物被封禁。1865年5月14日在布鲁塞尔重新出刊,一直继续到1866年8月5日。该刊发表了总委员会的文件和关于国际活动的消息。——53

76 指的是杜普莱克斯和法尔科内1865年4月9日联名致荣克的信。信中除了已载入本记录的内容外,还写了日内瓦支部全体会议讨论和通过《国际工人协会章程》的情况。这封信还指出,在瑞士建立的各支部的会员还为数不多,但完全有可能增加。

这封信是由日内瓦支部委员会的委员们签署的。——55

77 显然,指的是厄·琼斯在1865年4月22日和24日写给马克思的两封信中的一封,琼斯在信中把曼彻斯特普选权运动所取得的进展,以及1865年5月9日星期二在自由贸易大厅举行改革代表会议的情况,告诉了马克思。——56

78 不久就弄明白了,莱·封丹同工人群众没有联系,也没有采取步骤在比利时为国际作宣传;他在马克思所宣读的这封信中力图为自己的无所作为进行辩解。国际在比利时的第一个支部是1865年7月17日在比利时社会主义者、工人阶级政论家德·巴普的直接参加下建立起来的。——56

79 莱比锡排字工人在1865年3月21日全体大会上通过了一项要求提高工资的决议,雇主拒绝了他们的要求。作为回答,莱比锡排字工人联合会宣布罢工,约有650名工人参加。4月15日,李卜克内西为其领导人之一的柏林排字工人联合会寄给总委员会一封信,要求支持莱比锡工人。

1865年4月29日《蜂房报》第185号上刊登的关于这一次总委员会会议的报道中,援引了这封信。——56

80 奴隶解放协会(The Emancipation Society)是一群英国资产阶级激进派分子于1862年11月在伦敦成立的。它支持伦敦工联理事会反对英国站在南方奴隶主方面参加美国内战(1861—1865年)的运动。比尔斯是该会的一名积极会员。——56

81 指的是巴黎理事会的改组。马克思是根据席利在1865年4月27日给他的信报告这个消息的。改组的结果，国际加强了它同基层工人组织的联系，有几个新的委员，其中有瓦尔兰和卡梅利纳，进入了巴黎理事会。——57

82 托伦和弗里布尔在1865年2月末和3月初到伦敦的期间，将巴黎理事会收到的协会在讷夏托的通讯员勒费弗尔的一封信交给了勒·吕贝。勒·吕贝以法国通讯书记的身份同勒费弗尔通过信，并力图唆使勒费弗尔反对总委员会和巴黎理事会。勒·吕贝的阴谋只是在杜邦被任命为新的法国通讯书记之后才被发觉。由于勒·吕贝企图以协会格林尼治分会代表的身份再次进总委员会，问题变得特别尖锐。这个问题在1865年5月6日小委员会会议上讨论过。——57

83 《国际工人协会致约翰逊总统的公开信》是马克思在5月2日至9日之间写的，刊登于1865年5月20日《蜂房报》第188号。——59

84 改革同盟的领导机关——委员会和更小的执行委员会是1865年3月底选出的。最初由12人组成的执行委员会里，有6名总委员会委员（克里默、莱诺、尼阿斯、奥哲尔、豪威耳和埃卡留斯）。豪威耳被选为名誉书记。马克思在1865年5月13日给恩格斯的信中写道："如果没有我们，这个改革同盟要么永远不会产生，要么掌握在资产阶级手中。"（参看《马克思恩格斯全集》中文第1版第31卷第122页。）同盟就召开曼彻斯特代表会议一事，发表了致工人阶级的公开信，号召为争取成年男子普选权而斗争（见1865年5月13日《蜂房报》第187号）。——59

85 指的是谋刺拿破仑第三的奥尔西尼阴谋案（1858年1月14日）。谋刺未遂，奥尔西尼和他的两个同谋者被判处死刑。——59

86 根据决议，为讨论韦斯顿提出的问题而专门召开的总委员会会议，5月20日晚8点举行。这次会议的记录没有保存下来。马克思在1865年5月20日给恩格斯的信中，阐明了韦斯顿的主张的实质和他自己的主要的反驳意见。马克思写道："今天晚上将举行国际的紧急会议。一个好老头子，老欧文主义者韦斯顿（木匠）曾提出两个论点，他经常在《蜂房报》上为这些论点进行辩护：

（1）工资率的普遍提高对工人不会有任何好处；

（2）由于这一点以及其他原因，工联所起的作用是有害的。

这两个论点——在我们的协会中只有他相信——如果被接受，那么，我们就将在这里的工联和现在大陆上流行的罢工疫面前闹大笑话。

由于这次会议将允许非委员参加，所以他会受到一个土生土长的英国人的支持，这个人曾经以同样的精神写过一本小册子。人民自然希望我加以反驳。我本来应当为今天晚上的会议准备我的反驳意见，但是我认为更重要的是继续写我的书（指《资本论》。——编者注），所以我就只好临时去讲一通了。

我当然事先知道，两个主要论点是：

（1）工资决定商品价值。

（2）如果资本家今天付出的是5先令而不是4先令，那么明天他们就将以5先令而不是以4先令出卖自己的商品（他们能这样做，是由于需要的增长）。

这虽然非常平淡无奇，并且只涉及最表面的现象，但是，要对完全不懂的人把与此有关的一切经济学问题解释清楚，的确不是容易的事。不可能把一门政治经济学课程压缩在一小时之内讲完。但是我将尽力而为。"（参看《马克思恩格斯全集》中文第1版第31卷第124—125页。）——60

87 《纽约每日论坛报》(*The New-York Daily Tribune*) 是一家资产阶级报纸，1841—1924年出版，在19世纪四五十年代提倡进步政策。马克思从1851年10月至1862年3月同这家报纸合作；恩格斯应马克思之约为这家报纸写了大量的文章。同该报的合作在美国内战初期就停止了。促使马克思断绝同《纽约每日论坛报》的关系的一个主要原因，是该报日益主张同畜奴的南方妥协，因而离开了进步立场。

这家报纸在1865年6月1日以"欧洲工人致约翰逊总统"为题，刊登了总委员会致约翰逊总统的公开信。——60

88 指英国选举改革运动。——60

89 见1865年5月16日《曼彻斯特卫报》。——60

90 指的是协会驻里昂通讯员舍特尔的一封来信；1865年5月27日《峰房报》第189号上的关于这次会议的报道中发表了这封信的摘要。舍特尔在信中写到里昂工人罢工的情况，并要求尽快给他寄去500张国际工人协会会员证。他还通知协会，在里昂铅印了国际的《成立宣言》和《临时章程》。——61

91 指的是勒·吕贝给勒费弗尔的信，后者将信的摘要寄给了杜邦。——62

注　释

92　曼彻斯特选举法改革拥护者全国代表会议是在1865年5月15日和16日召开的。国际工人协会总委员会收到参加代表会议的邀请后，早在3月21日就任命了自己的代表团，要代表团坚持关于给一切成年男子选举权的要求。将近200名代表出席了代表会议，其中大多数是资产阶级的代表。斗争是在改革的性质问题上展开的。与资产阶级提出的选举法改革的含糊不清的要求相对立，克里默宣布，伦敦工人授权自己的代表只投票赞成成年男子的普选权，他们不赞成范围更小的选举权。克里默的发言得到厄·琼斯和豪威耳的支持。但是在代表会议上占多数的资产阶级代表，以95票对50票否决了克里默的建议。由于泰勒、比尔斯和其他资产阶级激进派的动摇，通过了只给房主和交纳当地的市政济贫税的房客选举权的要求。关于曼彻斯特代表会议的报道，发表在1865年5月20日《蜂房报》第188号上。——62

93　关于这个问题的决议，连同总委员会会议的报道，刊登在1865年6月3日《蜂房报》第190号上。——64

94　出版定名为《平民报》报纸的计划没有实现。——66

95　马克思的报告《工资、价格和利润》是他在总委员会1865年6月20日和27日两次会议上宣读的。——67

96　1865年5月25日，德特福德和格林尼治分会书记穆尔钦诺克向分会在总委员会的代表勒·吕贝询问分会同总委员会中断联系的原因。5月28日星期日，分会举行特别会议，在勒·吕贝发言后，决定要求总委员会调查这件事。5月29日，穆尔钦诺克把这个决议寄给了克里默。——67

97　邀请英国工人团体加入国际工人协会的传单是在1865年夏天印发的，开头是"国际工人协会中央委员会。伦敦西区希腊街18号。兹邀请各工会团体、互助会和其他工人团体……加入"。邀请书是以总委员会根据马克思的建议通过的关于接受工人组织加入国际工人协会的条件的决议为基础的。总委员会同时也印发了附有加入国际工人协会的团体的申请书的专门格式。——67

98　指的是法尔科内和杜普莱克斯1865年6月2日给荣克的信。——69

99　《工人论坛》(*La Tribune Ouvrière*)——法国的工人周报，参加该报编辑部的有国际巴黎支部的成员——托伦、弗里布尔、瓦尔兰和其他人；该报的出版者是沙·利穆赞。该报头四号于1865年6月在巴黎出版；该报被禁止在法国发行后，报社迁往布鲁塞尔，在布鲁塞尔于1865年7月9日又出版了一号。该报由于不能运进法国而停刊。——69

100 指的是班尼亚加蒂1865年6月14日写给克里默的信。——70

101 在驳斥韦斯顿的错误观点时，马克思在他的报告中指出，韦斯顿实际上是提倡无产阶级在资本主义的剥削面前消沉恭顺。马克思对韦斯顿的批判，同时也是对蒲鲁东主义者和拉萨尔主义者的批判，因为他们也都是过于看轻无产阶级的经济斗争的重要性，并对工会持否定态度。马克思在自己的报告中（这个报告是对政治经济学的复杂的理论原理以工人容易理解的形式作综合阐述的典范），对经济斗争及其与无产阶级的最终目的——消灭雇佣劳动制度相联系的作用和意义，作了理论上的论证。马克思的报告也是反对英国工联主义者的狭小眼界和改良主义，他们把工人运动的任务只归结为争取日常需要的斗争。——71

102 指的是在1865年6月13日总委员会会员上关于再次接纳沃尔夫为国际工人协会会员问题的表决。——72

103 马克思在结束他的报告时提出了下面决议：

"（1）工资水平的普遍提高，会引起一般利润率的降低，但整个说来并不影响到商品的价格。

（2）资本主义生产的总趋势不是引起工资平均水平的提高，而是引起这个水平的降低。

（3）工联作为抵抗资本进攻的中心，行动得颇有成效。它们遭到失败，部分是由于不正确地使用自己的力量。然而一般说来，它们遭到失败则是因为它们只限于进行游击式的斗争以反对现存制度所产生的结果，而不同时力求改变这个制度，不运用自己有组织的力量作为杠杆来最终解放工人阶级，也就是最终消灭雇佣劳动制度。"（参看《马克思恩格斯全集》中文第1版第16卷第169页。）——73

104 关于总委员会的委员们建议发表讨论材料一事，马克思在1865年6月24日写给恩格斯的信中说：

"……从一方面看，这也许对我有好处，因为这些人同约·斯·穆勒、比斯利教授、哈里逊等有联系，从另一方面看，我有点犹豫：

（1）因为'韦斯顿先生'成为我的反对者并不是一件太值得高兴的事；

（2）这个报告的第二部分用非常紧凑但又相当通俗的形式叙述了预先从我的书（指《资本论》。——编者注）中取出的许多新东西，同时对于许多问题我又不得不只是顺便粗略地提一下。问题是，用这样的方式预先从我的书中拿出东西是否适宜？"（参看《马克思恩格斯全集》中文第1版第31卷第127—128页。）

马克思的报告，到1898年才由他的女儿爱琳娜·马克思以"工资、价格和利润"为题出版。——73

105 福克斯指的是1865年7月8日在下议院的讨论。当时，议长要议员亨尼西遵守秩序，因为亨尼西企图在最初的决议案和修正案付表决之前把第三个建议提交讨论。——73

106 由于里昂花边生产工人的罢工，协会驻里昂通讯员阿德里安·舍特尔请求总委员会寄去关于英国花边生产和价格的情报。如在总委员会记录中所看到的，1865年6月上半月，杜邦曾设法把所需要的情报给里昂寄去了。至于克里默的诺里奇之行，并没有取得预期的结果。——73

107 显然是指接纳各组织加入国际工人协会的申请书格式的铜版。——74

108 弗里布尔的信，今已不存。但是，从席利写给马克思的信中以及马克思和恩格斯的通信中可以看出，巴黎支部的成员坚决要求1865年在布鲁塞尔召开代表大会。7月7日，他们发出了致国际工人协会会员的呼吁书，呼吁书里提出了如下的代表大会的议程：

1. 协会的目标是什么——它的活动方法可能是什么？
2. 劳动及其在卫生和道德方面的后果；劳动是每个人的义务。
3. 从卫生和道德观点看工厂的女工和童工。
4. 失业和同它作斗争的手段。
5. 罢工；罢工的作用。
6. 协会，它的原则及其应用。

7. 初等教育和职业教育。

8. 劳资关系。

9. 外国的竞争。贸易协定。

10. 从生产观点看常备军。

11. 道德是不是与宗教不同？

呼吁书发表在1865年7月7日《新闻报》、7月15日《民论报》和其他几家法国报纸上。——75

109 指1863—1865年在伦敦出版的英国工人周报，即不列颠矿工联合会机关报《矿工和工人辩护士报》(The Miner and Workman's Advocate)。1865年7月底国际工人协会总委员会委员约·布·莱诺拥有了该报的发行权，并担任它的编辑。同时，该报作为正式机关报为国际服务。关于讨论的报道没有在报纸上发表。——75

110 常务委员会关于代表大会和代表会议的报告，是马克思积极活动的结果。他在1865年7月31日给恩格斯的信中写道："根据我们的章程，今年应当在布鲁塞尔召开公开的代表大会。巴黎人、瑞士人和这里的一部分人，为了达到这个目的而不惜采用一切手段。我认为，在目前情况下——特别是在我没有时间为中央委员会写必要的文件的时候——这只能败坏我们的声誉。尽管对方竭力反抗，我还是做到了使布鲁塞尔的公开会议不召开，而改为在伦敦召开一个不公开的预备性的代表会议（9月25日），只有各领导委员会的代表参加这个会议，会上将为以后的代表大会作准备。"（参看《马克思恩格斯全集》中文第1版第31卷第136页。）——76

111 伦敦代表会议的议程复制成两种传单，由总委员会散发；它还刊登在1865年8月12日《蜂房报》第200号上。——77

112 指的是《工人论坛》的编辑们在该报被封后打算出版的法国工人报纸《工人新闻》(La Presse Ouvrière)。可是，《工人新闻》只在1865年8月13日在布鲁塞尔出版了仅有的一期，当他们试图把印出的报纸偷运进法国的时候，全部被没收了。——82

113 记录不确切：显然，成立股份公司不仅是为协会购置房产，而且也是为《矿

工和工人辩护士报》筹集资金。——82

114 在1865年8月12日《蜂房报》第200号上关于这次会议的报道中，摘引了塔尔博特的信，他要求寄去50张国际的会员证。——83

115 指的是法尔科内和杜普莱克斯1865年8月19日从日内瓦来的信；他们在信中报道了韦维、蒙特勒、洛桑和拉绍德封的国际支部的情况，以及为即将举行的伦敦代表会议进行准备的情况。——85

116 要求得到关于花边工人的状况的情报，在舍特尔1865年8月19日给总委员会的信中再一次提出来。同年5月曾首次提出过这个要求。——85

117 为执行这个决定，克里默在1865年9月6日起草了如下通告信："亲爱的公民：如果你能以任何方法对为我们里昂的会员所深为关注的下列问题提供情报或给予回答……请予惠寄。"通告信中列出的问题有："1. 花边生产工人领取工资是按日还是计件？2. 如果是按日，日工资是多少，工作日是几小时？3. 如果是计件，是不是按码？如果是，则每码付工资多少？4. 原料的市价。5. 英国生产的花边出口或者法国花边的进口是否有关税？如果有，税率多少？"克里默寄给马克思的一份通告信保存下来了。——85

118 指的是为了在伦敦出版一张将作为国际工人协会机关报的报纸而成立股份公司一事。1865年7月底，《矿工和工人辩护士报》的所有者约·布·莱诺建议把这个报纸归总委员会掌握。这个建议得到了总委员会委员们的完全支持，他们在8月8日和15日的会议上讨论了这个问题。关于8月15日讨论的细节，可以从埃卡留斯1865年8月16日写给马克思（他因忙于《资本论》一书，有三个星期没有出席总委员会会议）的信看出来。埃卡留斯在这封信中写道：

"你显然知道，已经使《矿工报》发生了某些变化。《蜂房报》编辑部出价25英镑向莱诺购买版权，但是，他没有接受。当前的情况是报纸出版每周亏空5英镑。因为有把发行量增加到至少足敷一切支所必需的数量的前景，我们决定成立资本1000英镑、分作1000股的有限股份公司，购得版权并改变或简化名称，即把'矿工'一词去掉。昨天晚上，许多人还主张改变版面。莱诺将得50股作为偿付版权，他答应以股东身份再认购50股。此外，昨天晚上还分摊了55股。朋友韦斯顿认购了5股,惠勒好像是10股,列斯纳2股。总之,将有一个18个股东的委员会。奥哲尔、惠勒、沃利、考布和埃卡留斯将组成小委员会,负责起草章程,并把它提交给星期二晚上9点以后在希腊街举行的股东大会。章程一通过,就选出理事会。所有在星期二前认购了股票的人,在会上都有表决权。还决定在这天晚上每股先付2先令6便士。我希望没有什么不可克服的障碍会妨碍你亲自参加。"

在8月22日星期二的总委员会例会结束后,工业报公司的股东们举行了他们的成立大会。马克思出席了这次大会。会议批准了告工人书和公司的募股书。1865年9月25日,国际的伦敦代表会议宣布该报(它从9月8日起改名《工人辩护士报》)为国际的正式机关报。从1865年11月初起,该报完全归工业报公司所有。——85

119 《瑟堡的海军大检阅》一文,刊登在1865年8月26日《蜂房报》第202号上,未署名。——86

120 在马克思和封丹于1865年4月交换信件以后,总委员会同比利时的通信中断了一个时期。1865年夏天,一群布鲁塞尔的工人、蒲鲁东主义者和集体主义者(土地集体所有的拥护者),其中有德·巴普,对莱·封丹不尽职感到不满,他们自己在比利时组织了一个国际支部。7月17日,他们召开了会议,选出了布鲁塞尔支部的临时委员会。7月24日,有万丹胡亭和另几个工人参加的新选出的委员会举行了第一次会议。封丹借口总委员会曾选举他为比利时临时通讯书记,要求这个支部的会员承认他是总委员会的唯一的代表和联系人。然而,委员会的委员们坚持他们有权选举自己的代表。马克思从利穆赞1865年7月写给杜邦的信中得悉此事后,于7月25日写信给封丹,明确指出,总委员会承认各支部有权选举自己的代表。并说,1865年1月所以任命封丹,只是因为当时比利时还没有协会的支部。马克思还通知封丹即将举行伦敦代表会议。封丹1865年7月28日写给马克思的回信也在这次会议上宣读了。——86

121 显然,封丹没有把马克思7月25日的信传达给布鲁塞尔支部,而这个支部考虑到为了弄清问题,必须派两名代表——迪蒂和舍瓦尔去总委员会,这两位代表在1865年9月5日出席了总委员会会议。在9月16日比利时支部会议上宣读的一封信中,舍瓦尔建议同马克思建立直接联系。——88

122　马克思1865年9月11日寄给在汉诺威的李卜克内西一封信,邀请他作为德国的代表来参加伦敦代表会议。李卜克内西回信说他不能来,但是将寄来一个详细报告。——89

123　指的是1865年9月28日在伦敦圣马丁堂举行的庆祝国际成立一周年晚会。琼斯曾答应参加,但未能践诺。9月28日,他从曼彻斯特寄给马克思如下的一封信:

"亲爱的马克思:

虽然我渴望参加今晚的晚会,但这完全不可能——我别无办法,我向你郑重说明——你知道我是想参加的。

我相信晚会将取得巨大的成功,因为为了一个目标的各民族的联合,现在是、而且永远是争得和确保每个民族的自由的唯一方法。

亲爱的马克思,

请相信我对你的兄弟情谊。

厄内斯特·琼斯。"——90

124　日内瓦法国人支部的书记勒托凯尔在1865年9月13日写给荣克的信中,通知他杜普莱克斯和约·菲·贝克尔已当选为出席伦敦代表会议的代表。贝克尔还收到了德国寄来的如下的委任书:

"住在佐林根区完全忠于社会民主事业并渴望使国际协会尽可能广泛地为人所认识的人们,今天上午举行了会议,会议委托住在日内瓦的约·菲·贝克尔先生代表他们出席代表们将于本月25日在伦敦召开的代表会议,并将会议的情况告知下面签名的人。会议的代表,卡尔·弗·杜尔特根于佐林根区格勒弗拉特,1865年9月24日。再者,希望讨论下列问题:(1)国际工人协会的目的是什么?它的方法可能是什么?(2)失业和与之斗争的方法。(3)协会,它的原则及其应用。(4)从生产观点看常备军。卡尔·弗·杜尔特根。"——90

125　常务委员会会议记录今已不存。伦敦代表会议于1865年9月25日开幕。——91

126 这个决议，在 1865 年 11 月 21 日根据马克思的提议，被总委员会取消。——92

127 指的是英国波兰独立全国同盟。——95

128 指的是刊登于 1865 年 10 月 12 日《国际信使》上的一篇匿名文章，标题是"国际工人协会"。在这篇文章中，作者从蒲鲁东主义的立场出发，批评伦敦代表会议关于波兰问题的决议，并断言，国际协会应当致力于工业协作和工人信贷问题，而不应该关心政治问题。——97

129 关于总委员会会议的通知从 1866 年 1 月 6 日起才开始在《工人辩护士报》上刊登。通知格式是："请国际工人协会中央委员会各位委员下个星期二晚上 8 点钟到佛利特街包佛里街 18 号参加会议。委员会今后的会议在这里举行。"——97

130 法国代表关于 1865 年伦敦代表会议的报告刊登于 10 月 8 日《民论报》、10 月 12 日《民族未来报》及其他法国报纸上。——99

131 1865 年 11 月 25 日，由彼·福克斯签名的一个启事，刊登在《工人辩护士报》第 142 号上，大意说：虽然任何地方都不打算正式举行 1830 年波兰起义的周年纪念，但是伦敦的波兰流亡者将在 11 月 29 日自行集会以保持对这场英勇斗争的光荣记忆。——99

132 根据伦敦代表会议的决定，国际工人协会将于 1866 年 5 月在日内瓦举行代表大会。——102

133 在德国，国际工人协会的活动遇到了来自拉萨尔派领袖们的猛烈反对，他们同无产阶级国际主义思想格格不入。由于普鲁士的 1850 年结社法和其他德意志国家的类似法律，这些法律禁止工人组织加入设在别国的团体，情况变得更加复杂。因此，马克思在 1865 年初就提出以个人入会的方式有可能规避 1850 年法律。在德国的国际会员直接地或通过日内瓦的德国人支部同总委员会联系。用这个方法同柏林和马耶讷的工人建立了联系。约·菲·贝克尔正式代表佐林根的国际支部出席了 1865 年伦敦代表会议。马克思在总委员会会议上所介绍的关于协会在德国取得的进展的情况，是以李卜克内西 1865 年 11 月 16 日给他的信，以及梅茨内尔、迈耶尔和福格特 1865 年 11 月 13 日给他的

信为根据的。——103

134 号召参加国际的致瑞士工人的呼吁书是以日内瓦德国人支部的名义于1865年11月发出的。呼吁书摘要的英译文刊登在1865年12月16日《工人辩护士报》第145号上。——105

135 指的是下面两个刊物:《国际工人协会报》(*Journal De l'Association Internationale des Travailleurs*)——国际瑞士罗曼语区支部机关报,月刊,从1865年12月起到1866年9月每月在日内瓦用法文出版,《先驱》(*Der Vorbote*)——国际工人协会德国人支部机关报,从1866年1月起到1871年12月在日内瓦用德文出版,由约·菲·贝克尔编辑。《先驱》总的说来执行了马克思和总委员会的政纲,发表了国际的文件,报道了协会各国支部的活动情况。——105

136 指的是1865年11月7日在日内瓦成立的互助和消费合作社。它处在瑞士的国际德国人支部中央委员会直接领导下。由约·菲·贝克尔手抄并由他签名的该社章程保存下来了。——108

137 总委员会英国委员关于日内瓦代表大会致联合王国工人的呼吁书的最后文本,是由克里默写出并由总委员会在1866年1月16日批准的。呼吁书发表在1866年2月3日《工人辩护士报》第152号上,此外,在1866年3月27日和4月3日之间还用传单形式出版过。——108

138 指的是1865年秋季成立的伦敦法国人分会。除了无产阶级成员的代表(杜邦、荣克和拉法格),还包含小资产阶级流亡者(勒·吕贝和后来的皮阿)。在1868年7月7日,总委员会根据马克思的提议,通过了谴责皮阿的挑拨性活动的决议以后,分会发生了分裂,无产阶级成员的代表退出了分会。——109

139 1865年12月16日和18日在比利时资产阶级民主派报纸《佛尔维耶回声报》第293号和第294号上,刊载了一篇匿名文章。这篇文章歪曲了总委员会的活动和1865年伦敦代表会议的工作。文章的作者是法国政论家、共和党人比·韦济尼埃,他是伦敦的法国人分会中敌视马克思和总委员会的小资产阶级分子的传声筒。法国通讯书记杜邦在反对韦济尼埃和勒·吕贝的斗争中,依靠了法国人分会中无产阶级成员的代表(龙格和克雷斯佩耳)。为答复韦济

尼埃的诽谤和攻击,荣克代表总委员会写了一封致《佛尔维耶回声报》编辑的信。这封信由马克思校阅过。——111

140 自19世纪50年代末起,在美国的爱尔兰流亡者中,后来又在爱尔兰本土,先后成立了一个芬尼亚社社员的秘密组织——爱尔兰革命(或共和)兄弟会,为争取爱尔兰的独立而斗争。芬尼亚社社员在客观上反映爱尔兰农民的利益。其社会成分主要是城市小资产阶级和平民知识分子。芬尼亚社社员由于自己的密谋策略及宗派主义和资产阶级民族主义性质的错误而脱离爱尔兰广大人民阶层,他们没有把自己的活动同当时英国的一般民主主义运动联系起来。马克思和恩格斯虽然不止一次强调指出芬尼亚运动的弱点,但对这一运动的革命性质还是给予了高度的评价,并曾极力引导这一运动走上举行群众性发动和同英国工人阶级一致行动的道路。1865年,芬尼亚社社员准备了武装起义,但是在同年9月,英国政府逮捕了芬尼亚运动的首脑(卢比、墨菲、奥顿诺凡-罗萨),芬尼亚社的报纸被查封,人身保护法停止生效。在英国掀起的声援被判罪的芬尼亚社社员的运动,受到总委员会的支持。——112

141 《爱尔兰人报》(*The Irishman*)——爱尔兰的一家资产阶级民族主义倾向的周报,1858—1885年先后在拜尔法斯特和都柏林出版。该报曾经为芬尼亚社社员辩护。——112

142 呼吁书刊登于1866年1月6日《工人辩护士报》第148号上。——112

143 指的是《国际工人协会报》第1期。——113

144 1865年12月27日《佛尔维耶回声报》刊载了一个新的章程草案,作者打算把它提交给国际预定在1866年召开的日内瓦代表大会审查,最后使国际采纳。这个草案反映了伦敦法国人分会成员、某些小资产阶级民主主义分子的联邦主义观点,即要把总委员会由领导机关变成只搞调查统计和通讯的辅助性机关。——113

145 国际工人协会的《成立宣言》和《章程》没有在《工人辩护士报》上转载。——114

146 福克斯修改后的呼吁书作为社论刊登于1866年2月3日《工人辩护士报》第152号上。——115

147 指的是1861年5月至1869年4月在布鲁塞尔出版的比利时民主派报纸《人民论坛报》(La Tribune du Peuple)。该报是由一群工人和小资产阶级知识分子的代表、空想社会主义思想的拥护者、参加无神论"人民协会"的人创办的。该报从1865年8月起实际上成了国际在比利时的机关报,而从1866年1月起正式成为国际在比利时的机关报,在1866年1月7日《人民论坛报》第1期的编辑部致读者公开信中报道了这一点。协会会员德·巴普、拉法格和其他人曾为该报撰稿。——116

148 总委员会关于纪念1883年波兰起义周年的正式决定刊登于1866年1月13日《工人辩护士报》第149号。——117

149 1865年10月《工人辩护士报》曾经发表了福克斯论爱尔兰问题的三篇文章:《不列颠在爱尔兰的政变》(第136号)、《爱尔兰的民族感情对大不列颠和合众国之间的关系的影响》(第137号)、《爱尔兰的困难继续存在》(第138号)。此外,该报还经常刊登关于芬尼亚运动的报道。1866年1月6日,根据总委员会的决定,《工人辩护士报》转载了为救济被判罪的芬尼亚社社员募捐致爱尔兰妇女的呼吁书。——118

150 1866年1月22日在伦敦圣马丁堂举行了纪念1863年波兰起义三周年的大会,主持会议的是著名的波兰流亡者、民主主义者奥博尔斯基。正像波兰流亡者的民主派报纸《自由之声》所报道的,大会是由国际工人协会和伦敦波兰流亡者倡议举行的。大会一致通过了由福克斯提出并得到马克思支持的决议,决议表达了对波兰解放斗争的同情。

关于大会的报道,发表于1866年1月31日《自由之声》第93号,2月8日《蜂房报》第225号以及1月27日《工人辩护士报》第151号。——119

151 李卜克内西在1866年1月18日给马克思的这封信里写道,莱比锡工人教育协会准备成立国际的分会。他还报道了《社会民主党人报》的编辑霍夫施泰滕再次企图让马克思、恩格斯和李卜克内西为该报撰稿。正如从马克思1866年2月10日写给恩格斯的信中看到的,马克思断然拒绝了拉萨尔派想利用他和恩格斯的名字的企图,并且尖锐批评了李卜克内西的调和主义态度。——121

152　指的是德·巴普1866年1月14日写给马克思的信。——121

153　指的是1865—1868年在拉绍德封出版的瑞士周报《未来呼声报》（*La Voix de l'Avenir*）。该报从1865年12月31日起在拉绍德封（瑞士）出版。刊头下所附的"科学、劳动、社会和工人联合会的公报"，从1867年5月26日第21号起改为"国际工人协会报"。该报深受蒲鲁东主义者的影响，由瑞士医生和律师皮埃尔·库勒里出版，直到1868年底，定期刊载合作运动的情报。——121

154　荣克所引用的资料发表于1865年12月31日《未来呼声报》第1期和1866年1月《先驱》第1期上。——121

155　指的是荣克为总委员会起草的对《佛尔维耶回声报》上韦济尼埃的诽谤文章的答复。——123

156　圣·莱昂纳茨男爵提交英国国会的法案，规定建立常设的仲裁委员会以代替临时的仲裁法庭来处理雇主和雇员之间的保险和工资争议。荣克1866年2月5日写信给马克思说："星期二委派了一个代表团，有杜邦和我参加，在下个星期三访问工联理事会，以便把有关仲裁法庭、工事审理委员会的一切情报尽量告诉他们。杜邦给巴黎去过信，并且收到了工事审理委员会的规程和有关的法律；我现在正研究它们，以便不致上当。杜邦非常熟悉这个问题。我想，我们会很好地完成任务。"荣克要求马克思把他所了解到的有关这个问题的一切情报告诉他。——123

157　国际的《临时章程》刊登在1865年12月17日《国际工人协会报》第1期上，《成立宣言》刊登在1866年1月28日该报第2期上，第2期还刊登了关于协会洛桑支部所取得的成就的报道。在总委员会记录中，这些材料都被错误地写成是日内瓦支部的。——124

158　关于1865年12月在巴塞罗那举行的西班牙合作社代表大会的报道，发表在法国《联合》杂志1866年2月4日第19期上。——124

159　西班牙工人周报《工人报》（*El Obrero*）从1864年起在巴塞罗那出版，1869年移到帕尔马（马略尔卡岛）出版。1870年起该报成为国际协会在西班牙的正式机关报。《工人报》在1871年1月被政府查封。——124

160 指的是1866年2月28日至3月1日在伦敦圣马丁堂召开的改革同盟代表会议。在代表会议筹备期间，在英国工联领袖中间出现了放弃最初关于普选权要求的倾向。例如，克里默在2月13日改革同盟的会议上声称，他认为，对工人来说，只要赋予每户以选举权就十分满意了。——125

161 1866年2月7日，伦敦工联理事会在老贝利区贝尔旅馆召开了工联代表的会议，讨论仲裁委员会法案。杜邦和荣克代表总委员会报告了法国的工事审理委员会的情况。会议休会到1866年2月21日再次举行。除了杜邦和荣克之外，总委员会的另外两位委员——科尔森和豪威耳也参加了这次会议。——126

162 指的是爱尔兰政治活动家约翰·亨尼西1866年2月2日的公开信。该信发表在2月3日伦敦《派尔-麦尔新闻》上；该信也由总委员会在1866年3月10日《共和国》第157号上全文转载。——126

163 指的是刊登于1866年2月10日医学杂志《披针》上的文章《芬尼亚社社员的单独囚禁》。——126

164 指的是发表于1866年2月10日和17日的《共和国》第153号和第154号上的福克斯的文章《爱尔兰问题》。——126

165 指的是利穆赞、托伦、瓦尔兰和弗里布尔1866年2月10日写给《淘气》报编辑的一封回信，答复1865年10月29日该报发表的韦济尼埃的诽谤性文章的攻击。韦济尼埃在那篇文章中再一次指责巴黎理事会理事们有波拿巴主义。从韦济尼埃1866年3月15日的信中可以知道，《淘气》报的编辑借口写信的语气粗鲁而拒绝发表利穆赞、托伦、瓦尔兰和弗里布尔的信。——128

166 1861年，在墨西哥发生了反对该国进步的共和政府的英、法、西的联合军事干涉。1863年，企图在墨西哥建立殖民制度的法国干涉者占领了墨西哥的几个大城市，并建立了墨西哥傀儡帝国，拿破仑第三把完全依附于他的奥地利大公马克西米利安作为它的首领。

1866年2月10日，福雷元帅在法国参议院发表演说，他说墨西哥总统胡阿雷斯指挥下的墨西哥共和国军的军官和士兵犯下了暴行。为答复这一点，墨西哥共和军总司令帕任2月20日写信给福雷，要求福雷对他进行的诽谤负责。此外，他在2月26日还把驳斥福雷的诽谤和阐明墨西哥人民解放斗争的目的和任务的公开信寄给报纸。帕任的信发表在1866年3月4日《左岸》第9号上和3月18日《人民论坛报》第11号上。——128

167 《工人辩护士报》从1866年2月10日起以《共和国》（*The Commonwealth*）的名称出版。改变名称是由于编辑部改组，反映了资产阶级激进派分子在工业报公司理事会中地位的某种加强。然而，马克思还是促成埃卡留斯担任了编辑，该报仍然是国际工人协会的正式机关报，继续刊载总委员会会议的报道和国际的其他文件。然而，工联的机会主义领袖设法使马克思的拥护者失去了影响，以致1866年4月奥哲尔被任命为总编辑。马克思在1866年6月9日退出了公司理事会。该报从1866年9月8日（第183号）开始，宣布自己是改革运动的机关报，而且在实际上完全处于激进派资产阶级的影响之下。该报于1867年7月20日停刊。

帕任的信没有在《共和国》上发表。——128

168 福克斯起草并由奥哲尔署名的声明，发表在1866年3月10日《共和国》第157号上。——129

169 保尔·拉法格在巴黎当医学系学生的时候，因为参加反对第二帝国的政治活动（同《左岸》合作，参加列日学生代表大会等），在1865年底同一群大学生一道被巴黎大学开除。——129

170 勒·吕贝和沃尔夫利用马克思没有出席这次总委员会会议的机会，匆忙使这个决议得以通过。他们在为马志尼辩护时，力图恶意攻击马克思在总委员会实行的无产阶级政策；沃尔夫得到了奥哲尔、豪威耳、克里默和委员会其他几个英国委员的支持。欧洲各国的通讯书记中只有很少几个人出席了这次会议，并且如马克思1866年3月24日写给恩格斯的信中所说的，他们没有一个人投票赞成决议。3月10日，几个通讯书记（杜邦、荣克、龙格、博勒钦斯基以及拉法格）在马克思家里开了会。决定在3月13日下一次总委员会会议上，马克思代表他们抗议所通过的决议，挫败马志尼及其拥护者歪曲国际的无产阶级性质和使它服从资产阶级影响的企图。由于马克思和他在总委员会的拥护者的坚持，勒·吕贝—沃尔夫决议在3月13日会议上被撤销。——130

171 指的是总委员会英国委员关于日内瓦代表大会的呼吁书。——130

172 改革同盟赞助的改革代表会议,1866年2月28日至3月1日在伦敦圣马丁堂举行,比尔斯担任主席。总委员会派出的由福克斯、卡特、荣克、威廉斯、肖和列斯纳组成的代表团出席了代表会议。另有几个总委员会委员(克里默、埃卡留斯、奥哲尔、德尔、莱诺、朗梅德、哈特韦耳等人)作为各个组织的代表参加了代表会议。代表会议赞成给所有成年男子选举权。关于代表会议工作的报道发表在1866年3月3日和10日的《共和国》第156号和第157号,以及3月3日《蜂房报》第229号。——130

173 荣克的报告是根据杜普莱克斯1866年3月7日的信,杜普莱克斯在信中告诉荣克,日内瓦支部任命了新书记——罗沙,洛桑支部的会员增加到250人。——130

174 这个消息发表在1866年3月《先驱》第3期上。——134

175 1866年3月,伦敦的裁缝要求增加工资。除了塞维尔短街的普尔先生外,大多数雇主准备达成协议。于是,3月26日,在剑桥大厅举行了有1200人参加的支持裁缝的大会。普尔以宣布同盟歇业作报复,摩尔根、施图尔茨以及另几个雇主也跟着做。15000名裁缝受到同盟歇业的威胁。3月27日,伦敦的裁缝开始罢工。1866年3月12—17日在曼彻斯特举行的全英裁缝工人代表会议上成立的裁缝帮工保障协会执行委员会,呼吁英国的裁缝支持这一罢工。

总委员会给裁缝帮工的警告刊登在4月8日《国际工人协会报》第5期、4月15日《左岸》第15期及其他许多报纸上。总委员会对罢工的支持对1866年4月伦敦裁缝的胜利起了决定性的作用,并且使国际工人协会在英国工人阶级中间提高了声望。4月17日,裁缝保障协会参加了国际。——134

176 国际洛桑支部向总委员会提出的集资在洛桑建筑合作住宅的计划,发表在1866年4月1日的《未来呼声报》第13期上,并转载于4月8日《国际工人协会报》第5期上。日内瓦代表大会没有讨论这个计划。——135

177 指的是在瑞士对国际工人协会日内瓦代表大会的筹备工作;报道刊载于1866年4月8日《国际工人协会报》第5期。——137

178 罗·肖从1866年3月20日至4月24日担任总委员会临时总书记职务。——140

179　1866年4月23日，伦敦的铁丝工人宣布罢工，要求增加工资10%。当天，罢工委员会分别给英格兰、苏格兰、爱尔兰的铁丝工人去信，要求他们不要在罢工期间到伦敦来应募做工。在总委员会的帮助下，这样的信件也发到了法国和德国。——140

180　1864年10月25—27日在那不勒斯举行的意大利工人团体第十一次代表大会上，曾责成它的中央委员会要保障该组织在国际工人代表大会上的代表权。为执行这个决议，中央委员会派它的一个委员加斯帕尔·斯塔帕参加1866年国际的日内瓦代表大会。杜普莱克斯和贝克尔在1866年4月21日信中提到的预定在1866年夏季召开的意大利工人团体的代表大会没有开成。——141

181　《宣言》和《章程》是1866年8月在伦敦出版的，标题是"国际工人协会宣言和临时章程"，杜里巷56号和132号，威斯敏斯特出版公司出版。——141

182　1866年4月29日《人民论坛报》第17号上刊登了如下的呼吁书：

"伦敦铁丝工人已宣布罢工。我们要提醒你们注意我们当时就裁缝罢工所说过的话：大陆上的工人不要受雇到伦敦来做工。因为，当他们的英国工人朋友复工的时候，大陆上来的工人就会流落街头，生活无告。

裁缝罢工是以裁缝的极大满意和雇主的垂头丧气结束的，也正是由于国际工人协会在许多报纸上（顺便说说，也在《世纪报》上）刊登了阻止雇主们雇用外国工人的警告的结果。许多英国报纸（有的高兴，有的懊恼）都指出了由于国际工人协会的倡议所取得的辉煌结果。"

1866年5月13日《国际工人协会报》第6期也刊登了类似的呼吁书。——142

183　指的是国际巴黎支部在1866年初出版的小册子《工人代表大会》（*Congrès Ouvrier*）。其中有：协会临时章程的法译文，1865年夏季发出的巴黎支部致国际协会会员的呼吁书，法国代表团关于1865年伦敦代表会议的报告，伦敦代表会议批准的1866年日内瓦代表大会的议程以及其他材料。——142

184　如荣克1866年5月2日写给贝克尔的信所证明，马克思也支持改在9月3日召开代表大会的提议，他认为这次延期有利于更好地准备代表大会。——143

185　爱丁堡1000名裁缝在1866年3月26日开始罢工。雇主们企图用德国裁缝来顶替罢工的裁缝。4月间,从德国招募了57名裁缝运到爱丁堡来。为了阻止进一步输入外国工人并支援罢工,住在伦敦的德国裁缝成立了以列斯纳为主席、豪弗为书记的委员会。1866年5月4日,这个委员会向德国裁缝发出了如下的呼吁书:

"工人朋友们!雇主们成功地从德国把裁缝运到爱丁堡来,以顶替要求提高工资和缩短工作日的工人。这些人一在英国土地上落脚,就签订了按规定时间做工的合同,破坏这个合同就有进监狱的危险。为了向我们在祖国的同志指出英国雇主们为什么要利用德国工人,也为了阻止这个现代的人口贸易,成立了以打破老板们的计划为己任的委员会。为了顺利进行活动,委员会需要支持。所以,我们号召我们所有的同胞尽力支持我们。为了我们本身的利益,也就是为了工人的利益,坚决抵制老板们的计划。并向我们英国同志证明,我们到别国去并非热心于使工资降低。只要条件允许,我们就召开联合的公开集会,讨论为达到我们的目的所必需的手段。委员会每星期二晚8时在瑞琴特街海登巷王冠公寓开会,接受捐款。代表委员会的是:主席弗·列斯纳,书记阿·豪弗。1866年5月4日于伦敦。"——145

186 1866年5月3日,马克思从伦敦的德国裁缝委员会收到所需要的材料后,5月4日就以总委员会名义写了一篇短评《警告》,并在同一天把它邮寄给了李卜克内西。短评发表在几家德国报纸上,其中有《上莱茵信使报》、《中德意志人民报》和《德国周报》。——145

187 卡内萨是热那亚工人合作社联盟的领导人之一,1864年1月起在热那亚出版的意大利工人协会机关报《意大利工人协会报》的编辑(1865—1866)。他通过约·菲·贝克尔同总委员会建立了联系;1866年4月29日,他给荣克写信,声明他准备在热那亚成立国际支部。总委员会打算利用这家报纸用意大利文发表协会的《成立宣言》和《临时章程》;可是,1866年5月26日,卡内萨通知总委员会,他决定参加加里波第的威尼斯远征,所以他暂时不同委员会通信。——148

188 这个消息发表于1866年4月《先驱》第4期上。——149

189 加斯帕尔·斯塔帕的信发表于1866年4月《先驱》第4期。在《先驱》上,

信的日期是 1866 年 3 月 30 日。——149

190　指的是 1864 年 10 月在那不勒斯举行的意大利工人团体第十一次代表大会。——149

191　福克斯说的是恩格斯发表于 1866 年 3 月 24 日、31 日和 5 月 5 日的《共和国》第 159 号、160 号和 165 号的《工人阶级同波兰有什么关系?》一组文章中的第三篇《民族理论之运用于波兰》一文。这些文章是恩格斯应马克思的请求于 1866 年 1—4 月写成的,因为当时在总委员会里围绕着 1865 年伦敦代表会议的一项决议,即关于把波兰独立的问题列入即将在日内瓦举行的代表大会的议程的决议,展开了一场斗争。为了阐明国际在民族问题上的政策,必须一方面批判蒲鲁东主义者在民族问题上的虚无主义的谬论,一方面揭露波拿巴集团为蛊惑人心而提出的所谓"民族原则"的反动本质。——150

192　指的是马克思写的《警告》。——152

193　1866 年 5 月《先驱》第 5 期。——153

194　关于日内瓦制靴工人罢工的报道刊登于 1866 年 5 月 27 日《未来呼声报》第 21 号和 6 月 10 日《国际工人协会报》第 7 号。——153

195　在 1866 年 5 月 26 日《共和国》第 168 号上发表的这次总委员会会议的报道中,德尔的报告反映得更详细些:国际工人协会财务书记借此报告,他收到了用于即将在日内瓦举行的代表大会开支的捐款如下:

	镑	先令	便士
杜斯伯里鞋匠 8 人,威廉·廷克勒经手……	0	7	0
泥水匠协会(沃尔夫汉普顿分会),菲·威·琼斯经手……	0	4	9
伯明翰鞋匠联合会男工支部,托马斯·哈勒姆经手……	0	5	0
西头女鞋匠协会,瓦拉斯经手……	1	0	0

	镑	先令	便士
鞋匠联合会滕布里奇-韦尔斯支部， 彼得·奈特经手……	0	8	0
鞋匠联合会切尔滕汉支部， 约翰·松德斯经手……	0	2	6

——154

196 关于总委员会会议的每周报道，从1866年4月17日起开始在《共和国》上发表。——154

197 豪弗和汉森是由总委员会派往爱丁堡的。马克思在1866年5月10日给恩格斯的信中关于总委员会就爱丁堡裁缝罢工进行活动的结果写道："鉴于德国和丹麦的裁缝被输入爱丁堡，我们，第一，派了一个德国人和一个丹麦人（两人都是裁缝）去爱丁堡，他们已经破坏了输入者和被输入者之间的合同；第二，我以国际协会的名义在德国发表了对德国裁缝们的警告。这件事在伦敦给我们带来了极大的好处。"（参看《马克思恩格斯全集》中文第1版第31卷第217页。）——154

198 指的是美国报纸，在费拉德尔菲亚出版的冶金工人机关报《铸工国际报》(*Ironmoulders' International Journal*)。——156

199 《吉伦特报》(*La Gironde*)——19世纪60—70年代在波尔多出版的法国共和派报纸。——156

200 《法兰西信使报》(*Le Courrier Français*)——法国左派共和党人的报纸。1861—1868年在巴黎出版，起初为周报，从1867年6月以后为日报。蒲鲁东主义者韦莫雷耳从1866年起任编辑。同年5月20日起，《法兰西信使报》成为国际在法国的机关报。因此，该报刊登了总委员会和地方支部的文件以及杜邦从英国发来的报道。该报还刊登了保尔·拉法格和劳拉·拉法格翻译的马克思《资本论》第1卷德文版的序言。在该报5月20日第15期这一期上，刊登了巴黎大学生针对普鲁士和奥地利之间的战争威胁致德国和意大利大学生的呼吁书。——157

201 1866年6月17日，在《左岸》第24期上刊登了《成立宣言》的译文和保尔·拉法格的文章《国际工人协会发展概况》。——157

202 指的是意大利工人协会的机关报《意大利工人协会报》。——158

203 致德国和意大利大学生的呼吁书强烈地反映了蒲鲁东主义的思想。马克思在1866年6月7日致恩格斯的信中写道："巴黎大学生中的蒲鲁东派（《法兰西信使报》）鼓吹和平，宣布战争是过时的东西，民族特性是无稽之谈，并且攻击俾斯麦和加里波第等人。把这一策略当做同沙文主义论战的手段来用是有益的，也是可以理解的。可是信仰蒲鲁东的人（我这里的好友拉法格和龙格也在内）竟认为整个欧洲都可以而且应当安静地坐在那里等待法国老爷们来消灭'贫穷和愚昧'，而他们自己愈是厉害地叫喊'社会科学'，就愈加陷入贫穷和愚昧的统治之下，他们简直太可笑了。"（参看《马克思恩格斯全集》中文第1版第31卷第224页。）——159

204 各国工人致巴黎大学生、各国大学生和青年的呼吁书，刊登于1866年6月10日《左岸》第23期，6月10日和17日的《法兰西信使报》。马克思没有出席这次总委员会会议，从他1866年6月20日写给恩格斯的信中可以看出，他对这个呼吁书并不满意。——159

205 指的是1866年7月17—21日在设菲尔德举行的联合王国工联代表会议。——161

206 指的是保尔·拉法格专为《左岸》写的文章《国际工人协会发展概况》。——161

207 信是李卜克内西来的，日期是1866年5月25日。李卜克内西要求寄去会员证，并写道："这里工人协会的领导人，都表示希望成为会员。"——161

208 关于马克思在这次会议上的发言的内容和1866年普奥战争问题的讨论过程，可以根据马克思1866年6月20日致恩格斯的信来判断。马克思在信中写道：

"昨天国际总委员会讨论了目前的战争问题。这是事先通知了的，我们的房间里挤满了人。意大利的先生们也派来了代表。果然不出所料，讨论归结到了'民族特性'问题和我们对该问题的态度。这个题目将在下星期二继续讨论。

法国人出席会议的人数很多，他们毫不掩饰自己对意大利人的从心底感到的厌恶。

此外，'青年法兰西'的代表（不是工人）提出了一种观点，说一切民族特性和民族本身都是'陈腐的偏见'。这是蒲鲁东派的施蒂纳思想。一切都应当分解成小'团体'或'公社'，然后它们又组成'联合会'，但并不是国家。在人类的这种'个体化'以及相应的'相互性'向前发展的同时，其他一切国家的历史都应当停顿下来，全世界都应当等候法国人成熟起来实行社会革命。那时他们将要在我们的眼前做这种试验，而世界其余的部分将会被他们的榜样的力量所征服，也去做同样的事情。这一切正是傅立叶期待于他的模范的法伦斯泰尔的。此外，所有用旧世界的'迷信思想'来使'社会'问题复杂化的人都是'反动'的。

我在开始发言时说，我们的朋友拉法格和其他废除了民族特性的人，竟向我讲'法语'，就是说，讲会场上9/10的人不懂的语言，我的话使英国人大笑不止。接着我又暗示说，拉法格大概是完全不自觉地把否定民族特性理解为由模范的法国民族来吞并各个民族了。

此外，现在处境是困难的，因为一方面必须反对愚蠢的英国的意大利主义，另一方面也同样必须反对法国对它进行的错误论战，特别是必须防止可能把我们的协会引到片面性的道路上去的任何表现。"（参看《马克思恩格斯全集》中文第1版第31卷第230—231页。）——162

209 为答复各国工人致巴黎大学生、各国大学生和青年的呼吁书而发表的《致各国工人们！——法兰西青年》呼吁书的英译文，刊登于1866年6月23日《共和国》第172号上。——164

210 这封信刊登于1866年6月23日《共和国》第172号上和7月1日《左岸》第26号上。——164

211 1866年6月10日和17日的《法兰西信使报》，因为刊登各国工人致巴黎大学生的呼吁书和法国青年为答复各国工人所写的呼吁书而被没收。——165

212 指的是刊登于1866年6月3日《左岸》第22期上的保·拉法格的文章《平民的胜利》。文章祝贺了英国木工和细木工联合会所获得的对企业主的胜利。文章开头说："在资产阶级报纸用外交文件充斥版面，谈论俾斯麦、马志尼和加里波第以及其他的英雄的业绩,谈论一些好好赖赖的大人物的时候,我们社会主义者和革命者却应该谈谈在这个光耀闪亮但却空洞无物的外壳下正在发生着的缓慢但却强大的运动。"——165

213 荣克在1866年7月4日致约·菲·贝克尔的信中,提供了他的发言的更为详细的情况。他认为,鉴于当时的国际形势,总委员会必须更加积极起来,特别是在伦敦,在各工人团体中找到支持者。这一点使总委员会在德国或任何别的国家发生革命的情况下,能够借助于群众集会对英国政府施加压力,阻止英国站在反革命政府一边,从而帮助大陆上的革命。荣克的发言遭到了中央委员会英国委员的反对,他们认为革命问题与所讨论的问题无关。荣克在致贝克尔的信中写道,马克思支持他的观点,但关于马克思的发言没有详谈。——166

214 在这次会议上提出的有关普奥战争的几个决议案,总委员会在1866年7月17日会议上进行了表决,马克思在这次会上发了言。克里默和达顿提出的决议案,虽然在谴责掠夺战争方面是正确的,但没有提到无产阶级的最高任务——组织争取政治解放和社会解放的斗争;福克斯的决议案也有同样的缺点,而且没有反映无产阶级对战争的态度。马克思发言后,这两个决议案被撤销了。总委员会一致通过了稍加修改后提出来的博勃钦斯基—卡特决议案。——167

215 在1866年6月5日总委员会会议上,报告了细木工联合会加入国际和总委员会受到商务路泥水匠协会友好接待的情况。关于提名这两个团体的代表亚罗和艾尔斯加入总委员会一节,没有载入6月5日的记录。——168

216 指的是载于1866年7月1日《左岸》第26期上的保·拉法格的文章《战争拯救了帝国》。拉法格在这篇文章中写道,1866年战争期间席卷法国的沙文主义浪潮,从即将来临的革命中拯救了政府。——169

217 弗勒里欧(索恩河畔纳维尔附近)的国际分会是由路易·博德朗组织起来的。他在总委员会这次会议上被任命为协会的通讯员。——170

218 埃米尔·奥勃里在卢昂组织了国际支部。——170

219 卡特、奥哲尔、埃卡留斯和荣克代表总委员会出席1866年国际日内瓦代表大会。总委员会的另外三个委员杜邦、劳伦斯和克里默分别代表伦敦的法国人分会、伦敦裁缝协会和伦敦木工协会出席了大会。——170

220 从1866年春天起，资产阶级激进派分子利用《共和国》出版上的财政困难，加强了他们在该报编辑部中的影响。因此，马克思在6月9日退出了工业报公司理事会，福克斯在第二个月退出了编辑部。从1866年7月起，《共和国》实际上就不再是国际工人协会的机关报了。——171

221 沙尔·龙格是1866年7月18日在巴涅尔-德比戈尔被捕的。——172

222 韦济尼埃在1866年7月7日被比利时警察逮捕，因为他是许多反对拿破仑第三的小册子的作者，并以亵渎外国君主罪受审。——172

223 关于索恩河畔纳维尔国际支部成立的通信，已由荣克在1866年7月10日的总委员会会议上宣读过。由于疏忽，这篇通信在1866年7月21日《共和国》第176号上刊登的关于7月17日总委员会会议的报道中，却报道得更为详细。这一期的剪报，贴在记录本7月17日记录这一页上。——173

224 弗里布尔的信，在《国际工人协会》的标题下，发表在1866年7月15日《法兰西信使报》第28期上。弗里布尔写道，反对1866年战争的劳动人民，懂得他们的至关重要的事是解决社会问题，他们要把全部注意和力量用于准备日内瓦代表大会。——174

225 这个决议刊登于1866年7月22日《左岸》第27期上。——174

226 1866年7月16日，日内瓦罗曼语区支部委员会开会讨论了代表大会组织方面的问题。杜普莱克斯和支部书记罗沙在1866年7月18日把委员会的决定通知了荣克。——176

227 荣克在1866年8月14日致杜普莱克斯的信中，要求他尽一切可能促使意大利各团体派代表出席日内瓦代表大会。——176

228 1866年9月8日，日内瓦代表大会通过决议，伦敦在1866—1867年仍为总委员会的驻在地。——177

229 刊登于1866年8月18日《共和国》第180号上的总委员会会议的报道中，列举了为筹集日内瓦代表大会经费的捐款金额：

	镑	先令	便士
鞋匠联合会委员会……	5	0	0
"银杯"的木工和细木工协会……	1	0	0
访问这个组织的代表团……	0	4	0
箍桶匠互助会，雷诺先生和朗格先生经手……	6	0	0
泥水匠协会，艾尔斯先生经手……	0	8	1

——178

230 1866年在纽芬兰和爱尔兰之间敷设的水下电报电缆，是世界上第一次成功地实现了横贯大西洋的电缆；1866年6月交付使用。——179

231 指的是发表在1866年6月24日《法兰西信使报》和7月28日《左岸》第27期上的代表大会的议程。这个议程的第十二点是："建立互助会，从物质上和道义上帮助协会会员的孤儿。"瑞士支部授权更为详细地研究这个问题。马克思为出席日内瓦代表大会的代表起草《临时中央委员会就若干问题给代表的指示》时，执行了总委员会的这个决定，并把这一点包括在《指示》的第一点《国际协会的组织》中。日内瓦代表大会在1866年9月8日晚间的会议上，就这个问题通过了一项决议，决议中虽然承认建立保险和互助会的愿望是正确的，但认为通过这个问题的一般决议还为时过早。——179

232 马克思起草的这个调查大纲，包括在《临时中央委员会给代表的指示》第二点中。杜邦在日内瓦代表大会上就这个调查大纲作了报告。——180

233 席利没有出席日内瓦代表大会。——181

234 指的是1866年7月17—21日在设菲尔德举行的英国工联的代表会议。出席会议的有代表20万有组织的工人的代表138名。奥哲尔和劳伦斯代表国际协会。主要问题是与同盟歇业作斗争的问题，开了几次会来讨论。代表会议号召各工联加入国际，并就这个问题通过了如下的决议：

"这次代表会议充分估计了国际协会把各国工人联合为统一的兄弟般的联盟方面的努力，并郑重建议出席这次会议的各个团体参加这个协会，认为它能真正促进全体劳动者的进步与繁荣。"（参看《1866年7月17日及其后四

天于设菲尔德举行的联合王国工联代表会议的报告》1866年设菲尔德版。）——182

235 指的是《国际工人协会日内瓦德国人分会备忘录》。它在1865年9月分会委员会会议上和全体会议上被讨论过，并曾提交给伦敦代表会议。《备忘录》刊登于1866年2—8月的《先驱》第2—8期。——182

236 泥水匠协会伦敦分会书记科尔森，1866年4月17日同福克斯和勒·吕贝一道被选进总委员会的查账委员会。——185

237 关于总书记的工作应该支薪的提议，由马克思写进了《临时中央委员会就若干问题给代表的指示》的第一点中。——187

238 总委员会委员劳伦斯（职业为裁缝）代表裁缝协会出席了日内瓦代表大会。——187

239 关于英国掘土工和比利时掘土工之间的冲突问题，在1866年8月28日总委员会会议上详细讨论过。——188

240 1866年8月初，曼彻斯特的裁缝要求调整工作时间，并提出了几项其他经济要求。业主们宣布40家作坊同盟歇业进行报复，700名裁缝丧失了工作。曼彻斯特裁缝帮工协会在1866年9月1日《共和国》第182号上刊登呼吁书，请求联合王国裁缝帮工支援，呼吁书写道："为数700名的曼彻斯特人，因为要求调整时间和为采用机器作准备，被解雇了。他们力图使机器如它所应该的那样成为老板和工人的帮手，而不要变成使一部分财富迅速增长而使另一部分人长期在饥饿线上挣扎的手段。"——189

241 1867年，总委员会在它的7月16日会议上又一次讨论了国际邮资问题。由福克斯起草的一个报告送给了英国邮政大臣，这位大臣在1867年8月24日通知总委员会，他将研究这个问题。——189

242 关于缩短工作日的问题，在1866年日内瓦代表大会上讨论过，大会在9月7日通过了包括有八小时工作日基本要求的详细决议。——189

243 记录本上没有1866年8月28日总委员会会议的记录。1866年9月1日《共和国》第182号上刊登了这次会议的报道。报道内容如下：

国际工人协会

中央委员会星期二晚上在包佛里街18号举行了会议。掘土工人协会书记**李**先生出席了中央委员会的会议,报告了引起不久前**英国掘土工和比利时掘土工冲突**的原因。李先生说,沃林兄弟公司的代理人成功地诱骗了430名比利时工人以低于英国工人的工资到英国来做工,结果有几个英国工人被解雇,腾出位置来雇用更低廉的比利时工人。这430人中有掘土工、木匠和铁匠。比利时工人每天得到2先令4便士到3先令,而英国工人每天的工资是3先令9便士到4先令。因比利时工人到来引起的这一次工资下降,成了不久前发生冲突的导因。他和他的会员兄弟们对此深为遗憾。他们准备接受比利时工人加入他们的协会。他还想问明有几千会员的掘土工人协会加入国际工人协会的条件。在回答了这个问题,并对整个事件进行了讨论以后决定:"如果掘土工人协会采取步骤在发生冲突的地区建立分会,中央委员会将派一名会说比利时语的代表会同掘土工人协会的代表们去说服比利时工人加入掘土工人协会。此外,中央委员会将运用自己的影响阻止在这样低的工资的条件下再运进比利时工人。"

各代表团的报告

公民**荣克**报告,雪茄烟工人协会已决定加入国际协会,并已任命瓦克和丘契两位公民为其特别代表。他们还为日内瓦代表大会拨款5英镑。

公民**克里默**报告,马鞍匠和马具匠联合会已加入国际协会,并选出了公民乔·皮特为其在中央委员会里的代表。他们还为日内瓦代表大会拨款4英镑。

一致通过了接纳这两个团体为本协会分会及其代表参加中央委员会的决议。

日内瓦代表大会

出席代表大会的英国代表为:劳伦斯、杜邦、卡特、克里默、荣克和埃卡留斯诸位公民。

公民奥哲尔也被指派为代表,如果情况允许他出席的话。

代表们在星期六早晨从伦敦动身,星期日晚上到达日内瓦,代表大会在星期一上午9时开幕。

过去一个星期内中央委员会收到了下列款项:

	镑	先令	便士
细木工联合会……	10	0	0
西头细木工联合会……	5	0	0
雪茄烟工人协会……	5	0	0
马鞍匠和马具匠联合会……	4	0	0
(德意志)工人教育协会……	2	0	0
托特纳姆法院路斯波克白铁厂……	0	11	9

——190

244 国际工人协会的领导机构于1864年9月28日在伦敦圣马丁堂召开的协会成立大会上选出,原先叫中央委员会。后来在各个国家开始出现联合国际各支部的各该国的中央委员会,于是伦敦的中央委员会逐渐被称为总委员会。这个名称在1866年日内瓦代表大会上通过的章程中被确定下来。

委员会名称的改变,是在1866年10月13日《共和国》第188号上刊登的关于总委员会例会的报道中宣布的。不过,在随后的几年中,在用英文写的文件中,总委员会的旧名称同新名称并用。这部分地是由于总委员会暂时还继续使用国际活动的头一年中所留下来的有印章和笺头的信纸的缘故。——190

245 1866年夏,为铺设新铁路线,伦敦郊区进行大规模的掘土工程。当营造商瓦林兄弟试图用低工资的比利时工人来顶替当地工人时,引起了英国掘土工人和比利时掘土工人之间的纠纷。总委员会在1866年8月21日第一次讨论这个问题。在有掘土工人联合会书记詹姆斯·李出席的8月28日会议上,总委员会通过了下述决议:"如果掘土工人协会采取步骤在发生冲突的地区建立分会,中央委员会将派一名说比利时语的代表协同掘土工人的代表去说服比利

时工人加入掘土工人协会。"总委员会答应负责运用自己的影响以阻止再运进压低了工资的比利时工人。——190

246　1866年8月，曼彻斯特裁缝业主宣布了关系到700个裁缝的同盟歇业来回答调整各工种劳动时间和工资率的要求。这些要求是在缝纫业扩大使用机器的过程中提出来的。曼彻斯特裁缝曾呼吁马修·劳伦斯担任主席的伦敦裁缝保障协会给予支援。9月12日，业主和工人之间达成了复工的初步协议。——190

247　包佛里街18号的房间是国际工人协会正式机关报《工人辩护士报》的出版者工业报公司于1865年12月以每年10英镑的租金租赁的。总委员会利用这个房间开会，当二房客，一年付5英镑。1866年9月29日，报纸编辑部迁往滨河区282号。总委员会继续使用包佛里街18号的房间直到1867年6月25日。——191

248　指代表总委员会出席1866年9月3—8日举行的国际日内瓦代表大会的各委员。

　　日内瓦代表大会共有60名代表出席，分别代表在英国、法国、德国和瑞士的国际协会各支部和工人团体。海尔曼·荣克担任主席。由1865年9月伦敦代表会议批准的代表大会的议程共有11项。马克思未能去日内瓦。他起草了《临时中央委员会就若干问题给代表的指示》，对国际的最初的纲领性文件作了详细的阐述，使之更加明确。《指示》曾作为总委员会的正式报告在日内瓦代表大会上宣读。掌握大会1/3票数的蒲鲁东主义者反对马克思的《指示》，并在一个专门文件（《意见书》）中提出了包括代表大会各项议程的包罗万象的纲领。在马克思《指示》的九点中，有六点被大会通过为如下决议：关于国际联合行动，关于缩短工作日，关于童工和女工，关于合作劳动，关于工会以及关于常备军。代表大会还通过了约翰·菲力浦·贝克尔关于波兰问题的决议，批准了国际工人协会的章程和条例。

　　卡特、奥哲尔、埃卡留斯和荣克作为总委员会的代表出席了日内瓦代表大会，杜邦代表伦敦的法国人分部，劳伦斯代表伦敦裁缝协会，克里默代表伦敦木工协会出席了大会。——191

249　在1866年8月21日总委员会会议上，威廉·克里默和弗里德里希·列斯纳提出了规定更为低廉的国际邮资率的要求。克里默在提出决议案时强调，现行的高邮资率严重妨碍建立各国工人之间的接触。总委员会决定："请日内瓦代表大会的各位代表向各自的政府力陈建立国际和海外邮资制度的必要性和优越性。"——191

250　这是指一小群法国大学生和工人，布朗基的信徒，他们来参加日内瓦代表大会而没有携带任何全权证书。其中有个叫普罗托的在9月3日代表大会第一次会议上发了言，坚称他们应该有表决权。他谴责巴黎委员会委员托伦和弗里布尔支持波拿巴分子。资产阶级共和派先前曾一再提出过这种指责。由于伦敦代表们的坚持，会议作出决定，允许这些布朗基的支持者参加代表大会，有发言权但没有表决权。然而，这并没有使他们满意，他们退出了代表大会。——193

251　参看注释167。——194

252　在下一次总委员会会议上听取了访问模具制造工人的代表团的报告。——195

253　参看注释153。——195

254　指马克思的《临时总委员会给代表的指示》。——196

255　格留特利联盟（Société Du Grütli）是瑞士小资产阶级改良主义组织，作为工人和手工业者的教育团体建立于1838年。——196

256　国际工人协会伦敦代表会议是在1865年9月25—29日举行的。出席会议的是总委员会委员和各支部的领导人。

代表会议听取了总委员会的报告，通过了它的财务报告和将要召开的代表大会的议程。伦敦代表会议在国际形成为一个组织的最初年代起了巨大的作用。它是在马克思的领导下筹备和举行的。

在1865年9月29日举行的代表会议最后一次会议上，讨论了有关组织和财务的几个问题，通过了规定国际的各国支部对总委员会的财务义务的决议。按照这个决议，法国各支部应捐款40英镑。——197

257　按照1866年日内瓦代表大会通过的国际工人协会章程的规定，由代表大会选出的总委员会从其委员中选出为处理各种事务所必需的负责人员。总委员会英国委员提名马克思为主席，是向法国蒲鲁东主义者的挑战，法国人曾试图使日内瓦代表大会采纳如下意见：不直接从事体力劳动的人，既不能在工人阶级组织中担任正式职务，甚至也不能接纳他们入会。——197

258 选举彼得·福克斯担任总书记以替代担任这个职务已两年的威廉·克里默一事，表明了工联的改良主义领导人在国际中央机构中的地位削弱了。马克思1866年9月26日在给恩格斯的信中写道："在昨天的中央委员会会议上，出现过各种各样的戏剧性场面。例如，当福克斯而不是克里默被委任为总书记时，克里默先生大吃一惊。他费了好大劲才抑制住自己的怒火。"（参看《马克思恩格斯全集》中文第1版第31卷第256页。）——197

259 参看注释6。——198

260 指国际各附属团体应交捐款的确切数额。——200

261 木工和细木工联合会感谢总委员会派代表团访问他们的信件，是在1868年10月9日总委员会会议上宣读的。

木工和细木工联合会（The Amalgamated Society of Carpenters and Joiners）建立于1860年，是最大也是对伦敦工联理事会最有影响的工联之一。它的总书记罗伯特·阿普尔加思从1868年起成为总委员会积极的委员。尽管该会的许多地方分会先后加入了国际，但是该会作为整个组织加入国际的问题从未解决。——200

262 沙尔·龙格是在1866年1月16日总委员会会议上被委任为比利时通信书记的。——201

263 《淘气》（*L'Espiègle*）是反波拿巴主义和反教权主义的讽刺周报，起初用佛兰芒文、随后从1865年起用法文在布鲁塞尔出版。参加该报编辑部的有同在伦敦的法国小资产阶级流亡者，特别是同伦敦的法国人分部中敌视马克思的分子有联系的法国流亡者。该报以刊登这些流亡者的意见为特点。——201

264 《左岸》（*La Rive Gauche*）周报，1864年10月20日至1866年8月5日由一群法国流亡者即左派共和党人和布朗基主义者在布鲁塞尔出版。沙尔·龙格是它的编辑之一。保尔·拉法格、塞扎尔·德·巴普等国际会员为该报供稿。它经常发表国际的文件，刊登关于国际活动的报道。——201

265 《人民论坛报》(La Tribune du Peuple)，是比利时民主派的报纸，1861年6月至1869年4月在布鲁塞尔出版。该报是由一群工人、小资产阶级知识分子、空想社会主义的拥护者、无神论团体"人民协会"的会员创办的。从1865年8月起，该报实际上成了国际在比利时的机关报，而从1866年1月起成为正式机关报。德·巴普、拉法格等国际会员曾为该报撰稿。

《人民论坛报》没有发表关于召开代表大会的报道。1866年9月2日第35号上刊登了一则评论，表明编辑部并不知道代表大会开会的日期。——201

266 曾参与国际比利时支部活动的比利时民主派莱昂·封丹，参加了1866年6月26日在伦敦举行的总委员会会议。——201

267 指总委员会于1866年4月17日通过的决议。——202

268 蒲律东和巴松曾于1866年4月17日被委任为总委员会在波尔多的通讯员。——202

269 国际维埃纳分部书记马尔什瓦尔在1866年9月26日的信中写道，在维埃纳，占人口1/3的25000人是在织布厂就业。工人（包括男工和女工）本已恶劣的条件，由于"工人手册"制度而更加恶化了。这种"手册"由雇主填写，并经警察审查。要是没有这种"手册"，工人就不能离开工厂，也不能另找工作。马尔什瓦尔的信由福克斯译成英文，发表在1867年6月8日《工人报》第11号上。——202

270 指1864年11月—1867年7月用英文和法文在伦敦出版的周刊《国际信使》(The International Courier 和 Le Courrier International)。1867年，该刊是国际的机关报。它的编辑、侨居伦敦的法国民主主义者约瑟夫·科勒特当时还出版过英文周刊《工人报》(The Working Man)。1867年，所有这三种期刊都曾定期刊载总委员会的文件和国际活动的报道。——202

271 1867年世界博览会于4月1日—11月1日在巴黎举行。在1862年伦敦世界博览会期间，各种资产阶级慈善家和社会改革家，包括某些接近拿破仑第三政府的人物和英国自由党在内，都试图利用各国工人对科学技术日益增长的兴趣，把他们置于自己的影响之下。这次博览会，总委员会和巴黎支部的领导人也竭力利用外国工人到巴黎访问的机会，来加强国际联系和促进国际工人

协会思想的传播。——203

272 关于在法国边境没收国际日内瓦代表大会文件的详细情况,见总委员会的声明《法国政府和国际工人协会》。——204

273 达希是由加里波第担任名誉主席的切里尼奥拉工人互助会选为出席日内瓦代表大会的代表的。委任书的日期是1866年9月15日。——204

274 贝克尔1866年9月3日在日内瓦代表大会开幕式上发表的讲话,全文刊载在1866年9月《先驱》第9期上,并以活页发行过。英译文刊登在1866年12月29日《共和国》第199号上。

《先驱》(Der Vorbote)月刊,是瑞士的国际德语支部的机关报,1866—1871年在日内瓦出版;贝克尔是它的主编。《先驱》总的说来执行了马克思和总委员会的政策,定期发表国际的文件,报道各国国际支部的活动情况。它在德国广泛发行,大力传播国际的思想。——204

275 法国小资产阶级政论家皮埃尔·韦济尼埃因为写了几本反对拿破仑第三的小册子,1866年7月7日在比利时被捕,并以对外国君主谋叛罪被比利时政府起诉。——204

276 英国理发师争取早打烊协会致大陆同行工人兄弟的呼吁书,发表在1866年10月13日《共和国》第188号上。呼吁书说:"得到国际协会总委员会的批准,我们要求你们给我们以热诚支援。"

1866年10月21日《天民论坛报》第42号刊登了编辑部的下述通告:"伦敦理发师为争取缩短工作日刚宣布罢工。为此,国际协会总委员会要求我们告诫外国工人,要反对雇主可能[要招募他们]的一切图谋,这是一个团结一致的问题。"——204

277 显然,这是指裁缝业主的一次会议,这次会议导致1866年9月成立全国裁缝业主协会。这个协会联合了200多家厂商的代表,其目的是通过交换情报和规定固定的工资率来反对罢工,据此,雇主们得以同工人达成协议而无须顾及他们是不是工会会员。——205

278 这个文件是巴黎支部为日内瓦代表大会准备的。文件详细说明了蒲鲁东主义者在工人斗争的主要问题上的观点,并得到了里昂支部和鲁昂支部的支持。

它作为法国代表的报告在9月4日上午和晚间的会议上向代表大会宣读了。《意见书》的全文于1866年9月以"日内瓦代表大会。法国代表的意见书"为题在布鲁塞尔出版。——205

279 1866年6月在工联代表们的设菲尔德代表会议上,决定成立全国联合工联(联合王国工联组织联合会)以协调反对同盟歇业的斗争。马修·劳伦斯作为裁缝协会的代表,被选为起草联合会章程的委员会成员。这个章程在1867年1月1—4日曼彻斯特代表会议上通过。联合会拥有53个工联,会员总数近6万人,一直存在到1870年底。——206

280 指总委员会上次会议通过的决议。决议规定:以法人资格加入了国际协会的各团体的捐款额,应为每个会员每年半便士。——207

281 根特出版的工人报纸《劳动报》,在它的1866年9月30日第3号上,摘要转载了9月份的合作社月刊《劳动公报》(1866年8月起在布鲁塞尔和巴黎出版)上关于日内瓦代表大会的报道。关于总委员会的选举,报道说:"委员会全体委员,除一人因其对法国代表的诽谤而被一致决定开除出总委员会外,全部再次当选。"——208

282 总委员会欠印刷所主人约翰·利诺的债款是9英镑8先令(参看见本卷资产负债表中1866年4月28日—9月1日部分)。——208

283 这是指1860年5月在伦敦举行的工联代表会议上第一次选出的伦敦工联理事会。理事会领导成千上万会员的伦敦各工联,它在英国工人中相当有影响。下列大工联的领导人在理事会中起了巨大的作用:木工和细木工联合会(阿普尔加思)、鞋匠协会(奥哲尔)、泥水匠协会(科尔森)和机械工人联合会(阿兰)。总委员会尽了最大努力吸引广大英国工人群众加入国际,并致力于一方面使各地基层工联组织加入国际,另一方面促使伦敦工联理事会加入国际作为一个英国支部。马克思1866年10月13日给路德维希·库格曼的信中写道:"英国伦敦工联理事会(他的书记就是我们的主席奥哲尔)现在正在讨论是否宣布自己为国际协会英国支部的问题。如果它这样做,那么这里的工人阶级的领导权从某种意义上说就会转移给我们,而我们就能够把运动大大地'向前推进'。"(参看《马克思恩格斯全集》中文第1版第31卷第536页。)

参加伦敦工联理事会会议的代表团的报告,在下次会议上宣读了。——208

284 《合作者》(*Cooperator*)周报由亨利·皮特曼于1860—1871年在曼彻斯特出版。——208

285 尽管有总委员会的这个决议,巴黎委员会还是在1866年末出版了《国际工人协会章程》。他们转载了巴黎支部蒲鲁东主义的领导人在1865年1月出版的第1版的原文,其中有许多不确切和歪曲的地方。特别是章程序言部分的第三段"因而工人阶级的经济解放是一切政治运动都应该作为手段服从于它的伟大目标"一句中,"作为手段"几个字被删去了。

与此同时,巴黎支部出版了自己的章程——《巴黎支部条例》。这两个文件都是巴黎红色印刷所出版的。——209

286 杜邦刊登在1867年1月6日《法兰西信使报》第1号上的通讯,表明已加入国际的掘土工人联合会拥有28000会员。——210

287 在纽约的一群政治流亡者致爱尔兰革命的芬尼亚社社员的领袖之一詹姆斯·斯提芬斯的宣言的全文,也刊载在1866年12月9日《人民论坛报》第49号上。宣言表示"完全同情由共和主义爱国者詹姆斯·斯提芬斯可敬佩地领导着的爱尔兰运动"。——210

288 显然是指1866年10月20日举行的常务委员会会议上决定在比利时报纸上发表的下述声明:

"由于要求中央委员会更正关于日内瓦代表大会的新闻报道中有关事实上的错误,中央委员会宣布:这些报道是在没有了解保存在委员会手中的原始文件的情况下起草的;为了获得关于代表大会活动情况的确切情报,必须有待于委托委员会起草的报告正式出版。

受伦敦中央委员会的委托,

保·拉法格。"

这个声明发表在1866年11月4日《人民论坛报》第44号上。——211

289 除会员证外,国际的地方支部还使用过会员手册,手册上全文转载了章程和条例,有几页用来登记会费和从互助会收到的贷款。在法国,会员手册曾被广泛使用。

由于国际法国各支部的多次请求，常务委员会决定在伦敦用法文以手册形式出版日内瓦代表大会上通过的章程。既然代表大会的文件已被法国警察没收，并且当时还没有弄回来，那就必须重新准备法文的章程和条例。这个工作是由马克思和拉法格完成的。由马克思开头而由拉法格继续完成的手稿保存下来了，它的文字同1866年11月在伦敦出版的《国际工人协会。章程和条例》小册子是一致的。在出版的1000册中，运往法国的800册在法国边境上被没收了，这一版没有传播开来。——212

290 关于1866年10月17日举行并有总委员会代表团出席的工联理事会会议的报道，1866年10月20日发表在《共和国》第189号和《蜂房报》第262号上。

报道中说："一个代表团访问了理事会，其目的在向理事会说明工联理事会同国际协会的联合可能是互相有利的。提出了许多有说服力的论据来支持这个建议，这些论据已载入报告，供工联的代表们考虑决定。"——212

291 全国改革同盟（The National Reform League）是由一群以布朗特尔·奥勃莱恩为首的宪章主义者于1849年在伦敦建立的。它的纲领是：要求普选权和一系列包括土地国有化、货币改革、教育改革等在内的社会措施。在19世纪60年代中期，同盟仍然联合了许多前宪章主义者（米尔纳、哈里斯、默里兄弟等人）。全国改革同盟主席阿尔弗勒德·沃尔顿早在1865年就同总委员会建立了联系。同盟加入国际的问题是在1866年10月30日、11月6日和1867年2月5日的会议上讨论的，并决定赞成加入。——212

292 1866年11月4日《人民论坛报》第44号刊登了下述短文：

"伦敦，黄金广场，1866年11月2日。

公民们：伦敦的编筐工人同他们的雇主发生了冲突。后者要摧毁工人的团体，以便更多地剥削他们。为此目的，有一位帕克尔先生日内要去比利时雇用比利时的编筐工人，以迫使英国工人屈服。这类计划一定要靠加强我们的组织性和团结一致来打败。比利时工人应该履行自己的义务，抵制这位代理人，从而使得他们的英国兄弟能够提出自己的正义要求。这将是使大捷在望的一场小决胜。

> 致兄弟般的问候，
>
> 中央委员会委员，比利时通讯书记　亚·贝森"

1866年11月《先驱》第11期发表了如下短文：

> "在伦敦的中央委员会通知我们，理发师和编筐工人正在罢工……无须告诫在这些行业里就业的德国工人和瑞士工人，他们不会受雇去伦敦做工，因为他们并不想出卖他们英国同志的利益。"——214

293　在1866年10月底以前，《共和国》定期刊登总委员会的广告，提醒国际协会会员缴纳1866年会费的期限，并邀请他们出席每星期二举行的总委员会会议。1866年11月，征收会费的一段文字，代之以为集资出版日内瓦代表大会（1866年）记录的募捐呼吁书。——215

294　访问弹性织品织工协会的代表团所作的报告是在总委员会下一次会议上宣读的。——217

295　指1866年10月23日总委员会会议任命的负责安排英国工人参观1867年巴黎世界博览会的特别委员会。——217

296　日内瓦代表大会的详细报告发表在1866年9、10和11月的《先驱》第9、10、11期上。——217

297　英国理发师致大陆同业工人兄弟的呼吁书的法译文，刊载于1866年10月28日《人民论坛报》第43号上。——217

298　法文报纸《合作报》（*La Coopération*）是受资产阶级共和派影响的工人合作社的机关报；1866年夏季—1868年底在巴黎每月出版两期。报头下标有"社会进步机关报"。该报是《联合》（*L'Association*）杂志（巴黎—布鲁塞尔，1865—1866年）的续刊。1869年由《改革报》（*La Réforme*）接替，在巴黎出版，但不久就停刊了。——217

299　根据韦斯顿的反对意见，1866年11月10日《共和国》第192号补登了下述通知：

> "国际工人协会。
>
> 总委员会已考虑通过一项免去长期缺席的委员名单的决议。兹通知：上述问题将于下星期二的总委员会会议上予以讨论，或将作出决定。"——218

300 1866年9月23日，出席日内瓦代表大会的代表在拉绍德封举行了一次集会，纳沙泰尔、松维利耶和圣伊米耶的支部代表出席了这次会议。库勒里作了代表大会工作情况的报告。——219

301 大卡片指1865年总委员会通过的各工人团体加入国际协会的申请书的规格。与这种申请书规格（16×8.5厘米）不同，还有另外一种略微更大的规格。申请书上印刷的文字，以及团体的名称、地址和日期（均须填写）都安排在一张适于墙上悬挂的大卡片上。现在还保存着一张泥木匠协会1865年2月21日被批准加入国际作为附属分部的卡片。——220

302 1866年末，克里默作为改革同盟的代表沿英格兰东海岸（诺威奇、达勒姆、雅茅斯等地）作了一次旅行。他的旅行报告刊载于1867年1月19日《共和国》第202号上。——220

303 在改革同盟活动的高潮时期，它在伦敦和英国其他城市拥有众多的分会，整个组织由委员会和更小的执行委员会领导。

被总委员会拒绝的约翰·黑尔斯的建议，其要点是在英国（根据领土范围）建立国际的独立支部，在一国范围内联合为联合会委员会，与总委员会分离开而独立存在。其时，1864年英国采取的组织形式——各工人团体集体会员和整个工联都同总委员会直接联系——一直在英国无产阶级中为国际提供了最大可能的基础。直到1871年秋，总委员会一直执行着不列颠联合会委员会的职能；总委员会对英国各工人组织有广泛的代表性，能够在英国更有效地影响工人，吸引他们参加同其他国家工人的联合行动，用无产阶级国际主义精神教育他们。——221

304 万国旅行社在《共和国》和其他工人报纸上刊登了筹办工人廉价集体旅行和参观1867年巴黎世界博览会的广告。——221

305 《国际信使》编辑约瑟夫·科勒特曾在伦敦经营国际合作印刷所，该所接受总委员会的委托，出版了法文的章程和条例。——223

306 伦敦工联准备于1866年11月28日举行全体代表的会议，讨论伦敦工联理事会加入国际的问题。这次有40名代表出席的会议，到1866年12月12日才在老贝利区贝尔旅馆举行。由于没有时间，总委员会代表团没有讲话。荣克、列斯纳和黑尔斯又出席了12月19日的下一次代表会议。在他们讲话之后，通过了下述决议："工联理事会被授权同国际工人协会委员会商议，拟定一个为合作奠定基础的方案，将这个方案提交给为此目的将要召开的一次伦敦各工联的代表会议。"这些会议的详细报道刊载于1866年12月15日和22日《共和国》第197和198号上。——224

307 《合作劳动者报》（*Le Travailleur Associé*）是一家关于工人合作的小报，1866年开始在根特（比利时）出版。——225

308 米迦勒节（Michaetmas Day）即9月29日，是英国四大结账日之一，在这一天交付第三季度租金。——228

309 关于由掘土工人联合会举办的晚会，以及总委员会委员荣克和卡特出席晚会的报道，刊载于1866年12月15日《共和国》第197号上。——229

310 这封信显然来自热那亚工人合作社联合会的领导人之一卡内萨。北意大利工人协会年会起初计划在巴勒莫举行，后来又计划在威尼斯举行，但是1866年和1867年都没有开成。——230

311 从总委员会记录本中看不出切扎雷·奥尔西尼曾经被选进总委员会，他的名字在总委员会委员的任何名单中也都没有出现过。——230

312 从杜邦1867年12月1日写给马克思的下述便条可以看出，常务委员会早就做了关于刊印日内瓦代表大会记录的筹备工作：

  "亲爱的马克思：我读了记录，觉得其中有些错误。如果您不能出席今天晚上的小委员会会议，请费心由邮局把记录寄来，因为我们没有它就什么也干不成。

  祝您的一家好。

         忠实于您的 欧仁·杜邦。"——230

313 指马克思1864年10月写的《国际工人协会成立宣言》。——231

314 访问马车修理匠和马具制造匠协会的总委员会代表团的报告，是在1867年2月26日总委员会会议上宣读的。——233

315 关于伦敦工联理事会加入国际的问题，由于反对加入的理事会改良派领导人同参加1866年12月12日全体代表的会议的基层工联的代表之间的斗争，再

三延期讨论。后来终于在1867年1月9日和14日伦敦工联理事会会议上决定不加入。——234

316 《法兰西信使报》(Le Courrier Français)是1861—1868年在巴黎出版的左派共和党人的报纸,起初为周刊,从1867年6月起改为日报;蒲鲁东主义者奥·韦莫雷耳从1866年5月20日起担任编辑。从那时起,该报实际上成了国际在法国的机关报。因此,它曾发表过国际的文件和杜邦从英国寄来的报道。它也刊登过保尔·拉法格和劳拉·拉法格翻译的马克思《资本论》第1卷德文第1版的序言。——234

317 指刊载于1866年11月1日《两大陆评论》上的资产阶级政论家路·雷博写的《工人的政治经济学》,载于1866年10月15日《现代评论》上的资产阶级政论家日·埃·阿洛写的《社会主义的新变种》,以及1866年12月《双周评论》第37号上的社论等文章。——235

318 伦敦的周报《雷诺新闻》(Reynolds's Newspaper)于1850年由激进派和宪章运动右翼领袖之一雷诺创办。该报经常发表关于工人生活的文章,但推行企图把工人运动置于其影响之下的资产阶级激进派的政策。——238

319 指日内瓦支部的一位以笔名卡尔德闻世的会员波兰人茨韦尔查凯维奇起草的日内瓦代表大会的报告。它的小册子《国际工人协会1866年9月3—8日在日内瓦举行的工人代表大会》于1866年9月在日内瓦出版。——239

320 指到1866年9月1日为止的总委员会的资产负债表。——239

321 关于1867年1月22日波兰人大会的通告是以传单形式发表的。——239

322 指1866年初建立的伦敦图案绘制和木版雕刻工人保障协会。——240

323 指的是1865年秋成立的伦敦的法国人分部。除了无产阶级革命派会员(杜邦、荣克、拉法格)以外,它还包括小资产阶级流亡者(维克多、勒·吕贝和后来的费里克斯·皮阿)。——240

324 代表团访问马车制造匠友爱协会的报告于1867年1月15日总委员会会议上提出。——241

325 1866年9、10、11月的《先驱》第9、10、11期上刊载的日内瓦代表大会的报告,英译文刊登在1866年12月22日和29日,1867年1月5日和26日、2月2

326　日和3月16日的《共和国》第198、199、200、203、204和210号上。——241
326　1867年1月21日在兰贝斯温泉由G. M. 墨菲主持的掘土工人联合会第一次全体年会，听取了书记的报告，报告说明了该会已有14个分会，拥有约800名会员。会议的报道刊载于1867年1月26日《蜂房报》第279号上。——241
327　指的是由改革同盟筹备的群众示威。——241
328　邀请总委员会代表团出席1867年1月9日星期三的伦敦工联理事会会议的邀请书，是由奥哲尔以伦敦理事会书记的名义送来的。——241
329　指的是1858年2月19日的法律。这项法律规定政府和皇帝：有无限的权力，把所有被怀疑为对第二帝国持敌视态度的人放逐到法国各地和阿尔及利亚，或者完全驱逐出法国国境。——243
330　1867年1月16日，改革同盟各分会的代表和各友好组织的代表在伦敦新人街剑桥大厅开会，讨论联合筹备群众示威事宜。在出席会议的组织中，1867年1月19日《蜂房报》第275号曾提到国际工人协会。——247
331　木版雕刻工人协会的代表团出席了总委员会的下一次会议。——247
332　由总委员会同波兰流亡者联合会中央伦敦支部联合组织的纪念1863年波兰起义四周年的大会，是1867年1月22日在伦敦剑桥大厅举行的。正如总委员会记录以及刊载于伦敦各报，如1867年2月《先驱》第2期，1867年1月31日和2月10日的波兰报纸《自由之声》第129和130号上关于大会的报道所表明的，马克思积极参加了大会的组织和工作。马克思在会上演说的草稿被保存下来了。提交给这次大会的四项决议的全文，印成了专门为这次大会散发的传单。——249
333　显然指总委员会向1867年洛桑代表大会的报告中提到的考文垂织带工人协会。——250
334　访问装订工人协会的代表团的报告于1867年2月5日由荣克向总委员会会议提出。——250
335　索恩河畔弗勒鲁的贝尼埃尔1867年1月19日的来信是寄给杜邦的，并发表在3月3日《未来呼声报》第9号上，这封信通知总委员会，那里成立了一个消费合作社，名称为国际工人协会煤店。——250

336 如总委员会向洛桑代表大会的报告所表明的，在王冠饭店集会的马车修理匠协会已加入了国际。——251

337 1867年2月11日在伦敦举行的改革运动的群众性示威游行，是由改革同盟和伦敦工联理事会，以及伦敦的其他工人组织共同组织的。将近25000人参加了示威，大多数是工人。游行结束时举行了一些群众大会，通过了决议，抗议保守党政府所提出的片面的改革法案。——252

338 日内瓦支部委员会委员卡尔德在他1867年1月23日致荣克的信中，急切地请求总委员会加速出版日内瓦代表大会记录的工作。卡尔德还建议总委员会讨论保险机构的问题，并强调工人必须组织自己的保险机构，摆脱雇主们的监护。——252

339 1867年2月初，马谢讷（比利时的沙勒罗瓦附近）的矿工举行了罢工，抗议降低工资10%和实行较短的工作周。罢工人数迅速增加，但被派来镇压罢工的正规军驱散了。

就枪杀比利时矿工和钢铁工人事件，总委员会发出了《致大不列颠矿工和钢铁工人》的呼吁书，号召他们支援警察暴行下的蒙难者。呼吁书是埃卡留斯起草的，并刊载于1867年3月13日《国际信使》上。由于这个呼吁书，死难者的家属得到了现金支援。——254

340 参加日内瓦代表大会的巴黎代表团包括11名工人：布尔顿、瓦尔兰、吉雅尔、卡梅利纳、居尔坦、弗里布尔、马隆、缪拉、佩拉桑、托伦和舍马勒，他们全都被选进了新的委员会。在给总委员会的这封信中，巴黎委员会强调领导权要保持在蒲鲁东主义工人的手中。

为了抢在总委员会之前来筹备年度代表大会（这是总委员会的职责之一），巴黎委员会早在1867年2月就提出了下列各项作为洛桑代表大会的议程：（1）互助主义是社会关系的基础；（2）资本与劳动；（3）男女的社会平等；（4）国家的定义和作用。——255

341 1867年2月16日《国际信使》（法文版）第7号，发表了1866年日内瓦代表大会的记录。鉴于大量的需要，代表大会记录的第一部分在1867年3月9日出版的三期合刊（第3、9、10号）上再次刊载。——255

342 1867年2月，巴黎巴伯迪耶纳厂的青铜匠举行罢工，要求修改原定的计件工资。1月25日，巴黎青铜匠信用互助会向自己的会员发出了一个通知，号召他们准备全面罢工以示声援。为了对抗罢工，120家企业的老板于2月14日集会，通过了一项决议，以同盟歇业相威胁，要求在2月25日以前解散互助会。2月24日举行的约有3000名青铜匠参加的全体大会决定同雇主们进行斗争；青铜匠互助会立即专门派遣了一个代表团去伦敦，向总委员会报告有关情况。代表团包括卡梅利纳、肯纳和瓦尔登，外加上托伦和弗里布尔。没有等到总委员会的例会，荣克、杜邦和常务委员会的另几位委员就开始募捐支持巴黎工人，并将下述包括弗里布尔的信的一部分的呼吁书送给了伦敦各家报纸。呼吁书刊载于1867年4月6日《工人报》第4号上。

"先生：我收到了国际工人协会执行委员会来的一封信，是关于在巴黎准备要对1500名青铜匠实行同盟歇业的问题。我从这封信中摘录下述几段送给你们。

国际工人协会法国书记　欧仁·杜邦

2月27日于巴黎

我们以协会的名义请求你们大力支援为数众多的巴黎工人，他们通过国际协会向他们的伦敦兄弟们提出要求。

计有5000人的青铜匠，大约在一年前，按英国工联的榜样并持同样的宗旨，成立了工联。

你们能够容易想象得到，这样一个团体，一开始就被老板们视为眼中钉，因此，他们决定一有机会就要将它置于死地。他们从这个团体不久前向五家老板提出的要求中找到了对它开战的借口。资本家的联合会成立了，其原则是要求工人抛弃他们的团体，否则就离开作坊。这个协定一成立，就有87家青铜器作坊立即开除了1500名工人。后者应该屈服吗？显然不应该。我们只能赞许他们的这种精神。

这个团体正在发给每个失业工人每星期20法郎（16先令），但"困难重重"。在同盟歇业开始的时候，它的金库里大约有35000法郎（1400英镑），但是这笔钱现在减少到大约20000法郎（800英镑）了。

他们需要贷款的援助,如果你们的同事能够使他们获得10000—15000法郎(400—600英镑)的贷款,这次同盟歇业的后果就不足为虑,企业主联合会的领袖巴伯迪耶纳先生和维克多·帕拉先生将立即发现他们自己是孤立的,不得不作出让步。

这个团体要是能够每个月再给工会大约5000法郎,工会就会取得进展。

巴黎的各工会正准备尽其所能来支持青铜匠,但是国外的援助,不管从哪方面说,都是极其宝贵的。

请记住,老板们是不能够长期坚持下去的,如果你们有成效而又不失时机地满足我们的请求,我们就会获得巨大的胜利。

上述这个团体已经是工会争取增加工资的手段。老板们同他们进行的这场斗争是一场生死斗争。如果老板们成了胜利者,这个团体也就完了,因而一切本来有可能实现的改良也就完了;另一方面,如果获得胜利,其结果也是不可预计的。

求您赶紧请英国工人不必拘泥于礼仪,以高卢人的冲劲来行动。这就是我们祈望于他们的。

我们听说,国际工人协会中央委员会收到这个呼吁书后,就派遣代表访问了各工会团体,工联理事会在其上次会议上已为同样的目的对这些代表委以全权。"——256

343 刊登于1867年3月10日《法兰西信使报》第10号上的杜邦的通讯说明,有400名会员的伦敦日工装订工人协会决定给巴黎青铜匠捐赠125法郎,并借给250法郎。——256

344 根据总委员会的倡议在3月4日星期一专门召开的伦敦工联理事会会议,听取了巴黎青铜匠派来的三位代表的报告,并一致通过了下述决议:

"发给国际协会证书,由它呼吁各工会团体援助巴黎的青铜匠。"

这个决议刊载于3月9日《蜂房报》第282号和《共和国》第209号上。——256

345 这项决议是由常务委员会通过的,针对的是小资产阶级政论家韦济尼埃以及与韦济尼埃有联系的勒·吕贝,攻击巴黎支部领导人同波拿巴分子合作(日

内瓦代表大会后再次进行了这样的攻击)。——257

346　国际伦敦法国人分部的这次会议,是在巴黎支部由于巴黎青铜匠罢工而派出的代表团于1867年3月初到伦敦来的时候举行的。——257

347　关于总委员会代表访问制革工人协会的问题,在1867年4月2日和7月30日的总委员会会议上又提出来讨论过。——258

348　显然指德意志工人教育协会,它是由卡尔·沙佩尔、约瑟夫·莫尔和正义者同盟另几位领导人于1840年2月在伦敦建立的。这个协会在其存在的早先几年深受威廉·魏特林的空想平等共产主义的强烈影响。随着共产主义者同盟的成立,协会的领导完全过渡到同盟的地方支部手中。教育协会同英国的社会主义者和宪章派,以及"民主派兄弟会"和法国社会民主党人的组织有密切的联系。1847年和1849—1850年,马克思和恩格斯积极参加了协会的活动。1849年11月—1850年9月,马克思在这里作了一系列关于政治经济学和《共产党宣言》基本思想的演讲。

在马克思和恩格斯领导下的共产主义者同盟中央委员会多数派同宗派主义冒险主义少数派(维利希—沙佩尔集团)之间的斗争中,协会支持少数派。因此在1850年9月17日,马克思、恩格斯和他们的许多拥护者退出了协会。50年代末,马克思重新参加了协会的工作。

除了设在索霍区拿骚街2号该协会会员亨利希·博勒特酒馆内的总部之外,在60年代,协会在伦敦的东区和南区还有两个分会,即:和谐协会和条顿尼亚。国际成立后,协会的许多会员——埃卡留斯、考布、列斯纳、博勒特、罗赫纳等人被选进了总委员会,他们在总委员会里起了显著的作用。1865年1月10日,德意志工人教育协会以法人身份加入了国际,作为伦敦的德国人支部。——258

349　参加4月10日白铁匠会议的代表团的报告,是在1867年4月16日举行的总委员会会议上作的。——260

350　由于已开始组织将于1867年9月在洛桑举行的国际第二次代表大会,洛桑支部起草了一个纯粹蒲鲁东主义精神的呼吁书草稿。呼吁书拒绝共产主义,而主张以互助主义作为国际的基本原则。洛桑支部书记格拉夫1867年3月12

日给荣克的一封详信中写道，该支部无意侵犯总委员会起草代表大会议程的权利，因此它把起草的草稿送交总委员会批准。信里附有呼吁书的校样。尽管它遭到了总委员会的拒绝（总委员会尽了最大努力以防止蒲鲁东主义者把代表大会的筹备工作抓到手里），呼吁书还是在《洛桑支部通报》上刊载了，并在1867年3月24日《未来呼声报》上转载了。——261

351 法国各支部致日内瓦代表大会的意见书刊载于1867年5月18日和25日的《国际信使》（法文版）第20号和第21号上。——261

352 1867年3月1日《工人报》第3号开始刊登马克思的《临时中央委员会给代表的指示》。该报于1867年4月6日（第4号）中断出版。——261

353 曼彻斯特工联理事会是在1866年8月成立的，联合着曼彻斯特和索尔福德的各工会团体。——262

354 总委员会组织的声援巴黎青铜匠的广泛运动，大大地激励了罢工工人的战斗精神，并使雇主们的立场动摇。卡梅利纳等人在1867年3月17日的每周例行全体大会上所作的关于伦敦之行的报告，给人留下特别深刻的印象。这次大会之后，在个别企业里雇主和工人之间开始进行谈判。3月24日，雇主联合会的代表同意了分别工种实行固定计件工资。——262

355 关于巴黎青铜匠罢工的文章，载于1867年3月10日《未来呼声报》第10号。——263

356 伦敦两万火车司机的罢工于1867年3月25日开始。3月26日，杜邦以总委员会名义给巴黎去了一封信，请求在报纸上刊登关于罢工的通告，告诫法国工人要反对雇他们到英国做工的企图。杜邦写道："不论可能向大陆上的火车司机提出什么样的有利可图的建议，他们都必须以国际工人阶级团结的名义予以拒绝。"1867年3月31日和4月7日《法兰西信使报》第13号和第14号以及其他法国报纸，刊登了由巴黎委员会委员签名、包含有总委员会警告的通知。——263

357 指法国代表为日内瓦代表大会写的意见书，其原文转载于1867年5月18日和25日的法文版《国际信使》第20号和第21号上；显然，英译文载于英文版《国际信使》的相应各号上。——264

358 1867年4月30日的布鲁塞尔报纸《人民论坛报》第4号上,刊载了总委员会在布鲁塞尔联合会委员会的通讯员阿尔丰斯·万丹胡亭写的一封信,信上说:"派往伦敦国际工人协会总委员会的雪茄烟工人代表报告说,加入协会的700名工人当中只有600名被雇用……请求比利时报纸将这个消息尽可能广为传播。"——265

359 1867年3月,巴黎裁缝帮工开始了争取提高工资的斗争。3月24日,近5000名裁缝举行了大会,他们在会上选出了一个委员会来组织一个抵抗团体。委员会决定号召于4月1日举行罢工,并获得了伦敦裁缝保障协会的支持,保障协会主席乌修·劳伦斯于3月31日拍电报说:"坚信你们一定胜利。将给你们以一切物质和道义的支援。"这封电报收到了复电,复电说:"巴黎裁缝今天4点钟停止了工作。以人道和博爱的名义向我们的同志——伦敦工人表示敬意。"两封电报都马上通知了马克思。4月11日,劳伦斯和伦敦裁缝协会的另一位代表德鲁伊特在巴黎出席了罢工委员会的会议。——267

360 4月22日在阿尔汉布拉宫举行的裁缝大会的报道,刊载于1867年4月27日《共和国》第216号上。总委员会委员荣克和科勒特向大会讲了话,并告诉大会,布鲁塞尔的裁缝也已号召为提高工资举行罢工。——267

361 1867年4月3日,改革同盟委员会和同盟各分会代表的联席会议,通过了一项由奥哲尔提议的祝贺北德意志人民获得北德意志议会选举中充分代表权的决议。这项决议还向俾斯麦伯爵致谢和致敬,"因为他作为普鲁士首相用坦率、刚毅和崇高的言词表明了一个根据成年男子普选权原则治理的国家一定会产生的幸福和普遍繁荣"。

马克思没有出席总委员会的这次(4月16日)会议,因为他在4月10日去德国了,当时正是《资本论》第1卷在德国准备出版的时候。他是在5月19日返回伦敦的。——267

362 这个决议于1867年4月24日《国际信使》的社论中加以转载。——267

363 这项根据马克思的委托提出的决议,刊载于1867年6月1日《国际信使》第17号上。——270

364 《洛桑支部通报》(*Bulletin de la Section de Lausanne*)是国际洛桑支部在筹备洛桑

代表大会期间每月出版的通报。只在1867年3、4、5月出版了三期。——271

365 1867年3月的《先驱》第3期，发表了萨克森人民党为北德意志议会选举起草的竞选纲领的一部分。——271

366 《美国人》(*The American*)于1867年初开始在伦敦出版。——271

367 邮政大臣的复信在1867年5月14日总委员会会议上宣读。——275

368 面包师傅联合会加入国际的问题在6月25日总委员会会议上又提出来讨论过。

在提交给1867年洛桑代表大会的附属英国工联的名单中没有提到面包师傅联合会。——275

369 杜普莱克斯在1867年5月3日给荣克的信中说到日内瓦支部已选出了新的委员会，这封信所说与前述巴塞尔的来信一致。杜普莱克斯的信中也提到日内瓦委员会请求将下述问题列入洛桑代表大会的议程："产业萧条。它的原因和补救办法。"——276

370 关于战争威胁致柏林和德国工人的公开信，是由里昂支部领导人（阿·里沙尔、阿·舍特尔、路·帕里克斯等人）、维埃纳支部领导人（马尔什瓦尔）和索恩河畔讷维尔支部领导人（欧·贝尼埃尔、路·博德朗）签署的。它发表于1867年5月5日《未来呼声报》第18号和1867年6月《先驱》第6期上。——276

371 由于从1867年4月8日持续到29日的罢工的结果，布鲁塞尔裁缝帮工友爱会取得了增加工资10%的胜利。这多半是罢工期间伦敦和巴黎裁缝的无产阶级国际声援所显示的力量给裁缝业主施加了压力的结果。——276

372 拿破仑第三政府对裁缝帮工友爱团结和互助协会的领导人提起了公诉。这个团体是在巴黎裁缝罢工期间成立的，有2000多名会员；控诉他们未经批准就建立了组织。协会被解散，其领导人被处巨额罚款。——276

373 马赛支部是由白铁匠让·瓦瑟尔于1867年5月组织的。它的章程规定国际的中央委员会应设在伦敦，并设想了下述任务：为失业者找工作、组织信贷和劳动统计。——278

374 1867年4月30日《人民论坛报》第4号刊载了一篇关于制革工人罢工的文

章。文章说:"要不是有他们的布鲁塞尔同志,特别是他们的巴黎同志的友好援助,他们的努力就会徒劳无功。"——278

375 阿尔及尔分部是费耶领导的,存在时间不长。——279

376 1867年3月13日,拉绍德封的国际支部听取了詹姆斯·吉约姆关于简化语音拼写的报告,并认为拼字法改革将在相当大的程度上使它更便于工人获得知识。这个支部宣称是争取表音拼字领域中的改革的表音拼字同盟的一个分会。表音拼字问题包括在洛桑代表大会的议程中,吉约姆作了这个问题的报告。——279

377 1867年4月,伦敦裁缝停止工作,要求在英国各大城市实行统一的计件工资。罢工持续了好几个月,有7000多裁缝参加。——280

378 指1866年日内瓦代表大会通过的组织条例的第一条。

关于总委员会组织国际全体代表大会的特权问题之所以又提了出来,是因为洛桑支部仍然企图把代表大会的筹备工作完全控制在自己的手里。由于蒲鲁东主义者的强烈影响,这个支部与巴黎委员会协同行动,尽其所能来限制总委员会及其无产阶级革命核心的影响。在总委员会这次会议之后,巴黎委员会于6月2日在巴黎举行了有洛桑支部书记格拉夫参加的委员会会议。巴黎委员会决定要求伦敦中央委员会立即公布洛桑代表大会的最后议程。由该委员会委员签名的巴黎会议记录上的一段摘要,刊载于国际的报纸1867年6月16日《未来呼声报》第24号和1867年6月30日《人民论坛报》第6号上。——281

379 正如1867年6月1日《共和国》第221号上发表的关于伦敦工联理事会5月24日和29日会议的报告所表明,这两次会议讨论了对工联的作用和任务组织辩论的问题。这个意见是奥哲尔提出来的。他强调,国际参加辩论,将使它能够讨论它的各个方面的问题——不仅是与英国的情况有关的问题,也包括与大陆上和美国出现的情况有关的问题。他还建议邀请约翰·斯图亚特·穆勒、福塞特、比斯利、哈里逊、拉德劳及其他资产阶级激进派政论家和经济学家参加辩论。工联理事会理事埃德加说,他认为这个讨论是适时的,并将"对现存的关于工联,它的目的、活动方式和工作方法的各种相互冲突的意见

指出正确的方向"。——281

380　资产阶级和平主义的和平协会是战栗教派在自由贸易派积极支持下于1816年成立的。下面提到的亨利·理查德是该会的书记和1848—1851年第一次国际和平大会的组织者。后来，和平协会的会员参加了和平和自由同盟的活动。——282

381　1867年6月2日《未来呼声报》第22号刊载了一篇题为"选举法"的文章，评论英国的选举改革。文章说："英国不久就要同我们瑞士人和法国人一样有投票权了。那时他们将看到，这种权利根本不会使他们的地位发生任何变化，当他们行使这种权利的时候，他们也像我们一样，将懂得自由在投票日并不存在。国家、政党、法律摧毁了个人自由和少数派的自由。"——282

382　1867年6月16日《未来呼声报》第24号发表了荣克6月5日的信，其中一部分说："裁缝仍在坚持罢工，老板们拒绝任何形式的调解，并发誓要摧毁协会（指裁缝保障协会。——编者注）。鉴于此，并考虑到裁缝的要求，中央委员会通过了下述决议：'请求各国支部号召全体工人支援伦敦的裁缝。'你们将作出正确的判断：我们不能让最早加入国际协会并不止一次为国际声援作出优秀榜样的一个团体死亡。"

　　关于伦敦裁缝罢工的消息也发表在1867年6月《先驱》第6期上。——283

383　作为美国通讯书记，福克斯应该把伦敦裁缝罢工一事写信告诉美国，他在6月11日致西耳维斯的信中这样做了。——283

384　因为忙于校阅《资本论》第1卷校样，马克思未能直接参加1867年7月9日总委员会会议上通过的总委员会关于洛桑代表大会的呼吁书英文本的起草委员会的工作。马克思校阅了拉法格起草的呼吁书的法文本；法文本与英文本有很大的不同。英文和法文的呼吁书以传单形式发表：《国际工人协会总委员会呼吁书。致会员和各附属团体》。

　　法文本的德译文印成了传单，标题是："邀请参加9月2—8日在洛桑召开的国际工人协会第二次代表大会"。——283

385　指1859年在伦敦出版的德文周报《海尔曼。伦敦德文周报》（*Hermann. Deut-*

sches Wochenblatt aus London）。——284

386　1867年6月16日《未来呼声报》第24号报道了1834年建立的一个日内瓦最老的团体细木工协会加入国际的消息。它还报道了日内瓦支部和日内瓦雕刻匠与宝石匠协会成立了两个消费合作社。同一号上还谈到了在松维利耶建立合作社的计划，合作社将把生产职能同供应会员原料和消费品的职能结合起来；这个合作社也起储蓄银行和互助会的作用。这个计划是国际松维利耶支部提出来的。——284

387　关于访问机械工人的代表团的问题，在1867年6月25日、7月9日和16日的总委员会会议上又提出来讨论过。——284

388　在1867年6月上半月沙皇亚历山大二世访问巴黎期间，巴黎的工人和布朗基派学生，在有反对派倾向的律师们的支持下，组织了几次同情波兰人民的政治示威。6月4日，示威者在拉丁区（大学区）碰上了沙皇，高呼"波兰万岁！"因为遇到大批的人群，亚历山大二世不得不放弃参观正义宫。这天晚上，示威游行再起，警察进行了逮捕。——285

389　这些决议刊载在1867年6月22日《共和国》第297号上。——285

390　经过删节的这次总委员会会议的记录，刊载于1867年7月13日《工人报》第16号上，其中也记载有总委员会通过的洛桑代表大会的议程。——286

391　关于1867年4—6月间伦敦裁缝罢工的消息，是1867年6月《先驱》第6期和1867年6月30日《人民论坛报》第6号上报道的。——287

392　将在日内瓦举行的资产阶级民主派的和平和自由同盟第一次代表大会，原定于1867年9月5日开幕。这个同盟是在60年代后期正值西欧面临战争威胁的时候，为投合广大小资产阶级和资产阶级知识分子的情绪而成立的。同盟的组织委员会得到了资产阶级激进派和民主派领袖如约翰·斯图亚特·穆勒、维克多·雨果和雷克吕兄弟的支持，但该委员会也认识到同盟的成功将依赖于欧洲工人，而首先是他们的国际组织的支持。这就是为什么该委员会曾邀请国际各支部及其包括马克思在内的领袖们参加代表大会的原因。与此同时，它决定将代表大会的开幕时间延期至9月9日，以便国际洛桑代表大会的代表也能够参加同盟代表大会的工作。

国际对和平和自由同盟的态度,总委员会和各地方支部都讨论过。马克思在8月13日总委员会会议上的发言清楚地说明了国际对同盟的态度,并且为无产阶级组织在民主运动中的策略提供了榜样。——288

393 维埃纳支部只派遣了一名代表——艾奥参加洛桑代表大会。——288

394 福克斯1867年7月3日致马克思的信说明,哈里埃特·罗在这次会议上曾谈到她打算在伦敦建立全国女工协会并加入国际。福克斯写道:"埃卡留斯把她介绍给了伦敦女裁缝的领导人和裁缝执行委员会委员卡罗尔小姐。"——288

395 国际铸工联合会是美国的一个大劳工联合会,在西耳维斯领导下于1859年创立而于1863年最后组成,西耳维斯担任主席。联合会将全国范围内的地方铸工联合会联合起来,并且在英属哥伦比亚和加拿大都有它的组织;它为各地方联合会统一行动而斗争,领导过罢工运动,对巩固全国范围内的工会作了不少努力。——289

396 国际日内瓦代表大会的正式报告曾发表在1867年2月20日,3月13日、20日、27日和4月3日、10日、17日的《国际信使》(英文版)第7—15号;1867年3月9日、16日、23日、30日和4月6日、13日、20日的《国际信使》(法文版)第8—16号以及1867年3—8月的《工人报》上。这些报纸都宣布过准备以小册子形式出版记录。但是由于缺乏经费,记录未能用小册子出版。——290

397 福克斯递给英国邮政大臣蒙特洛斯公爵关于降低国际邮费率的意见书,刊载于1867年8月10日的《工人报》第20号上,并由总委员会负责人奥哲尔、埃卡留斯、卡特、荣克、杜邦、扎比茨基、福克斯和贝森签了名。由于马克思缺席,列斯纳以德国临时通讯书记身份签署了这个文件。福克斯谈到日内瓦代表大会关于委托总委员会向各国政府提出这个问题的决议时解释说,降低邮费率的要求是发展国际联系和工人为寻找工作而经常由一国迁居另一国所必需的。——291

398 指1866年秋在设菲尔德发生的一些工联会员对罢工破坏者所施加的过分处置。政府任命了一个特别委员会来调查这件事,该委员会在1867年进行了几个月的工作,其调查结果被资产阶级报刊广泛利用来诋毁工联和整个工人运动。

日内瓦支部的书记在1867年7月6日致荣克的信中,附有从瑞士资产阶级报纸上剪下来的三张剪报,并请求他寄去一个以能在报纸上发表的文章为形式的答复。——292

399 引述的是发表在1867年7月14日《未来呼声报》第28号上的文章。——293

400 国际里昂分部执委会(阿·里沙尔、布朗克、舍特尔、帕里克斯等人)在1867年春天公布了《里昂工人、国际会员工商业协会的章程草案》,该协会准备拥有几个消费与生产合作社以及一个单一系统的贷款银行。这个计划没有实现。一个注册为股份商社的组织的存在,使该分部有可能顺利定期举行会议。——293

401 沙散是维尔弗朗什支部参加洛桑代表大会的代表。——293

402 刊载于1867年7月20日《蜂房报》第301号上的这次会议的报道中,有如下法国通讯未载入本记录:

"还报道了印染业的一次大规模的同盟歇业。在皮托,尧特曼商行辞退了四个工人,原因是他们是互助会会员。他们工厂的工人兄弟弄清楚解雇的理由后,全体一致要求让被辞退的工人复工。由于这个要求遭到拒绝,他们举行了罢工。但是巴黎、皮托、圣但尼、塞夫尔、圣日尔曼和勒佩克的印染业业主,除了一家马尔西斯与绍凯尔公司外,都让他们的工人在尧特曼工人复工(那四个人除外)之前歇了业。"

刊载于1867年7月20日《共和国》第228号上显然由埃卡留斯写的总委员会会议的报道中,有如下德国通讯未载入本记录:

"宣读了柏林裁缝的来信,宣称雪茄烟工人已开始募捐,一些细木工已参加为伦敦裁缝募捐。一次音乐会的收入,连同捐款,共计达22英镑,此款支票已经收到。下面是柏林报纸上发表的呼吁书的摘要:

'国际工人协会委员会呼吁柏林裁缝给予金钱支援。伦敦裁缝的事,不是施舍,而是义务。他们自觉地进行反对资本的巨大斗争,并且深知他们失败了就会遇上未来岁月的厄运,但将唤起整个劳动居民,至少是在英国,因为这不单纯是裁缝工人和业主之间的冲突,而是劳动反对资本统治的斗争。但愿柏林工人显示出他们也像他们的英国同志一样懂得工人团结的重要性,他们将用经常的捐款来证明这一点。工人的利益到处都是一致的。'"——293

403 1867年7月24日举行的伦敦工联理事会年会的报道,刊载于1867年7月27日《蜂房报》第302号上。显然,马克思未能出席这次会议,因为7月25日他还在写《资本论》第1卷的序言,同一天完稿并寄给汉堡出版社。——294

404 关于纽约德意志共产主义者俱乐部的消息,是弗里德里希·阿·左尔格在1867年7月10日给马克思的信中提供的。这个俱乐部是由德国革命流亡者在1857年建立的,一群前共产主义者同盟盟员和马克思的战友(魏德迈等人)在其中起了相当重要的作用。左尔格向马克思报告了国际在美国取得的成就,并写道:到目前为止,宣传工作还只在德国流亡工人中进行,不过不久就将在当地居民中进行。为此,左尔格要求马克思寄给他英文的文件。——295

405 摘自《女王陛下驻外使馆秘书关于其驻在国工商业情况的报告》伦敦1867年第5号第594—595页。

　　资料本身原有的数字错误保留未动,报纸印错的数字则根据原有资料作了订正。——295

406 7月9日,日内瓦支部全体会议决定赞同和平和自由同盟的纲领,并表示完全信任它的组织者。日内瓦支部的几个会员,包括贝克尔和杜普莱克斯在内,参加了同盟的组织委员会。——297

407 1867年7月14日在瑞士的弗勒里耶举行的资产阶级激进派集会的号召书,发表在1867年7月21日《未来呼声报》第29号上。——297

408 指根据国际会员倡议的于1867年7月21日举行的圣伊米耶工人的代表会议。这次会议准备讨论下列关于组织支付家庭钟表业工人工资的问题:(1)现金支付,不打折扣;(2)分期支付和无资本的承包商同大厂商之间的竞争;(3)合作。关于这次会议的通告刊登于1867年7月21日《未来呼声报》第29号上。——297

409 指全国劳工同盟执行委员会为1867年8月19日在芝加哥举行工人代表大会而发表的致美国工人的呼吁书。——297

410 马克思提出这项建议,是考虑到1867年7月20日的《法兰西信使报》第25

号发表了巴黎支部关于洛桑代表大会致各工人团体的呼吁书。呼吁书中包含巴黎支部在 1867 年 2 月提出的代表大会的议程。这个议程充满了蒲鲁东主义思想,旨在使代表大会不去讨论工人组织的最迫切问题。——297

411　总委员会到 1867 年 8 月 31 日为止的财政年度的资产负债表,刊载于 1867 年 9 月 21 日《蜂房报》第 310 号上。——297

412　和谐协会是伦敦德意志工人教育协会的一个分会。——299

413　1867 年洛桑代表大会的代表名单中,没有波兰人支部的代表。——299

414　卡昂和孔代叙努瓦罗派遣沙尔·龙格为他们出席洛桑代表大会的代表。——300

415　由伦敦工联理事会召集并于 1867 年 7 月 24 日举行的各工联全体代表年会上,木工和细木工联合会执行委员会和该会的一个地方分会的代表们之间发生了冲突。分会代表们在谈及理事会章程第二条时,要求他们应该有权直接选举出席全体代表会议的代表,而不是像现行的这样只是由执行委员会从接近协会领导的几个人中间任命代表。这个要求引起理事会改良派领袖的愤慨,而在地方组织中得到了支持。发表在 1867 年 7 月 27 日《蜂房报》第 302 号上的一位名叫戴维森的工人的一封信中说明了这件事。——300

416　考文垂织带工人出席 1867 年洛桑代表大会的代表是丹尼尔·斯旺。——301

417　刊载于 1867 年 8 月 10 日《蜂房报》第 304 号上的这次会议的报道中,有木工和细木工联合会书记送给总委员会的决议的全文:

"执行委员会诚挚赞赏国际协会委员会为将各国工人联合为一个兄弟联盟所作的努力,渴望在现有允许的情况下尽量帮助这样值得称赞的努力,恳切向该协会委员会力陈我们的衷心同情,并愿意代表我们的团体给国际协会的基金捐款每年 2 英镑。"——301

418　维埃纳支部出席 1867 年洛桑代表大会的代表是裁缝艾鲁。——302

419　原定 1867 年 8 月 16—18 日在巴黎举行的国际合作社代表大会被法国政府禁止了。《先驱》在 1867 年 8 月出版的第 8 期上报道这个消息时,邀请代表大会的代表参加国际洛桑代表大会。——302

420　指订于 1867 年 8 月在芝加哥举行的全国劳工同盟代表大会。同盟是在美国于

1866年8月在巴尔的摩举行的代表大会上成立的。美国劳工运动的著名领袖西耳维斯积极参加了成立同盟的工作。1866年10月，劳工同盟同国际工人协会建立了联系。在同盟的芝加哥代表大会上，特雷维利克被选为出席下一次国际代表大会的代表，但是他未能出席。——402

421 出席洛桑代表大会代表名单中没有伦敦编筐工人协会的代表。——304

422 列斯纳是伦敦德意志工人教育协会出席洛桑代表大会的代表。——304

423 记录上的简略记载没有充分反映马克思主义创始人关于19世纪常备基干军的作用的观点。他们的观点在恩格斯的著作《普鲁士军事问题和德国工人政党》以及他的一系列《战争短评》中有详尽的阐述。——305

424 洛桑代表大会在1867年9月4日会议上讨论了对待和平和自由同盟代表大会的态度问题。由埃卡留斯在会上详加阐述的总委员会关于这个问题的立场没有得到支持。代表大会也没有通过以瑞士记者海弗纳尔为首的委员会的下述提议：他们应该全面和无条件地支持同盟的代表大会，并参加大会的一切活动。经过长时间的辩论，代表大会通过了由托伦和德·巴普提议的如下修正案：

"鉴于战争的第一位的和主要的原因是贫穷和经济失调，为了消除战争，就不能只满足于解散常备军，还必须改变社会组织，以便产品的分配更为合理。只要同盟的代表大会接受上述原则，本代表大会便予以支持。"

下列总委员会委员以个人身份参加了在日内瓦举行的同盟代表大会：杜邦、埃卡留斯、奥哲尔、克里默、龙格和沃尔顿。此外，贝克尔、托伦、弗里布尔、瓦瑟尔、缪拉、库勒里、吉约姆以及法国支部和瑞士支部的其他会员也出席了。总委员会的无产阶级核心关于工人阶级对待战争的态度所持的立场，由杜邦作了说明。他说：

"公民们：工人无疑是持久和平的最热心的拥护者。他们给战场上提供炮灰，也正是他们必须以他们的劳动和不眠之夜来提供军事预算。这样，从这个观点出发，工人需要和平。但是，和平不是原则，而只能是结果。公民们：难道你们以为你们以你们昨天在这里向我们提出的办法就能确保和平吗？……当然不能。为了建立持久和平，就必须废除压迫劳动的法律和一切特权，使所有的公民都成为一个单一的工人的阶级，一句话，接受社会革命及其一切后果。"

杜邦的发言在1867年11—12月瑞士报纸《狄奥仁报》上作为同盟日内瓦代表大会的报道加以转载。——305

425 这是指出席洛桑代表大会代表的选举。哈里埃特·罗在代表大会名单中没有提到。——306

426 改革同盟是在国际总委员会倡议和积极参加下于1865年春在伦敦建立的。它是领导英国工人的群众性改革运动的政治中心。同盟的领导机构——理事会和执行委员会中有六位总委员会委员：克里默、奥哲尔、豪威耳、埃卡留斯、利诺和尼阿斯。改革运动的纲领和对资产阶级政党的策略，是在马克思的直接影响下制定的，马克思为实现英国工人阶级不依赖于统治阶级政党的政策而斗争。由于马克思的坚决主张，改革同盟不像资产阶级那样只要求房主的选举权，而提出了全国成年男子普选权的要求。由国际重新提出的这个宪章派的口号，在英国工人中获得广泛的响应，并且使同盟获得工联的支持。同盟在英国各大工业城市都有分会。然而，由于同盟领导人中的资产阶级激进派害怕群众运动而动摇，由于工联机会主义领袖推行妥协政策，同盟未能贯彻执行总委员会所拟定的路线。英国资产阶级使运动发生了分裂，在1867年夏进行了一次残缺不全的改革，仅仅把选举权给了小资产阶级和工人阶级的上层，大部分居民仍然像以前一样处于政治上的无权地位。——306

427 1867年夏，伯尔尼成立了工人联合会，并宣布为国际的分部。联合会派了自己的代表印刷工人阿列曼参加洛桑代表大会。——306

428 纽约工人联合会是纽约各工联的一个联合组织，成立于1863年，目的是联合纽约工人向雇主作斗争，支援罢工者，并帮助解决工人和雇主之间的冲突。——307

429 邮政大臣1867年8月24日给国际工人协会的信，全文刊载于1867年8月31日《蜂房报》第307号上。这封信是由于F. J. 斯科达莫尔签署的。——309

430 福克斯担任美国通讯书记活动的年度报告的原稿，插在记录本里1867年8月29日总委员会的记录之后。——309

431 由黑尔斯和莫里斯审查过的到1867年8月31日为止的资产负债表,被提交洛桑代表大会批准。——310

432 《自由报》(*La Liberté*)是接近蒲鲁东主义者的资产阶级民主派的周报,1865—1873年在布鲁塞尔出版;从1867年起,定期刊登关于国际活动的报道。——311

433 刊载于1867年8月24日《蜂房报》第306号上的8月20日总委员会会议的报道,略去了关于美国劳工运动情报的部分。福克斯作为《蜂房报》的撰稿人和这个报告的作者,把他曾向总委员会所作的关于全国劳工同盟芝加哥代表大会的报道,放进了同一期的社论之中。他在关于这篇文章的评论中,根本没有谈到国际工人协会、它同全国同盟的关系,以及美国也要派一名代表出席的、即将召开的洛桑代表大会。——312

434 1867年9月14日和21日《蜂房报》第309号和第310号上,发表了总委员会向洛桑代表大会的报告的英文摘要和到1867年8月31日为止的资产负债表。——312

435 在刊载于1867年9月28日《蜂房报》第311号上的这次会议的报道中,关于埃卡留斯报告的报道是:"公民埃卡留斯报告了不久前代表大会的进行情况,说到了《蜂房报》上发表的一些报道中所没有包括的细节。在代表大会举行的一周期间,每隔一夜举行一次露天大会,会上各位代表向外面的公众发表了演说。纳沙泰尔的胡根托勃勒先生献出20本他的著作《废除贫穷》,分发给了各支部的代表。胡根托勃勒先生提议把废除土地私有制作为医治贫穷的药方。"——312

436 按照1864年11月22日总委员会根据马克思的提议通过的决议规定,加入国际的英国工人团体可以依据其财力自行决定捐款的数额。1865年通过的铅印的申请书格式强调"加入协会的团体不要求缴纳会费",而是留给他们自行决定"是否缴纳会费,或是在它们认为协会的活动值得支持的时候随时给协会以支持"。这个申请书(上面打蜡,并裱在带轴的麻布上)价值5先令,作为入会费。——313

437 刊载于1867年9月6—11日《泰晤士报》上的埃卡留斯关于洛桑代表大会的

报道,有几处对法国蒲鲁东派代表们的冗长发言的讽刺性评论,并反驳了他们的观点。正如恩格斯9月11日给马克思的信中所述,埃卡留斯没有考虑这样一个情况:"担任编辑工作的资产者会在怎样的程度上利用他的幽默,使整个大会,而不只是使几只癞蛤蟆处于可笑的境地。"(参看《马克思恩格斯全集》中文第1版第31卷第349页。马克思和恩格斯在他们的信件中经常用"癞蛤蟆"作为"庸人"的意思来称呼法国的小市民和市侩、在伦敦的法国小资产阶级流亡者的代表以及法国的蒲鲁东派。)马克思在9月12日的复信中同意恩格斯的看法,认为埃卡留斯"是缺乏外交手腕的。他给《泰晤士报》写稿,好像是给《新莱茵报评论》写稿一样"(参看《马克思恩格斯全集》中文第1版第31卷第349、第352页)。

埃卡留斯在《泰晤士报》上发表的文章,遭到了一些总委员会委员的反对。在这一点上,马克思在10月4日给恩格斯写道:"福克斯在埃卡留斯回来以后,抓住一切机会,表现对他的极大憎恨;他扬言,在下次会议(星期二)上他打算把埃卡留斯在《泰晤士报》上的文章提出来讨论,让总委员会给予评价。使福克斯大吃一惊的是,我针对这一点也宣布,打算在最近的星期二就福克斯的一封密信向他提出质问,这封信是他写给贝克尔的,他要求贝克尔尽他的一切力量把中央委员会迁出伦敦。"(参看《马克思恩格斯全集》中文第1版第31卷第359页。)

马克思提到的这封信,是福克斯在1867年8月29日即洛桑代表大会前夕寄给日内瓦的贝克尔的。信上注明:"亲启。保密"。福克斯写道:

"亲爱的首长:

请设法将总委员会迁往日内瓦,至少是在明年。要让我们自由地在伦敦和英国其他大的中心进行宣传。总委员会在奥哲尔同波特尔和《蜂房报》的冲突中偏袒他是犯了一个大错误;只是在五个星期前,总委员会才改变了方针,并达成了同《蜂房报》和控制着伦敦工联最强有力的组织的波特尔之间的和平。现在,这个愚蠢的错误改正过来了,我们的前景好了。我们全都同意代表大会一定要在伦敦留下一位美国通讯员。在这方面我们也是有希望的。但是,首要的是改变总委员会的驻在地。我们应该完全以英国支部的身份来工作。

忠于你的　彼得·福克斯"——313

438　从马克思1867年10月4日致恩格斯的信中可以看出，废除总委员会主席（President）一职的建议，是根据马克思的倡议提出来的。1869年举行的国际巴塞尔代表大会在一项特别决议中建议，各地方支部都应废除支部主席这一职务。——313

439　贝森在1868年底前一直保留比利时书记的名义，但是没有履行其职责。杜邦在1868年6月12日致布鲁塞尔的德·巴普的信中说："贝森常常出席法国人分部的会议，但是从来不出席总委员会会议。他两年中只来过四次。这就是为什么我常常代他写信，以及总委员会实际上总是委托我给你写信的原因。"——313

440　指1867年9月10日《泰晤士报》上的一篇社论，其中考察了在芝加哥举行的全国劳工同盟代表大会的结果。

1867年9月28日《蜂房报》第311号上发表的这次会议的报道中，有欣顿发言的部分内容，报道如下：

"欣顿先生（美国公民）报告说，《泰晤士报》误解了美国全国劳工大会对待欧洲来的移民的意图。美国居民中至少有1100万是在欧洲出生的，他们无论如何也不能指望阻止别的人来，也没有土著美国人反对欧洲移民。一切愿意来寻找工作谋生的人都有活动余地。他们所反对的是，欧洲工人按美国资本家的出价来到美国，被甩来对付原来住在美国的工人。如果发生了这种情况，他们是要坚决予以制止的。不仅是两个国家的工会团体之间的密切联合，而且两个国家的主导的社会精神和政治精神的密切联合，都是必要的，他在回国以后，将尽全力以促成这种联合。"——314

441　刊载于1867年10月5日《蜂房报》第312号上的这次会议的报道，引述了国际科隆支部发起成立的科隆裁缝协会来的一封信。这封信说：

"我们已发表的初步纲领是：（1）建立医疗互助会，并联合为保险总联合会；（2）为会员设失业和迁徙救济基金；（3）建立劳动需求情报服务所。我们认为这三点是使裁缝重整旗鼓联合起来的手段，并使在普鲁士境内成立协会获得合法身份。我们的终极目标是建立生产协会。"

这封信是寄给埃卡留斯的。——315

442 指1866年8月出版的小册子:《1864年9月28日在伦敦朗-爱克街圣马丁堂举行的公众大会上成立的国际工人协会的宣言和临时章程》。——317

443 伊萨尔和德鲁里在美国全国劳工同盟会议上提出的建议的全文,发表在1867年10月12日《蜂房报》第313号上刊载的这一次总委员会会议的报道中。按小资产阶级改良主义的精神起草的这个建议,谈到要建立世界互助会,组织合作社和学校改革,并以下述口号结束:"废除工资,劳动,消灭贫穷,公平分配财富,一句话,自由、道德和正义。"——318

444 威廉·李卜克内西被萨克森的一个选区选为北德意志议会议员。选举结果是1867年9月20日公布的。——318

445 马克思1867年10月9日写信给恩格斯,再一次告诉他福克斯和埃卡留斯之间的争吵的情况,他写道:"福克斯昨天简直要砍掉埃卡留斯的头。他作了一小时以上的控诉性发言。他非常阴险地把最坏的地方收集起来,施用了老贝利的律师的一切手法,还不断地攻击我。我在反驳他时好好地教训了他一顿,以致使他在最后的答辩中失去了任何的自制力。所有的人都参加了辩论。结果,我的关于'转入议事日程'的提案(更正确地说,修正案)被大多数通过。但是在辩论期间,埃卡留斯挨了不少骂。"(参看《马克思恩格斯全集》中文第1版第31卷第363页。)——319

446 洛桑支部在1867年10月10日的一封信中通知总委员会,它欠了3000法郎的债,是因为在1865—1866年的冬天为了给80人提供工作,组织合作工场时用去的。——319

447 李卜克内西于1867年10月17日在北德意志议会发表的演说,刊载在1867年10月26日《蜂房报》第315号上关于这次会议的报道中。马克思认为李卜克内西的演说有重大意义,还委托拉法格将这篇演说译成法文,并寄给韦莫雷尔在《法兰西信使报》上发表。——320

448 按照1865年1月24日总委员会决议的规定,只有国际协会会员才能被选进总委员会。这一点也适用于那些代表以法人身份加入国际的工人组织的总委

员会委员。——320

449 《合营企业纪事》(*Industrial Partnership Record*)是关于合作运动的月刊,由格里宁从1867年至1868年在伦敦出版。1868年3月至1869年8月期间,改名《社会经济学家》(*Social-Economist*)出刊,乔治·侯里欧克参加该报。——321

450 改革同盟一般对爱尔兰问题,特别对芬尼亚社社员的立场,在这里表现了错误的看法。在改革同盟理事会1867年10月23日讨论同盟主席,资产阶级激进派比尔斯尖锐谴责芬尼亚运动的信时,出席这次会议的奥哲尔和鲁克拉夫特曾反对发表这封信,并表示同情爱尔兰解放运动和芬尼亚社社员革命的斗争方法。两位著名的工联领袖采取的这个行动,能在解决英国无产阶级关于民族殖民地问题的立场方面获得重大意义,是马克思及其追随者在总委员会进行工作的结果。马克思在1867年11月2日给恩格斯的信中写道:"你也许已经知道,在改革同盟中的'我们的人'做出了怎样的丑事。我已竭力设法激起英国工人举行示威来援助芬尼亚运动。"(参看《马克思恩格斯全集》中文第1版第31卷第380—381页。)

改革同盟中的讨论(其报道刊载于1867年10月26日《蜂房报》第315号上),在同盟的资产阶级激进派领袖中引起了惊慌。在他们的压力下,奥哲尔和鲁克拉夫特在同盟理事会的下一次会上收回了自己支持芬尼亚社社员的发言,并要出席会议的人相信他们是被误解了。《蜂房报》编辑部里的沙文主义分子在该报下一期即1867年11月2日第316号上尽其所能地发表了这次会议的详细报道。——322

451 从荣克1867年11月16日写给马克思的信中可以知道,福克斯指责荣克打算把英国委员排除出总委员会,并提到了日内瓦代表大会后卡特的事。显然,马克思曾给福克斯去过信,劝他继续在总委员会工作,尤其是说明在最近需要积极处理爱尔兰问题。福克斯1867年11月23日给马克思的复信已保存下来。福克斯写道:

"我了解出席讨论爱尔兰问题并作一次发言的重要性。我将遵嘱,作为协会的一个普通会员出席。至于收回我的辞呈,则非我所愿。我承认我对年度代表大会负有责任,我一定让我的所作所为付诸公断……

我的不平不是对某一个人,而是对总委员会和会议执行主席,因为他们对那个人保持缄默。"——325

452 日内瓦工人给意大利人民的公开信脱稿于10月30日,在11月3日为此目的专门召开的群众大会上获得批准,并发表在1867年11月《先驱》第11期上。该刊同一期上还转载了日内瓦支部10月30日发出的一个告示,号召意大利人参加在11月3日举行的大会和示威游行。——325

453 19世纪50年代末,在侨居美国的爱尔兰流亡者中间,后来又在爱尔兰本土,先后成立了一个芬尼亚社社员的秘密组织——爱尔兰革命(或共和)兄弟会。芬尼亚社社员在客观上反映爱尔兰农民的利益,其社会成分主要是城市小资产阶级和平民知识分子。芬尼亚社社员由于自己的密谋策略及宗派主义和资产阶级民族主义性质的错误而脱离爱尔兰人民的广大阶层,他们没有把自己的活动同当时英国的一般民主主义运动,特别是同改革运动联系起来。马克思和恩格斯虽然不止一次地指出过芬尼亚运动的弱点,但对这一运动的革命性质还是作了高度的评价,并曾极力引导这一运动走上群众斗争且与英国工人阶级共同行动的道路。1867年2—3月间,芬尼亚社社员长期准备的武装起义遭到失败,在各郡分散举行的零星发动遭到镇压,许多领导人被捕并交付法庭审判。9月18日,为了营救两个被捕的芬尼亚社领导人凯利上校和迪集上尉,在曼彻斯特组织了对囚车的武装袭击。凯利和迪集逃跑成功,但在冲突中有一名警官被击毙。五人当场被捕,他们被控杀害警察并被判处死刑。判处死刑的事件在爱尔兰和英国引起了抗议浪潮。总委员会委员,其中包括法国通讯书记杜邦参加了这一运动。杜邦于1867年10月14日在巴黎报纸《法兰西信使报》上发表了一篇关于芬尼亚运动的文章。但是,声援芬尼亚社社员的运动没有得到沾染了资产阶级沙文主义观点的总委员会英国委员的支持。奥哲尔和鲁克拉夫特在改革同盟理事会里所采取的立场就证明了这一点。

为了制定工人在民族问题上的共同的策略,并在英国工人中宣传无产阶级国际主义思想,马克思坚持在总委员会中就爱尔兰问题进行公开辩论。辩论时邀请了爱尔兰和英国报界的代表出席。

刊载于1867年11月16日《蜂房报》第318号上的总委员会这次会议的报道说：

"总委员会注意到的国内事务，除了一致通过的一项提案之外，都是些普通的例行公事。所说的这项提案就是下星期二晚上在原来开会的地点要进行的关于'芬尼亚运动'的讨论。总委员会委员以及协会会员被邀请参加，还邀请并非对公众事务漠不关心的朋友来参加。"

1867年11月19日和26日进行了讨论。——325

454 指洛桑代表大会记录的下述版本：《1867年9月2—8日在洛桑举行的国际工人协会代表大会会议记录》1867年拉绍德封版，《未来呼声报》印行。——325

455 这里指英国选举改革高潮时期于1866年6月27日、7月2日和23—25日在海德公园举行的群众大会。——326

456 英国于1866年掀起过抗议政府把爱尔兰政治犯当做普通刑事犯来虐待的运动。总委员会积极参加了这个运动。

杜邦所称"假冒自由保卫者"是暗指英国自由党人，首先是格莱斯顿，他曾在报纸上揭露过那不勒斯的斐迪南二世虐待参加意大利民族解放运动的政治犯。——328

457 由于阿比西尼亚皇帝泰奥多尔二世逮捕了英国的喀麦隆总督和一群谋刺阿皇的欧洲人，引起了英阿之间的战争（1867—1868）。1867年4月，英国政府开始准备征讨阿比西尼亚。1867年11月19日，维多利亚女王正式宣战。——329

458 由马克思用英文起草的这个意见书的全文，没有在英国报刊上刊载过。总委员会记录本中有记载。马克思夫人手抄的，像一篇文章那样准备在报纸上发表的这个意见书的副本被保存下来了。这篇文章的法译文刊登在1867年11月24日《法兰西信使报》上。——330

459 福克斯提出的决议案的全文，也能够在他1867年11月23日写给马克思的信中找到。马克思在他1867年11月30日给恩格斯的信中说，这个议案是"荒谬的和没有内容的"（参看《马克思恩格斯全集》中文第1版第31卷第404页）。——332

460 关于这次会议的详细报道，能够在马克思1867年11月30日给恩格斯的信中找到：

"如果你已经看过报纸，那你大概已经知道：1. 国际总委员会为了芬尼亚社社员的事已向哈第送去了意见书；2. 关于芬尼亚运动的辩论（上星期二）是公开进行的，而且《泰晤士报》也报道了这方面的消息。都柏林的报纸《爱尔兰人报》和《民族报》也都有记者在场。我到得很晚（大约两星期以来，我一直发烧，最近两天才退烧），而且实际上我也没有打算发言，这首先是由于我的身体不好，其次是由于情况复杂。但是，主席韦斯顿想硬要我发言，因此我建议延期，从而我被责成在本星期二发言。实际上我没有为本星期二的发言准备发言稿，而只准备了一个发言提纲。但是爱尔兰的记者没有到，我们一直等到9点钟，而我们开会的地方只能用到10点半。福克斯经我动员（由于委员会中的争执，他已经有两个星期不露面了，此外，他还送来一份表示不愿继续担任委员会委员并粗暴攻击荣克的辞职书），准备了一篇很长的发言稿。因此，会议开始后，我宣布，鉴于时间晚了，我把发言权让给福克斯。实际上，由于同时发生了曼彻斯特的处决，我们所讨论的'芬尼亚运动'同当前的激昂和愤怒情绪连到了一起，这就会迫使我（而不是讲话空洞的福克斯）不按原计划对事态和运动作客观的分析，而必须爆发一阵革命怒吼。所以，爱尔兰记者的迟到和因此造成的推迟开会帮了我很大的忙。我不愿意同罗伯茨、斯提芬斯等这样的人物混在一起。

福克斯的发言是好的，因为第一，这是一个英国人讲的；其次，所涉及的仅仅是问题的政治和国际方面。但是正因为这样，它是很表面的。"（参看《马克思恩格斯全集》中文第1版第31卷第403—404页。）

马克思为这一次总委员会会议所准备的关于爱尔兰问题的未作发言的提纲保存下来了。——332

461 记录本上没有12月3日总委员会会议的记录，而1867年12月7日《蜂房报》第321号上刊载了关于这次会议的如下报道：

"由于住在伦敦的法国民主派召开了会议来抗议法国占领罗马，国际工人协会委员会只开了一个短会来处理行政事务。有几封寄给总书记的信，宣称在法国迪涅（下阿尔卑斯）成立了一个新的国际支部，马赛支部就总委员会给英国政府上书支持曼彻斯特芬尼亚社社员（可悲的是已经被处决了）一事，通过了向委员会衷心致敬的决议。通讯书记报告说，马赛支部很有可能已达到庞大的规模。在莱比锡，已在筹备出版一个由协会主办的工人周刊。试刊内容有计划和纲领等，将于本月出版；正式的周刊于明年的第一个星期开始出版。"——332

462 指用小册子形式出版1866年日内瓦代表大会通过的章程的英文版。这本小册子于1867年末在伦敦出版，标题是"国际工人协会章程"。——333

463 在1868年1月4日《蜂房报》第325号上的这次会议的报道中加上了关于劳伦斯的发言的如下内容：

"他说，《泰晤士报》曾经挑剔过资产负债表上执行委员会开支的数额，不过就他所知，没有二次罢工费用这么少。执行委员会、各代表和代表团的费用，还不到总开支的6%，而且包括了扣除汇票以及邮票兑换成现金和兑换外币的损失。据社会科学协会的报告，普雷斯顿棉纺工人罢工总委员会的费用曾达15.5%。"——334

464 拿破仑第三的政府出于蛊惑人心的目的，起初对国际在法国的活动还是相当宽容的，尽管它并未准许在法国成立国际的支部。但是，随着时间的消逝和第一个工人阶级国际组织的革命无产阶级性质越来越明显，法国各支部的态度日益发生变化。警察开始注意他们了，政府的首次敌对行动就是在法国边境没收日内瓦代表大会的文件。

1867年末，巴黎理事会理事们的家遭到了搜查，指望找到证明国际是秘密团体的证据。可是，这样的证据并未找到，而巴黎理事会理事们乃被指控为未经当局许可擅自结社。案件在1868年3月6日和20日由巴黎刑事法庭审理。在审讯期间，理事会15位理事（舍马勒、托伦、埃里贡、卡梅利纳、缪拉、佩拉桑、富尔努瓦斯、戈蒂埃、多蒂埃、贝拉米、热拉丹、巴斯蒂安、吉雅尔、德拉埃、德罗尔姆）宣布原来的理事会解散，并任命了新的人选。1868年3月8日，第二届巴黎理事会由布尔东、瓦尔兰、马隆、孔博、莫兰、朗德林、安贝尔、格朗容和沙尔博诺组成。于是导致了1868年5月22日的新案件即所谓"第二届理事会"案件的审讯。在这两次审讯中和两案在上诉法庭侦讯期间,被告们几乎全体拒绝用辩护律师而自行发言为理事会作辩护,并在发言中精辟地阐明了国际的思想。瓦尔兰阐述国际从1864年到1868年的历史的发言,给人特别深刻的印象。法庭宣布解散巴黎支部,并判处第一届理事会理事罚金。对第二届理事会理事的判决还要糟得多:被告都被判处三个月监禁和罚金。——334

465　国际的伦敦代表会议于1865年9月25—29日举行。上午,常务委员会委员与大陆的代表们举行联席会议,晚上举行公开会议。总委员会全体委员和大陆的代表们出席。代表会议的工作包括9月28日纪念协会成立一周年的庆祝晚会,会上通过了告美利坚合众国人民书。代表会议的记录保存下来了,记录由克里默、勒·吕贝和豪威耳执笔。此外,关于代表会议的报道,刊登在1865年9月30日《工人辩护士报》第134号上,在这篇报道中,提供了记录中疏忽了的某些事实。报纸的补充资料见下面的注释。——335

466　刊登于1865年9月30日《工人辩护士报》第134号的报道中说:

"三点钟,几个国家的代表首先到朗-爱克街共济会馆碰头,互相介绍并预先讨论了事务问题和财务问题。

下列代表出示了自己的全权证书:法国——席利、弗里布尔、托伦、瓦尔兰、利穆赞和克拉里翁诸位先生;瑞士——杜普莱克斯和贝克尔;比利时——塞扎尔·德·巴普;还有:杜梅尼尔-马里尼、马克思博士、埃卡留斯、列斯纳、考布、沙佩尔、韦济尼埃、杜邦、勒·吕贝、荣克、沃尔夫少校、博勃钦斯基、罗赫纳、博勒特等法国、德国、意大利、瑞士和波兰各团体在英国的代表们;英国代表中有克里默、德尔、奥哲尔、韦斯顿、豪威耳、肖、惠勒等代表他们的中央机构和附属团体出席。"——337

467　《工人辩护士报》报道中说:"处理了一些预备性事务以后,代表们转移到滨河区阿德尔菲胡同8号,在这里举行代表会议。"——340

468　指的是日内瓦支部委员会1865年2月5日用德文和法文发表的呼吁书。标题为"关于参加'国际工人协会'告瑞士全体工人、工人联合会和工人团体书"和"致各团体主席先生和会员先生书"。德文呼吁书印成了传单,并转载于1865年3月11日的汉堡工人报纸《北极星》第300号上。法文呼吁书用石印印成了传单。呼吁书的两种文本不完全一致。——342

469 《工人辩护士报》报道中说："［他们］已经有了使企业主因破坏合同和违反他们的法律而受审判的手段。"——342

470 《工人辩护士报》报道中说："他们在国际协会帮助下在他们的国家里已经做了很多事，今后将更加努力工作。在政治问题方面，他们赞成波兰的民族特性；在社会问题方面，他们赞成合作劳动，认为这能够为工人带来许多好处。他们反对土地私有制。"——342

471 《工人辩护士报》报道中说："一些外国代表主张出版国际的正式机关报，以便他们能够通过它向全欧洲，还有全世界的工人同志说明自己的观点……个别代表指出，如果一个周报没有国外的通信，他们的报纸就不可能在世界上产生最好的影响。"——343

472 《工人辩护士报》报道中说："马克思博士等人被选为这个部门的领导者。"——343

473 比利时在1835年通过了驱逐可疑的外国人的法律，每三年延期一次。不顾比利时报刊和公众广泛开展的抗议运动，在1865年6月底，这个法律竟然又作了第十次延期。——344

474 关于德国的情况见威·李卡克内西写给伦敦代表会议的报告。——344

475 国际工人协会第一次代表大会1866年9月3—8日在日内瓦举行，关于代表大会延期的决定是总委员会1866年5月1日通过的。——345

476 《工人辩护士报》报道中说："他们须携有其选举人专门发给的全权证书。"——347

477 《工人辩护士报》报道中说，克里默的决议案得到了埃卡留斯的附议。——347

478 《工人辩护士报》报道中说："人数不少于30名工人。"——347

479 《工人辩护士报》的报道，引用了勒·吕贝在记录中没有记下的代表会议一些代表的发言：

"**弗里布尔**反对除了属于协会的团体之外的任何团体参加。但是，他赞成协会的所有会员都有权出席代表大会，并参加讨论。

拉萨西不赞成开门讨论；法国人不熟悉公开讨论的办法，换句话说，他们根本不赞成这种办法。如果开门，会议就会旷日持久。不能那样，只有代表才能有发言权和表决权。

克里默先生赞成像我们下议院那样的开门讨论，但是，只有代表才能发言和投票。法国代表所倡导的方案，将完全毁掉代表大会的代表性。如果代表大会遵循代表制原则，欧洲人民就会谛听它的讨论，否则，就会讥嘲轻蔑地旁观。他不理解巴黎代表何以反对这种制度，要是在任何别的基础上，代表大会就会变成一幕滑稽剧。"——348

480 《工人辩护士报》关于下一步讨论的报道如下：

"**席利**赞成这项提议。即使波拿巴主义试图影响我们的讨论，也要在我们的方式下进行。

豪威耳竭力说服与会者，在废除代表大会的代表制原则之前，一定要慎重考虑。允许一个只给了钱而没有代表权的人，比另一个由500名会员选派的代表有更大的表决权，难道对吗？如果这次代表会议尽是英国代表，因而压倒大陆代表的意见和权威，难道他们满意吗？然而，这项提议的意思正是这样。他将投票赞成修正案。

韦斯顿先生等人进一步讨论了这个问题。"——348

481 《工人辩护士报》报道中说："……最后，一致通过了公民肖提出的下述修正案：'代表大会只由代表，即携有选派他们的协会各分会专门发给的全权证书的人组成'。"——348

482 1865年9月27日下午举行的常务委员会和代表们的联席会议的记录，没有保存下来。——348

483 这个提议是由约·菲·贝克尔提交代表会议讨论的。——349

484 关于建立国际信贷团体的提议，是由卡特提出并由勒·吕贝附议的。在《工人辩护士报》的报道中，提议是这样的："国际信贷基金或银行系统，应予建立，其经营形式和方法，容后解决。"——349

485 这个提议是由博勃钦斯基提出的，惠勒附议。《工人辩护士报》报道中说：

"……并在本国的民主基础上恢复这个国家。"——349

486　德·巴普指的是受1861年改革所欺骗和掠夺的俄国农民广泛开展起来的运动。反映农民群众利益的"土地和自由"的口号，是俄国革命民主主义者H.奥加略夫在俄国革命组织的代表参加下所写的、并在1861年6月1日的《警钟》上发表的《人民需要什么?》一文中提出来的。对于文章标题中所提出的问题，文章所作的答复是："很简单，人民需要土地和自由。"

19世纪60年代初兴起的全俄革命组织以"土地和自由"这个口号作为自己的名称。显然，德·巴普不仅了解表明俄国农民运动发展的事实，而且也从《警钟》、《土地和自由》杂志及其他来源中了解这个组织的存在和活动的情况。——350

487　德·巴普的话，《工人辩护士报》是这样报道的："俄国农民的口号是'土地和自由'，也应该成为波兰农民的口号……对于自由来说，法国政府和俄国政府一样危险。应该认为在比利时通过反对外国人的卑鄙法案，正是由于法国政府的影响所致，这个法案招致必须把召开代表大会的地点迁往日内瓦。"

德·巴普关于不应该讨论这个问题的提议，得到了博尔达日的附议。——350

488　博勃钦斯基的发言，《工人辩护士报》转载得更为详细：

"在法国、匈牙利和意大利，她的儿女为欧洲的解放事业进行了英勇的战斗。她的儿女希望得到自由，这是他们热诚的、但可惜几乎是徒然的斗争的关键。国际的同情是不分民族的，但是，我们突出波兰，是由于她为自己的事业全力进行了斗争。她力图遵循两句诗：

民族要自由，自身须奋斗。

如果她遭到了失败，那不是由于胆怯，因为她进行过壮丽的斗争。他们不应该把社会问题同政治问题分开，因为政治改良必然是社会进步的先兆，二者之间有不可分割的联系，不能把它们分割开来。波兰是欧洲自由的关键；她无论如何应该是民主的，她赞成普遍自由。"——350

489　指的是1863年7月22日在伦敦圣詹姆士大厅为抗议镇压波兰起义而举行的大会。大会是由英国工联的领袖们组织的。克里默、奥哲尔、斯坦斯比等工联主义者，以及由托伦、帕拉尚、比巴耳、柯阿东和缪拉组成的法国工人代表团出席了这次大会。这次大会是1864年9月28日圣马丁堂成立大会的先导。

大会的报道刊登于1863年7月25日《蜂房报》第93号上。——350

490 《工人辩护士报》错误地报道了马克思提出宗教问题来讨论一事。后来，这给了乔·豪威耳在他一篇刊登于《19世纪》（1878年7月）上有关国际历史的诽谤性文章以借口，说马克思"提出**宗教观念**而播下了纷争和分裂的种子"。马克思揭露豪威耳时写道（见1878年8月4日《世俗纪事》）：

"总委员会的议程没有一个字谈到'宗教'，然而，由于巴黎代表的坚决要求，为了万一需要起见，这道禁菜被列入了将要召开的代表大会的菜单中，内容如下：'各种宗教思想（而不是像豪威耳所歪曲的那样，是"宗教观念"）及其对社会运动、政治运动和精神运动的影响。'

巴黎代表提出的这一讨论题目交给他们自己去处理了。事实上，在1866年的日内瓦代表大会上，他们自己放弃了它，以后再也没有人提起过。"（参看《马克思恩格斯全集》中文第1版第19卷第165页。）——351

491 《工人辩护士报》上弗里布尔的发言是："他们既不是唯物主义者，也不是无情感的动物。问题是重要的，必须予以考虑。"——351

492 《工人辩护士报》上还有一段："德·巴普赞成这项提议，但是，问题一定不要用或者天主教会或者基督教会这种特有的狂热的眼光来观察。"——351

493 《工人辩护士报》报道中还有："托伦认为回避问题就是软弱的表现。为了我们议程的完整，必须保留它。这样，我们就会有社会进步、政治进步和宗教进步的广泛基础。"——351

494 第二天，即1865年9月28日，在圣马丁堂举行了纪念国际工人协会成立一周年的庆祝晚会。1865年10月7日《工人辩护士报》第135号刊登了关于这次晚会的如下报道：

"代表会议（本报上一期已有关于会议的详细报道）以星期四晚在圣马丁堂举行的极为成功的庆祝晚会结束了它的议程。

大厅用各国的旗帜装饰十分得当，美国的星条旗悬放于显眼之处。晚会有三项目的：第一，庆祝协会成立一周年；第二，欢迎大陆的代表；第三，通过致美国人民的公开信，祝贺联邦军队的胜利和消灭奴隶制。300多人围案而坐，举行友谊茶会，看来，对茶会的社会性质，大陆的代表们同他们的英国朋友们有同样的评价。

茶会由公民**奥哲尔**（主席）主持。他说，由于英国和欧洲各国工人阶级渴望联合起来，共同奋斗，结束横行于波兰和各被压迫民族的暴政，协会应运诞生了。它由几个工人草创，现在已成长为一个伟大的组织，在它的队伍中有法国、德国、比利时、瑞士、意大利和波兰的代表，在这些国家里还吸收了大量的会员。协会发表的宣言广泛流传，其中阐明的原则在广大有觉悟的生产者阶级中得到了赞同。协会的一个重要目标就是要建立各民族间的友爱感情，消除民族仇恨，以遏制各国政府发动战争。各国政府间的战争只是为了嗜血目的和引起各国和各民族的纷争，而各国和各民族的利益却是要联合起来。若是这种联合更早些实现，波兰和匈牙利的自由难道会被蹂躏吗？难道法国政府就能够干涉意大利的事务，征服罗马共和国这一该国所曾建立的最纯正的政体吗？（掌声）他最后坚定地向大会呼吁，并通过新闻界向全国呼吁，要促进协会的发展，协会的目的是全世界的解放和全人类的振兴。（欢呼）

接着，主席请公民克里默将致美国人民的公开信提出来通过。由于时间仓促，我们不得不把它延期到下周再发表。

公开信宣读后，掌声雷动。公民**克里默**说，一年前的今天，正是在这幢大厦里，不过是在比我们现在集会的这个堂皇大厅要小得多的厅堂里，国际工人协会宣告成立了。我们今天在这里为在12个月来这样短暂的时间里所取得的光辉成就而互相祝贺。那时候，我们默默无闻，现在，我们名享全欧，美国也有许多朋友；那时候，我们是三三两两，现在，我们是千千万万；那时候，我们还没有明确的公认的原则，现在，我们有一个为全欧洲所接受的共同纲领；那时候，我们彼此分离，现在，我们联合起来了。他相信协会必有光明美好的未来。就在这个大厅里，曾经举行过一次声称是工人示威的晚会，他参加了这次晚会，会上只有中产阶级和上层阶级的人讲话，可是这一回情况完全相反,只有工人在会上讲话了。实际上,成功的秘诀就在这里;工人不需要别人的庇佑,却已下决心自己张罗自己的事情。(欢呼)这天晚上,美国国旗像上次一样,悬挂突出,因为它是自由的土地和自由者的祖国的象征。在美国,亡命者和苦难深重的劳动者能找到安身之所。协会——这天晚上庆祝它的周年纪念——有向美国人民致贺的特殊权利。他们以前给美国人民写过公开信。当着英国的贪婪鬼和自由制度的仇敌咒骂美国政府和侮谩美国人民的时候,该协会忠于其原则的会员就向他们大洋彼岸的兄弟们致书表示过同情,还收到了他们致谢的复信。现在,美国已经荡涤了奴隶制度的污秽。南方人曾抛弃选票而诉诸子弹,而现在他们在这两方面都被打败了。本协会的卓越活动家们,即使是在共和国最黑暗的时刻,也从未对最后胜利感到失望过。当向他们宣布'民主制度经受考验'时,他们接受了挑战,等待着现在已经来到的结局。民主胜利了,奴隶制度灭亡了,共和国得救了。过去四年中时常遭到欧洲特权阶级侮谩的这面旗帜,仍将在全世界自豪地飘扬,它是自由的象征,它是被压迫者的希望。他重复了他愉快地提出来通过的这封公开信中每一句祝贺之辞。他以在不久前的美国的斗争中如此广为传诵的美丽诗句来结束:

一经开始的争取自由的战争,

由浴血的祖先传与了子孙,

虽然常常失败,终必获得全胜。(欢呼)

查理·布拉德洛先生赞成通过公开信,他说,它不仅反映了这次大会的感情,而且也反映了欧洲工人的感情。他们那天晚上是作为欧洲工人的代表来集会的,他们受命于并代表着全欧千百万正直的劳苦大众来发言。总的来说,他对公开信的思想和协会的目标深表同情。在他们头上飘扬着的,不光是一面美国旗;他还能够看到一面旗帜在无言地表达着他们最为朝思暮想的强烈愿望——威尼斯和罗马的自由。(热烈而长时间的欢呼)为了实现普遍自由,人们必须懂得自己的责任和争得自己的权利。我们必须力求某种较之单纯的民族特性更为崇高的东西。那居住在波河、塞纳河和泰晤士河沿岸的人民,还没有给他们尊严或自由的权利。这不行。一定要诚实、廉正和有才智。

我们绝不容忍帝王们利用我们作为他们追求自私目的和压迫其他民族的工具。过去，他们这样利用过我们，让这种情况一去不复返吧！（欢呼）坚强的臂膀本来能够把被称为王冠的金饰物件一下子打得粉碎，然而，它因踌躇而失去锐气；那物件重又获得对软弱者、迷信者、愚昧者的支配权，并借助于宫廷寄生虫的私欲，再来压迫人民。（喝彩声）让他们忠于自己的原则吧！这一切都将成为过去，真理和正义将获得胜利！（鼓掌）

接着，这封公开信在一片喝彩声中被通过。

接着，一位法国代表**托伦**先生用法语在会上讲了话，受到了热烈的欢迎。他向协会保证，在法国，他们的努力得到了应有的评价，他们的各种活动受到了极大的关注。

经过考验的民主战士**菲力浦·贝克尔**用德语讲话。他说：各位代表以全世界工人的名义集会，在历史上是第一次。国际工人协会的目标是劳苦大众的解放。他所理解的解放，不是零零碎碎的改良，而是摆脱一切形式的社会的、政治的和宗教的桎梏的完全自由。工人阶级的解放意味着劳资间的和平；意味着劳动的占有者也应该是资本的占有者——不是以个人身份占有，而是作为为自己劳动的合作集体来占有。他接着简略描述了波兰的罪孽，还说到，至关重要的是：欧洲必须用恢复波兰独立的方法来制止俄国的侵略。

比利时代表公民**德·巴普**接着讲话。他说，协会将给19世纪打上自己的烙印。它的影响，甚至迄今为止所曾发生的影响，就已经是永远不可磨灭的了。工人的命运向来是辛苦劳作、偿还债务和过早夭亡。然而，就永恒正义说来，劳动果实只应属于生产者。只有他才应该占有财富，因为只有他才生产财富。现在的事实恰恰相反。无数的工人忍饥挨饿，以便一小撮懒虫得以安乐终生。在比利时，天主教僧侣丑恶已极；他不［知道］新教徒怎样。据说，他们甚至更加令人不能容忍。他并不清楚这些，但他知道他们作为社会集团，对于维护现状，都是一丘之貉。他的讲话极具说服力。他最后表示心愿说：'希望本协会成为一切诚实的人们能够联合起来的一个环节，通过他们的联合来消灭贫穷、痛苦、无知、淫秽和犯罪，以及一切阶级差别；愿所有的人都能够成为诚实的工人。'（热烈欢呼）

波兰联合会的代表公民**博勒钦斯基**也向大会发表了言简意赅的讲话。

讲话结束时,一面非常大而美丽的三色旗悬挂在台上,旗上缀有下列名字:意大利、波兰、匈牙利、马志尼、加里波第。这时,激起了一阵又一阵的暴风雨般的欢呼声。

讲话与加里波第乐队和德国工人合唱团表演的音乐、歌唱节目相交替,《马赛曲》和另一些节目表演得尤其成功。

然后,大厅腾出来举行舞会,舞会兴高采烈。持续达数小时之久。

夜间2点钟,常务委员会和代表们在常务委员会办公室开会,公民克里默受到了最热烈的欢迎。代表们由于他干练地举办了这次晚会,并且取得了他们那天晚上所亲眼看见的辉煌成功,向他表示感谢。"——352

495 指的是1865年9月28日周年庆祝会上通过的致美利坚合众国人民的公开信。——352

496 李卡克内西用英文写的关于德国工人运动的报告,没有在伦敦代表会议上宣读。马克思1865年11月21日给李卡克内西的信中写道:"至于你的报告,我没有向代表会议宣读,因为关于我个人在其中谈得太多了。"——353

497 指的是伦敦德意志工人教育协会,它每年同法国流亡者一道举行一次纪念1848年巴黎无产阶级六月起义的大会。——356

498 总委员会1865年1月24日会议上的报告,是由马克思根据李卜克内西1865年1月21日的来信所做的。他在李卜克内西来信的字行间用英文写了这个报告的草稿。——363

499 指的是《社会民主党人报》。——363

500 这个札记保存在马克思的笔记本里,是席利1865年2月25—28日给马克思的一封详信中个别部分的译文。从马克思1865年3月4日给恩格斯的信中可以看出,札记是为了向3月4日举行的常务委员会会议作报告用的。括号里是马克思引用席利信中的页码。在笔记本里,还有马克思起草的关于巴黎支部的冲突的决议的原稿。——364

501 从席利的信中可以看出,勒福尔在2月24日早晨曾表示担心"波拿巴分子也许要骗"巴黎理事会的理事们,认为自己作为国际工人协会在巴黎的辩护人

的使命就是要保证反对这一点。札记中说的2月25日的事件,是在24日发生的。——364

502　1865年3月12日,荣克通知马克思,他已被委托起草一个关于巴黎支部冲突的概略,以便通报法国的国际会员,并要求马克思在这件事上帮助他。马克思在3月13日告诉荣克,他愿意帮他的忙;3月18日,他会见了荣克,并把他写在三张纸上的便函交给了荣克。根据他们的讨论,写在第一张纸背面的最后一段,部分是马克思的手笔,部分是荣克的手笔。——365

503　指的是对委派席利为总委员会在巴黎理事会的代表的抗议。抗议由一群法国小资产阶级民主派(勒·吕贝、博尔达日、德努阿尔、博凯)署名,并在总委员会1865年3月14日会议上宣读过。从荣克3月22日给马克思的信中可以看出,遵循马克思便函的指导,荣克向总委员会委员们说明了情况;他得以分化勒·吕贝集团,结果,勒·吕贝和德努阿尔在4月4日退出了总委员会。——365

504　这个简记是厄内斯特·琼斯1865年3月16日给马克思的信的一个概略。因为马克思启程去德国,未能亲自根据这封信向总委员会报告。这个概略写在关于国际巴黎支部中的冲突给海·荣克的便函中一张纸的背面。——369

505　这篇札记是马克思记在一本有关他在6月20日和27日总委员会会议上宣读的关于工资、价格和利润的报告的笔记本里的。——370

506　这份1866年1月16日总委员会会议的记录,是马克思记在一张单页上的。——371

507　这个提纲是马克思为他要在总委员会发言准备的。1867年11月19日开始的对爱尔兰问题的讨论,根据马克思的建议,改在11月26日的下一次会议上举行,马克思打算在这次会议上发言。但是,在11月23日,三名被判罪的芬尼亚社社员在曼彻斯特被处决。马克思认为,在处决使群情激愤的情况下,他的发言不适用了。他把发言权让给了彼得·福克斯,而且他认为,在这样一个严重的时刻,由总委员会的英国委员出面对爱尔兰人表示同情并谴责英国政府的血腥行为有重要意义。马克思1867年12月16日在伦敦德意志工人教育协会所作的关于爱尔兰问题的报告中,利用了这个未作的发言提纲和准

备提纲时所收集的材料。——372

508　指长期会议在1652年8月12日,即在镇压了1641—1652年爱尔兰争取民族解放的起义之后通过的殖民法令。这个法令从法律上巩固了英国殖民者在爱尔兰建立的血腥的暴力和恐怖的统治制度,并且准许英国资产阶级和"新兴的"资产阶级化的贵族大批地掠夺爱尔兰土地。根据这项法令,大多数爱尔兰人被宣布犯有"暴乱罪"。"罪犯"中甚至包括那些虽然并未直接参加起义,但是没有对英国表示应有的"忠诚"的爱尔兰人;被宣布为"罪犯"的人按参加起义的情节分成几类,分别受到残酷的镇压、判处死刑、驱逐出境、财产充公。1653年9月26日,对殖民法令又补充了一项新的法令,这一法令规定将财产被充公的爱尔兰人强迫移至荒凉的康诺特省和克莱尔郡,并规定一种制度将充公的爱尔兰人的土地分配给议会的债权人、英国军队的军官和土兵。这两个法案都巩固并扩大了英国大地主势力在爱尔兰的经济基础。——373

509　"Habeas Corpus Act"（人身保护法）是英国议会于1679年通过的。根据这一法令,每一个逮捕令必须说明理由,同时被捕者必须于短期内（3—20天）送交法庭,否则即须予以释放。这一法令不适用于叛国罪的案件,而且根据议会的决定可以暂时停止生效。——373

510　1867年11月19日,英国女王向议会致词时曾经用这几个字评价芬尼亚运动,马克思也就借用这几个字形容英国政府对爱尔兰芬尼亚社社员的血腥政策。

《纪事》（*The Chronicle*）是英国天主教派的周刊,1867—1868年在伦敦出版。——373

511　1840年,路易·波拿巴在布洛涅发动没有成功的政变时,枪伤了一个政府的军官。恩格斯在1867年11月24日致马克思的信中谈到这一事件,他指出,英国统治阶级因同样的行为（并且是莫须有的罪名）把芬尼亚社社员送上绞架,而同时对戴上了皇冠的罪犯——拿破仑第三却奴颜婢膝,卑躬屈节。——373

512　谷地制（Corn Acre System）是爱尔兰特有的土地使用制度。在这种制度下,较大的租佃者——通常是投机中间人——将土地划成半英亩或一英亩的小块,以极苛刻的条件转租给最贫困的租佃者和雇农。18世纪通过一项法令,规定出租的小块土地种植谷类作物,这个名称即由此而来。——376

513 马克思在分析"清地"给爱尔兰农民造成的灾难时,在这里提到了一个类似的过程,即18—19世纪初英国和苏格兰贵族用暴力驱逐"盖尔人"(苏格兰山地居民)。马克思对这一过程的评述,见《选举。——财政困难。——萨特伦德公爵夫人和奴隶制》(参看《马克思恩格斯全集》中文第1版第8卷第569—576页)以及《资本论》第1卷第24章(参看《马克思恩格斯全集》中文第1版第23卷第797—801页)。——377

514 这里指英国政府在镇压1798年爱尔兰民族解放起义后强加给爱尔兰的英爱合并。于1801年1月1日生效的合并消灭了爱尔兰自治的最后痕迹,并且废除了爱尔兰议会。合并使英国在爱尔兰的殖民统治臻于巩固。尤其是实行合并的经济后果之一——取消了18世纪末爱尔兰议会为维护新生的爱尔兰工业而制定的保护关税政策,这一来爱尔兰工业便完全凋敝了。——377

515 这是指19世纪前几十年中争取取消对天主教徒政治权利的限制的运动(天主教徒中大多数是爱尔兰人)。在爱尔兰,领导这一运动的是以丹尼尔·奥康奈尔为首的自由资产阶级,他们用解放天主教徒的口号来争取农民的支持。这个运动一直持续到1829年才结束,那时天主教徒获得了担任某些政府职位和选入议会的权利;同时选举的财产资格限制却提高了四倍。——377

516 指改革同盟在对待爱尔兰民族解放运动上的错误立场。——379

517 《国际工人协会成立宣言》是马克思为国际工人协会起草的纲领性文件。马克思在《成立宣言》中指出,资本主义工业和贸易不管有多么大的发展,都不能消除劳动群众的贫困,在资本主义制度下,劳动生产力的任何提高,都不可避免地加深资产阶级和无产阶级的对立。马克思充分肯定了工人争得十小时工作日法案和尝试进行合作劳动的重大意义:十小时工作日法案不仅是一个实际的成功,而且是一个原则的胜利;工人们在资本主义条件下进行合作劳动的伟大社会试验证明,大规模的生产没有雇主阶级也能够进行,资本家对劳动工具的垄断和对工人的掠夺阻碍了生产的有效进行,雇佣劳动"注定要让位于带着兴奋愉快心情自愿进行的联合劳动"。马克思同时指出,要解放劳动群众，合作劳动必须在全国范围内发展，但资本家和地主总是要利用他们的政治特权来保持他们的经济垄断，设置种种障碍来限制合作劳动，而被局限于狭隘范围的合作劳动不可能使工人群众得到解放，因此"夺取政权已成为工人阶级的伟大使命"。马克思还阐明了工人阶级的组织在工人阶级革命斗争中的作用以及工人阶级国际团结的重要意义，并再次发出战斗号召："全世界无产者，联合起来！"

国际工人协会简称国际，后通称第一国际，是无产阶级第一个国际性的革命联合组织。国际工人协会成立大会于1864年9月28日在伦敦圣马丁堂举行。大会由伦敦各工联的领导人和一个来自巴黎的蒲鲁东派工人代表团筹备。当时居住在伦敦的德国工人、意大利工人和其他国家工人的代表以及欧洲的一些小资产阶级革命民主主义流亡者也参加了筹备工作。大会通过了成立国际工人协会的决议，并选出了临时委员会。马克思被选入临时委员会，在10月5日临时委员会第一次会议上又被选入负责起草协会纲领性文件的小委员会。小委员会的最初几次会议在马克思缺席的情况下提出一份文件，文件由两部分组成，一部分是由欧文主义者约·韦斯顿起草并经法国小资产阶级民主主义者维·勒吕贝校阅的作为引言的宣言，另一部分是由朱·马志尼制定并由路·沃尔弗译成英文的意大利工人团体章程。这个文件受到马克思的批评。小委员会委托马克思完成文件起草工作，他在10月21—27日之间用英文拟定了《协会成立宣言》和《协会临时章程》。这两个文件于10月27日得到小委员会的赞同，同年11月1日被临时委员会一致通过。临时委员会依据临时章程被确认为协会领导机关，后改称国际总委员会，在1866年9月8日以前通称中央委员会。

《成立宣言》最先发表在1864年11月5日《蜂房报》第160号上。1864年11月，宣言和临时章程用英文原文印成小册子在伦敦出版。1864年11月上半月，《成立宣言》由马克思译成德文，并于当年12月21、30日在《社会民主党人报》第2、3号刊出。后来相继出版了《成立宣言》的法、意、匈、俄、西、葡等文本。保存下来的《成立宣言》的两份手抄本，是马克思的夫人燕妮·马克思和他的女儿燕妮抄写并经马克思本人校勘过的。

收入本卷的《成立宣言》以1864年发行的英文小册子为依据。英文原文与马克思的德译文之间的重要不同之处，都在脚注中作了说明。

这篇宣言曾由郭大力译成中文，1951年12月发表于《新建设》第5卷第3期。——383

518　这些引文出自英国财政大臣威·格莱斯顿1864年4月7日在下院的讲话，讲话以"预算"为标题，全文发表在1864年4月8日《泰晤士报》第24841号以及伦敦的其他日报上。——383

519　勒杀犯是一种行劫的强盗，他们专掐受害者的咽喉。19世纪60年代初这种行劫事件在伦敦经常发生，以致成了议会专门讨论的问题。——383

520　蓝皮书是英国议会或政府的（包括政府向议会提交的）文件或报告书的通称，因封皮为蓝色而得名。英国从17世纪开始发表蓝皮书，它是英国经济史和外交史方面主要的官方资料。

文中提到的蓝皮书指《法律执行情况调查委员会委员关于流放和劳役监禁的报告》1863年伦敦版第1、2卷。——384

521　1861—1865年美国内战期间，北军舰队封锁南部各蓄奴州海港，严格限制美国棉花出口，致使英国和欧洲其他国家因棉花供应中断而出现棉荒，欧洲大部分棉纺织业陷于瘫痪。1862年英国有75%以上的纱锭和织布机停工，纺织工人接连两三年陷于全失业或半失业状态，生活状况严重恶化。60年代初期欧洲的歉收更加重了工人的贫困，然而欧洲的无产阶级不顾一切艰难困苦，仍然坚决地援助了美国北部各州。

美国内战即1861—1865年美国南北战争。19世纪中叶，美国南部种植园主奴隶制与北部资产阶级雇佣劳动制的矛盾日益尖锐。1860年11月，主张限制奴隶制的共和党候选人林肯当选为总统，美国南部的奴隶主发动了维护奴隶制的叛乱。1861年2月，南部先后宣布脱离联邦的各州在蒙哥马利大会上成立南部联盟，公开分裂国家，并于当年4月12日炮轰萨姆特克（南卡罗来纳州），挑起内战。1865年4月，南部同盟的首都里士满被攻克，南部同盟的联军投降，战争结束。北部各州在南北战争中取得了胜利，维护了国家的统一，并为资本主义的蓬勃发展扫清了道路。——384

522 "完全陷于有产阶级"出自威·格莱斯顿1863年4月16日在下院的讲话,由于德国资产阶级经济学家路·布伦坦诺于70年代围绕这句话大肆诽谤马克思而为大家所熟知。伦敦各家报纸(《泰晤士报》、《晨星报》、《每日电讯》等)差不多全都在1863年4月17日关于议会会议的报道中刊登了格莱斯顿的这句话,而在经过发言人后来亲自修改过的半官方出版物《汉萨德议会辩论录》中却省略了这句话,布伦坦诺便以此为借口,指责马克思在科学上不诚实,给格莱斯顿增添了这句话。马克思在1872年5月23日和7月28日给《人民国家报》编辑部的两封信中对这种诽谤进行了反驳。

马克思去世后,英国资产阶级经济学家塞·泰勒于1883年11月又提出同样的指责。爱·马克思于1884年2月和3月在给《今日》杂志的两封信中,后来恩格斯于1890年6月在《资本论》德文第四版的序言,以及1891年在《布伦坦诺攻击马克思》一文中,都彻底地揭露了所谓伪造引文的诽谤性言论。——386

523 宪章运动是19世纪30—50年代中期英国工人的政治运动,其口号是争取实施人民宪章,人民宪章要求实行普选权并为保障工人享有此项权利而创造种种条件。按照列宁所下的定义,宪章运动是"世界上第一次广泛的、真正群众性的、政治上已经成型的无产阶级革命运动"。宪章运动曾出现过三次高潮,其衰落的原因在于英国工商业垄断的加强、工人阶级政治上的不成熟,以及英国资产阶级用超额利润收买工人阶级上层("工人贵族"),造成了英国工人阶级中机会主义倾向的增长,这种倾向增长的表现就是工联领袖放弃了对宪章运动的支持。——389

524 英国工人阶级从18世纪末开始争取用立法手段限制工作日,从19世纪30年代起,广大无产阶级群众投入争取十小时工作日的斗争。十小时工作日法案是英国议会在1847年6月8日通过的,作为法律于1848年5月1日起生效。该法律将妇女和少年的日劳动时间限制为10小时。但是,许多英国工厂主并不遵守这项法律,他们寻找种种借口把工作日从早晨5时半延续到晚上8时半。工厂视察员伦·霍纳的报告就是很好的证明。——389

525 爱尔兰租佃者权利法案是爱尔兰激进主义者沙·克劳福德1835年第一次向下

院提出的法案。该法案规定,在废除租约时,对租佃者在土地改良方面的开支予以赔偿。1836年,法案被下院否决。1847、1852和1856年,该法案又多次被重新提出讨论,均被下院否决。——391

526 "下院是土地所有者的议院"出自首相帕麦斯顿之口,他于1863年6月23日在议会的一次定期会议上讨论爱尔兰租佃者权利问题时以嘲弄的口气讲了这句话。以约·马圭尔为首的爱尔兰议员要求采取立法措施,限制大地主对租佃者的横行霸道。例如,议员们要求让租佃者有权在解除租约时获得对他们在租种的土地上所耗全部费用的补偿。帕麦斯顿在讲话中把爱尔兰议员的要求称做"共产主义的教条"、"对社会秩序的基本原则的破坏"。——391

527 指美国内战期间,从1861年底到1862年初英国工人为反对英国政府站在南部各蓄奴州一边干预战争所采取的行动。工人的斗争由于所谓的特伦特号事件而变得异常激烈,当时,英国资产阶级利用北部政府截获并逮捕乘特伦特号轮船赴英的奴隶主代表事件作口实,准备向北部各州开战。英国工人坚决支持北部。在人数众多的群众集会上,工人们抗议反动的资产阶级的战争叫嚣,要求和平解决冲突。英国工人反对干涉的群众性运动,使反动派未能把欧洲拖入支持奴隶主的战争,这一运动大大加强了无产阶级的国际团结。——391

528 马克思起草的《国际工人协会临时章程》,是在总委员会1864年11月1日会议通过的。——393

529 马克思写的这篇《更正》中所谈到的大会是在1865年3月1日于伦敦圣马丁堂举行的。在准备举行纪念1863—1864年波兰起义一周年的这次大会方面,总委员会起了很大的作用。英国资产阶级报刊,其中包括伦敦的自由党日报《每日新闻》,只叙述了比尔斯、利弗尔逊等资产阶级激进派在会上的发言,对以国际的名义提出的决议和总委员会委员福克斯和埃卡留斯的发言却只字不提。1865年3月4日《蜂房报》第177号刊登了关于大会情况的完整报道。马克思写这篇《更正》时曾利用过这篇报道。他的这篇《更正》是写给转载过英国报纸的歪曲报道的苏黎世报纸《白鹰报》的。

保存下来的这篇《更正》的手稿,马克思把它附在1865年4月14日给海·荣克的信里，荣克作为瑞士通讯书记，应当把它附函寄给报纸。这篇《更正》刊登在1865年4月22日《白鹰报》第48号上，署名是海·荣克。——396

530　《国际工人协会致约翰逊总统的公开信》是马克思根据总委员会1865年5月2日的决定起草的，并在总委员会5月9日会议上通过。——397

531　关于起草邀请英国各工人团体加入国际的公开信的决定，是在总委员会1865年6月6日会议上通过的。——400

532　工业报公司的这封公开信是1865年8月下半月由总委员会的五个委员——奥哲尔、惠勒、沃利、考布和埃卡留斯组成的专门委员会起草的，并为公司理事会在1865年8月22日有马克思出席的会议上所批准。公开信刊登于1865年9月2日的《矿工和工人辩护士报》第130号上。——404

533　这个文件是与工业报公司告大不列颠和爱尔兰工人书同时起草的。募股书刊载于1865年9月16日《工人辩护士报》第132号及以后几号上。——406

534　总委员会关于召开伦敦代表会议的通告，印了两种传单。两种传单的正文几乎完全相同。在第二种传单中，载有可以从他们那里领到参加9月28日纪念国际工人协会成立一周年庆祝晚会入场券的总委员会委员的名单。此外，关于召开代表会议的通告（没有列议程）还在1865年9月9日、16日和23日的《工人辩护士报》第131—133号上分别刊登过。——410

535　关于1865年9月28日在圣马丁堂举行晚会的通告，是由总委员会以传单形式印发的。——412

536　告美利坚合众国人民书是在1865年9月28日庆祝会上通过的，出席这次会议的有国际的英国会员和来自法国、瑞士、比利时的出席伦敦代表会议的代表，以及民主派流亡者和革命流亡者的代表。由克里默代表总委员会提出的告美国人民书获得了一致赞同。9月29日，在常务委员会同大陆代表的联席会议上，通过决定将告美国人民书寄给协会各支部。告美国人民书刊登于1865年10月14日《工人辩护士报》第136号上。——415

537　总委员会英国委员就日内瓦代表大会问题致联合王国工人的呼吁书，是由克里默受常务委员会委托起草，并于1866年1月16日由总委员会批准的。呼吁书刊载于1866年2月3日《工人辩护士报》第152号，也用传单散发过。——417

注　释

538 1863年7月22日会议后，选出了一个委员会，它被委托以英国工人的名义写一封致法国工人的公开信。这封由奥哲尔起草的公开信，1863年11月在老贝利区贝尔旅馆举行的工联会议上被批准，并刊载于1863年12月5日《蜂房报》第112号上。——417

539 给《弗尔维耶回声报》编辑的信是由荣克根据总委员会的决定写的，并且由马克思校阅过。荣克1866年1月15日和26日写给马克思的信证明了这一点。信是写来答复韦济尼埃在该报发表的反对总委员会的诬蔑性言论的。——420

540 十二月十日会（Société Du Dix Decembre）——1849年成立的波拿巴主义的团体，其成员多半是游民。——426

541 参看注释255。——427

542 这个文件是由福克斯根据总委员会1866年2月20日和3月6日会议关于爱尔兰政治犯问题的讨论起草的。根据总委员会的决定，文件由奥哲尔署名，并刊登于1866年3月10日《共和国》第157号上。——430

543 《警告》是马克思根据总委员会的决定，针对在爱丁堡裁缝罢工期间把德国和丹麦的裁缝输入苏格兰一事而起草的。——436

544 这篇呼吁书曾在总委员会1866年6月5日会议上讨论过。——438

545 《临时中央委员会给代表的指示》是马克思为国际协会第一次代表大会的代表们写的，这次代表大会于1866年9月3—8日在日内瓦举行。总委员会在7月17日曾通过一项决议：详细制定和讨论日内瓦代表大会的议程。7月31日，马克思代表常务委员会就这个议程作了报告。稍后，指示用英文写成，并由保·拉法格译成法文。马克思所写的指示作为总委员会的正式报告曾在日内瓦代表大会上宣读。——441

546 1866年8月，美国全国劳工同盟在巴尔的摩举行的代表大会上曾宣布，八小时工作日的要求是把劳动从资本主义奴役下解放出来的绝对的必要条件。——444

547 这个文件是各工人团体要求加入国际协会的申请书的格式。——454

548 《国际工人协会章程和组织条例》是日内瓦代表大会在1866年9月5日和8日的会议上通过的。章程以马克思于1864年10月起草的临时章程为基础。

组织条例是在日内瓦代表大会期间由埃卡留斯为其成员的一个专门委员会拟定的。本卷里的章程和条例是按照马克思曾积极参与出版的1867年英文版刊印的。章程和条例用德文发表于1866年9月《先驱》第9期。此外，组织条例还刊登于1867年5月1日《国际信使》（英文版）第17号和1867年4月27日《国际信使》（法文版）第17号。——458

549 这个声明是由福克斯起草的。总委员会曾于1867年1月1日委托福克斯筹备出版关于法国警察没收日内瓦代表大会（1866年）文件的材料。——463

550 这个传单是为了筹备在伦敦剑桥大厅举行大会来纪念1863—1864年波兰起义四周年而散发的。第一项决议案是扎比茨基提出的，第二项是马克思提出的，第三项系法文是贝森提出的，第四项是福克斯提出的。——463

551 "会议桌上的波兰"（Congress Poland）是对根据1814—1815年维也纳会议的决定以波兰王国的正式名称割给俄国的那一部分波兰领土的称呼。——465

552 这篇呼吁书是埃卡留斯根据总委员会的委托起草的。——466

553 这篇英文呼吁书是由总委员会于6月4日委任的一个专门委员会起草的。马克思是这个委员会的成员，但未能参加起草工作。——471

554 指参加组织工人群众性改革运动的国际的英国会员。——471

555 这个文件是由拉法格翻译的总委员会关于洛桑代表大会的呼吁书的法文本。拉法格在1867年7月9日总委员会会议上被委托担当翻译工作。这个文件由马克思校订过。——473

556 这是指1867年2—3月间巴黎青铜匠和裁缝的罢工。——474

557 皇家英国工联调查委员会是因为工联的积极性日益增长而于1867年2月建立的。开始这个调查的时候，统治集团是指望宣布工联为非法，或者至少限制它们的活动。为了对付政府的这个措施，工联在全国举行了群众大会，并于1867年3月5—8日在伦敦召开了全国代表会议。皇家委员会的调查结果并没有能够对工联提起控诉。——474

558 这个报告在本卷中是按照1867年9月14日《蜂房报》第309号刊印的。报告的英文全文与《向1867年9月2—8日在洛桑举行的工人代表大会宣读的报告》（1867年拉绍德封版）小册子中的法文全文不同。而且，英文中略去了关于国际法国、瑞士、比利时和美国支部情况报告的部分。关于美国情况报告的部分,这里按照记录本中福克斯的手稿作为单个文件刊印。——477

559 往下,法文版有下述关于法国、瑞士和比利时三个支部的报告:

法国

总委员会的任务包括同例如法国那样一些国家的独立分部通信,因为在那里限制性的法律不许可无阻碍地建立活动中心。

前面已经说过,总委员会想把印有国际协会章程和条例的会员证运进法国的一切尝试,都由于法国当局的行动而遭到失败;他们没收了我们的东西,尽管没有任何理由能解释这种犯法行为。但是,法国当局所制造的障碍绝不止于此。我们的通讯员请求允许印发我们的章程和条例也白费力气;他们唯一的答复总是最坚决的拒绝。

里昂委员会在1866年召开了几次会议,出席会议的有500多名会员,而在日内瓦代表大会以后,它没有得到召开全体会议的许可。结果是,里昂的会员在当权人物面前表现的英勇不屈精神,甚至使瞎子也能清楚地看出法国政府究竟在多大程度上希望工人得到解放。

应当指出这样一种惊人的情况:这些障碍,这些无理取闹,一分一秒也没有阻挡住我们的协会取得胜利。

在维埃纳(伊泽尔省)本来只有80名会员,现在有500多名了。在索恩河畔讷维尔,我们的一个分部成立了两个消费合作社,这样便吸引了农业工人实际地参加到社会生活中来,而从前人们硬说农业工人不喜欢这样做。

我们驻卡昂的通讯员报道说,这个城市里的工人联合会日益巩固。由于这种团结一致,马具匠、机械工人、制革工人、鞍匠、铁匠以及其他部门的工人争取到了在不降低工资的情况下把工作日缩短一小时。

在菲沃(罗讷河口省),国际协会拥有大量的矿工会员,他们不久前的罢工引起了很大的震动。

今年8月5日总委员会获悉,在菲沃也组织了委员会。我们把这一胜利归功于马赛委员会委员公民瓦瑟尔的勇敢的宣传,他在今年7月21日给我们的信中写道:

"资本和劳动之间正在进行斗争,这是一场可悲而又可笑的斗争:一边是一帮官吏和职员到处进行宣传,企图引诱工人离开国际协会;另一边是几个精力充沛和忠心耿耿的人坚持不渝地反击我们的敌人的进攻,并在工人队伍中传播独立和正义的思想。".

他在结尾时补充道:

"任何人的权力都不能铲除我们在国内培植起来的解放思想,因为我们的敌人不得不同两种难以克服的力量作斗争:同权利和意志作斗争。"

最后,工人懂得:有志者事竟成,只有依靠自己本身,才能取得自己彻底的政治解放和社会解放。

现在我们把在上次代表大会召开之前就有的分部,以及它们在1866年和1867年交款的总额列表如下:

	交款总额				交款总额		
	英镑	先令	便士		英镑	先令	便士
巴黎…………	4	—	—	格朗维尔………	—	—	—
卡昂…………	1	—	—	阿让唐………	—	—	—
里昂…………	11	12	—				
波尔多………	3	9	—	代表大会后新成立的分部			
鲁昂…………	—	4	5	巴黎的装订工人…	14	4	—
瓜德罗普岛……	—	—	—	卡斯泰尔诺达里…	—	—	—
维埃纳………	5	7	6	欧什………	—	—	—
索恩河畔讷维尔邦丁………	1	5	3	奥尔良	—	—	—
圣但尼………	—	—	—	南特………	—	—	—
皮托…………	—	—	—	维尔弗朗什…	—	—	—
讷夏托………	—	—	—	马赛………	—	—	—
利济厄………	—	—	—	菲沃………	—	—	—
孔代叙努瓦罗…	—	—	—	哈佛尔………	—	—	—
哈考特-梯叶里..	—	—	—	阿尔及尔………	—	—	—

瑞 士

我们从瑞士只收到了中央委员会的书面报告。在那里也像在英国一样，国际协会的工作是吸收工人团体，也尽可能多吸收单个的人。

不过应当看到，在瑞士每个工人团体的人数比英国的少。成立分部的城市有：日内瓦、卡鲁日、洛桑、沃韦、蒙特勒、纳沙泰尔、拉绍德封、勒洛克勒、圣克罗伊、圣伊米耶、松维利耶、比安、穆捷、邦库尔、苏黎世、韦齐孔、巴塞尔、伯尔尼、特拉姆兰、莱布勒吕和莱布瓦。

1866年和1867年从这些分部收到的钱

	交款总额		
	英镑	先令	便士
日内瓦（罗曼语区支部）………	4	—	—
日内瓦（德语区支部）…………	1	7	9
拉绍德封………………………	2	4	—
勒洛克勒………………………	—	17	10

比利时

比利时通讯书记对国际工人协会总委员会的报告

公民们：

我和比利时的通信是从编筐工人罢工的时候开始的。关于这件事情我曾写给公民万丹胡亭一封信，这封信一星期后在《人民论坛报》上刊登出来。我以总委员会的名义通知他关于编筐业主的代办从伦敦出发去招募比利时编筐工人的事。我在信中告诉他，必须用我们组织的力量去粉碎这个代理人的计划，而且为了表示团结一致，比利时工人必须拒绝任何招募，以便保证自己的英国弟兄获得胜利。

接着我又告诉公民万丹胡亭，有几个比利时编筐工人返回祖国了，他们是由于相信了业主们后来并未兑现的诺言而到伦敦来的，我还向他述说了英国编筐工人的兄弟情谊。在信的结尾我着重指出，总委员会的活动对于工人战胜业主起了多大的促进作用。

  关于日内瓦代表大会报告的出版问题我曾和公民布里斯梅通过信。这次通信没有任何结果,因为我按总委员会的指示向他请求贷款,而这是他所不可能提供的。我最近写的一封有关此事的信没有得到答复。显然,对公民布里斯梅(他的忠诚是尽人皆知的)来说,正式拒绝我们是非常难堪的;我认为这就是他沉默的原因。

  我把总委员会关于比利时雪茄烟工人的信寄给了公民万丹胡亭,请他加以广泛的宣扬,对总委员会关于沙皇到巴黎的决议,我也是这样处理的。我把总委员会关于伦敦裁缝罢工的决议通知了布鲁塞尔局,决议中建议比利时的裁缝无论如何不要到伦敦那些发生罢工的工厂中去工作,并希望全体比利时工人发挥团结精神,给予伦敦裁缝以物质支援。

  我把总委员会关于洛桑代表大会的通告寄给圣吉耳6号的公民德·维特,并寄给布鲁塞尔的公民万丹胡亭,请求他们以最大的注意力对待这个通告并尽量广泛地传布它。

  总而言之,我完成了总委员会指定我做的一切,而且敢于说我一次也没有收到来自比利时的任何责难。我把收到的几封信附在这个简短的报告后面。至于通信的费用,我认为完全可以把它作为对协会的一点捐助。

  敬礼和兄弟情谊!

贝　森——487

560 指国际铸工联合会。——487

561 法文版在这句话之后有如下的签名:

  代表总委员会:

    主　席　**奥哲尔**

    总书记　**埃卡留斯**

    财务委员　**威·德尔**

    财务书记　**肖**

    通讯书记:**欧·杜邦**(法国)

       卡·马克思(德国)

       扎比茨基(波兰)

　　　　　　海·荣克（瑞士）
　　　　　　彼·福克斯（美国）
　　　　　　贝森（比利时）
　　　　　　卡特（意大利）
　　　　　　保·拉法格（西班牙）
　　　　　　汉森（丹麦）——488

562 福克斯起草的这个报告，有其手稿插在总委员会记录本中。本卷即按这个手稿转载它的文字，除了几个细节，与报告的法文版一致。——488

563 马克思起草的总委员会致格桑—哈第大臣的意见书正文在记录本里，并以马克思夫人燕妮手抄的副本形式被保存下来了。这个手抄副本像写成一篇文章那样准备送给报纸，实际上并没有用英文发表过。这篇文章的法译文刊载于1867年11月24日《法兰西信使报》第163号。——495

人名索引

A

阿伯康公爵，詹姆斯·汉密尔顿（Abercorn, James Hamilton, Duke of 1811—1885）——爱尔兰总督（1866—1868、1874—1876）。

阿伯丁伯爵，乔治·戈登（Aberdeen, George Gorden, Earl of 1784—1860）——英国国务活动家，托利党人，1850年起为皮尔派领袖，曾任外交大臣（1828—1830、1841—1846）和联合内阁首相（1852—1855）。

阿尔多夫兰迪（Aldovrandi, P.）——受马志尼影响的伦敦意大利工人组织——共进会会员；国际总委员会委员（1864年10月—1865年）。

阿兰，威廉（Allan, William 1813—1874）——英国工人，机器匠，工联领袖，改良主义者，英国工人的第一个大的工联组织——机械工人联合会的组织者之一和总书记（1851—1874）。19世纪60年代是伦敦工联理事会的领导者之一，曾反对参加国际；工人代表同盟领导者之一。

阿普尔加思，罗伯特（Applegarth, Robert 1834—1924）——英国工联主义运动改良派领袖，职业是红木工；粗细木工工联总书记（1862—1871），工联伦敦理事会理事（1863年起）；1865年起为国际会员，国际总委员会委员（1868—1872）；巴塞尔代表大会（1869）代表，改革同盟和工人代表同盟的领导人之一；1871年拒绝在总委员会的宣言《法兰西内战》上签名；后脱离工人运动。

阿尤，让-阿尔丰斯（Ailloux [Ailloud], Jean-Alphonse 约生于1828年）——法国工人，裁缝，法国合作运动的参加者。1866年建立的维埃纳市（法国）国际支部的主席，国际洛桑代表大会（1867）的代表。

艾歇尔（Eichler）——德国工人，油漆匠，1862年由全国工人联合会派往参观伦敦工业博览会；后来被揭露是工人运动中的内奸。

艾尔斯，威廉（Ayers, William）——英国工联主义者，泥水匠协会的代表；国际总委员会委员（1866）。

埃卡留斯，约翰·格奥尔格（Eccarius, Johann Georg 1818—1889）——德国工人运动和国际工人运动的活动家，工人政论家，职业是裁缝；侨居伦敦，正义者同盟盟员，后为共产主义者同盟盟员，伦敦德意志工人共产主义教育协会的领导人之一，国际总委员会委员（1864—1872），总委员会总书记（1867—1871年5月），美国通讯书记（1870—1872），国际各次代表大会和代表会议的代表；1872年以前支持马克思，1872年海牙代表大会后成为英国工联的改良派领袖，后为工联主义运动的活动家。

埃利奥特，埃比尼泽（Elliot, Ebenezer 1781—1849）——英国诗人，宪章主义者，铁匠的儿子。

安·斯图亚特（Anna [Ann, Anne] Stuart 1665—1714）——英国女王（1702—1714）。

安贝尔（Humbert）——法国雇员，曾在法国青年关于1866年战争威胁的第二个呼吁书上签名。

奥博尔斯基，路德维克（Oborski, Louis 1787—1873）——波兰上校，革命家，1830—1831年波兰起义的参加者；1834年流亡伦敦，伦敦"民主派兄弟协会"的活动家；1849年巴登-普法尔茨起义时为革命军师长；国际总委员会委员（1865—1867），1866年任波兰流亡者联合会伦敦中央支部主席。

奥顿诺凡-罗萨（O'Donovan-Rossa）——爱尔兰民族解放运动领袖之一——耶利米·奥顿诺凡-罗萨的妻子；1865—1866年组织募捐救济爱尔兰政治犯的家属，起草了告爱尔兰妇女书，根据国际总委员会的决定，该呼吁书刊载于1866年1月6日《工人辩护士报》上。

奥顿诺凡-罗萨，耶利米（O'Donovan-Rossa, Jeremiah 1831—1915）——爱尔兰芬尼社的创建人和领导人，《爱尔兰人民报》的出版者（1863—1865），1865年被捕，被判处无期徒刑，1870年获赦，不久流亡美国，在那里领导芬尼社；80年代脱离政治活动。

奥尔蒂加（Ortiga）——国际总委员会委员（1866—1867）。

奥尔西尼，费利切（Orsini, Felice 1819—1858）——意大利革命家，民主主义者和共和主义者；争取意大利民族解放和统一的斗争的参加者；因谋刺拿破仑第三（1858）而被处死。

奥尔西尼，切扎雷（Orsini, Cesare）——意大利政治流亡者，国际总委员会委员（1866—1867），曾在美国宣传国际的思想；费·奥尔西尼的兄弟。

奥弗顿，理查（Overton, Richard）——掘土工人联合会在国际总委员会的代表（1866）。

奥康奈尔，丹尼尔（O'Connell, Daniel 1775—1847）——爱尔兰律师和政治家，爱尔兰民族解放运动自由派右翼领袖。

奥利里（O'Leary）——见墨菲。

奥利维埃，埃米尔（Ollivier, Emile 1825—1913）——法国政治活动家，温和的资产阶级共和党人，第二帝国时期为立法团议员（1857年起）；19世纪60年代末为波拿巴主义者，曾任政府首脑（1870年1—8月）。

奥尼尔（O'Neil）——来自伯明翰的英国牧师，和平主义者。

奥斯本，约翰（Osborne, John）——英国工人，抹灰工，工联主义者，1864年9月28日圣马丁堂国际成立大会的参加者；劳动阶级福利总同盟、改革同盟、土地和劳动同盟和工人代表同盟的活动家。

奥托，路（Otto, L.）——见布赖特施韦特，奥托。

奥哲尔，乔治（Odger, George 1820—1877）——英国工联改良派领袖，职业是鞋匠，工联伦敦理事会创建人之一，1862—1872年为理事会书记，英国波兰独立全国同盟、土地和劳动同盟和工人代表同盟盟员，改革同盟执行委员会委员；1864年9月28日伦敦圣马丁堂会议的参加者，国际总委员会委员（1864—1871）和主席（1864—1867），伦敦代表会议（1865）和日内瓦代表大会（1866）的参加者，在争取英国选举改革的斗争期间与资产阶级有勾结；1871年拒绝在总委员会的宣言《法兰西内战》上签名并退出总委员会。

B

巴伯迪耶纳（Barbedienne, F.）——巴黎青铜器制造商。

巴克利，詹姆斯（Buckley, James）——英国工联主义者，国际总委员会委员（1864年11月—1869年）和改革同盟盟员。

巴拉，雅莱斯（Bara, Jules 1835—1900）——比利时国务活动家，自由党人，司法大臣（1865—1870、1878—1884）。

巴塔耶（Battaille）——法国职员，曾在法国青年关于1866年战争威胁致各国工人的第二个呼吁书上签名，反对第二帝国的警察专横。

巴泰勒米（Barthélemy）——法国工人，玻璃彩画匠，曾在法国青年关于1866年战争威胁致各国工人的第二个呼吁书上签名。

巴特勒（Butler）——英国工联主义者，考文垂织带工人协会书记（1867），该会加入了国际。

白恩士（又译：彭斯，明斯），罗伯特（Burns, Robert 1759—1796）——伟大的苏格兰民主主义诗人。

班尼斯特，威廉（Bannister, William）——1865年5月16日被提名为总委员会委员候选人，但未当选。

班尼亚加蒂（Bagnagatti, G.）——共进会（受马志尼影响的伦敦意大利工人组织）的书记；国际总委员会委员（1864年11月—1865年）。

倍倍尔，奥古斯特（Bebel, August 1840—1913）——德国工人运动和国际工人运动的活动家，职业是旋工；德国工人协会联合会创始人之一，1867年起为主席；第一国际会员，1867年起为国会议员，1869年是德国社会民主党创始人和领袖之一，《社会民主党人报》创办人之一；曾进行反对拉萨尔派的斗争，普法战争时期站在无产阶级国际主义立场，捍卫巴黎公社；1889、1891和1893年国际社会主义工人代表大会代表；第二国际的活动家，在19世纪90年代和20世纪初反对改良主义和修正主义；马克思和恩格斯的朋友和战友。

贝尔纳，马利（Bernard, Marie）——比利时油漆匠，总委员会委员（1868年9月—1869年），比利时通讯书记。

贝克尔，伯恩哈德（Becker, Bernhard 1826—1882）——德国政论家和历史学家，拉萨尔派；德国 1848—1849 年革命的参加者，革命失败后流亡伦敦；全德工人联合会成立大会代表，后任主席（1864—1865）；1870 年起为社会民主工党（爱森纳赫派）党员；国际海牙代表大会（1872）代表，1874 年以后脱离工人运动。

贝克尔，约翰·菲力浦（Becker, Johann Philip 1809—1886）——德国工人运动和国际工人运动的活动家，职业是制刷工，1848 年加入瑞士籍；三月革命以前的民主运动和 1848—1849 年革命的参加者；以瑞士军队军官身份参加了反对宗得崩德的战争；在巴登-普法尔茨起义时指挥巴登人民自卫团和志愿军；1848—1849 年革命后转向无产阶级共产主义立场，瑞士"革命集中"成员（1850），国际日内瓦第一支部的创建人（1864），国际日内瓦支部委员会、德国和瑞士德语区中央委员会主席（1865），国际德语区支部主席（1866 年起），在瑞士的国际德国人支部组织者，国际伦敦代表会议（1865）和国际各次代表大会代表，《先驱》杂志出版者和编辑（1866—1871）和《先驱者》杂志编辑（1877—1882）；马克思和恩格斯的朋友和战友。

贝里，詹姆斯（Burry, James）——英国工联主义者，伦敦裁缝保障协会执行委员会委员，国际总委员会委员（1866）。

贝列特（Bellet）——法国职员，曾在法国青年关于 1866 年战争威胁致各国工人的第二个呼吁书上签名。

贝律兹，让·皮埃尔（Béluze, Jean Pierre 1821—1908）——法国工人，细木工；小资产阶级社会主义者，卡贝的学生和信徒，劳动信贷银行经理（1862—1868），合作运动的机关报《联合》杂志的创办人之一；国际会员；后来脱离了工人运动。

贝尼埃，欧仁（Benière, Eugène）——国际在索恩河畔纳维尔（法国）的通讯员，曾参加组织国际的法国支部；蒲鲁东主义者。

俾斯麦公爵，奥托（Bismarck [Bismark], Otto, Von Schönhausen 1815—1898）——普鲁士和德国国务活动家和外交家，普鲁士容克的代表；曾任驻彼得堡大使（1859—1862）和驻巴黎大使（1862）；普鲁士首相（1862—1872、1873—1890），北德意志联邦首相（1867—1871）和德意志帝国首相（1871—1890）；1870 年发动普法战争，1871 年支持法国资产阶级镇压巴黎公社；主张以"自上而下"的方法实现德国的统一；曾采取一系列内政措施，以保证容克和大资产阶级的联盟；1878年颁布反社会党人非常法。

贝松，亚历山大（Besson, Alexander）——法国工人，机器匠，在伦敦的侨民；国际总委员会委员（1866—1868），比利时通讯书记，伦敦法国人分会的领导人之一；加入小资产阶级共和派集团，费利克斯·皮阿的追随者。

毕尔克利，卡尔（Bürkli, Karl 1823—1901）——瑞士工人运动的活动家，傅立叶和孔西德朗的信徒；后为社会民主党人，国际苏黎世支部的领导人之一。

比尔斯，埃德蒙（Beales, Edmond 1803—1881）——英国法学家，资产阶级激进派，英国波兰独立全国同盟主席；在美国内战期间支持北部的英国奴隶解放协会会员，改革同盟主席（1865—1869）。

比洛西（Biloschy [Bilosci]）——共进会（受马志尼影响的伦敦意大利工人组织）委员会委员；国际会员。

比斯利，爱德华·斯宾塞（Beesly, Edward Spencer 1831—1915）——英国历史学家和政治活动家，实证论哲学家，19世纪60年代积极参加民主运动；在1864年9月28日圣马丁堂国际成立大会上担任主席；巴黎公社时期在英国报刊上为国际辩护，同马克思保持友好关系。

彼得逊，彼得（Petersen, Peter）——国际总委员会委员（1864年11月—1865年）。

比宗（Buzon）——国际在波尔多（法国）的通讯员。

毕希纳，路德维希（Büchner, Ludwig 1824—1899）——德国哲学家，庸俗唯物主义者；曾参加国际洛桑代表大会（1867）。

波拿巴（Bonaparte）——见拿破仑第三。

波特尔，乔治（Potter, George 1832—1893）——英国工人，木工；工联运动的改良派领袖之一；伦敦工联理事会理事，建筑工人联合会领导人之一，《蜂房报》的创办人、编辑和发行人，在报纸上推行同自由资产阶级妥协的政策。

博勃钦斯基，康斯坦蒂（Bobczynski, Konstantin）——1863年波兰起义的参加者，后侨居伦敦，国际总委员会委员（1865—1868），波兰通讯书记（从1866年5月起），伦敦代表会议（1865）的参加者，1866年迁往伯明翰。

博尔达日（Bordage, P.）——国际总委员会委员（1864年10月—1866年），1865

年伦敦代表会议的参加者，伦敦法国人分会会员。

博凯，让·巴蒂斯特（Bocquet, Jean Baptiste）——法国小资产阶级民主主义者，共和主义者，法国1848年革命的参加者，后流亡伦敦，赫尔岑的朋友；1864年9月28日圣马丁堂成立大会的参加者，国际总委员会委员（1864—1865）。

博凯特（Bockett）——英国装订工人，伦敦装订工人协会书记。

博斯克（Bosc）——国际在圣丹尼（巴黎郊区）的通讯员。

博德朗，路易（Baudrand, Louis）——国际在索恩河畔纳维尔（法国）的通讯员，1866年索恩河畔弗勒里欧支部参加日内瓦代表大会的代表。

博勒特，亨利希（Bolleter, Heinrich）——在伦敦的德国侨民，索霍区拿骚街2号一家小饭馆老板，工人经常在他的饭馆里开会；伦敦德意志工人教育协会会员，国际总委员会委员（1864年11月—1865年），1865年伦敦代表会议的参加者。

布尔东，安东–马利（Bourdon, Antoine-Marie）——法国工人，雕刻匠；法国工人运动的积极参加者；国际日内瓦代表大会（1866）代表和书记，巴黎理事会理事。

布拉（Boula）——法国工人，玻璃彩画匠，曾在法国青年关于1866年战争威胁的第二个呼吁书上签名。

布拉德洛，查理（Bradlaugh, Charles 1833—1891）——英国新闻工作者，资产阶级激进派，《国民改革者》周刊编辑，巴黎公社以后，猛烈攻击马克思和国际工人协会。

布拉德尼克，弗雷德里克（Bradnick, Frederick）——弹性织品织工协会派到总委员会的代表（1867）；国际总委员会委员（1870—1872）；伦敦代表会议（1871）代表；海牙代表大会（1872）后，加入不列颠联合委员会里的改良派；1873年5月30日总委员会通过决议把他开除出国际。

布莱克莫尔（Blackmore [Blackmoor]）——1864年9月28日圣马丁堂国际成立大会的参加者，国际总委员会委员（1864—1865）和改革同盟员。

布莱廷，赛米尔（Brighting, Samuel）英国工人，职业是编筐工人；工联主义者；旧伦敦编筐工人协会会员。

布赖茵（Brien）——1865年8月被提名为总委员会委员候选人，但未当选。

布赖特施韦特，奥托·路德维希［笔名：路·奥托］（Breitschwert, Otto Ludwig,

[L. Otto] 1836—1890）——德国新闻工作者；国际总委员会委员（1864）。

布朗，约翰（Brown, John 1800—1859）——美国农民，废奴运动的战士；堪萨斯州反奴隶主武装斗争的积极参加者（1854—1856）；1859年打算在弗吉尼亚州发动黑奴起义；受审并被处决。

布勒耶（Breuillé, A.）——法国职员，曾在法国青年关于1866年战争威胁的第二个呼吁书上签名；反对第二帝国的警察专横。

布里斯梅，德西雷（Brismée, Désiré 1823—1888）——比利时印刷工人；曾参加比利时民主运动和工人运动；蒲鲁东主义者；国际比利时支部（1865）的创建者之一；从1869年起为比利时联合会委员会（总委员会）委员；国际布鲁塞尔代表大会（1868）代表，巴塞尔代表大会（1869）副主席，海牙代表大会（1872）代表；曾加入巴枯宁派，后来与无政府主义者断绝关系。

布鲁诺（Bruno）——法国工人，玻璃彩画匠，曾在法国青年关于1866年战争威胁致各国工人的第二个呼吁书上签名。

布罗许尔（Brochure）——法国工人，玻璃彩画匠，曾在法国青年关于1866年战争威胁致各国工人的第二个呼吁书上签名。

布泽（Bouzet）——法国的国际会员。

D

达顿，拉尔夫（Dutton, Ralph）——国际总委员会委员（1866—1867）。

达顿，詹姆斯·弗兰克（Dutton, James Frank）——英国工人，马车制造匠，国际总委员会委员（1866—1867）。

达费林侯爵，弗雷德里克·坦普尔·汉密尔顿·坦普尔·布莱克伍德（Dufferin, Frederick Temple Hamilton-Temple-Blackwood, Marquess of 1826—1902）——英国国务活动家和外交家；自由党人，格莱斯顿内阁成员（1868—1872），爱尔兰大土地占有者。

达科斯塔，查理（Dacosta, Charles）——法国教师，曾在法国青年关于1866年战争威胁致各国工人的第二个呼吁书上签名，反对第二帝国的警察专横；巴黎公社社员；布朗基主义者，巴黎公社失败后被判处劳役监禁，逃往英国。

达希，朱泽培（Dassy, Giuseppe）——意大利工人领袖；意大利工人联合会副主席，切里尼奥拉工人互助会出席国际日内瓦代表大会（1866）的代表，总委员会在那不勒斯的通讯员。

戴维斯，杰弗逊（Davis, Jefferson 1808—1889）——美国政治活动家，大种植场奴隶主，民主党人，南部奴隶主叛乱策划者之一；美国对墨西哥战争（1846—1848）的参加者；曾任美国陆军部长（1853—1857），南部同盟总统（1861—1865）。

丹特（Danter, R.）——19世纪六七十年代英国工联运动的积极参加者，机械工人联合会主席，伦敦工联理事会理事。

德·巴普，塞扎尔（De Paepe, César 1841—1890）——比利时工人运动和社会主义运动的著名活动家，排字工人，后为医生，国际比利时支部的创建人之一，比利时联合会委员会委员，国际伦敦代表会议（1865）、洛桑代表大会（1867）、布鲁塞尔代表大会（1868）、巴塞尔代表大会（1869）和伦敦代表会议（1871）的代表，海牙代表大会（1872）以后，曾一度支持巴枯宁派；比利时工人党的创始人之一（1885）。

德尔，威廉（Dell, William）——室内装饰工；英国工人运动和民主运动活动家；英国波兰独立全国同盟盟员；1864年9月28日圣马丁堂国际成立大会的参加者，国际总委员会委员（1864—1869）和财务委员（1865、1866—1867），1865年伦敦代表会议的参加者，改革同盟的领导人之一。

德金德兰（Derkinderen）——国际总委员会委员（1866—1867），荷兰通讯书记（1867）。

德赖，戴维（Dry, David）——英国工联主义者，伦敦弹性织品织工协会书记。

德鲁安，让娜-弗朗斯瓦（Deroin, Jeanne-Françoise 1805—1894）——法国政论家，女裁缝，后为教师，拥护空想社会主义，参加创建女裁缝互助会；1852年侨居英国；几家妇女期刊的出版人和编辑。

德·马凯尔（De Marckel）——国际在格朗维尔（法国）的通讯员。

德鲁里（Drury）——国际在伦敦的法国人分部会员；1867年去纽约。

德鲁伊特，乔治（Druitt, George）——英国工联主义者，伦敦裁缝协会主席，国际总委员会委员（1867）。

德努阿尔，雅莱斯（Denoual, Jules）——法国小资产阶级民主主义者，1864年9月28日圣马丁堂国际成立大会的参加者，国际总委员会委员（1864—1865）。

德瓦斯特（Devaster）——国际总委员会委员（1865）。

迪蒂（Duthy）——1865年9月，受国际布鲁塞尔支部的委托，同总委员会建立了直接联系。

迪克，亚历山大（Dick, Alexander）——英国工人，面包师，工联主义者，面包工人联合会会员；国际总委员会委员（1864年11月—1865年）；1865年，因为他迁居新西兰，被任命为国际新西兰通讯书记。

笛福，丹尼尔（Defoe, Daniel 1660年前后—1731年）——英国作家和政论家，小说《鲁滨逊漂流记》的作者。

杜邦，欧仁（Dupont, Eugène 1831—1881）——法国工人，国际工人运动活动家，1848年巴黎六月起义的参加者，1862年起住在伦敦，1870年起住在曼彻斯特，国际总委员会委员（1864—1872），法国通讯书记（1865—1871），伦敦代表会议（1865）和日内瓦代表大会（1866）的参加者，洛桑代表大会（1867）主席，布鲁塞尔代表大会（1868）、伦敦代表会议（1871）和海牙代表大会（1872）的代表；《法兰西信使报》撰稿人，伦敦法国人支部成员（1868年以前），曼彻斯特法国人支部创建人之一（1870），国际不列颠联合会委员会委员（1872—1873），1874年迁居美国；马克思和恩格斯的战友。

杜阿梅尔，斐迪南（Duhamel, Ferdinand）——国际在利雪（法国）的通讯员。

杜梅尼尔-马里尼，雅莱斯（Dumesnil-Marigny, Jules, 1810—1885）——法国资产阶级经济学家和政论家，国际会员（1865）；国际伦敦代表会议（1865）的参加者。

杜普莱克斯，弗朗斯瓦（Dupleix, François）——瑞士装订工人，日内瓦国际法国人支部的组织者之一和主席；国际伦敦代表会议（1865）、日内瓦代表大会（1866）和洛桑代表大会（1867）的代表。

多德，亨利（Dodd, Henry）——国际会员（1867）。

多德森（Dodson）——英国工联主义者，1867年加入国际的伦敦鞋匠联合会的书记。

多纳蒂,托马斯(Donatti, Thomas)——国际总委员会委员(1865—1866)。

E

恩格斯,弗里德里希(Engels, Friedrich 1820—1895)。

F

法尔科内(Falconnet)——国际在瑞士的通讯员。

方塔纳,朱泽培(Fontana, Giuseppe 1840—1876)——意大利工人运动活动家,流亡伦敦,伦敦意大利工人组织共进会的领导人之一,国际总委员会委员和意大利通讯书记(1864—1865)。

斐迪南二世(Ferdinand Ⅱ 1810—1859)——那不勒斯国王(1830—1859),由于1848年炮击墨西拿而得到"炮弹国王"的绰号。

菲力浦二世(Philip Ⅱ 1527—1598)——西班牙国王(1556—1598)。

菲力蒲斯,温德尔(Phillips, Wendell 1811—1884)——著名的美国社会活动家,政治活动家和演说家;废奴运动的战士;主张用革命的方法进行反对南方奴隶主的斗争;19世纪70年代参加了工人运动,主张在美国建立独立的工人政党,1871年加入国际。

费尔贝恩,罗伯特(Fairbairn, Robert)——英国贝德灵顿市居民,曾在巴黎大学生关于1866年普奥战争威胁的呼吁书和各国工人给呼吁书的复信上签名。

斐拉里,朱泽培(Ferrari, Giuseppe 1811—1876)——意大利哲学家和政治家,参加过民族解放运动,反对在萨伏依王朝统治下统一意大利的政策。

费里特[特雷](Ferret [Terret])——国际在庞坦(巴黎郊区)的通讯员。

费尼利(Fenili, F.)——共进会(受马志尼影响的伦敦意大利工人组织)委员会委员;国际会员。

费西,托马斯·格兰特(Facey, Thomas Grant)——英国工人,油漆匠,工联主义者,劳动阶级福利总同盟书记;1864年9月28日圣马丁堂国际成立大会的参加者;国际总委员会委员(1864年10月);改革同盟执行委员会委员。

封丹,莱昂(Fontaine, Léon)——比利时新闻工作者,比利时民主运动的积极参加者；1862—1865 年是赫尔岑的《警钟》（*Kolokol*）法文版发行人；总委员会的比利时临时通讯书记，国际布鲁塞尔代表大会（1868）代表。

福格特（Vogt, W.）——国际会员，伦敦德意志工人教育协会分会——和谐协会会员。

福克斯，彼得［真名：彼得·福克斯·安得烈］（Fox, Peter [Peter Fox André] 死于 1869 年）——新闻工作者，英国民主运动和工人运动的活动家；受实证论者的影响；英国波兰独立全国同盟领导人之一；1864 年 9 月 28 日圣马丁堂国际成立大会的参加者；国际总委员会委员（1864—1869）；1865 年起为总委员会报刊的正式通讯员；总委员会总书记（1866 年 9—11 月），美国通讯书记（1866—1867）；《共和国》编辑之一（1866）；改革同盟执行委员会委员。

福雷，埃利·弗雷德里克（Forey, Elie-Frédéric 1804—1872）——法国元帅，波拿巴主义者；1851 年 12 月 2 日政变参加者之一；1859 年起为参议员，1863 年被任命为法国远征墨西哥军团总司令。

弗兰西斯（Francis）——国际总委员会委员（1865）。

弗里布尔，厄内斯特-爱德华（Fribourg, Ernest-Edouard）——法国工人运动活动家，职业是雕刻工，后为商人；右派蒲鲁东主义者；1864 年 9 月 28 日伦敦圣马丁堂会议的参加者，国际巴黎支部的领导人之一，伦敦代表会议（1865）和日内瓦代表大会（1866）代表；多家工人报纸的编辑部成员；1867 年作为记者参加洛桑代表大会；1871 年出版敌视国际和巴黎公社的《国际工人协会》一书。

弗洛凯，沙尔（Floquet, Charles 1828—1896）——法国律师，左派共和党人；第二帝国期间，在 1868 年和 1870 年对巴黎支部的审讯中担任辩护律师；19 世纪 70 年代和 80 年代为众议院议员和议长。

富兰克林，本杰明（Franklin, Benjamin 1706—1790）——美国政治活动家、外交家、经济学家、作家和自然科学家；美国启蒙运动的代表人物，美国独立战争的参加者，美国独立宣言（1776）的起草人之一；他最先有意识地用劳动时间来确定价值。

G

盖昂，路易（Guyon, Louis）——法国职员，曾在法国青年关于1866年战争威胁的第二个呼吁上签名；1866年因"莱纳森斯咖啡馆"布朗基主义秘密协会案受审。

戈赫特（Gocht）——国际会员，1865年伦敦德意志工人教育协会主席。

格柴霍斯基（Gzechowski）——波兰人，伦敦波兰饭店的主人。

格莱斯顿，威廉·尤尔特（Gladstone, William Ewart 1809—1898）——英国国务活动家，托利党人，后为皮尔分子；19世纪下半叶为自由党的领袖之一；曾任财政大臣（1852—1855、1859—1866）和首相（1868—1874、1880—1885、1886、1892—1894）。

格朗容，莱奥波德·奥古斯特（Granjon, Leopold Auguste）——制刷工人，国际巴黎委员会委员（1868）。

格雷厄姆，大卫（Graham, David）——英国贝德灵顿市居民，曾在巴黎大学生关于1866年普奥战争威胁的呼吁书和各国工人给呼吁书的复信上签名。

格雷厄姆，约翰（Graham, John）——英国的国际会员。

格雷，罗吉尔·毛勒（Gray, Rodger Maurer）——英国工人，泥水匠，《蜂房》工业报公司理事会理事长；1864年9月28日圣马丁堂国际成立大会的参加者；国际总委员会委员（1864—1865），劳动阶级福利总同盟盟员和改革同盟盟员。

格雷，乔治（Grey, George 1799—1882）——英国国务活动家，辉格党人，曾任内务大臣（1846—1852、1855—1858、1861—1866）和殖民大臣（1854—1855）。

格里利，霍拉斯（Greeley, Horace 1811—1872）——美国资产阶级新闻工作者和政治活动家；进步报纸《纽约每日论坛报》的创办人和编辑之一，国际的支持者。

格里宁，爱德华·欧文（Greening, Edward Owen 1836—1923）——曼彻斯特合作运动的积极活动家，美国内战期间支持北部的英国奴隶解放协会会员，改革同盟盟员。

格罗斯密斯，约翰（Grossmith, John）——英国波兰独立全国同盟盟员和国际总委员会委员（1864年11月—1865年）。

哥特罗，雅莱斯（Gottraux, Jules）——英国籍的瑞士人；国际会员。

格桑-哈第，格桑（Gathorne-Hardy, Gathorne 1814—1906）——英国国务活动家，保

守党人,内务大臣(1867—1868)。

H

哈考斯基(Hakowskt, F.)——伦敦的波兰侨民,伦敦波兰工人协会书记(1866)。

哈勒姆,托马斯(Hallam, Thomas)——英国工联主义者,伯明翰鞋匠协会书记,国际会员。

哈勒克(Huleck)——国际总委员会委员(1868);伦敦的法国人分部会员,分部分裂(1868)后,反对总委员会。

哈勒克夫人(Huleck, Mrs.)——国际总委员会委员(1868)。

哈里(Harry, W.)——国际总委员会委员(1866)。

哈里斯,乔治(Harris, George)——英国工人运动活动家,前宪章主义者,詹·奥勃莱恩的社会改良主义观点的信徒;全国改革同盟成员,国际总委员会委员(1869—1872),总委员会财务书记(1870—1871)。

哈里逊,弗雷德里克(Harrison, Frederick 1831—1923)——英国法学家和历史学家,资产阶级激进派,实证论者;19世纪60年代民主运动的积极参加者,国际会员。

哈里逊,威廉(Harrison, William 1534—1593)——英国教士,他的一些著作是研究英国16世纪历史的宝贵资料。

哈蒙德(Hammond)——英国外交部官员。

哈特,约瑟夫(Hart, Joseph)——伦敦的国际支持者。

哈特韦耳,罗伯特(Hartwell, Robert 生于1812年左右)——印刷工人,前宪章主义者,《蜂房报》编辑之一;1864年9月28日圣马丁堂国际成立大会的参加者;国际总委员会委员(1864—1865);曾参加改革同盟执行委员会;伦敦工人联合会书记。

哈维(Harvey, F.)——国际总委员会委员(1866—1867)。

汉森(Hansen, N. P.)——丹麦人,国际总委员会委员(1864年12月—1867年),国际伦敦代表会议(1865)代表,丹麦通讯书记(1866),丹麦和荷兰通讯书记(1867)。

豪弗，阿尔伯特（Haufe, Albert F.）——德国工人，裁缝，住在伦敦，国际总委员会委员（1866）。

豪威耳，乔治（Howell, George 1833—1910）——英国工人，泥水匠，前宪章主义者；英国工联改良派领袖之一，伦敦工联理事会书记（1861—1862）；1864年9月28日圣马丁堂国际成立大会的参加者；国际总委员会委员（1864—1869），国际伦敦代表会议（1865）的参加者；改革同盟书记和不列颠工联代表大会议会委员会书记（1871—1875）。

黑尔斯，约翰（Hales, John 生于1839年）——英国工人，工联主义运动活动家，改革同盟执行委员会委员及土地和劳动同盟、工人代表同盟的成员，国际总委员会委员（1866—1872）和书记（1871—1872）；国际伦敦代表会议（1871）和海牙代表大会（1872）的代表；曾参加巴枯宁的少数派，国际不列颠联合会委员会委员（1871年11月）；从1872年初起领导不列颠联合会委员会中的改良派和分裂派；该派伦敦代表大会（1873）的组织者；1873年5月30日总委员会通过决议把他开除出国际。

黑尔斯通，托马斯（Hailstone, Thomas）——英国贝德灵顿市居民，曾在巴黎大学生关于1866年普奥战争威胁的呼吁书和各国工人给呼吁书的复信上签名。

亨尼西，约翰·波普（Hennessy, John Pope 1834—1891）——爱尔兰保守党议员，19世纪60年代初，曾提出在爱尔兰实行细小的改良提案。

亨廷顿（Huntington）——霍洛韦（爱尔兰）的糊墙纸制造商。

侯里欧克，奥斯汀（Holyoake, Austin 死于1874年）——英国民主运动的参加者；国际总委员会委员（1864）。

胡森，爱德华（Hooson, Edward）——曼彻斯特合作运动的活动家，曾参加英国的改革运动。

华尔利（Wholly, J. C.）——美国劳工运动的积极参加者，华盛顿全国劳工同盟主席。

怀特黑德（Whitehead）——伦敦研磨工人协会在国际总委员会的代表（1866年9月—1867年3月）。

惠勒，乔治·威廉（Wheeler, George William）——英国工人运动活动家；1864年9

月28日伦敦圣马丁堂会议的参加者,国际总委员会委员(1864—1867),总委员会财务委员(1864—1865、1865—1867),国际伦敦代表会议(1865)的参加者,改革同盟执行委员会委员及土地和劳动同盟的成员。

惠特洛克(Whitlock, J.)——英国工联主义者,1864年9月28日圣马丁堂国际成立大会的参加者;国际总委员会委员(1864—1865);总委员会财务书记;改革同盟盟员。

霍尔托普,埃米尔(Holtorp, Emile)——在伦敦的波兰侨民;国际总委员会委员(1864年10月—1866年),波兰通讯书记(1864—1865),国际伦敦代表会议(1865)代表;1866年参加马志尼创建的国际共和主义者委员会。

霍亨索伦王朝(Hohenzollern)——见威廉一世。

霍姆斯,约翰(Holmes, John)——曾在利兹创建国际支部(1868);合作运动的积极参加者。

J

吉布森,威廉(Gibson, William)——美国全国劳工同盟的国际联络书记。

吉约姆,詹姆斯(Guillaume, James 1844—1916)——瑞士教师,无政府主义者,巴枯宁分子;国际会员,国际日内瓦代表大会(1866)、洛桑代表大会(1867)、巴塞尔代表大会(1869)和海牙代表大会(1872)代表,社会主义民主同盟的组织者之一,《进步报》、《团结报》和《汝拉联合会简报》编辑;由于进行分裂活动在海牙代表大会上被开除出国际,第一次世界大战期间持社会沙文主义立场。

加德纳,威廉(Gardner, William)——英国人,国际总委员会委员(1865—1867、1869)。

加里波第,朱泽培(Garibaldi, Giuseppe 1807—1882)——意大利革命家,民主主义者,意大利民族解放运动的领袖,意大利1848—1849年革命的参加者;1849年4—7月是罗马共和国保卫战的主要组织者;19世纪50—60年代领导意大利人民争取民族解放和国家统一的斗争;1860年领导向南意大利的进军;1862年为了把罗马从教皇军队和法国侵略者手中解放出来而组织了远征;反奥地利战争的参加者（1848—1849、1859、1866），在普法战争中站在法兰西共和国一边，70年代声援巴黎公社，赞成在意大利建立国际的支部。

加罗，弗朗索瓦（Garow, François）——国际会员，伦敦法国人分会会员；细木工。

杰布，约书亚（Jebb, Joshua 1793—1863）——英国军官，英国苦役监狱的总检查官，著有许多监狱制度的书。

贾弗里（Jafery）——1865年3月28日被提名为总委员会委员候选人，但未当选。

津蒂尼（Gintini）——共进会（受马志尼影响的伦敦意大利工人组织）委员会委员；国际会员。

杰克逊（Jackson）——1867年加入国际的肯德尔（英格兰）鞋匠协会的领导人之一。

杰瑟普，威廉（Jessup, William J.）——美国工人，木工；纽约州全国劳工同盟副主席（1866年起）和通讯书记（1867年起），纽约工人联合会领导人之一；赞成加入国际。

K

卡尔德，弗雷德里克（Card, Frederiek）——总委员会委员（1867）。

卡尔德，约瑟夫［笔名：茨韦尔查凯维奇］（Card, Joseph [Czwierzakiewicz]）——日内瓦的国际工人协会的积极会员，国际日内瓦代表大会（1866）代表。

卡内萨（Canessa, L. D.）——意大利民族解放运动的积极参加者，热那亚工人合作社联合会领导人之一；萨维死后，为意大利工人协会中央机关报《意大利工人协会报》编辑（1865年—1866年5月）。

卡梅伦，安得鲁（Cameron, Andrew）——美国全国劳工同盟的领导人之一；国际巴塞尔代表大会（1869）代表；《工人辩护士报》编辑。

卡斯尔雷子爵，罗伯特·斯图亚特（Castlereagh, Robert Stewart, Viscount of 1769—1822）——英国国务活动家，托利党人，爱尔兰总督（1799—1801），对残酷镇压1798年爱尔兰叛乱负有责任，陆军和殖民大臣（1805—1800、1807—1809），外交大臣（1812—1822）。

卡塔内奥，卡洛［查理］（Cattaneo, Carlo [Charles] 1801—1869）——意大利政治

家、哲学家和经济学家,资产阶级共和派,1848年意大利革命的积极参加者。

卡特,詹姆斯(Carter, James)——英国工人,香料制造工,改革同盟盟员,国际总委员会委员(1864年10月—1867年),意大利通讯书记(1866—1867);国际伦敦代表会议(1865)、日内瓦代表大会(1866)和洛桑代表大会(1867)的参加者。

考莱男爵,亨利·理查·查理·韦尔斯利(Cowley, Henry Richard Charles Wellesley, Baron of 1804—1884)——英国外交家,驻巴黎大使(1852—1867)。

坎伯尔,亚历山大(Campbell, Alexander)——英国工联领袖,欧文主义者;格拉斯哥木工和细木工联合会的创建者;出版过几种工人报纸。

康宁斯比,罗伯特(Conningsby, Robert)——1865年8月在伦敦开幕的英法工业博览会组织委员会的秘书。

孔特(Konter, H.)——国际会员,伦敦德意志工人教育协会分会——条顿尼亚的会员。

考布,卡尔[威廉?](Kaub, Karl [William?])——德国工人,在伦敦的侨民,1865年后侨居巴黎;伦敦德意志工人教育协会会员,国际总委员会委员(1864年11月—1865年),1865年伦敦代表会议的参加者。

凯恩,约翰(Kane, John 1819—1876)——英国工人运动活动家,宪章主义者;全国锻工协会书记(1868—1876)。

凯勒(Keller)——代表伦敦法国人分部的国际总委员会委员(1867)。

凯勒曼,阿尔伯特(Kellermann, Albert)——法国邮局职员,布朗基主义者,19世纪60年代法国共和运动的成员。

凯瑟勒(Kessler, O. P.)——国际会员,伦敦德意志工人教育协会分会——和谐协会会员。

凯利(Kelly, R.)——伦敦一家印刷所的主人;国际会员。

柯贝特(Corbet)——索霍区希腊街18号(国际总委员会在1864年10月5日至1866年1月2日期间举行会议的会址)的房主。

柯恩,詹姆斯(Cohn, James)——英国工人领袖,伦敦雪茄烟工人协会主席;国际总委员会委员(1867—1871),丹麦通讯书记(1870—1871);国际布鲁塞尔代表大会（1868）和伦敦代表会议（1871）代表。

科尔，詹姆斯（Cole, James）——英国贝德灵顿市居民，曾在巴黎大学生关于1866年普奥战争威胁的呼吁书和各国工人给呼吁书的复信上签名。

科尔邦，克劳德·昂蒂姆（Corbon, Claude Anthime 1808—1891）——法国政治家，共和党人，制宪议会议员（1848—1849）；第二帝国崩溃后任巴黎的区长，国民议会议员（1871）。

科尔奈利乌斯（Cornelius, D.）——国际总委员会委员（1864）。

科尔森，埃德温［爱德华？］（Coulson, Edwin [Edward?]）——英国工联主义者，泥水匠协会伦敦分会书记；伦敦工联理事会理事；国际总委员会委员（1865—1866）；改革同盟执行委员会委员。

克拉里翁［克拉里奥尔］（Clarion[Clariol]）——参加国际伦敦代表会议（1865）的巴黎印刷工人协会的代表。

科拉斯（Coraz）——国际会员；1865年迁居美国。

克莱尔，约翰（Clare, John 1793—1864）——英国诗人，雇农的儿子，农业工人。

科勒特，约瑟夫（Collet, Joseph）——法国新闻工作者，共和主义者，在伦敦的侨民；全国改革同盟盟员，《国际信使》编辑，国际总委员会委员（1866—1867）。

克雷斯（Kriess）——伦敦德意志工人教育协会合唱团指挥。

克雷斯佩耳（Crespelle）——国际总委员会委员（1866—1867），伦敦法国人分会会员，在分会中支持总委员会的政策。

克里德，艾里克（Creed, Eric）——在比利时的英国旅行家，与瓦尔特·威廉斯合写了一系列论述比利时冶铁业的文章，这些文章发表在1866年12月到1867年1月的《泰晤士报》上。

克里默，威廉·兰德尔（Cremer, William Randal 1838—1908）——英国工联主义运动和资产阶级和平主义运动活动家，改良主义者；粗细木工工联的创建人和领导人之一，工联伦敦理事会理事，英国波兰独立全国同盟、土地和劳动同盟盟员；1864年9月28日伦敦圣马丁堂会议的参加者，国际总委员会委员和总书记（1864—1866），国际伦敦代表会议（1865）和日内瓦代表大会（1866）的参加者，曾经参加改革同盟执行委员会；反对革命策略，在争取选举法改革斗争时期同资产阶级进行勾结,普法战争时期反对英国工人声援法兰西共和国的行动,后来是自由党议会议员(1885—1895、1900—1908)。

克里斯马斯(Christmas)——工业报公司理事会理事。

克里斯提斯(Christies)——伦敦制帽商。

克利莫什(Klimosch, H.)——国际总委员会委员(1865)。

克林克尔(Klinker, A.)——国际会员,伦敦德意志工人教育协会分会——条顿协会会员。

克林斯基,扬［约翰］(Krynski, Jan [John] 1811—1890)——流亡伦敦的波兰革命家;国际总委员会委员(1865—1867);波兰流亡者联合会中央伦敦支部的书记。

科隆(Colomb, T. M.)——国际在索恩河畔纳维尔(法国)的通讯员。

克伦威尔,奥利弗(Cromwell, Oliver 1599—1658)——英国国务活动家,17世纪英国资产阶级革命时期资产阶级和资产阶级化贵族的领袖;1649年起为爱尔兰军总司令和爱尔兰总督,1653年起为英格兰、苏格兰和爱尔兰的护国公。

克洛茨,阿那卡雪斯(Cloots, Anacharsis 1755—1794)——18世纪末法国资产阶级革命的领导人之一,接近左派雅各宾党人。

科洛尼厄(Colonieu)——1866年7月24日被提名为总委员会委员候选人,但未当选。

柯普,詹姆斯(Cope, James)——英国工联主义者,伦敦鞋匠协会委员会委员,伦敦工联理事会理事,国际总委员会委员(1865—1867);伦敦代表会议(1865)的参加者。

柯普兰(Copeland)——英国无神论运动领导人,国际总委员会委员(1868—1869)。

科切克(Koczek)——波兰人。

科塔姆,理查(Cottam, Richard)——英国雕刻匠,1870年前承印国际会员证的印刷所主人;国际会员。

孔博,阿梅代·本杰明(Combault, Amédée Benjamin 1838年左右—不早于1884年)——法国工人,珠宝匠;法国工人运动活动家;第一次流亡伦敦时成为国际总委员会委员(1866—1867),后在巴黎积极参加国际的工作;1870年创建了巴黎的一个国际支部,并进入巴黎联合会委员会;在法国第三次审判国际工人协会案件中受审;巴黎公社社员,直接税局局长;后再次流亡伦敦。

库克,托马斯(Cook, Thomas 1808—1892)——英国旅游代办人。

库勒里,皮埃尔(Coullery, Pierre 1819—1903)——瑞士医生,民主主义者,蒲鲁东主义者,曾参加创建国际的拉绍德封分部;《未来呼声报》编辑;国际日内瓦代表大会(1866)和洛桑代表大会(1867)代表;后来脱离了政治活动。

L

腊毕叶(Hraybe [Rhabje])——在伦敦的匈牙利侨民,伦敦德意志工人教育协会主席(1866);国际总委员会委员(1865—1866);1866年9月,被授权代表国际工人协会在匈牙利进行活动,1869年前为匈牙利工人运动活动家。

拉尔多,弗朗索瓦·大卫(Lardaux, François David 1814—1866)——法国小资产阶级民主主义者,法国1848年革命的参加者;在伦敦的侨民;索霍区一家小酒馆的老板,小酒馆是流亡者集会的地方;国际会员。

拉法格,保尔[笔名:保尔·洛朗](Lafargue, Paul [Paul Laurent] 1842—1911)——法国医生和政论家,法国工人运动和国际工人运动的活动家,大学生运动的参加者,1865年流亡英国;国际总委员会委员,西班牙通讯书记(1866—1869),曾参加建立国际在法国的支部(1869—1870)及在西班牙和葡萄牙的支部(1871—1872);巴黎公社的支持者(1871),公社失败后逃往西班牙;《解放报》编辑部成员,新马德里联合会的创建人之一(1872),海牙代表大会(1872)代表,法国工人党创始人之一(1879);1882年回到法国,《社会主义者报》编辑;1889年国际社会主义工人代表大会的组织者之一和代表,1891年国际社会主义工人代表大会代表;法国众议院议员(1891—1893);马克思和恩格斯的学生和战友;马克思女儿劳拉的丈夫。

拉马,多梅尼科(Lama, Domenico)——共进会(伦敦意大利工人的马志尼主义组织)主席;1864年9月28日圣马丁堂国际成立大会的参加者;国际总委员会委员(1864—1865)。

拉姆齐,约翰(Ramsay, John)——英国贝德灵顿市居民,曾在巴黎大学生关于1866年普奥战争威胁的呼吁书和各国工人给呼吁书的复信上签名。

拉萨尔，斐迪南（Lassalle, Ferdinand 1825—1864）——德国工人运动中的机会主义代表，1848—1849年革命的参加者；全德工人联合会创始人之一和主席（1863）；写有古典古代哲学史和法学史方面的著作。

拉萨西（Lassassie, F.）——法国理发师，在伦敦的侨民；国际总委员会委员（1865—1868），1865年伦敦代表会议的参加者；伦敦法国人分会会员，在分会里拥护总委员会的政策。

拉瓦莱，加埃唐（Lavallée, Gaetan）——法国大学生，布朗基主义者，19世纪60年代参加法国共和运动。

莱克，乔治（Lake, George）——英国工人，细木工；工联主义者，国际总委员会委员（1864）和改革同盟盟员。

莱斯利，托马斯·爱德华·克利夫（Leslie, Thomas Edward Cliffe 1827年左右—1882年）——英国资产阶级经济学家。

赖因克，彼得·阿道夫（Reinèke, Peter Adolf 1818—1887）——德国资产阶级民主主义者，柏林的卫生检查官。

莱诺，约翰·布雷德福德（Leno, John Breaford 生于1826年）——英国印刷工人；宪章主义者，后为工联主义者；劳动阶级福利总同盟盟员和改革同盟盟员；1864年9月28日圣马丁堂国际成立大会的参加者；国际总委员会委员（1864—1867），伦敦代表会议（1865）的参加者；《工人辩护士报》发行人（1865—1866）。

莱维，莱昂内（Levi, Leone 1821—1888）——英国资产阶级经济学家和法学家。

莱辛，哥特霍尔德·埃夫拉伊姆（Lessing, Gotthold Ephraim 1729—1781）——著名的德国剧作家、批评家和哲学家，18世纪著名的启蒙运动者之一。

赖德律［赖德律-洛兰］，亚历山大·奥古斯特（Ledru [Ledru-Rollin], Alexandre Auguste 1807—1874）——法国政论家和政治家，小资产阶级民主派领袖，《改革报》编辑；第二共和国时期任临时政府内务部长和执行委员会委员（1848），制宪议会和立法议会议员（1848—1849），在议会中领导山岳党；1849年6月13日示威游行后流亡英国，1869年回到法国。

兰多夫斯基，让·路易（Landowski, Jean Louis）——法国书店职员，曾在法国青年关于1866年战争威胁的第二个呼吁书上签名；1866年在所谓"莱纳森斯咖啡馆"布朗基主义秘密协会案件中受审。

兰利，巴克斯特（Langley, J. Baxter）——英国资产阶级激进主义者，政论家。

朗德林，埃米尔（Landrin, Emile）——法国工人，雕刻匠；国际的积极会员，国际巴黎委员会委员（1868）。

劳伦斯，马修（Lawrence, Matthew）——英国工联主义者，伦敦裁缝保障协会主席；国际总委员会委员（1856—1868）；国际日内瓦代表大会（1866）代表。

朗格（Long）——国际会员；伦敦箍桶匠互相会会员。

朗梅德，约翰（Longmaid, John）——1864年9月28日圣马丁堂国际成立大会的参加者；国际总委员会委员（1864—1865）；改革同盟执行委员会委员。

勒伯尔（Loeber, L.）——国际会员，伦敦德意志工人教育协会分会——和谐协会会员。

勒菲弗，埃米尔（Lefebvre [Lefèbre]），Emile）——国际在讷沙托（法国）的通讯员。

勒菲弗，路易（Lefeuvre, Leuls）——国际会员，1868年1月被提名为总委员会委员候选人。

勒福尔，昂利（Lefort, Henri 1835—1917）——法国律师，新闻工作者，资产阶级共和党人，《联合》杂志编辑部成员，参加筹备1864年9月28日圣马丁堂国际成立大会；1865年3月脱离国际。

勒夫罗，莱昂斯（Levraud, Léonce）——法国医科大学生，布朗基主义者，曾在法国青年关于1866年战争威胁致各国工人的第二个呼吁书上签名；1866年在所谓"莱纳森斯咖啡馆"布朗基主义秘密协会案件中受审。

勒鲁，皮埃尔（Leroux, Pierre 1797—1871）——法国政论家，空想社会主义者，基督教社会主义的代表人物；1851年政变后流亡英国。

勒鲁，雅莱斯（Leroux, Jules）——法国印刷工人，共和主义者，1851年政变后流亡英国；国际总委员会委员（1864年10月—1865年3月）；伦敦法国人分会会员；皮埃尔·勒鲁的弟弟。

勒·吕贝，维克多（Le Lubez, Victor 生于1834年左右）——在伦敦的法国侨民，与法、英两国的资产阶级共和主义激进派分子有联系;曾参加1864年9月28日圣马丁堂国际成立大会;国际总委员会委员(1864—1866),法国通讯书记(1864—1865),1865年伦敦代表会议的参加者;由于进行阴谋活动和诽谤,被日内瓦代表大会(1866)开除出总委员会。

勒·迈特,弗雷德里克(Le Maitre, Frédéric)——法国侨民,伦敦一家小印刷所的主人。

勒摩恩(Lemoine, E.)——法国大学生,曾在法国青年关于1866年战争威胁致各国工人的第二个呼吁书上签名;反对第二帝国的警察专横。

雷德林顿,科尔奈利乌斯(Reddlington, Cornelius)——伦敦的国际会员(1867)。

雷诺(Reynolds)——国际会员,箍桶匠互助会会员。

雷布钦斯基(Rybczinsky, F.)——在伦敦的波兰侨民,国际总委员会委员(1864)。

李卜克内西,威廉(Liebknecht, Wilhelm 1826—1900)——德国工人运动和国际工人运动的活动家、语文学家和政论家;1848—1849年革命的参加者,革命失败后流亡瑞士,1850年5月前往英国,在那里成为共产主义者同盟盟员;1862年回到德国;国际会员,1867年起为国会议员;德国社会民主党创始人和领袖之一;《人民国家报》编辑(1869—1876)和《前进报》编辑(1876—1878、1890—1900);1889、1891和1893年国际社会主义工人代表大会代表;马克思和恩格斯的朋友和战友。

理查,亨利(Richard, Henry 1812—1888)——英国牧师,资产阶级和平主义者;和平协会书记(1848年起);议员(1868—1888),自由党人。

里夫利,爱德华(Reaveley, Edward)——英国工联主义者,伦敦马车制造匠友爱会会员;该会在国际总委员会的代表(1867)。

里果,乌拉尔-乔治-阿道夫(Rigault, Raoul-Georges-Adolphe 1846—1871)——布朗基主义者,医科大学生,政论家;19世纪60年代末法国共和运动的积极参加者;曾在法国青年关于1866年战争威胁致各国工人的第二个呼吁书上签名;巴黎公社社员,从1871年4月26日起为公社检察长,1871年5月24日被凡尔赛分子杀害。

里歇，内斯托尔（Richet, Nestor）——法国工人，披巾清洁工，曾在法国青年关于1866年战争威胁致各国工人的第二个呼吁书上签名；1866年在所谓"莱纳森斯咖啡馆"布朗基主义秘密协会案件中受审。

李，詹姆斯（Lee, James）——英国工联主义者，加入国际的掘土工人联合会书记；总委员会委员（1866—1867）。

利弗尔逊，蒙台古（Leverson, Montegue）——英国激进派，改革同盟执行委员会委员；伦敦1865年8月1日波兰人大会的参加者。

利诺，约翰·布雷德福德（Leno, John Bredford 生于1826年）——英国印刷工人；宪章主义者，后为工联主义者；劳动阶级福利总同盟盟员和改革同盟盟员，1864年9月28日圣马丁堂国际成立大会的参加者；国际总委员会委员（1864—1867），伦敦代表会议（1865）的参加者；《工人辩护士报》发行人（1865—1866）。

利穆赞，安托万（Limousin, Antoine）——法国工人，花边匠，法国合作运动的积极分子，蒲鲁东主义者；曾参加1864年9月28日圣马丁堂国际成立大会；1865年中以前是国际巴黎支部的领导人之一，1866年以前是国际会员；沙尔·利穆赞的父亲。

利穆赞，沙尔（Limousin, Charles）——法国工人阶级领袖，印刷工人，后为新闻工作者；《联合》杂志管理委员会秘书；《工人论坛》编辑之一，国际伦敦代表会议（1865）代表；1870年是巴黎联合委员会委员；合作运动的积极分子；发行过许多杂志。

列斯纳，弗里德里希（Lessner [Lessner], Friedrich 1825—1910）——德国工人运动和国际工人运动的活动家，职业是裁缝；共产主义者同盟盟员，1848—1849年革命的参加者，1850年为威斯巴登工人教育协会会员；1850—1851年为美因茨工人教育协会主席和同盟美因茨支部领导人；在科隆共产党人案件（1852）中被判处三年徒刑，1856年起侨居伦敦，伦敦德意志工人共产主义教育协会会员，国际总委员会委员（1864—1872）、国际伦敦代表会议（1865）、洛桑代表大会（1867）、布鲁塞尔代表大会（1868）、巴塞尔代表大会（1869）、伦敦代表会议（1871）和海牙代表大会（1872）的参加者，不列颠联合会委员会委员；在国际中为马克思的路线积极斗争,后为英国独立工党的创始人之一;马克思和恩格斯的朋友和战友。

林肯,阿伯拉罕(Lincoln, Abraham 1809—1865)——美国国务活动家,共和党创建人之一;美国总统(1861—1865);美国内战时期实行一系列资产阶级民主改革,并采取革命措施进行战争;1865年4月被奴隶主的奸细刺杀。

林堡(Limburg, W.)——德国工人,鞋匠,伦敦德意志工人教育协会会员和国际总委员会委员(1868—1869)。

龙格,沙尔(Longuet, Charles 1839—1903)——法国工人运动活动家,蒲鲁东主义者,职业是新闻工作者;《左岸》的编辑(1864—1866);国际总委员会委员(1866—1867、1871—1872),比利时通讯书记(1866),国际洛桑代表大会(1867)、布鲁塞尔代表大会(1868)、伦敦代表会议(1871)和海牙代表大会(1872)代表;国民自卫军中央委员会委员,巴黎公社委员,《法兰西共和国公报》主编;公社被镇压后流亡英国,1880年大赦后回到法国;后加入法国社会主义运动中的机会主义派别——可能派,1889年国际社会主义工人代表大会代表,19世纪80—90年代被选为巴黎市参议会参议员;马克思女儿燕妮的丈夫。

卢比(Luby)——爱尔兰民族解放运动的领袖之一克拉克·卢比的妻子。

鲁埃,欧仁(Rouher, Eugène 1814—1884)——法国律师和政治家,波拿巴主义者,第二共和国时期是制宪议会和立法议会议员(1848—1849),1849—1852年曾断续地担任司法部长和司法大臣;第二帝国时期任商业、农业和公共工程大臣(1855—1863)、国务大臣(1863—1869)、参议院议长(1869—1870);第二帝国崩溃后逃离法国;19世纪70年代为法国波拿巴派的领袖之一。

鲁克拉夫特,本杰明(Lucraft, Benjamin 1809—1897)——英国工联改良派领袖之一,职业是木器匠,1864年9月28日伦敦圣马丁堂会议的参加者,国际总委员会委员(1864—1871),国际布鲁塞尔代表大会(1868)和巴塞尔代表大会(1869)代表,改革同盟执行委员会委员,1871年拒绝在总委员会的宣言《法兰西内战》上签名并退出总委员会。

路易·菲力浦(Louis Philippe 1773—1850)——法国国王(1830—1848)。

路易斯,莱昂(Lewis, Leon)——美国新闻工作者;1865年在伦敦被选为总委员会委员和美国通讯书记。

罗弗佐斯，大卫（Lofthouse, David）——英国贝德灵顿市居民，曾在巴黎大学生关于1866年普奥战争威胁的呼吁书和各国工人给呼吁书的复信上签名。

罗赫纳，格奥尔格（Lochner, Georg 1824—1910）——德国工人运动和国际工人运动的活动家，职业是细木工；共产主义者同盟盟员；1848—1849年革命的参加者，1851年底流亡伦敦；伦敦德意志工人共产主义教育协会会员；国际总委员会委员（1864—1867、1871—1872），国际伦敦代表会议（1865、1871）代表；马克思和恩格斯的朋友和战友。

洛伦茨（Lorenz, A.）——国际会员，伦敦德意志工人教育协会分会——条顿尼亚的会员。

罗素，约翰（Russell, John 1792—1878）——伯爵，英国国务活动家，辉格党领袖，曾任首相（1846—1852、1865—1866）、外交大臣（1852—1853、1859—1865）。

M

马迪奥（Madiot）——国际在雷恩（法国）的通讯员。

马丁，昂利（Martin, Henri 1810—1883）——法国历史学家和政治家；1865年起为国际工人协会会员。

马尔科（Marco）制扇工人，国际会员，伦敦法国人分会会员。

马尔舍瓦尔（Marcheval）——法国织工，1866年建立的国际维埃纳（法国）支部的通讯书记。

马克思，卡尔（Marx, Karl 1818—1883）。

马里尼（Marigny）——见杜梅尼尔—马里尼。

马隆，贝努瓦（Malon, Benoît 1841—1893）——法国政论家，小资产阶级社会主义者；国际会员（1865年起），日内瓦代表大会（1868）代表，社会主义革命同盟和巴枯宁的国际兄弟会成员（1868年起）；1871年国民议会议员，后辞职；国民自卫军中央委员会委员和巴黎公社公共工程委员会委员，公社被镇压后流亡意大利，后迁居瑞士，被缺席判处死刑；国际日内瓦支部成员，社会主义革命宣传和行动支部创建人之一，汝拉联合会会员，《社会革命报》编辑部成员；1880年大赦后回到巴黎；法国工人党党员；后来成为法国社会主义运动中的机会主义派别——可能派的首领和思想家。

马斯曼（Massman, W.）——国际总委员会委员（1866），被日内瓦代表大会再度选进总委员会（1866—1867）；1866年秋去德国，受托在德国为国际工人协会的利益进行活动。

马志尼，朱泽培（Mazzini, Giuseppe 1805—1872）——意大利革命家，民主主义者，意大利民族解放运动领袖，意大利1848—1849年革命的参加者，1849年为罗马共和国临时政府首脑；1850年是伦敦欧洲民主派中央委员会组织者之一；1853年是米兰起义的主要领导人，19世纪50年代后反对波拿巴法国干涉意大利人民的民族解放斗争；1864年成立第一国际时企图置国际于自己影响之下，1871年反对巴黎公社和国际，阻碍意大利独立工人运动的发展。

迈奥尔，阿瑟（Miall, Arthur）——伦敦索霍区包佛里街18号的房东，总委员会从1866年2月9日到1867年6月25日期间在这里举行会议。

麦科尔曼，约翰（Mccolman, John）——国际在格拉斯哥的通讯员。

麦克唐纳，罗伯特（Mcdonald, Robert）——英国贝德灵顿市居民，曾在巴黎大学生关于1866年普奥战争威胁的呼吁书和各国工人给呼吁书的复信上签名。

麦克劳德，亚历山大（Mcleod, Alexander）——英国贝德灵顿市居民，曾在巴黎大学生关于1866年普奥战争威胁的呼吁书和各国工人给呼吁书的复信上签名。

迈耶尔松（Meyerson, E.）——国际总委员会委员（1868）。

曼托伊费尔男爵，奥托·泰奥多尔（Manteuffel, Otto Theodor, Baron of 1805—1882）——普鲁士国务活动家，容克官僚的代表；内务大臣（1848—1850），首相兼外交大臣（1850—1858）。

曼茨，埃德温·谢利（Mantz, Edwin Shelly）——国际总委员会委员（1865），工业报公司书记。

梅里曼（Merriman）——国际总委员会委员（1864年11月—1867年）。

米尔纳，乔治（Milner, George）——英国工人运动活动家，爱尔兰人，职业是裁缝；詹·奥勃莱恩的社会改良主义观点的信徒，全国改革同盟、土地和劳动同盟成员，国际总委员会委员（1868—1872），伦敦代表会议（1871）代表，1872年秋起为不列颠联合会委员会委员和通讯书记，反对脱离派。

米索尔（Measor）——查塔姆监狱（英国）的典狱长。

缪勒（Méller）——1867年加入国际的伦敦马车修理匠协会的会员。

摩尔根，威廉（Morgan, William）——英国工人，鞋匠，英国工人运动活动家；国际总委员会委员（1864年10月—1868年），改革同盟盟员。

摩尔根夫人（Morgan, Mrs.）——国际总委员会委员（从1868年2月起）。

莫拉尔（Mollard）——国际会员（1866）。

莫兰，加布里埃尔（Mollin, Gabriel）——法国镀金工人，国际的积极会员；国际巴黎委员会委员（1868）。

莫里斯，捷维（Maurice, Zévy）——裁缝；国际总委员会委员（1866—1872），匈牙利通讯书记（1870—1871）。

莫里索（Morrissot）——法国人，国际总委员会委员（1864）。

莫雷尔（Morell, R. M.）——慈善教育组织星期日同盟的名誉书记。

墨菲（Murphy）（绰号"奥利里，O'Leary"）——爱尔兰芬尼亚社社员，1864年在爱尔兰王国军队中进行鼓动宣传而被捕，被判处十年苦役。

穆尔钦诺克（Mulchinock, G.）——国际会员，国际工人协会格林尼治和德特福德分会的书记。

穆尔，赛米尔（Moore, Samuel 1838—1911）——英国法学家，国际会员，曾将《资本论》第一卷（与爱·艾威林一起）和《共产党宣言》译成英文；19世纪50年代为曼彻斯特的厂主；马克思和恩格斯的朋友。

N

拿破仑第三（路易-拿破仑·波拿巴）（Napoleon III [Louis-Napoléon Bonaparte] 1808—1873）——法兰西第二共和国总统（1848—1851），法国皇帝（1852—1870），拿破仑第一的侄子。

尼阿斯，约翰·德（Nieass, John D.）——英国工人，泥水匠，伦敦工联理事会理事，英国波兰独立全国同盟盟员，劳动阶级福利总同盟盟员；1864年9月28日圣马丁堂国际成立大会的参加者，国际总委员会委员（1864—1865），改革同盟盟员。

尼尔（Neal）——伦敦裁缝协会西蒂分会主席；总委员会委员（1867—1868）。

尼尔（Neil）——见奥尼尔（O'Neil）。

尼曼（Niemann）——法国雕刻家，曾在法国青年关于1866年战争威胁给各国工人的第二个呼吁书上签名。

尼古拉一世（Nicholas I 1796—1855）——俄国皇帝（1825—1855）。

尼禄，克劳狄乌斯（Nero, Claudius 37—68）——罗马皇帝（54—68）。

尼梅耶（Neemeier）——国际会员（1867—1868），属于伦敦法国人分部。

纽伯里（Newberry）——英国的国际会员；1867年10月被提名为总委员会委员候选人。

诺布尔（Noble, H. A.）——英国工联主义者，泥水匠协会执行委员会委员，1862年9月28日圣马丁堂国际成立大会的参加者，国际总委员会委员（1864）。

努斯佩尔利（Nusperli, M. G.）——国际总委员会委员（1864年10月—1865年），1864年10月被选为瑞士通讯书记，1865年1月成为国际格林尼治和德特福德分会会员。

O

欧文，罗伯特（Owen, Robert 1771—1858）——著名的英国空想社会主义者。

P

帕金顿，约翰·萨默塞特（Pakington, John Somerset 1799—1880）——英国国务活动家，托利党人；陆军和殖民大臣（1852），海军首席大臣（1858—1859、1866—1867），陆军大臣（1867—1868）。

帕麦斯顿子爵，亨利·约翰·坦普尔（Palmerston, Henry John Temple, Viscount of 1784—1865）——英国国务活动家，初为托利党人，1830年起为辉格党领袖之一，依靠该党右派；外交大臣（1830—1834、1835—1841、1846—1851），内务大臣（1852—1855）和首相（1855—1858、1859—1865）。

帕任（Paz）——墨西哥争取独立斗争时期的墨西哥军队的统帅（1863—1867）。

帕蒂斯（Patis, B.）——英国工人，伦敦铁丝工人协会会员。

佩谢莱，吕西安（Perchelet, Lucien）——法国人，国际总委员会委员（1865）。

皮金（Pidgeon, W.）——英国工人，面包工人，工联主义者，1864年9月28日圣马丁堂国际成立大会的参加者，国际总委员会委员（1864）和改革同盟盟员。

蒲斯，约翰·威尔克斯（Booth, John Wilkes 1839—1865）——美国演员，美国内战中南方的支持者，刺杀阿伯拉罕·林肯总统的凶手。

普尔（Poole）——伦敦一家成衣店的老板。

普芬德，卡尔（Pfänder, Karl 1819—1876）——德国微型画画家，德国工人运动和国际工人运动的活动家，1845年起侨居伦敦，正义者同盟盟员，伦敦德意志工人共产主义教育协会会员；1849年巴登-普法尔茨起义的参加者，起义失败后流亡英国；共产主义者同盟中央委员会委员，1850年共产主义者同盟分裂后支持马克思和恩格斯；国际总委员会委员（1864—1867、1870—1872）；马克思和恩格斯的朋友和战友。

普赖尔，约翰·达姆雷尔（Prior, John Damrel 生于1840年）——英国工联运动改良派领袖之一，国际总委员会委员（1866），也被日内瓦代表大会选进1866—1867年的总委员会；木工和细木工联合会总书记（1871—1881）；工人代表同盟盟员。

普律多姆（Prudhomme 生于1843年左右）——国际在波尔多（法国）的通讯员。

帕克，弗雷德里克·乔治（Packer, Frederick George）——伦敦筐篮制造商。

帕里克斯，路易（Palix, Louis）——法国工人，裁缝；法国工人运动的积极参加者；里昂的国际领导人之一。

皮阿，费利克斯（Pyat, Félix 1810—1889）——法国政论家、剧作家和政治活动家，小资产阶级民主主义者；1848—1849年革命的参加者，1849年起侨居瑞士、比利时和英国；在小资产阶级流亡者中活动，1869年回到法国；反对独立的工人运动；伦敦的法国人支部成员；1871年国民议会议员，巴黎公社委员，公社被镇压后流亡英国，1880年大赦后回到法国；《公社报》（1880年9—11月）的出版者和编辑。

皮尔，罗伯特（Peel, Robert 1788—1850）——英国国务活动家和经济学家，托利党温和派（亦称皮尔派，即因他而得名）的领袖；曾任内务大臣（1822—1827、

1828—1830),首相(1834—1835、1841—1846);1844年和1845年银行法的起草人;在自由党人的支持下废除了谷物法(1846)。

皮特曼,亨利(Pitman, Henry 1826—1909)——合作运动的积极参加者,曾在曼彻斯特出版通俗的教育作品。

Q

琼斯,厄内斯特·查理(Jones, Ernest Charles 1819—1869)——杰出的英国工人运动活动家,无产阶级诗人和政论家;革命的宪章派领袖之一;马克思和恩格斯的朋友。

R

热拉尔,巴尔塔扎尔(Gérard, Balthasar 1558—1584)——狂热的天主教徒,1584年刺杀了16世纪尼德兰资产阶级革命的领袖奥伦治的威廉亲王。

日拉丹,埃米尔·德(Girardin, Emile de 1806—1881)——法国资产阶级政论家和政治家,以政治上毫无原则著称。

荣克,海尔曼(Jung, Hermann 1830—1901)——国际工人运动和瑞士工人运动的著名活动家,钟表匠,在伦敦的侨民;国际总委员会委员和瑞士通讯书记(1864年11月—1972年),总委员会财务委员(1871—1872);国际伦敦代表会议(1865)副主席,日内瓦代表大会(1866)、布鲁塞尔代表大会(1868)、巴塞尔代表大会(1869)和伦敦代表会议(1871)的主席;不列颠联合委员会委员;1872年海牙代表大会以前,在国际中执行马克思的路线;后来成为英国工联的改良派领袖之一。

茹尔丹,古斯塔夫(Jourdain, Gustave)——法国小资产阶级民主派,1848年革命后流亡伦敦;加入小资产阶级共和派集团,是费利克斯·皮阿的追随者;国际总委员会委员(1864)。

朱利安(Julien)——法国工人,玻璃彩画匠,曾在法国青年关于1866年战争威胁致各国工人的第二个呼吁书上签名。

热内斯,安东尼(Jeunesse, Antony)——法国大学生,19世纪60年代参加法国共和主义运动。

若昂纳尔，雅莱斯（Johannard, Jules 1843—1888）——法国工人运动的领袖之一，石印工人；国际总委员会委员（1868—1869、1871—1872）和意大利通讯书记（1868—1869）；1870年在圣丹尼建立国际支部，巴黎公社委员；站在布朗基派一边；公社失败后流亡伦敦；海牙代表大会（1872）代表。

S

萨尔瓦特拉，纳尔奇佐（Salvatella, Narcisse）——共进会（受马志尼影响的伦敦意大利工人组织）的会员；国际总委员会会员（1865）。

萨格登，爱德华，圣·莱昂纳茨男爵（Sugden, Edward, Baron St. Leonards 1781—1875）——英国律师和国务活动家，托利党人。

萨维，菲力波［弗朗切斯科？］·巴尔托洛米奥（Savi, Philippo [Francesco?] Bartholomeo 死于1865年）——意大利民族解放运动的领袖之一，马志尼的信徒，1860年曾参加加里波第远征军；意大利工人联合会中央委员会委员；该会中央机关报《意大利工人协会报》的编辑。

赛德，罗伯特·亨利（Side, Robert Henry）——国际总委员会委员（1864年11月—1866年）。

塞莉（Sely）——国际会员，伦敦排字工人协会书记。

塞利，罗哲尔（Therry, Rodger 1800—1874）——英国律师，1829—1859年在新南威尔斯（澳大利亚）供职的殖民官员；1863年出版的《在新南威尔斯和维克托利亚留居30年的回忆》一书的作者。

塞鲁济埃，保尔（Seruzier, Paul）——法国大学生，曾在法国青年关于1866年战争威胁的第二个呼吁书上签名；反对第二帝国的警察专横。

塞塔奇（Setacci, C.）——受马志尼影响的伦敦意大利工人组织——共进会的领导人之一；国际总委员会委员（1864年10月—1865年）。

沙佩尔，卡尔（Schapper, Karl 1812—1870）——德国工人运动和国际工人运动的活动家，正义者同盟的领导者之一，伦敦德意志工人共产主义教育协会创建人之一，共产主义者同盟中央委员会委员；1848—1849年革命的参加者；民主主义者莱茵区域委员会委员,该委员会案件(1849年2月8日)的被告之一;1849年2—5月为科隆工人联合会主席;《新莱茵报》撰稿人;1850年共产主义者同盟分裂时为冒险主义宗派集团的领袖之一;1856年起重新同马克思和恩格斯接近;国际总委员会委员(1865),伦敦代表会议(1865)的参加者。

莎士比亚,威廉(Shakespeare, William 1564—1616)——伟大的英国诗人和剧作家。

尚岑巴赫,亚历山大(Schantzenbach, Alexander)——国际总委员会委员(1864)。

舍伐利埃,米歇尔(Chevalier, Michel 1806—1879)——法国工程师、经济学家和政论家;30年代为圣西门主义者,后来成为资产阶级自由贸易论者。

舍特尔,阿德里安(Schettel, Adrien)——法国工人,机器匠,左派共和主义者,曾参加1848年革命;国际里昂支部的组织者之一,国际日内瓦代表大会(1866)和洛桑代表大会(1867)的代表;1870年9月因参加发动里昂革命,被判处监禁。

舍瓦尔(Cheval)——住在比利时的法国工人,1865年9月受国际布鲁塞尔支部的委派,帮助它同总委员会建立了直接联系。

圣·莱昂纳茨(St. Leonards)——见萨格登,爱德华。

施梅尔策(Schmelzer)——国际会员;1865年为伦敦德意志工人教育协会的财务委员。

施土姆普弗,保尔(Stumpf, Paul 1826—1912)——德国工人运动活动家,职业是机械工人,后为商人;1847年为布鲁塞尔德意志工人教育协会会员,共产主义者同盟盟员,德国1848—1849年革命的参加者;国际会员,国际美因茨支部创建人(1867),国际洛桑代表大会(1867)代表,德国社会民主党党员。

舒尔采-德里奇,海尔曼(Schulze-Delitzsch, Hermann 1808—1883)——德国政治活动家和资产阶级庸俗经济学家,1848年是普鲁士国民议会议员,属于中间派左翼;主张在普鲁士的霸权下"自上"统一德国,民族联盟创始人之一(1859);60年代是进步党领袖之一,国会议员(1867年起);曾企图用组织合作社的办法来使工人脱离革命斗争。

司各脱,约翰(Scott, John)——英国贝德灵顿市居民,曾在巴黎大学生关于1866

年普奥战争威胁的呼吁书和各国工人给呼吁书的复信上签名。

斯梅尔斯，托马斯（Smales, Thomas）——国际总委员会委员（1864）。

斯密斯，爱德华（Smith, Edward 1818年左右—1874年）——枢密院卫生顾问和调查贫苦工人阶级饮食状况的医务专员。

斯坦帕，加斯帕雷（Stampa, Gaspare）——意大利民族解放运动的积极参加者；马志尼的信徒；意大利工人联合会中央委员会委员，国际洛桑代表大会（1867）的代表；后为巴枯宁主义者。

斯坦斯比，威廉·德（Stainsby, William D.）——英国工联主义者，裁缝，1864年9月28日圣马丁堂国际成立大会的参加者；国际总委员会委员（1864—1868）；改革同盟执行委员会委员和工人代表同盟盟员。

斯蒂尔，乔治（Steel, George）——英国贝德灵顿市居民，曾在巴黎大学生关于1866年普奥战争威胁的呼吁书和各国工人给呼吁书的复信上签名。

斯蒂芬逊，乔治（Stephenson [Stevenson], George 1781—1848）——英国著名的发明家，矿工的儿子，机器匠。

斯托凯（Stockey, W.）——国际总委员会委员（1866）。

索尔内，莱昂（Sornet, Léon）——法国铁路工人，曾在法国青年关于1866年战争威胁致各国工人的第二个呼吁书上签名；1866年在所谓"莱纳林斯咖啡馆"布朗基主义秘密协会案件中受审。

索卢斯特里（Solustri, F.）——受马志尼影响的伦敦意大利工人组织——共进会领导人之一；国际总委员会委员（1864年11月—1865年）。

萨姆纳，查理（Sumner, Charles 1811—1874）——美国政治活动家，共和党左翼领袖之一；参议员（1851年起），参议院外交事务委员会主席（1861—1871）；主张用革命方法进行反对南部奴隶主的斗争；北部在内战中胜利后，主张赋予黑人政治权利；国际的支持者。

沙博诺，皮埃尔（Charbonneau, Pierre）——法国工人，细木工；国际的积极会员，巴黎委员会委员（1868）。

沙桑（Chassin）——法国的国际积极会员，维勒弗朗什支部的领导人（1867），国际洛桑代表大会（1867）代表。

舍马莱，费利克斯·欧仁（Chemalé, Félix Eugène 约生于1839年）——建筑师；国际日内瓦代表大会（1866）代表。

舍特尔，阿德里安（Schettel, Adrien）——法国工人，机器匠，左派共和党人；1848年革命的参加者，国际里昂支部的组织者之一；国际日内瓦代表大会（1866）和洛桑代表大会（1867）的代表，因参加1870年9月里昂革命事件被处监禁。

舍特尔沃尔斯（Shettleworth）——伦敦木版雕刻匠协会会员，国际的支持者（1867）。

舍瓦尔（Cheval）——法国人，在比利时的国际会员（1865—1868）。

斯密斯，路易斯（Smith, Lewis）——英国的国际会员（1867）。

斯坦利，爱德华·亨利（Stanley, Edward Henry 1826—1893）——英国国务活动家，托利党人，1869年起为德比伯爵，1879年成为自由党人，曾任殖民国务大臣（1858、1882—1885）、印度事务大臣（1858—1859）、外交大臣（1866—1868、1874—1878）。

斯坦斯比，威廉（Stainsby, William D.）——英国工联主义者，裁缝；1864年9月28日圣马丁堂国际成立大会的参加者；国际总委员会委员（1864—1868）；改革同盟执行委员会委员和工人代表同盟执行委员会委员。

斯特普尼，考埃尔·威廉·弗雷德里克（Stepney, Cowell William Frederick 1820—1872）——英国工人运动活动家，改革同盟盟员，国际总委员会委员（1866—1872）和财务委员（1868—1870），国际布鲁塞尔代表大会（1868）、巴塞尔代表大会（1869）和伦敦代表会议（1871）的代表，不列颠联合会委员会委员（1872）。

斯蒂芬斯，詹姆斯（Stephens, James 1825—1901）——爱尔兰小资产阶级革命家，爱尔兰革命兄弟会（芬尼亚社组织）的领导人，1866年流亡美国。

斯图亚特（Stewart）——英国的裁缝老板。

斯图亚特，G. B.（Stewart, G. B.）——邓弗里斯（英国）的国际会员（1867）。

斯旺，丹尼尔（Swann, Daniel）——英国织带工人，国际会员；考文垂（英国）参加国际洛桑代表大会（1867）的代表。

萨克利夫,约翰(Sutcliffe, John)——伦敦刻版印刷工人协会的积极分子,国际的支持者。

叙尔(Suire)——国际会员,南特(法国)支部的领导人之一(1867)。

T

塔尔博特,爱德华(Talbot, Edouard)——法国医生,1848年在卡昂创建保险合作社,1852年被拿破仑第三政府查封;1865年在卡昂组织了一个国际支部,是国际在该市的通讯员;1871年2月是卡昂出版的《直言者》的编辑;因为他的文章被判处一年监禁。

塔朗迪埃,阿尔弗勒德(Talandier, Alfred 1822—1890)——法国小资产阶级民主派,新闻工作者;曾参加1848年法国革命;1851年政变后流亡伦敦,是亚历山大·赫尔岑的朋友,国际总委员会委员(1864);议会议员(1876—1880、1881—1855)。

泰勒,约翰·罗伯特(Taylor, John Robert)——英国民主运动的领导者之一,印刷工人,积极参加英国波兰独立全国同盟的工作,积极参加劳动阶级福利总同盟和改革同盟的活动;1864年10月11日被选进国际总委员会。可是,由于把国际工人协会同全国同盟合并的企图没有成功,他于10月18日退出了总委员会。

图坦,莱昂(Toutain, Léon)——孔代叙努瓦罗(法国)公证事务所的职员;国际在该市的通讯员。

特尔弗,亨利(Turff, Henry)——英国工联主义者,泥水匠协会伦敦分会领导人之一,国际总委员会委员(1865);工业报公司理事会理事。

特拉尼,贾科莫[詹姆斯](Trani [Traini], Giacomo [James])——意大利民族解放运动的积极参加者,曾参加意大利1848—1849年革命,是加里波第的信徒;流亡伦敦后,当了小商人;国际总委员会委员(1866—1867),意大利通讯书记(1866)。

特伦布莱(Tremblay)——法国商人,曾在法国青年关于1866年战争威胁致各国工人的第二个呼吁书上签名。

特利姆勒特(Trimlett)——英国工联主义者,工联的成年男子普选权和秘密投票协会的财务委员；1864年9月28日圣马丁堂国际成立大会的参加者；国际总委员会委员。

特里门希尔，休·西摩尔（Tremenheere, Hugh Seymour 1804—1893）——英国官员和政论家，曾多次参加政府的工人劳动条件调查委员会。

托德（Todd）——英国工联主义者，伦敦马车制造匠友爱会的书记。

托伦，昂利·路易（Tolain, Henri Louis 1828—1897）——法国雕刻工，右派蒲鲁东主义者，1864年9月28日伦敦圣马丁堂会议的参加者，国际巴黎支部领导人之一，国际伦敦代表会议（1865）、日内瓦代表大会（1866）、洛桑代表大会（1867）、布鲁塞尔代表大会（1868）和巴塞尔代表大会（1869）的代表；1871年国民议会议员；在巴黎公社时期投向凡尔赛分子，1871年被开除出国际；第三共和国时期为参议员。

塔奇基（Tatschky）——伦敦德意志工人教育协会领导人之一，国际会员。

唐森（Townshend, T.）——伦敦制箱工人协会在总委员会的代表（1868）。

W

瓦尔蒂埃（Valltier, A.）——法国人，国际总委员会委员（1865）。

瓦尔兰，路易·欧仁（Varlin, Louis Eugène 1839—1871）——法国装订工人，左派蒲鲁东主义者，国际法国支部领导人之一，国际伦敦代表会议（1865）、日内瓦代表大会（1866）和巴塞尔代表大会（1869）的代表，曾一度流亡比利时；国民自卫军中央委员会委员，巴黎公社委员，1871年5月25日起为公社军事委员会委员，28日即被凡尔赛分子杀害。

瓦根讷，让·路易（Waguenay [Vaganey], Jean Louis 生于1833年左右）——法国织工，1866年建立的国际维埃纳（法国）支部的财务委员。

瓦康西（Vaccansi, A.）——受马志尼影响的伦敦意大利工人组织——共进会的财务委员，国际会员。

瓦瑟尔，让（Vasseur, Jean 1838年左右—1868年）——法国白铁匠；国际马赛和菲沃支部的组织者，总委员会在马赛的通讯员；国际洛桑代表大会（1867）的代表。

瓦斯邦太，路易（Vasbenter, Louis）——法国民主主义者，1850 年是《人民之声》、《人民》和其他蒲鲁东主义报纸的编辑之一；流亡伦敦，接近赫尔岑一家；1864 年 10 月 5 日被选为总委员会委员，但未参加委员会的工作；后来流亡美国。

瓦特兰（Wartelen）——法国工人，玻璃彩画画匠，曾在法国青年关于 1866 年战争威胁致各国工人的第二个呼吁书上签名。

万·霍芬（Van Hofen, P.）——国际会员；1865 年为伦敦德意志工人教育协会书记。

万萨德，皮埃尔·德尼（Vinçard, Pierre Denis 1820—1882）——法国工人和政论家，1848 年革命的参加者，曾参加卢森堡委员会；合作运动的积极活动家，写有一些有关工人阶级状况的著作，国际巴黎支部成员。

威德，本杰明·富兰克林（Wade, Benjamin Franklin 1800—1878）——美国法学家和政治活动家，属于共和党左翼，参议院议长，1867—1869 年任副总统；反对美国南部的奴隶制。

威廉森（Williamson）——国际总委员会委员（1868）。

威廉一世［胜者威廉］（Wilhelm I [William the Victorious] 1797—1888）——普鲁士亲王，摄政王（1858—1861），普鲁士国王（1861—1888），德国皇帝（1871—1888）。

威廉斯，查理·欧文（Williams, Charles Owen）——英国工人，抹灰工；工联主义者；国际总委员会委员（1866—1869）。

威廉斯，霍普金（Williams, Hopkin）——英国工人，细木工，国际总委员会委员（1864 年 11 月—1868 年）；曾参加英国的选举改革运动。

威廉斯，瓦尔特（Williams, Walter）——在比利时的英国旅行家；与艾里克·克里德合写了一系列论述比利时炼铁业的文章，这些文章发表在 1866 年 12 月到 1867 年 1 月的《泰晤士报》上。

韦济尼埃，皮埃尔（Vésinier, Pierre 1820—1902）——法国新闻工作者和政论家，反波拿巴主义者，后流亡伦敦，伦敦法国人支部组织者之一，国际总委员会委员（1865—1866），曾参加 1865 年国际伦敦代表会议的工作，因诽谤总委员会于 1866 年被开除出总委员会，根据布鲁塞尔代表大会（1868）的决议被开除出国际；巴黎公社委员，公社被镇压后流亡英国，在伦敦出版《联盟报》，为世界联盟委员会委员，该组织反对马克思和国际总委员会；1880年大赦后返回法国。

韦林一家（Warings）——英国的雇主。

韦斯顿，约翰（Weston, John）——英国工人运动活动家，职业是木匠，后为厂主；欧文主义者，1864年9月28日伦敦圣马丁堂会议的参加者，国际总委员会委员（1864—1872），1865年伦敦代表会议代表，改革同盟执行委员会委员，土地和劳动同盟的领导人，不列颠联合会委员会委员（1872）。

韦利埃，阿尔弗勒德（Verlière, Alfred）——布朗基主义者，曾在法国青年关于1866年战争威胁致各国工人的第二个呼吁书上签名，1867年因反对天主教会被法国法庭审判。

维尔纳夫，亨利（Villeneuve, Henri）——法国大学生，布朗基主义者，曾在法国青年关于1866年战争威胁致各国工人的第二个呼吁书上签名；1866年在所谓"莱纳森斯咖啡馆"布朗基主义秘密协会案件中受审。

韦拉蒂（Velati）——受马志尼影响的伦敦意大利工人组织——共进会委员会委员；国际会员。

维列茨基（Werecki, I. M.）——在伦敦的波兰侨民，民主主义者，国际总委员会委员（1865—1867）。

魏德迈，约瑟夫（Weydemeyer, Joseph 1818—1866）——德国和美国工人运动活动家、军官、新闻工作者，"真正的"社会主义者（1846—1847），《威斯特伐利亚汽船》编辑；曾参加布鲁塞尔共产主义通讯委员会的活动（1846）；共产主义者同盟盟员，德国1848—1849年革命的参加者，《新德意志报》编辑（1849—1850）；共产主义者同盟法兰克福区部领导人（1849—1851）；1851年流亡美国，站在北部方面参加美国内战；马克思和恩格斯的朋友和战友。

沃丁顿（Waddington, H.）——内务部官员。

沃尔夫（Wolff）——国际总委员会委员（1864—1865）。

沃尔夫，路易斯［路易］（Wolff, Luigi [Louis]）——意大利少校，马志尼的信徒，受马志尼影响的伦敦意大利工人组织——共进会会员；1894年9月28日圣马丁堂国际成立大会的参加者；国际总委员会委员（1864—1865）；1865年伦敦代表会议的参加者，1871年被揭露为波拿巴的警探。

沃尔顿，阿尔弗勒德·阿姆斯特朗（Walton, Alfred Armstrong 生于1816年）——英国民主运动活动家、政论家和经济学家，建筑师；改革同盟盟员，全国改革同盟主席，国际总委员会委员（1867—1870），洛桑代表大会（1867）代表；《从诺曼人征服到目前为止大不列颠和爱尔兰土地占有史》（1865）一书的作者。

沃利，威廉（Worley, William）——英国印刷工人，英国波兰独立同盟盟员和劳动阶级福利总同盟盟员；1864年9月28日圣马丁堂国际成立大会的参加者；国际总委员会委员（1864—1867）；改革同盟盟员。

伍德哈奇（Woodhateh）——英国工联主义者，利物浦雪茄烟工人协会书记。

X

希尔曼，查理（Shearman, Charles）——英国工联主义者，泥水匠执行委员会委员；1864年9月28日圣马丁堂国际成立大会的参加者；国际总委员会委员（1864—1867）。

希拉姆（Hillam）——林恩（英格兰）的国际会员。

西耳维斯，威廉（Sylvis, William 1828—1869）——美国工人，铸工；美国工人运动的著名活动家；国际铸工联合会创建人之一（1859）和主席（1863—1869）；曾参加美国内战（1861—1865），站在北部方面，美国全国劳工同盟的创建人之一（1866）和主席（1868—1869）；赞成加入国际。

西华德，弗雷德里克·威廉（Seward, Frederick William 1830—1915）——美国新闻工作者和外交家，威廉·亨利·西华德的儿子。

西华德，威廉·亨利（Seward, William Henry 1801—1872）——美国国务活动家，共和党右派领袖，参议员，纽约州州长（1839—1843），1860年大选中被提名为总统候选人；国务卿（1861—1869）。

西尼耳，纳索·威廉（Senior, Nassau William 1790—1864）——英国资产阶级庸俗经济学家，反对缩短工作日。

西莫纳尔（Simonard）——伦敦国际法国人分部会员（1867）。

席利，维克多（Schily, Victor 1810—1875）——德国法学家，律师，小资产阶级民主主义者,1849年巴登-普法尔茨起义的参加者,起义失败后流亡瑞士,秘密组织"革命集中"的成员,1852年迁居法国;国际会员,曾帮助总委员会巩固在巴黎的国际组织,1865年伦敦代表会议的参加者。

肖罗克,彼得(Shorrocks, Peter)——曼彻斯特裁缝协会领导人之一。

肖,罗伯特(Shaw, Robert 死于1869年)——英国工人运动的领袖之一,彩画匠,1864年9月28日圣马丁堂国际成立大会的参加者,国际总委员会委员(1864—1869),积极参加总委员会的活动,在工联基层组织中宣传国际的思想,总委员会书记(1866年12月—1867年7月),财务委员(1867—1868),美国通讯书记(1867—1869);国际伦敦代表会议(1865)和布鲁塞尔代表大会(1868)的代表。

欣顿(Hinton)——国际会员,1867年10月由总委员会授权在美国代表国际工人协会进行活动。

Y

雅耶,约瑟夫(Jayet, Joseph)——国际总委员会委员(1866—1867)。

亚当斯,查理·弗兰西斯(Adams, Charles Francis 1807—1886)——美国外交家和政治家,共和党人,美国驻英国公使(1861—1868)。

亚历山大二世(Alexander Ⅱ 1818—1881)——俄国皇帝(1855—1881)。

亚罗(Yarrow, F. J.)——英国工人,木匠,工联主义者,国际总委员会委员(1866—1868、1872)。

伊丽莎白(Elizabeth 1533—1603)——英国女王(1558—1603)。

伊萨尔(Isard)——国际伦敦法国人分部会员,迁居纽约(1867)。

尤尔,安德鲁(Ure, Andrew 1778—1857)——英国化学家、资产阶级庸俗经济学家,自由贸易论者,写有工业经济学方面的著作。

约翰逊,安德鲁(Johnson, Andrew 1808—1875)——美国国务活动家,属于民主党,田纳西州州长(1853—1857、1862—1865),参议员(1857—1862);美国内战时期是北军的拥护者,美国副总统(1864年—1865年4月)和总统(1865—1869),实行和南部种植场主妥协的政策。

约翰逊（Johnson, H.）——英国人，国际总委员会委员（1865—1867）。

Z

扎比茨基，安东尼（Zabicki, Antoni 1810年前后—1889年）——波兰排字工人，民族解放运动活动家，1831年从波兰流亡国外；匈牙利1848—1849年革命的参加者；1851年起侨居英国，伦敦民主派兄弟协会领导人，1863年起出版波兰民主主义流亡者的机关报《自由之声》；波兰全国委员会书记，国际总委员会委员和波兰通讯书记（1866—1871）。

詹金斯，约翰（Jenkins, John）——英国人，国际会员。

詹克斯（Janks, A.）——国际总委员会委员（1865）。

詹尼纳济（Geninazzi, G.）——受马志尼影响的伦敦意大利工人组织——共进会委员会委员；国际会员。

左尔格，弗里德里希·阿道夫（Sorge, Friedrich Adolph 1828—1906）——德国教师和新闻工作者，国际工人运动、美国工人运动和社会主义运动的活动家，德国1848—1849年革命的参加者；1852年侨居美国，国际会员，国际美国各支部的组织者，海牙代表大会（1872）代表，纽约总委员会委员和总书记（1872—1874），北美社会主义工人党创始人（1876）之一；马克思和恩格斯的朋友和战友。

报刊索引

《爱尔兰人报》(*The Irishman*),都柏林。

《白鹰报》(*Der Weiβe Adler*),苏黎世。

《北极星》(*Nordstern*),汉堡。

《比利时经济学家》(*Economiste Belge*),布鲁塞尔。

《比利时人民报》(*Le Peuple Belge*),布鲁塞尔。

《辩护士周报》(*The Weekly Advocate*),匹兹堡。

《晨星报》(*The Morning Star*),伦敦。

《法兰西信使报》(*Le Courrier Français*),巴黎。

《蜂房报》(*The Bee-Hive Newspaper*),伦敦。

《佛尔维耶回声报》(*L'Echo de Verviers*),比利时。

《工人报》(*L'Ouvrier*),洛桑。

《工人报》(*The Working Man*),伦敦。

《工人报》(*El Obrero*),巴塞罗那,帕尔马。

《工人辩护士报》(*The Workman's Advocate*),伦敦,芝加哥。

《工人论坛》(*La Tribune Ouvrière*),巴黎,布鲁塞尔。

《共和国》(*The Commonwealth*),伦敦。

《广告晨报》(*The Morning Advertiser*),伦敦。

《国际报》(*International Journal*)——见《铸工国际报》。

《国际工人协会报》(*Journal De l'Association Internationale des Travailleurs*),日内瓦。

《国际信使》(法文版)(*Le Courrier International*),伦敦。

《国际信使》(英文版)(*The International Courier*),伦敦。

《国民舆论报》(*L'Opinion Nationale*),巴黎。

《海尔曼。伦敦德文周报》(Hermann. Deutsches Wochenblatt aus London),伦敦。

《合营企业纪事》(Industrial Partnership Record),伦敦。

《合作报》(La Coopération),巴黎。

《合作劳动者报》(Le Travailleur Associé),根特。

《合作者》(Cooperator),曼彻斯特。

《呼声报》(Voice),波士顿。

《欢迎工人》(The Welcome Workman),菲拉德尔斐亚。

《吉伦特报》(La Gironde),波尔多。

《吉伦特回声报》(L'Echo de la Gironde),波尔多。

《纪事》(The Chronicle),伦敦。

《经济学家》(The Economist),伦敦。

《觉醒报》(Le Réveil),巴黎。

《科克每日先驱报》(Cork Daily Herald),爱尔兰。

《矿工和工匠报》(The Miner and Artisan),圣路易斯。

《矿工和工人辩护士报》(The Miner and Workman's Advocate),伦敦。

《劳埃德氏伦敦新闻周刊》(Lloyd's Weekly London Newspaper)。

《劳动报》(Le Travail),根特。

《雷诺新闻》(Reynolds's Newspaper),伦敦。

《联合》(L'Association),巴黎,布鲁塞尔。

《两大陆评论》(Revue des deux Mondes),巴黎。

《洛桑支部通报》(Bulletin de la Section de Lausanne)。

《曼彻斯特卫报》(The Manchester Guardian)。

《每日新闻》(The Daily News),伦敦。

《美国人》(The American),伦敦。

《纽约每日论坛报》(New-York Daily Tribune)。

《纽约民主主义者报》(New-York Democrat)。

《欧洲信使报》(Le Courrier de l'Europe),伦敦。

《派尔-麦尔新闻》(The Pall Mall Gazette),伦敦。

《披针》(The Lancet),伦敦。

《人民论坛报》(La Tribune du Peuple),布鲁塞尔。

《日内瓦报》(Journal de Genève)。

《日内瓦未来报》(L'Avenir de Genève)。

《上莱茵信使报》(Oberrheinischer Courier)。

《双周评论》(The Fortnightly Review),伦敦。

《社会民主党人报》(Der Social-Demokrat),柏林。

《圣路易斯每日新闻》(St. Louis Daily Press)。

《世纪报》(Le Siècle),巴黎。

《泰晤士报》(The Times),伦敦。

《淘气》(L'Espiègle),布鲁塞尔。

《晚星报》(The Evening Star),伦敦。

《未来呼声报》(La Voix de l'Avenir),拉绍德封。

《蟋蟀报》(La Cigale),布鲁塞尔。

《先驱》(Der Vorbote),日内瓦。

《现代评论》(Revue Contemporaine),巴黎。

《新莱茵报。民主派机关报》(Neue Rheinische Zeitung. Organ der Demokratie),科伦。

《意大利工人协会报》(Il Giornale delle Associazioni Operaie Italiane),热那亚。

《铸工国际报》(Ironmoulders' International Journal),菲拉德尔斐亚。

《自由报》(La Liberté),布鲁塞尔。

《左岸》(La Rive Gauche),巴黎,布鲁塞尔。

图书在版编目(CIP)数据

第一国际总委员会文献(1864—1867)/彭萍萍主编.
—北京:中央编译出版社,2011.12
(国际共产主义运动历史文献. 第5卷)
ISBN 978 – 7 – 5117 – 1146 – 5

Ⅰ. ①第…
Ⅱ. ①彭…
Ⅲ. ①第一国际 – 会议资料 – 1864~1867
Ⅳ. ①D125

中国版本图书馆 CIP 数据核字(2011)第 246285 号

第一国际总委员会文献(1864—1867)

出 版 人	和 龑
责任编辑	侯天保
责任印制	尹 珺
装帧设计	田晗工作室
排版制作	醍醐(北京)文化发展有限公司
出版发行	中央编译出版社
地 址	北京西城区车公庄大街乙 5 号鸿儒大厦 B 座(100044)
电 话	(010)52612345(总编室) (010)52612341(编辑室)
	(010)66161011(团购部) (010)52612332(网络销售)
	(010)66130345(发行部) (010)66509618(读者服务部)
网 址	www. cctphome. com
经 销	全国新华书店
印 刷	北京印刷一厂
开 本	787 毫米×960 毫米 1/16
字 数	540 千字
印 张	42
版 次	2011 年 12 月第 1 版第 1 次印刷
定 价	260.00 元

本社常年法律顾问:北京大成律师事务所首席顾问律师 鲁哈达
凡有印装质量问题,本社负责调换,电话:(010)66509618